# 北欧とゲルマンの
# 神話事典

## 伝承・民話・魔術
## Dictionnaire de mythologie germanique

クロード・ルクトゥ
Claude Lecouteux
篠田知和基 監訳
広野和美、木村高子 訳

原書房

北欧とゲルマンの神話事典
伝承・民話・魔術

Dictionnaire de Mythologie Germanique
by Claude Lecouteux
Copyright © 2005, 2007, 2014 by Éditions Imago
Japanese translation published by arrangement with
Humensis through The English Agency (Japan) Ltd.

目　次


序章　　　　　　　　　5

事典　　　　　　　　　23

監訳者あとがき　　　　365

参考文献　　　　　　　368

　　　索引　　　　　　371

ᛊᛏᚾᛕᚱᛒᛁᛏᚱᛣᛁᛏᚤ
ᛁᛊᛣᛏᛁᛊᛏᛁᛊᛏᛁᛊᛒᚤᛳᛁ
ᛝᛍᛁᚻᛁᛒᛏᛁᛚᛏᛎᛁ

Quartum Alphabetum cum fequenti-
bus Infcriptionibus mihi communicauit
Ill. V. Iofephus Scaliger Iul. Cæf. F.

ᚤᛒᛀᛕᚼᛶᛣᚼᛁᛣᛚᛟ
*a    b   c    d    e   f   g   h   i   k   l   m*

ᛊᛉᛒᛁᚱᛊᛏᛝ
*n    o    p    q    r    s    t    u.*

Infcriptio monumenti Germonis,
Thyræ vxori pofiti.

ᛃᚠᚱᛟᚼ ᛃᚠᛊᚠᚼ ᛃᚠᚱᚦᛁ
ᛃᚠᛒᛁ ᚦᛉᚼᛁ ᛶᚠᛏ ᚦᚠᚱᛅ
ᛃᚠᛊᛅ

ルーン文字（ゴート文字ともいう）、Vulcanio Brugensi, *De literis &*
*lingua Getarum siue Gothorum*, Leyde, chez Franciscus Plantiniana, 1597.

# 序章

　フランス人の間で昔から関心をかき立ててきたケルト神話に比べると、ゲルマン神話は一般にはあまり馴染みがない。多くの人は、ワーグナーの『ニーベルングの指環』四部作を介した知識しかもたないが、この事実はゲルマン神話にとって、むしろ不利に働いている。そのうえナチ・ドイツに愛好されたために、ゲルマン神話は有害な思想を内包していると疑われている。もちろんそのような事実はない。この誤解は、金髪のアーリア系ゲルマン人という現代神話においてゲルマン神話を不当に解釈した誤用に基づいている。それは恣意的に利用された結果に過ぎない[1]。もう一つの近代の神話であるヴァイキングについても、同じことが言える。ヴァイキングといえば、オーディンやトールにかけて誓い、犠牲者の頭蓋骨でつくられた盃から蜂蜜酒を飲む、残忍で粗暴で粗野な野蛮人だと考えられがちだ[2]。少なくとも、『アステリックスとノルマン人』（未訳）に登場するヴァイキングはこのイメージそのままだといえる。また19世紀まで、「神よ、ノルマン人の暴虐からわれらを守り給え」という祈りの言葉が教会の連禱に含まれていたことを忘れてはならない。このように誤解が重ねられた結果、古代ゲルマン文明は、人を魅了するよりもむしろ遠ざけてきたのである。レジス・ボワイエ〔1932-2017、フランスの北欧文学者。邦訳書に『ヴァイキングの暮らしと文化』、（白水社）がある〕をはじめとする一流の研究者たちの努力にもかかわらず、刊行されているまじめな書籍のほとんどが専門書であり、一般大衆には敷居が高いことも、これと無関係ではない。つまりゲルマン神話は、偏見の犠牲者なのである。

　しかし、ゲルマン神話がヨーロッパ文化の形成に大きな役割を果たしたことも、まぎれもない事実だ。ともすれば忘れられがちだが、実際、フラ

---

1　Jacques Ridé, *L'Image du Germain dans la pensée et la littérature allemandes, de la redécouverte de Tacite à la fin du XVIe siècle. Contribution à l'étude de la genèse d'un mythe*, 3 vol., Lille, Paris, Champion, 1977.

2　R. Boyer, *Le Mythe viking dans les lettres modernes*, Paris, Le Porte-Glaive, 1986、同じ作者から：Les Vikings, Paris, Plon, 1992

ンスの国名のもととなったフランク族もゲルマンの一部族で、フランスと
その文化は、ケルト＝ガリア文化、ローマ文化そしてゲルマン文化の壮大
な混淆の末に生まれた。フランスに定住したゲルマン部族の痕跡は、地
名にもはっきり残されている。ブルグント族はローヌ渓谷やサヴォワ地方
に、サクソン族はフランス北部沿岸のブローネ地方に、アレマン族はアル
ザス地方に、西ゴート族はナルボネーズ地方に、そしてタイファル族はポ
ワトゥー地方にそれぞれ定住したのである。では「ゲルマン」とは、そも
そも何を意味するのだろうか？

　ゲルマン人とは、もともと同じ言語——ゲルマン語——を話していた集
団のことである。しかしよく知られるように、同一言語を話していた集団
が分裂すると、言語はそれぞれ独自の発展を遂げる。スペイン語とポルト
ガル語、アメリカ英語とイギリス英語、アフリカーンス語〔低地ドイツ語〕
とオランダ語を見ても、これは明らかである。ゲルマン語派は、三つの言
語グループに分類される。北ゲルマン語群（スカンディナヴィア諸語）、
東ゲルマン語群（かつてのゴート語を含み、現在は消滅した）、そして西
ゲルマン語群（アングロ・フリジア語、低地ドイツ語、高地ドイツ語を含
む）だ。[3]

　ゲルマン神話は、これらの民族やその文化、信仰、宗教に関する情報を
体系化し、整理したものである。キリスト教徒がこれを「異教」と呼んで
激しく攻撃し、変容させてきたため、現在ではその痕跡は各地に散在して
いるにすぎない。ここには神の名、向こうには古い習俗の記述、謎めいた
人物が活躍する英雄伝説、そして神の名に由来する地名や人名といった具
合である。そうした痕跡は——ローマやビザンツ時代の書物[4]、碑文[5]、ルー
ン石碑、そして異教信仰を呪詛するキリスト教神学書などがかなりの情報
を提供してくれてはいるが——これらの民族が同じ起源を有することを示
してはいるものの、「イギリス神話」や「ドイツ神話」という区分で提示
するには不十分である。ただし、ゴート人のヨルダネス〔六世紀頃のビザン
チンの歴史家〕とランゴバルド人のパウルス・ディアコヌス〔八世紀頃の修道

---

3　次を参照。Claude Lecouteux, *L'Allemand médiéval : I. le moyen haut-allemand,* Turnhout, Brepols,
1996.

4　碑文の文書は下記で見ることができる。C. Clemen, *Fontes historiae religionis Germanicae,*
Berlin, Walter de Gruyter, 1928.

5　S. Gutenbrunner, *Die germanischen Götternamen der antiken Inschriften,* Halle, Niemeyer, 1936

士・歴史家〕などが、貴重な証言を残してくれてもいる。


## I 原典

　ゲルマン民族の神々に関する最も古い記録は、ローマ時代のタキトゥス
とカエサルが残したものだ。彼らの解釈には、ローマ人らしい偏見も認め
られるものの、その内容は、後世の他の文書から明らかになった事柄をお
おむね裏付けている。カエサルは次のように述べている〔『ガリア戦記』の
記述〕。

> 「彼らが最も崇拝する神はメルクリウス（オーディン）で、この神の
> 彫像が最も数多い。あらゆる技芸を発明したメルクリウスは、旅人を
> 導き、また金を稼いだり商業を繁盛させたりする力をもつとされる。
> この神に次いで崇拝されているのは、アポロン（バルドル？）、マル
> ス（チュール？）、ユピテル（トール）、そしてミネルヴァ（フレイヤ）
> である。これらの神々についての考え方は、他の民族の場合とあまり
> 変わらない。つまりアポロンは病を治癒し、ミネルヴァは労働や職業
> を支配し、ユピテルは天の神々を統率し、マルスは戦争をつかさどる」

　一方タキトゥスの記述からは、ネルトゥス神について知ることができる
〔『ゲルマニア』の記述〕。

> 「すべてのゲルマン人は大地母神であるネルトゥスを崇めている。ネ
> ルトゥスは人間界の出来事に介入し、戦車に乗って人々の間を旅する
> と信じられている」

　女神ネルトゥスは島の聖なる木立に住み、トゥイストという名の息子を
もつ。トゥイストとは二面、あるいは両性具有を意味し、おそらく巨人ユ
ミール（後述）に相当すると思われる。

　原典としてまず挙げるべきは、『古エッダ』である[6]。これは 1270 年頃

---

6　仏語訳、上掲書：R. Boyer, Paris, Fayard, 1992.（邦訳版は『エッダ——古代北欧歌謡集』谷口
幸男訳、新潮社、1973 年）

に記された『王の写本』に収められた詩集で、口頭でのみ伝えられてきた古い伝承をまとめたものである。もう一つは『スノッリのエッダ（新エッダ）』で、これについてはここで説明を加えたい。

1223年頃、アイスランドの碩学スノッリ・ストゥルルソン（1197-1241）が、散文形式で神話をまとめた。『スノッリのエッダ』と呼ばれるこの作品は、三つの部分で構成されている。

－「ギュルヴィたぶらかし（Gylfaginning）」：神話の体系的な説明と、古代宗教に関する理論的かつ網羅的な一覧表。
－「詩語法（Skáldskaparmál）」：人物や物、概念などを表すケニング（迂言法、kenningar、単数は kenning）〔迂言法とは、あることを、単一の語句ではなく、複数の語句を用いて回りくどく言い表す語法のこと〕や類義語（ヘイティ、heiti）を紹介し、なぜそう言われるようになったか、その起源を説明している。たとえば黄金はなぜ「クラキの種子」あるいは「フロジの小麦」と言われるか、といったことである。
－「韻律一覧（Háttatal）」：韻律について論じ、スノッリのつくった詩を収めている。

『スノッリのエッダ』の写本の一つであるユトレヒト写本（Trektarbók）には、これに加えて、巨人、トロール、小人などの名前を項目ごとに分けた、貴重な一覧表が含まれている。

　エッダは複数の書物にまたがって展開する首尾一貫した物語で、その中では、思想体系や世界の見方が提示され、さまざまな現象の説明が成されている。当時すでに存在した信仰を整理しながら、そこに新たな考え方を加え、全体的に均質な作品に仕上げたものといえよう。しかし、創作（イマジネール）の土台となる記憶は、正確であるとは限らず、まざりあったり重複したり、あいまいだったりする。『古エッダ』の詩の中には、人物

---

7　*Edda*. Die Lieder des Codex Regius nebst verwandten Denkmälern I: Text, hrsg. v. Gustav Neckel, 5. verbes. Aufl. v. Hans Kuhn, Heidelberg, C. Winter, 1983 (Germ. Bibl. 4. Reihe: Texte). Régis Boyer, Eveline Lot-Falck, Les Religions de l'Europe du Nord. Eddas, sagas, hymnes chamaniques, Paris, Fayard/Denoël, 1974.

8　*Eddas, Récits de mythologie nordique*, F.-X. Dillmann による古アイスランド語からの翻訳。Paris, Gallimard, 1991.

9　Régis Boyer, *Yggdrasill. La Religion des anciens Scandinaves*, Paris, Payot, 1981.

（小人や巨人）、川、神馬などの名が羅列されているだけのものもあり、それらの多くは他の文書には登場しないため、詳しいことがまったくわかっていない。こうした羅列は、叙事詩的誇張なのか、それともある種の記憶術のためのものなのか？　登場する人物や場所は、遠い昔から知られてきたのか、それとも時代を経てから登場したのか？　多くの場合、こうした疑問に答えるのは困難である。

　二次資料は数多く存在するが、その中でも特に重要なのが、スノッリ・ストゥルルソンが編集した『世界の輪（ヘイムスクリングラ）』の冒頭に置かれた「ユングリング家のサガ」[10]の最初の 20 章である。ノルウェー王家の歴史を神話的祖先から書き起こしたこの物語では、神々は神格化された人間として登場する。

　またサクソ・グラマティクスが 13 世紀初頭に執筆した『デンマーク人の事績』[11]もある。ここでは物語や叙事詩の形で神話が描かれている[12]。

　そのほかに、スカルド詩〔北欧の宮廷詩で、多くの場合作者がわかっている。複雑な技法が用いられ、全盛期は 10-12 世紀頃〕[13]やサガ〔サガは主に中世アイスランドで成立した散文の作品群で、当時の出来事などを詠っている〕などもあるが、これらは、特定の点を確認したり、他の資料の主張の正しさを検証する以上の役割をもたない。とはいえ、そういった利点を無視すべきではない。ある神への信仰や、エルフ（álfar）や土地つき精霊（landvættir）の伝承の存在などを、これらの資料から読み取ることができるのだ。

　これらの資料には、合計すると千以上の名称が登場するが、すべてが同じ重要性をもつわけではない。そこで本書では、完全な形で残る、あるいは断片的であっても理解可能な物語に登場する名称、そして後世の芸術や文学、特にドイツ・ロマン主義からトールキン〔『指輪物語』『ホビットの冒険』などで知られるイギリスの言語学者、作家〕の物語に至るまで、数々の作品

---

10　仏語訳。Ingeborg Cavalié, Paris, le Porte-Glaive, 1990.（邦訳版はスノッリ・ストゥルルソン著『ヘイムスクリングラ──北欧王朝史』谷口幸男訳、プレスポート・北欧文化通信社、2008 年）

11　La Geste des Danois (Gesta Danorum, livres I-IX), Jean-Pierre Troadec による仏語訳 , F.-X. Dillmann による紹介 , Paris, Gallimard, 1995.（邦訳版はサクソ・グラマティクス著『デンマーク人の事績』谷口幸男訳、東海大学出版会、1993 年）

12　Georges Dumézil, *Du mythe au roman. La Saga de Hadingus* (Saxo Grammaticus I, V-VIII) et autres essais, Paris, P.u.F, 1970（ジョルジュ・デュメジル著『デュメジル・コレクション 4』丸山静、前田耕作編、高橋秀雄、伊藤忠夫訳、筑摩書房、2001 年）

13　Régis Boyer, *La Poésie scaldique,* Paris, le Porte-Glaive, 1990.

で重要な役割を担う名前のみを取り上げた。

## II ゲルマン民族の神々

　ゲルマン神話の専門家たちの努力の結果、神々は二つのグループに分類されることが明らかになった。一つは戦士機能（→三機能）が優先するアース神族で、もう一つは豊穣、多産、魔術をつかさどり、平和を愛し享楽的なヴァン神族である。彼らについて詳しく述べる前に、その背景となる世界について紹介したい。

### 神統記と世界の起源

　時の初めに存在していたのは、底なしの深淵であるギンヌンガガップだけだった。ギンヌンガガップの北には闇と氷の国ニッフルヘイムが、南には炎の国ムスペルヘイムが広がっていた。南からニッフルヘイムに向かって流れてきた川は、霜に覆われて広大な氷の中に姿を消す。氷塊は深淵を覆いつくし、また炎熱の風が氷を溶かした。熱風とぶつかって生じた水滴から巨人ユミールと牝牛アウズムラが生まれ、アウズムラがユミールに乳を与えた。ユミールが汗をかくと左の脇の下から男と女が一人ずつ生まれ、片足からはもう一方の足との間の息子が生まれた。アウズムラが氷を舐めると、ブリという名の男が生まれ、この男はユミールと同じように単独で息子を産んだ。こうして生まれた息子ブルは、ユミールの子孫であるベストラを娶り、二人の間にオーディン、ヴィリ、ヴェーという三柱の神々が生まれた。彼らはユミールを殺し、その体を使って世界を創造した。それから天の四隅にそれぞれ小人を配して天空を支えさせた。これが『古エッダ』で描かれる神々と世界の始まりである。

　世界は人間の国であるミズガルズ（「中の国」）、神々の国であるアースガルズ、そして巨人や魔物やすべての邪悪な存在の国であるウートガルズ（「外の国」）に分かれている。ミズガルズとアースガルズの間には、ビヴロストまたはアースブル（アース神族の橋）と呼ばれる虹の橋がかかっている。ミズガルズの下には、冥界の女王ヘルの治める死者の国が広がっている。上下に分かれた三つの国は、軸として中心にそびえる宇宙樹ユグドラシルによってバランスが保たれる。ユグドラシルはザクセン人がイルミンスール（「イルミンの柱」）と呼ぶものに等しい。また水平方向には、大

地の周りにとぐろを巻く巨大な水蛇、ミッドガルの蛇（ミズガルズソルム）によって一体性が保たれている。

**アース神族**

　アース神族の中で最も重要な神々といえばオーディン（独 Wodan、英 Woden）とその息子たちトールとバルドル、それにチュール、ヘイムダール、ロキである。彼らが住む、巨人に建設させたアースガルドには、ヴァルハラがある。ヴァルハラは戦闘で命を失った戦士たちのための広間で、彼ら勇敢な死せる戦士たち（エインヘリヤル）は、ヴァルキュリアにかしずかれ、セーフリムニルというイノシシの肉を食べ、雌山羊のヘイドルンの乳首から流れ出る蜂蜜酒を飲んで過ごし、世界の終末の戦いに際してはオーディンの軍勢に加わる。

　最高神、すべての神々の王、宇宙樹に九日九夜吊られて知識を得たルーンと魔術の支配者オーディン。彼は「敵の目を潰し、耳を塞ぎ、勇気を失わせて、彼らの武器の切れ味を棍棒にも劣るほど鈍くする。一方配下の戦士たちは防具なしで熊や雄牛のごとき力を発揮し、敵の盾に噛みつき、まるで狂犬のように戦う」。配下の戦士はベルセルク、あるいは野獣の戦士として知られる男たちであり、その名は「熊の上着」を意味する。オーディンはまた詩の神でもある。

　アース神族とヴァン神族は抗争の果てに和解の印として大きな甕に唾を吐き、これをもとに非常に賢い人間クヴァシルをつくり出した。ある日、二人の小人がクヴァシルを殺害してその血を蜂蜜と混ぜると、飲んだ者は詩人になる魔法の蜜酒ができた。ある巨人が小人たちを殺してこの酒を奪って山中に隠したが、オーディンは蛇に姿を変えて、酒を手に入れることに成功した。

　オーディンは魂の導き手（psychopompe）で、戦に倒れヴァルキュリアによってヴァルハラに連れて来られる戦士たちを選びだす役割をもつ。すね者で残酷で、容易に姿形を変えられるオーディンは、ローマ神話の神メルクリウスと同一視されてきた。帽子を目深にかぶり青い外套姿の、白髪混じりで隻眼の老人として表されることが多く、口にするのは葡萄酒だけで、言葉を話す能力をもつ2羽のカラス、フギン（「思考」）とムニン（「記憶」）が世界中から持ち帰った情報に耳を傾ける。持ち物は槍（グングニル）と魔法の腕輪（ドラウプニル）、そして八本脚の愛馬スレイプニルで、この

馬は東ゴート族の葬送用石碑にしばしば描かれている。オーディンはまた、その多様な役割や能力を表す別称を多数もっている。たとえば「積み荷の神、至高者、偉大なる父、仮面をかぶる者、複数のもの、怖るべき者」といった具合である。ある呼び名については、次のような説明が加えられている。「大地から死者をよみがえらせ、また首吊りの死体の下にいることもある。そのため、『幽霊の主』『縊死者の主』と呼ばれる場合がある」。

オーディンの妻はフリッグ（Frea、Frîja、Frige）である。隼の羽衣を持つが、これはこの女神がもつ「変容する能力」を示していると思われる。息子は、「善き者」と形容されるバルドルである。バルドルが不吉な夢を見たため、母親のフリッグは植物、金属、大地、木、石、病などあらゆる物に、息子を傷つけないという誓いを立てさせるが、唯一誓いを求めることを忘れたヤドリギが、神々の遊びの最中に枝で貫いてバルドルを死なせてしまう。深く悲しんだオーディンが彼を連れ帰らせるために息子ヘルモードを死者の国に遣わすと、冥界の女王ヘルは、地上のあらゆる者がバルドルのために涙を流すことを条件に、これを承知する。しかし彼の死を引き起こした神ロキだけが悲しむことを拒否したため、バルドルは地上に戻れなかった。

オーディンの2番目の息子はトール（「轟く者」、ドイツ語 Donar、古英語 Thunor）で、神々の王オーディンと巨人族の女性ヨルズ（大地）の間の子である。神々の中で最も強力で、スルーズヴァングに住むトールは、怒りっぽく豪快な、赤髭の大食漢である。巨人たちを殺すミョルニルというハンマーとこれを扱うのに必要な鉄の手袋、力を倍増させる帯、そして戦車を引く2頭の牡山羊を所有している。

トールは、怪物との戦いのエピソードで特によく名を知られ、ミズガルズの蛇を釣り上げそうになったことさえある。トールは雷鳴と稲妻、風と雨を支配する。妻のシヴとの間に二人の息子マグニ（「力」）とモディ（「勇気」）、一人の娘スルーズ（「力」）がいる。

チュールはオーディンまたは巨人ヒュミールの息子である。「火曜日」（古ノルド語 Tysdagr、英語 Tuesday）の語源であるこの神は、法をつかさどる。つまり世界の秩序を守り、自由人の集会を庇護している。狼のフェンリルがあまりに大きくなり、「彼は神々の没落を引き起こすであろうという予言が下され」たとき、チュールはフェンリルをつなぐためにその口の中に腕をさし入れ、隻腕となった。狼を縛ろうという最初の2度の試みが失敗に終わると、神々は小人に依頼して新しい縄をつくらせた。「疑い深

くなったフェンリルは、自分の口の中に神々の誰かが手を入れないかぎりはつながせないと言った。そこでチュールが右手をフェンリルの口の中に入れた。狼が引っ張ると紐がピンと張り、狼が暴れると紐はさらにきつくなったので、神々は一斉に笑ったが、チュールは笑わなかった。なぜなら、彼の右手は噛み切られていたのである。」チュールが最も古い神であることは疑いなく、その名は単に「神」を意味している（サンスクリット語でdyaus）。

「白いアース」と呼ばれる神ヘイムダールは神々の番人である。天の端に住み、アースガルズに向かう橋を見張っている。「彼の睡眠は鳥よりも少なく、昼でも夜でも、何百マイルも先まで見ることができる。草木の成長する音や羊の毛が伸びる音、そしてそれ以上の音を何でも聞き取る。ギャラルホルンという角笛を持ち、これを吹くと世界の隅々まで響き渡る」と、『スノッリのエッダ』には記されている。またヘイムダールの歯は黄金で、金のたてがみの馬と「人の頭」という剣を所有していることを付け加えておこう。終末戦争でロキと相打ちになる。

　非常に複雑な性格をもつ、悪の権化、トラブルメーカー、争乱を好むロキは、巨人ファルバウティとラウフェイの間の息子である。妻シギュンとの間に一人の息子がいるが、巨人女アングルボザとの間には三人の怪物が生まれている。終末戦争で重要な役割を果たす狼のフェンリルとミズガルズの蛇、そして冥界の女王ヘルである。

　以上がアース神族の主要な神々である。『エッダ』、そして地名の研究からは他の名前も知られているが、多くの場合、異名やあだ名以上の情報は残っていない。「弓のアース」「スキーのアース」などと呼ばれた神ウルについては、サクソ・グラマティクスの謎めいた記録から、当初は極めて重要な神であった事実がうかがえる。オーディンが追放されていた期間中、ウルがアースガルズを支配していたからだ。また神々の座を離れて人間の英雄になった例もある。その中で最も有名なヴィーラントは、エルフたちと密接なつながりをもつ鍛冶、金銀細工の神だったことは間違いない。太陽の女神ソルについては、不釣り合いな結婚をしたために罰せられたということしかわかっていない。神々によって天空に置かれたソルは2頭の馬のひく馬車に乗り、後ろから狼に追いかけられながら天空を移動している。

スウェーデン、ゴットランド島
レールブルーの石碑。8世紀

**ヴァン神族**

　神々のもう一つの種族が、アース神族よりも古い歴史をもつと考えられているヴァン神族である。ヴァン神族はおそらく定住農耕文化の神々で、遊牧民（狩猟・漁労・採集民）と、戦士たちの文化に征服されたと考えられている。神話には、彼らがどうやってアース神族とともにアースガルズに住む権利を得たかが物語られている。ヴァン神族はアース神族のもとにグルヴェイグ（「黄金の酔い」）という名の魔女を遣わした。黄金のもつ力で、相手の敵対心を和らげようと考えたからだ。アース神族はその力の秘密を探り出そうとしたが拒否され、彼女を火あぶりにしようとしたものの、成功しなかった。この暴挙に対する補償として、ヴァン神族は大量の銀、またはアース神族とともに住む権利を求めた。アース神族は武器による結審を選び、長く苦しい戦いが続いたが、いずれの側も勝利を収めるには至らなかった。そこで両者は和平を結び、人質を交換した。ヴァン神族は、彼らの中でも特に優れたニョルズとその息子のフレイを、アース神族は、非常に賢いミーミルとヘーニルをそれぞれ相手に遣わした。こうして、ヴァン神族もアースガルズに住むようになったのである。

　ヴァン神族の主要な神はニョルズとその子供たち、フレイとフレイヤである。彼らは大地と水をつかさどる農耕の神で、富と快楽、豊穣、愛と平和を惜しみなく与える存在だった。フレイ（「主人」）はヴァン神族の主神である。雨と日照、植物を支配し、ブレーメンのアダム〔11世紀ドイツの年代記著述家。その代表作『ハンブルク司教行録』は中世の重要な地理書で、キリスト教

化以前のスカンディナヴィアに関する重要な情報源である〕によれば、ウプサラに
ある神殿の巨大な男根像によって象徴されるという。神獣は豚と馬。アー
スガルズのアルヴヘイム（「エルフたちの世界」）という場所に住んでいた。
フレイは金色の毛並みをもつイノシシと、アース神族の垂涎の的である魔
法の船を所有していた。船は普段は折りたたまれており、広げると、いか
なる場合でも風を受けて帆走することができた。フレイの妻は女巨人ゲル
ズで、フレイは自らの剣を捨てて彼女と結婚した。その経緯についても触
れておこう。ある日巨人の国で、フレイは巨人ギュミールの娘の美しいゲ
ルズに一目惚れした。そこで友人のスキールニルに剣と馬を与え、ゲルズ
に求婚する使者として遣わした。スキールニル（「照らす者」）は、多くの
困難を乗り越え、魔法を使って目的を果たすが、その過程で剣を失ったフ
レイは最終戦争において火の巨人スルトに殺される。

　やがてフレイは、天上界の彼の所有地であるアルヴヘイムに住むエルフ
たちと関連づけられるようになった。魔術に長け、不浄や汚れを忌み嫌う
エルフは、アース神族ともヴァン神族とも異なる、別の種族であった。人々
はエルフを崇め、生贄を供えた。時代を経ると、エルフたちは土地の守護
霊や、よき祖先の地位に祭り上げられた死者であると考えられるように
なった。

　フレイの妹のフレイヤは性的に奔放で、フレイヤに捧げる儀礼はエロ
ティックなものだった。フレイヤはフォルクヴァングルという名の館に住
み、猫がひく車で移動する。生と死、戦闘、豊穣、黒魔術をつかさどり、
オーディンと戦死者を半分ずつ分け合っていた。美しい衣装や宝石を好み、
ある資料は、彼女が名高い首飾りを手に入れることになった経緯を次のよ
うに説明している。彼女の宮殿の近くの洞窟に、４人の小人が住んでいた。
ある日近くを通りかかったフレイヤは、小人たちのもつ黄金の首飾りがど
うしても欲しくなった。買い取りをもちかけたものの、小人たちに、ひと
りひとりと夜を共にしなければ首飾りを譲れないと言われ、フレイヤは言
われたとおりにして首飾りを手に入れた。しかしロキがこれをオーディン
に告げ口した。オーディンに命じられ、ロキはさまざまな動物に変身して
首飾りをフレイヤから盗んだ。しかし最後にはフレイヤは首飾りを取り返
したという。

　多くの神話で神々とかかわりをもつ小人たちについても付言すべきだろ
う。小人たちは世界の始まりから存在していた。ある伝説によれば、彼ら

は原初の巨人ユミールの腐敗した死体から生まれたという。彼らは極めて有能な鍛冶屋で、これまでに見たように、神々のあらゆる持ち物や呪うべき武器をつくり出した。小人たちは盗人や魔術師で、死と極めて密接なかかわりをもっていることから、危険な死者や悪霊を神話に投影した存在であると思われる。事実、小人の中には死を暗示する名をもつ者が多い。彼らは岩窟や孤立した丘に住み、日の光を浴びると石に変わってしまう。

## III 世界の終末と再生

　神々の日常は、「力ある者の宿命」を意味するラグナロク、つまり終末戦争により終わりを告げる。リヒャルト・ワグナーにより「神々の黄昏」の名で広まったこの戦争は、世界が未だかつて経験したことのない未曾有の大惨事であり、一連の恐ろしい出来事によって始まる。太陽の照らない3度の厳しい冬の後に、世界中で父と子が互いに殺し合う3度の冬が続く。それから狼のスコルが太陽を、同じくハティが月を呑み込み、大地は震え、木々は根こそぎ倒れ、山々は崩れ落ちる。フェンリルは縛めから自由になり、ミズガルズの蛇が暴れて海が大地に押し寄せる。死者の爪でできた船ナグルファールが、巨人の女、またはロキに率いられて押し寄せる。口を大きく開けたフェンリルは、上顎を天に、下顎を大地に向けてすべてを呑み込もうとし、ミズガルズの蛇は毒液を吐き出す。天は裂け、巨人ムスペルの息子らが、スルトに先導されて攻め込み、大平原で最後の戦いが勃発する。アース神族と勇猛な戦士たちは甲冑を身につけ、オーディンを先頭に、ヴァルハラの540の門から、800人ずつの列を組んで進み出る。

　　「トールはミズガルズの蛇との戦いにかかりきりで、オーディンを助けられない。フレイはスルトとの激しい戦いの後に斃れる。［中略］洞窟グニパヘリルの外につながれていた犬ガルムも自由になる。ガルムは悪意に満ちた恐ろしい怪物で、チュールと戦い、相打ちになる。トールはようやくミズガルズの蛇を殺して9歩進むが、蛇の毒が回り、地面に倒れて息絶える。フェンリルがオーディンを呑み込んで殺す。しかし次の瞬間、ヴィーザルが狼に突進し、足を踏みしめてその下顎を砕く。ヴィーザルは常にその足に、時がつくり出した強力な靴を履いているのだ。［中略］彼は片手で狼の上顎をつかんで喉を裂き、狼

は死ぬ。ロキはヘイムダールと戦って相打ちになる。そして火の巨人スルトによって世界は炎に包まれて滅び去る」

　しかしこの終末戦争ですべてが終わったわけではない。これは新たなる始まりでもあった。それまで比較的重要でないとされていた神々——オーディンの息子たちヴィーザルとヴァーリは生き残ったからである。トールの息子のモディとマグニ、そしてバルドルとホズも生き延びた。また二人の人間、リーヴ（「生命」）とリーヴスラシル（「生命の力」）も朝露を飲んで生き延び、やがて、太陽神ソルの娘が新たなる太陽となって照らす世界で、人類を再創造する。

## IV 生き延びた神々

　キリスト教化のプロセスを生き延びた神話の登場人物は決して多くない。多神教とキリスト教信仰が共存した過渡期を経ると、彼らは言語学的な枠組み内、つまり定型的な表現や暗喩——「オーディン」と「トロル」はこうして「悪魔」の同義語となった——または地名にしか生き残らなかった。中には徐々に性格を変えて民間伝承の仲間入りをしたケースもある。たとえばトロルはスカンディナヴィアやシェトランド諸島ではドロウ（drow）という名の小人になっている。しかし当時の呪文やまじないを調べると、彼らが決して消滅したわけではないことがわかる。太古の月の女神ビル（Bil）の名残は、中世の民間伝承で知られるビルヴィス（Bilwiz）という人物に認められる。18 世紀になるとオーディンはワイルドハント（→ワイルドハント）の先導者になるが、これについては 1742 年に知識人のヨハン・ペーター・シュミット〔ドイツの聖職者・法律家〕が次のように記している。

　　「特によく指摘されるのは、こちらの若いオーディンはきわめて強力な魔術師で、戦いの技能において彼に比肩する者はいなかったという点である。その名ウォーデン（Woden）は「怒り狂う（wüten）」からきていると考える者もいる。また、特に狩人の間で広く信じられている言い伝えについても、知らない者はないだろう。クリスマスの頃や謝肉祭の夜になると、ウォール（Woor）あるいはゴール（Goor）、ま

たはワイルドハントと呼ばれるもの、すなわち悪霊が数多くの騒々しい霊を率いて行う狩りが見られるという言い伝えだ。よく吟味すると、この迷信が若いオーディンの物語から派生したものであることがわかる。大衆は、夜空を通りがかるのがオーディンかウォーダンだと信じているからこそ、この幽霊たちの群れを、怒れる軍勢、ウォーダン／グーデン／オーディンの軍勢と呼ぶのである」

またすべてのゲルマン諸国が同時期に同じような進化を遂げたわけでもない。アイスランドとノルウェーの民間伝承には、古い神話のさまざまな要素が保存されている。19世紀初頭以降には、長い間陽の当たらない場所に追いやられていた神々も、ヤコブ・グリムの作品の影響で研究者の注目を集めるようになった。その後リヒャルト・ワグナーが、その四部作を通じて北欧神話の知識を一般に広めたが、やがて邪悪なナチス思想が〝偉大なる第三帝国〟の神話形成のためにこれを利用したため、その後数十年間にわたってゲルマン神話は忌避すべきものとなってしまう。ジョルジュ・デュメジル〔フランスの比較神話学者、言語学者〕に始まる最近の研究で比較宗教学研究におけるゲルマンの神々の重要性が指摘され、ようやく過去の偏見から解放されつつあるのが現状だ。事実、ドイツ＝スカンディナヴィアの神々の体系は、地域的な生態系の一つにすぎない。他の文化に認められる多くの類例から明らかなように、北欧神話のルーツも、はるか広大なインド＝ヨーロッパ世界にあるのだ。


# V 民間伝承

遠い昔から数々の書物で紹介されてきた高尚な神話とは別に、これに並行して、絶えず変化し続ける表現形態や伝承が存在する。そこから浮かび上がってくるのはまったく異なる世界の存在だ。神々の住むはるか彼方の世界ではなく、森や山、石の下など人間のすぐ近くで暮らす、超自然的あるいは下等な存在の世界である。中には高尚な神話から転落してきた存在もあるが、神話にはまったく登場しない要素も少なくない。現在では幻想の産物とされるそのほとんどは、おとぎ話や伝説の中に今も息づいており、この非常に豊かな資料を無視することは許されない。たとえばグリム兄弟の作品には水の精霊ニクス、コボルト、人食い巨人、巨人、チェンジリン

グ（取り替え子）、小人などがしばしば登場し、さらにホレおばさん（女神ホルダ）、ペルヒタ、忠臣エッカルト、呪われた狩人などの重要なキャラクターも活躍する。

　ドイツでは、ヨハン・ゴットフリート・ヘルダー〔ドイツの哲学者、文学者〕やグリム兄弟に続くロマン派の詩人や作家たちが、民間伝承のテーマや登場人物、習俗などを題材に競って作品を書いた。たとえばフリードリヒ・ド・ラ・モット゠フケー〔フランス系ドイツ人の初期ロマン主義作家、詩人〕の『ウンディーネ』、アーデルベルト・フォン・シャミッソー〔フランス系ドイツ人の詩人、植物学者〕の『シュレミール奇譚』、さらに『ハンノキの王』、『ローレライ』、『タンホイザー』などである〔『ハンノキの王』は、もともとデンマークの伝説で、これをもとにヨハン・ヴォルフガング・フォン・ゲーテが詩『魔王』を書いた。『ローレライ』はライン川の岩山にいるとされる精霊の伝説で、ハインリヒ・ハイネの詩が有名。さらにドイツの伝説をもとにリヒャルト・ワグナーが歌曲『タンホイザー』を書きあげた〕。作品リストはさらに続く。そして音楽家たちもまた、こうしたテーマに着想を得て作曲を行い、この流行は 19 世紀の終わりまで続いた。

　したがって、スカンディナヴィアに残るゲルマン神話だけでなく、ゲルマン神話全体を広く俯瞰するには、この点も考慮に入れる必要がある。


## VI 神話・芸術・文学

　ゲルマン神話は美術と文学に非常に大きな影響を与えたが、ここではその概略を紹介するにとどめたい。[14] 絵画には、たとえば次のようなものがある。ヨハン・ハインリヒ・フュースリーの、トールがミズガルズの蛇と戦う有名な絵画（1780）、モルテン・エスキル・ヴィンゲの『巨人と戦うトール』（1872）、『ロキとシギュン』（1863）、クリストファー・ヴィルヘルム・エッカースベルグの『バルドルの死』（1817）、ニルス・ブロメールの『ロキとシギュン』（1850 年頃）、ジョン・チャールズ・ドルマンの『ヘルの前に立つヘルモッド』、『シヴとトール』、『ヴァルキュリアの騎行』（1900 年頃）、ドロシー・ハーディの『フェンリル』（1900 年頃）、『ロキとスィアチ』（1909 年頃）、ペーテル・ニコライ・アルボの『ワイルドハント』（1872）、『ヴァ

---

14　R. Boyer, *Héros et Dieux du Nord, guide iconographique,* Paris, Flammarion, 1997 は、参考書籍の情報や再録作品が豊富である。

ルキュリア』（1860）、モーリッツ・フォン・シュヴィントの『エルフの踊り』（1844）など。彫刻では、ハーマン・アーンスト・フロイントの『バルドル』（1821）、『トール』（1821-1822）、『イズン』（1821）、『ロキ』（木像、1822）、『運命の女神の託宣を得るミーミルとバルドル』（浮彫）、ダグフィン・ヴェーレンショルドの『オーディンとミーミル』（浮彫、1938）、ベングト・エルランド・フォーゲルベリの『フレイ』（1818）。ここに挙げたのはほんのわずかだが、多くの画家や彫刻家が神話をテーマとして取り上げている。またドイツのシュトゥットガルトには、カール・ドンドルフ作の運命の女神ノルヌの噴水がある。もはや、ゲルマン神話に登場する主要な神々はすべて取り上げられているといえよう。それだけでなく、その後の時代には、船舶にさえ神話から名がつけられていることも、ここで触れておきたい。

　たとえばノルウェーには「エーギル」、「ブラゲ」、「ヘイムダール」という名の船が存在するし、オランダには大型船「フレイ」と「バルドル」がある。アイスランドやスウェーデンにも「トール」や「ラーン」と名付けられた船があり、ドイツには「フレイヤ」という名のヨットがある。

　文学も負けてはいない。ゲルマン神話の知識なしには十分理解できない作品は少なくないのである。たとえば、フリードリヒ・フォン・ハーゲドルンの『イルミンスール』や、フリードリヒ・ド・ラ・モット＝フケーの『イルミンスール（イルミンの柱）』と、同じ作者による英雄詩『善きバルドル』（1818）などである。ヴィルヘルム・ヘルツはある物語詩<sup>バラード</sup>で、ナンナ、ホテル、ゲワルを登場させているし、ヨハン・イライアス・シュレーゲルが1743年に執筆した悲劇『ヘルマン』には、祖神トゥイストに捧げられた儀礼の様子が描かれている。フリードリヒ・ゴットリープ・クロプシュトックの頌歌の何編かはゲルマン神話の登場人物に言及している。たとえば「ブラガ」（1771）、「ウィンゴルフ」（1747）、「われらと彼ら」（1766）、「スクルド」（1766）、そして「オーディン」（1769 年、『ヘルマンの戦い』所収の賛歌）などである。ヘルマン・フォン・リングは『ヴァルキュリア』と題された劇詩を 1864 年に書きあげ、シリル・キストラーは 1891 年にオペラ『バルドルの死』を発表した。1933 年にはエルンスト・トラーの喜劇『解放されたウォータン』が上演されている。ハインリヒ・ハイネの風刺詩「アッタ・トロル」（1848）は、ワイルドハントの言い伝えを知らなければ理解できないだろうし、同じくヨハン・ゴットフリート・ヘルダーの物語詩<sup>バラード</sup>『ハ

ンノキの王』についても、エルフが何かを知らなければ、まったく意味が
わからないはずだ。

　ゲルマン神話の活躍の時期は中世に限定されていたわけでもない。本書
では、ドイツの教育者で民俗学者のテオドール・ヴェルナレケンが「神話
およびポスト神話の伝説」と呼んだものに登場する超自然的な存在や伝説
上の存在も取り上げている。

　各項目の末尾には、別の独立項目となっている名称を記した。これによ
り、百科事典の宿命としてあちこちの項目に分散してしまっているさまざ
まな伝承の全体像をとらえることを可能にした。さらに詳しく調べるには、
巻末の文献情報を参照されたい。

2004 年、クリスマスに

## 第 3 版への追記

　新たに追加した項目の多くは、ドイツ語圏諸国の民間伝承に由来する。
旧ドイツ領（東西プロイセン、ラウジッツ、シュレジア）についても取り
上げた。ここが長らくスラブ民族であるヴェンド人の居住地域であったに
もかかわらず、あえてそうしたのは、中世以降、特に 1233 年から 1285 年
の間に古プロイセン人を滅ぼしたドイツ騎士団によって植民化された結
果、この地方に独自の信仰体系が育まれたからである。第 3 版で新たに追
加した項目の多くはほとんどの辞書に載っていないか、あるいはそれに関
連する伝統が姿を消した結果、現在ではその意味が不明になってしまった
ものが多い。だが、フランスの妖精（ポール・セビオ著『フランスの習俗』
*Folklore de France*、未訳）に簡潔にまとめられている）などによく似た存
在を見つけて、読者はきっと驚くに違いない。

ガニーにて、2007 年

# ［ア］

## アイスマンドル、アイスメンライン（「小さな氷人」）

EISMANNDLE, EISMÄNNLEIN

チロル・アルプスの雪を被った山頂や氷河の中に住む小人の種族。潔白な者を守り、瀆神者を罰するという。同じ生活圏には、グレッチュマン（Gletschmann「氷河人間」）という野人もいる。

### ■参考文献

Johan Nepomuk, *Ritter von Alpenburg, Mythen und Sagen Tirols*, Zurich, 1857, p.86 sqq; 102 sqq.

## アウズ（「富」）

AUDR

夜の女神ノットが、最初の夫ナグルファリとの間にもうけた子。

## アウストリ（「東」）

AUSTRI

巨人ユミールの頭蓋骨からつくられた、天の四隅を支える4人の小人の一人。スカルド詩では天空は「アウストリの重荷」と呼ばれている。

天空を「ノルズリの親族の重荷」と呼ぶケニングも知られている。この小人の名はÓláfsdrápa（第26行）に登場。スノッリ・ストゥルルソンは『詩語法』で、天空をhjálmr（「ヴェストリとアウストリ、スズリとノルズリの兜」）と呼んでいる。

→ノルズリ

### ■参考文献

Claude Lecouteux, Olivier Gouchet, Hugur. *Mélanges d'histoire, de littérature et de mythologie offerts à Régis Boyer pour son 65e anniversaire*, Paris, P.U.P.S., 1997, pp.289-292.

## アウズムラ
AUDUMLA

氷が解けて生まれた原初の雌牛。乳房から乳の川が四筋流れ出ている。最初の巨人ユミールを養った。アウズムラが岩を覆う氷を舐めると、ブリという名の男が現れたが、これはオーディンの祖父である。

## アウフホッカー、ハッカップ
AUFHOCKER, HUCKUP

夜、外を歩いている人間の肩に飛び乗り、次第に重さを増す。死者とされる場合もある。彼らが人間を襲うのは、橋、交差点、泉、森、切り通し、墓地など決まった場所である。襲われた人間は、自宅に着くまで解放されない。人間が抱く闇への恐怖心を実体化したものかもしれない。ドイツ中央部のヒルデスハイムには、背中にアウフホッカーが取り付いたりんご泥棒の記念碑がある。

こうした「取り付き魔」の伝承はヨーロッパ各地に残されている。フランス西部のシャラント＝マリティム県では、ガニポート（Ganipote）と呼ばれている。

■参考文献

G. Grober-Glück, Aufhocker und Aufhocken, in M. Zender, *Atlas der deutschen Volkskunde, Erläuterungen*, 4e fascicule, Marbourg, N. G. Elwert Verlag, 1966, pp.127-223.

アウズムラ、『スノッリのエッダ』O・ブリニョルフソン、1760年。

## アウルヴァンディル
### AURVANDILL

　トールの物語に登場する人物。巨人フルングニルと戦ったトールは、なんとか相手を倒したものの、巨人が持っていた石英石の棍棒の破片が頭蓋に突き刺さってしまう。戦いの後で、トールはアウルヴァンディルの妻の巫女グロアに出会った。グロアが呪文を唱えると、トールの頭に埋め込まれていた石が少しずつ表面に出てきた。喜んだトールはグロアを喜ばせようと、治療が終わる前に夫の消息を告げた。アウルヴァンディルは、エリヴァガール川を渡ろうとした時、凍傷になった足指を引きちぎって空に向かって投げた。するとその指が「アウルヴァンディルの足指」という星になったというのだ。それを聞いたグロアは喜びのあまり治療を終わらせることを忘れてしまい、石英石はトールの頭に刺さったままになった。

## アウルケ
### AULKE

　ドイツ、ニーダーザクセン州エムスランドの小人たち。「小さなエルフ」を意味する指小語 alveke に由来する。

## アウルゲルミル
### AURGELMIR

　ユミールと同一視される巨人。ベルゲルミルの祖父。古ノルド語の aurr（粘土）に由来すると考えられ、その起源をあかしている。

## アウルコタング
### AURKONUNGR

　謎の多い神ヘーニルの別名の一つ。

## アウルボザ
### AURBODA

　ギュミール（エーギルの別名）と結婚した巨人女性。その娘ゲルズは、スキールニルを介してフレイの求婚を受けた。ギュミールがフレイの剣をもらえれば結婚を許すと言うと、フレイはこれに応じた。このため、終末戦争においてフレイは剣なしで戦うことになった。

## 悪魔の狩人

CHASSEUR DIABOLIQUE

　悪魔の狩人については、13世紀のシトー会修道士、ハイステルバッハのカエサリウスの著作『奇跡についての対話（*Dialogus miraculorum atque magnum visionum XII, 20*）』で述べられている。「神父の情婦が臨終に際して、踵のついた新しい靴を作って履かせて欲しいと頼みこみ、その願いは叶えられた。次の夜、月が輝き、夜明けまでまだ間がある時間に、騎士が馬に乗り、従者を連れて進んでいた。すると哀願するような女の声が聞こえた。二人が一体何だろうと訝っていると、一人の女が現れ、『助けて！　助けて！』と叫びながら彼らに走り寄った。知り合いの女だったので、騎士はすぐに馬から降り、自分の周りの地面に剣の先で円を描き、その中に女を立たせた。女が身につけていたのは肌着と、先に述べた靴だけだった。すると遠くから音が聞こえてきた。恐ろしい調子でラッパを鳴らす狩人、さらにその前を走る猟犬の群れの吠え声だった。音に気づいた女は全身をおののかせた。原因を悟った騎士は、従者に馬を預けると、女の髪を自分の左腕に巻きつけ、右手で剣を持った。悪魔の狩人が近づくと、女は『離して！　逃げなければ！』と騎士に哀願した。しかし騎士は全力で女を押さえた。哀れな女は渾身の力を振り絞り、髪の毛が抜けるのも構わずそのまま逃げ出した。悪魔は直ちに女を追い、捕らえて馬上に抱え上げた。すると、女の頭と腕は馬の片側に、そして足は反対側に投げ出された。そうして女は連れ去られた。夜が明けると騎士は村に戻り、夜の間の出来事を物語って髪の房を見せた。誰も話を信じなかったが、墓を開いてみると、埋葬された女の髪の毛がなくなっていた」

### ■参考文献

Claude Lecouteux, *Chasses infernales et Cohortes de la nuit au Moyen Âge*, Paris, Imago, 2013.

## 悪夢

CAUCHEMAR

→夢魔

## アーゲとエルゼ

AAGE ET ELSE

中世デンマークの民衆の間で歌われたバラード。テーマは死者の訪問。アーゲが死に、婚約者のエルゼが嘆き悲しんでいると、墓からアーゲが現れてこう告げた。おまえが泣けば墓の中は血だらけになり、私の足には蛇が絡みつく。おまえが陽気だと、墓の中で薔薇の花が咲く、と。すると、まず白いニワトリが、それから赤いニワトリと黒いニワトリが相次いで時を作った。棺を背負って墓地に戻るアーゲの後をエルゼが追う。アーゲはエルゼに、二度と会うことはないだろうと告げて、星を見上げるように命じる。彼女がこれに従うと、アーゲは姿を消し（「死者は地中へと滑り込んだ」）、エルゼは悲しみのあまり病に倒れて死ぬ。このバラードには、スウェーデン語版、デンマーク語版、あわせて5例が存在する。

→ドラウグ、レノーレ

### ■参考文献

*Danske Folkeviser fra Riddersal og Borgstue*, 2 vol., éd. par H. Grüner Nielsen, Copenhague, 1925, t. 2, pp. 52-57 (*Aage og Else*).


## アーサトール（「アース神族のトール」）
ASA-THOR

トールの別名の一つ。


## アーサブラグ（「アース神族の王子」）
ASABRAGR

トールの別名の一つ。


## アーサヘイム（「アース神族の世界」）
ASAHEIMR

スノッリ・ストゥルルソンのエウヘメリズム的な解釈によれば、アース神族は小アジアに位置する国に住んでいた。


## アースガルズ（「神々の囲い」）
ASGARD

ミズガルズの中心にあるアース神族が暮らす場所。巨人や悪霊、魔物や怪物の地であるウートガルズに取り囲まれている。「戦闘で死せる戦士たちの大広間」であるヴァルハラ（Valhöll、ドイツ語でWalhalla）のある地。

巨人によって建設された。巨人は期限内に作業を終える対価として女神フレイヤと太陽と月を要求し、神々はロキの助言に従ってこの取引を受け入れた。すると巨人は馬のスヴァジルファリの助けをえて猛然と仕事を進めはじめる。困惑した神々は、ロキにこの難局を切り抜ける策を練るよう命じた。するとロキは発情期の雌馬に化けたので、巨人の馬は建設作業を放り出してその後を追いかけはじめた。契約通りに仕事を終えられないと悟った巨人は怒り狂って暴れ、恐怖に駆られたアース神族に請われたトールが、槌で巨人の脳天を叩き割った。ロキの化けた雌馬から生まれた八本脚の灰色の仔馬スレイプニルは、やがてオーディンの愛馬となった。

■参考文献

Régis Boyer, Sur la construction d'Asgardr, in: *Perspective Indo-European Language, Culture and Religion. Studies in Honour of Edgar C. Polomé*, 1992（Journal of Indo-European Studies, Monographs 9), t. II, pp.406-426.

## アスガールズレイア
ASGAARDSREIA

　十二夜〔クリスマスから1月6日の公現祭までの期間〕の間に起こるとされるワイルドハント。
→オスコレイア、ワイルドハント

## アスク（「トネリコ」）
ASKR

　最初の人間の男の名前。オーディン、ヴィリ、ヴェーの三神はある日、岸辺で二本の流木を見つけた。その木から、彼らはアスクという男とエンブラという女を創り出した。そしてオーディンは生命と息吹を、ヴィリは知性と感情を、そしてヴェーは感覚と言葉を、それぞれ与えた。オーディンが伴っていた神はローズルとヘーニルだったという説もある。インドの『アタルヴァ・ヴェーダ』でも、最初の人間はユグドラシルに相当する「宇宙の支柱」スカンバから生まれたとされている。インドの古代神話は、この点でゲルマン神話に驚くほどよく似ているのである。

## アース神族
ASES

トール、フリッグ、フレイ（オラウス・マグヌス『北方民族文化誌』谷口幸男訳、上下巻、渓水社、1991-1992年）

　ゲルマン神話に登場する二つの主要な神族のうちの一つ。もう一つはヴァン神族である。

　アース神族に属する男神はオーディン、息子のトールとバルドル、そしてその他にニョルズ、フレイ、チュール、ヘイムダール、ブラギ、ヴィーザル、ヴァリ、ウル、ヘーニル、フォルセティ、ロキである。女神はフリッグ、フレイヤ、ゲヴィオン、イズン、ゲルズ、シギュン、フッラ、ナンナで、これにエイル、リョウン、ロヴン、ヴァール、ヴォル、スュン、フリーン、スノトラ、グナーが加わる場合もある。アース神族はアースガルズに住み、主要な神々は、自らの名前を冠した宮殿を所有している。戦闘（デュメジルの第二機能に相当）をつかさどるが、第一機能（統治／祭祀）、第三機能（生産／農業）に携わる場合もある。

## アスプリアン
ASPRIAN

　ロタール王の叙事詩（1150年頃）に登場する巨人。12人の巨人の指導者で、どんな馬にも乗れないほど大きく、曲芸師の才能と平足族からもらった外套を持っている。ロタール王がコンスタンティノポリスの皇帝コンスタンティヌスの娘と結婚するために旅した時に同行した。

　怒りにかられると力任せに足を踏みしめるため、足が地中にめり込んで

巨人アスプリアン、*Heldenbuch*, Strasbourg, Johan Prüss, vers 1483

しまう。ディートリヒ・フォン・ヴェローナ〔ディートリヒ・フォン・ベルンとしても知られている、東ゴート王テオドリックをモデルとして中世に成立した伝説の主人公〕の叙事詩では、二本の剣と一本の棍棒を持っている。

## アースブル（「アース神族の橋」）
ASBRU

大地と神々の領域を結ぶ橋の二つの名前のうちの一つ。
→ビルロスト

## アトラ（「ガミガミ屋」）
ATLA

神ヘイムダールの母とされる巨人の9人姉妹の一人。

## アトリ
ATLI

フン族の王アッティラ。ドイツ語で Etzel、古英語では Aetla と呼ばれる。ゲルマン叙事詩に登場し、『ニーベルンゲンの歌』では特に重要な役割を担っている。ジークフリートの死後寡婦となったクリームヒルトと結婚し、その宮廷でブルグント族が虐殺される。

## アトリーズ（「突撃者」）
ATRIDR

軍神としてのオーディンの別名の一つ。

■参考文献

H. Falk, *Odens Heiti*, Kristiania, 1924.


## アブヴァシュル

ABWASCHL

「洗い屋」は、高地の夏用牧草地にいるポルターガイスト。秋に家畜が山を下りた後に一帯を占拠し、大きな音をたててあらゆる道具類を洗ったり磨き上げたりするため、近くを通りかかった人は恐れをなして逃げ出す。時には、牛飼い娘が主人の許可なく踊りに出かけた場合などに、不満を示すために姿を現すことがある。

■参考文献

*Alte Sagen aus dem Salzburger Land*, Vienne, Zell am See, Sankt Gallen, 1948, p.84.


## アリー

ARIE

　ジュラ・ベルノワ地方のペルヒト、ペルヒタにあたる妖精の名前。

■参考文献

J. Grimm, *Deutsche Mythologie*, t. 1, p.342.


## アルヴァーク（「早起き」）

ARVAKR

　太陽の女神ソルの戦車をひく二頭の馬のうちの一頭。

→アルスヴィン


## アルヴィッス（「すべてを知る者」）

ALVISS

　トールの娘をもらおうとした小人。トールは娘を渡す条件としてあらゆる質問に答えるよう求め、土地、天、月、太陽、雲、風、火、海、森、夜、穀物、ビールなどの名を尋ねる。やがて夜が明けて、朝日を浴びた小人は石と化してしまった。

## アルヴィト（「全白」、「全知」）

### ALVIT

　白鳥処女の一人で、姉妹にスヴァンフヴィート（「白鳥のように白い」の意）とエルルーン（「ビールの秘密」の意）がいる。三人は、それぞれ鍛冶屋ヴィーラント（ヴェルンド）とその兄弟と結婚する。

## アルヴカル（「川の老人」）

### ÄLVKALL

　人間を狂気に陥らせる川の精霊。

## アルヴヘイム（「アルフ、エルフの世界」、ノルド語：Álfaheimr）

### ALFHEIM

　神々の住まいであるアースガルズの一部で、アルフ／エルフの支配者とされるフレイの領地。

## アルケ

### ALKE

　ドイツ西部ヴェストファーレン地方の水の妖精。からかわれると、その相手を追いかける。燃える車輪や竜の姿をしている。また、神を尊ばなかったために大地に呑まれた宿屋の主人だったアルケの魂であるとも言われる。ワイルドハントの犬の名前でもある。

### ■参考文献

Adalbert Kuhn, F. l. W. Schwartz, *Norddeutsche Sagen, Märchen und Gebräuche*, Leipzig, 1848, n° 357 et note sur le n° 152.

## アルシ

### ALCI

　双生神。タキトゥスは次のように述べている。「ナハナルワーリー族の間で古来神聖視されてきた森がある。そこでは、女性の装いをした神官が祭儀を担当している。奉られている神は、その性質からみても、ローマの双生神カストルとポルックスに相当すると思われる。名はアルシ。[中略]人々は、この双生神は若々しい兄弟であると考え、崇拝している」。この聖地とは、シュレジア地方のソブトカだと考えられており、年代記を著し

たチートマール・ド・メルセブルクが重要な聖地であると記した場所にほかならない。双子神はゲルマン系諸国で非常によくみられるモチーフで、岩壁画<sup>ペトログリフ</sup>に刻まれた双子の姿から、『エッダ』に登場する両性具有の神、そしてほとんど不可分の神フレイとフレイヤまで、枚挙にいとまがない。女性の服装をした神官についてのタキトゥスの記述は、スノッリ・ストゥルルソンがヴァン神族に奉仕すると述べている女神官ギュドヤールを想起させる。

→イボールとアイオ

## アルスィオーヴ（「大泥棒」）
ALTHJOF

　小人。特徴は名前が示す通りである。

## アルスヴィッド（「智慧者」）
ALSVID

　ルーンの秘密を知る巨人。地上の最初の生き物である巨人は、幅広い知識を持つと考えられていた。

## アルスヴィン（「快速」）
ALSVINNR

　太陽の女神ソル（太陽はゲルマン諸語では女性名詞）の戦車をひく二頭の馬のうちの一頭。もう一頭は Arvakr（アルヴァーク）。

## アルバルド（「灰色の髭」）
HARBARDR

　オーディンの別名の一つ。

## アルビウン
ALBIUN

　おそらくはオーストリア出身で、プレイエという名前以外不詳の人物の作品『タンダレイスとフロディベル』（13 世紀）に登場する山の女王。小人と野人を支配している。攻めてきた野人クリオン（Kurion）に侍女の一人を奪われる。

## アルフ（男性）
ALF（masc.）

東プロイセンの精霊の名の一つ。Aft、Rodjäckte（「赤い上着」の意）ともいう。貧乏人が突然、不可解な状況で金持ちになると、「アルフを従えているおかげだ」と言われる。マズーリ地方〔現在のポーランド北部〕の方言では Lataniec、Kaubuk と呼ばれることも多い。

アルフは、めんどり、灰色のガチョウ、またはフクロウに似た鳥などの姿で家にとりつく。大きな黒猫や仔牛の姿をしている場合もある。大抵は屋根裏にいて、その姿を見ることができるのは家の主人のみ。しかし牛小屋や納屋、煙突付近ののぞき窓や、あるいは煙突の中にいることもある。時に、黒い織物で壁を覆った部屋を用意するよう求め、その部屋には主人以外の人間が入ることを許さない。主人はアルフを牛乳、プラム、スクランブルエッグ、シラカバ粉の粥などで養わなければならない。

アルフは、決まった形を持たない火のような存在とされることもあり、空中を移動する姿は火のついた棒やホウキのように見える。多くの場合、飛んでいるか、獣や鳥などの姿をしているが、両者が重なっている場合もある。「めんどりが尾に火がついたように走り回っている」という表現は、アルフを示唆している。棒の姿で空を飛ぶアルフは、家の中では鳥などの姿をしているが、夜に外出する時は本来の姿に戻るという。

アルフは家の仕事を手伝ったり富をもたらしたり、あるいは同時に両方してくれることもある。畑仕事をする農婦の代わりに昼食を用意し、家畜に餌をやっていると干し草を投げてよこし、また家畜を繁殖させ、バターを固めるなど、あらゆる活動に手を貸してくれる。何よりも、その家の富を増大させる。アルフは黄金を排泄するとさえ言われている。貴重品を盗んでは主人のもとに持ってくるが、特に納屋から穀物を盗むことが多いので、それを防ぐために、建物の上部に十字架の印がつけられることもある。種まきの季節には、ある農夫の種子を別の農夫のものと取り替え、収穫の時期には、刈穂で同じことをする。別の農家の鶏小屋から卵を盗み出して、自分の主人の鶏小屋に持ってくることも。空飛ぶアルフが赤色の時は金を、青色の時は穀物を運搬中で、主人の家には煙突から入ってくる。空を飛ぶアルフに声をかければ、アルフは運搬物をその場に落とすが、声をかけたら急いで室内に逃げ込まないと、アルフが頭上にシラミを降らせる。

言い伝えによれば、アルフは人間のもとに身を寄せなければ生きていけ

ない。めんどりの姿で凍死しかかっている時に、情け深い人間に家の中に
入れてもらうと、その人間が死ぬまで忠実に仕える。主人が亡くなると、
アルフはその親類のもとに身を寄せて、奉仕を続ける。しかし主人がアル
フに十分な食事を与えなかったり、追い払おうとしたりすると、仕返しに
それまでしてきた奉仕と同じぐらいの損害を与える。集めた富を持ち去り、
そのうえ家に火を放つ。アルフに熱い飼い葉を与えた場合にも同じことが
起きる。

■参考文献

Erich Pohl, *Die Volkssagen Ostpreussens*, Königsberg, 1943, rééd. Hildesheim,
New York, 1994, p.182 sq.

## アルプ
ALP

　ドイツに伝わる様々な言い伝えが融合した存在。もともとはエルフだっ
たが、やがて悪魔と結びつけられ、悪夢（Mahr、Doggeli、Trud）と同一
視されるようになった。アルプは夢魔であり、悪霊、小人（スイス）、幽
霊（アルザス地方）、早死にした人間の魂、魔女または恋人である女の分
身とされることもある。呼び名は地方によって異なる。フリースランド
地方では Rittmeije（「騎行者」）または Walriderske（「棒にまたがる者」）、
フランケン地方では Trempe（「足を踏みしめる者」）、アルザス地方では
Lützelkäppe（「縁なし帽を逆さまにかぶる者」）といった具合だ。アルプは
どんな動物にも姿を変えられるが、特に毛むくじゃらで目をらんらんと光
らせる動物の姿になることが多い。ある種の人物、とくに狂人は、アルプ
になる定めである。生まれた時から歯が生えている人、日曜日、精霊の時
間（真夜中と午前 1 時の間）、不吉な星のもとに、または聖ガルスの祝日（10
月 16 日）の 3 日前に生まれた者も、アルプになるおそれが大きい。一家
に 7 人の息子がいる場合、そのうち一人は狼男になるが、娘が 7 人いる場
合は、一人がアルプになる。

　アルプは眠っている者の胸に乗って、重みをかけて圧迫し、首を絞め、
踏みつける。また鍵穴や道、通気口を含む、あらゆる穴から侵入する。ア
ルプがやって来る時は、鈴の音やかじる音など、何らかの音がし、その呼
吸音は眠気を催す。子どもの胸を吸うことがあるが、この行為は吸血鬼を
連想させる。アルプは病をもたらすとされ、「アルプの一撃」と呼ばれる

病気もある。また馬のたてがみをもつれさせるが、これは家つき精霊や小人によく認められる行為である。つむじ風とともに移動する。

　物語では、何かを強く求めている人間の睡眠中に現れる、その人自身の分身ともされる。こうした場合、分身は、眠っている人間の体を小動物の姿で抜け出し、悪夢の霊のように振る舞うという。

■参考文献

Claude Lecouteux, *Fées, Sorcières et Loups-Garous au Moyen Âge*, Paris, Imago, 2012; V. Meyer-Matheis, *Die Vorstellung eines Alter ego in Volkserzählungen*, Diss. Fribourg-en-Brisgau, 1974.


## アルファブロット（「エルフの供犠」）

ALFABLOT

　冬至に行われた、死者や豊穣を称える祭りヨールの別名。「豊かな実りと平和を願って」雄豚の生贄が捧げられた。

→ヨール


## アルフェード（「万物の父」）

ALFŒDR, ALDAFADIR, ALFADIR

　オーディンの別名の一つ。「神々の父であり、すべての人間や物事を創造したために、そのように呼ばれる」（スノッリ・ストゥルルソン）。

■参考文献

H. Falk, *Odens Heiti*, Kristiania, 1924.


## アルフリッグ（「強力なエルフ」）

ALFRIGG

　女神フレイヤの首飾りブリシンガメンを作った4人の小人の一人。


## アルベリッヒ 1 世（「エルフの王」）

ALBERICH 1（ELFE PUISSANT Ⅰ）

　『ニーベルンゲンの歌』でジークフリートに打ち負かされる小人またはエルフ。伝説の王子シルブングとニベルング（「霧」と「水」の意味）の財宝を守り、姿が見えなくなるマント、タルンカッペ（Tarnkappe、古フランス語では cape folette）を所有する。ジークフリートを主人公とする古ノ

ルド語の武勲詩に登場するアンドヴァリに相当する。フランス文学ではオベロンとして知られる。

■参考文献

Claude Lecouteux, *Les Nains et les Elfes au Moyen Âge*, Paris, Imago, 2013.

## アルベリッヒ2世（「エルベリヒ」）
### ALBERICH 2（ELBERÏCH）

　ロンバルディア王オルトニットの伝説では、オルトニットの父親である小人とされる。アルベリッヒの姿を見ることができるのは、魔法の指輪をはめたオルトニットだけで、その指輪は、かつてアルベリッヒがオルトニットの母親に贈ったものである。タボル山〔イスラエルの山〕に住む異教徒の王マコレルの娘との結婚を望む息子オルトニットに、武具一式と薔薇という名の剣を与える。王女を手に入れるための遠征にも加わり、異教徒を散々痛めつけ、彼らの偶像を破壊し、武器を城の堀に落とし、また彼の姿を見ることができないマコレルを愚弄した。さらに、オルトニットの使者や助言者としての役割も果たし、オルトニットが王女を奪うのにおおいに貢献した。有能な鍛冶屋でハープの名手でもあるアルベリッヒは、年齢が500歳を超え、4歳児の身長しかないにもかかわらず、12人分の怪力の持ち主である。口に含むとあらゆる言語を理解し、話せるようになる魔法の石を所有している。

小人のアルベリッヒ、*Heldenbuch*（ヘルデン・ブッフ、英雄本）, Strasbourg, Johan Prüss, 1483 頃

## アルムガイスター（「高地の精霊」）

ALMGEISTER

　アルプス地方全域では、夏の間高地で放牧した牛が秋に下牧すると、それまで森や穴にいた精霊が山小屋を春まで占拠すると言われる。精霊の名は地方によって異なり、ドイツでは Almbütze、Hüttlebutz、Novabutz、チロル地方では Alperer、Kasermanndln と呼ばれる。スイスでの名は Alpmüeterli。これは動物の姿のコボルトを伴う腰の曲がった老女で、彼らが現れると悪天候になるという。この精霊は乳を搾り、バターやチーズを作り、家畜の番をし、口笛を吹き、ヨーデルを歌い、騒音を立てる。こちらから挑発しないかぎりは友好的である。


## アルムブッツ

ALMBUTZ

→カーゼルマンドル


## アルンヘフディ（「鷲の頭」）

ARNHÖFDI

　オーディンの別名の一つ。巨人スットゥングの魔法の蜂蜜酒（→クヴァシル）を奪う物語に由来すると思われる。蜂蜜酒を手に入れたオーディンは鷲に姿を変えて逃亡した。

■参考文献

H. Falk, *Odens Heiti*, Kristiania, 1924.


## アンガーネ、エングアーネ、エグアーネ（女性）

ANGANE, ENGUANE, EGUANE（fém.）

　北イタリアのチロル地方（トレンティーノ地方）の伝承に登場する架空の存在。女の野人、妖精、あるいは魔女。森と野原に囲まれた泉近くの洞窟で暮らし、織物の糸を洗って過ごしている。敵である巨人ベアトリクに見つかると、八つ裂きにされてしまう。彼女たちの姿は明け方か夕暮れに目撃されることが多い。基本的に善良で、特に若い男に対しては友好的だが、その気分を損ねた者にはたちまち不幸が訪れる。人間に無限の糸玉を贈ることがある。

■参考文献

Christian Schneller, *Märchen und Sagen aus Wälschtirol*, Ein Beitrag zur deutschen Sagenkunde, Innsbruck, 1867, pp.215-218.

## アングズレワイブル（「野原の小さな女」）
ANGZRERWEIBL

オーストリア、ザルツブルク地方の伝承に現れる小人の女。夜に旅人を橋の上に誘い込み、髪の毛が逆立つほどの恐怖を味わわせるが、夜が明けた途端に鋭い叫び声をあげて姿を消す。

■参考文献

*Alte Sagen aus dem Salzburger Land*, mit einem Vorwort von Karl Adrian, Zell am See & Saint-Gall, 1948, p.83 sq.

## アングルボザ（「騒乱の挑発者」）
ANGRBODA

ロキとの間に、フェンリル、ミズガルズソルム、冥界の女王ヘルを産んだ女巨人。

## アンゲイヤ
ANGEYJA

巨人の9人姉妹の一人。ヘイムダールの母とされる。

## アンシーズ
ANSES

「アース（Ase)」の古形。ゴート人著述家ヨルダネスの著作に登場する。彼によればアンシーズの末裔に、エルマナリックやテオドリック大王が輩出したアマーレス族があるという。「アース」の変化形である「ansuz」の文字は、ドイツ、シュヴァーベン地方の町バリンゲンで出土したフィブラ〔古代において、衣服をとめるために使用されたブローチ〕の円盤に刻まれていた。またデンマークのフィン島のクラーゲフルで出土した槍の木製の柄や、ノルウェーのロムスダール県ミュクルボスタッドの墓石にも同様の文字が刻まれている。さらに時代をさかのぼると、ベルギーのトンヘレンで発見された奉納碑文にもアンサエ（Ansae）という女神の名が見られる。今もゲルマン系の名にはアンスガー（Ansgar)、アンスバ（Ansba）などが存在し、

ゲルマン系民族に共通する伝承の存在がうかがえる。

## ■参考文献

E. Polomé, L'étymologie du terme germanique *ansuz, dieu souverain, *Études germaniques* 8（1953), pp.36-44.


## アンズリームニル（「煤けた者」）

### ANDHRIMNIR

ヴァルハラの料理人。死せる戦士たちのために、エルズリームニルという鍋を使ってイノシシのセーフリムニルを料理する。


## アンテロイエ、アンティロイエ、アンティロイス

### ANTELOYE, ANTILOIE, ANTILOIS

『アレクサンドロスとアンテロイエ』という短編で重要な役割を果たす小人の王。この物語には、中世ヨーロッパの様々な言語の異本が存在する。アンテロイエは、彼の獲物をアレクサンドロス大王に狩られ、釈明を求める。その後、大王と友誼を結ぶべく小人王国に招待し、直後に自らもアレクサンドロス大王の野営地を訪問する。姿を消しては側近たちに様々ないたずらを仕掛ける。普段は小さな馬に乗り、身長は4アンパン半〔1アンパン：片手の指をいっぱいに広げた時の親指の先から小指の先までの長さ〕しかない。

ウルリヒ・フォン・エッツェンバッハ（13世紀）の『アレクサンドロス大王の歌』によると、冠をかぶり、笏を持ち、堂々とした体つきで目と肌の色は明るく、身長は人間の2歳児並みである。


## アンドヴァリ（「息吹の守護者」）

### ANDVARI

カワカマスに姿を変えて滝壺を泳いでいるところをロキに捕らえられ、財宝を要求された小人。言うがままに財産を与えながらも魔法の指輪だけは隠そうとしたが、ロキに気づかれ、指輪も取り上げられてしまう。そこでアンドヴァリは、指輪の所有者はことごとく破滅するという呪いをかけた。この財宝がやがて、ジークフリート（シグルド）のものになる。


## アンドラングル（「広大なるもの」）

### ANDLANGR

小人のアンドヴァリ、スウェーデン、ウップランド地方アルトゥナの石碑、11世紀

我々が見ることのできる空と、第三の天であるヴィドブラインの間に存在する第二の天。

## アントリッシュ（複数）
ANTRISCHE（plur.）

チロル地方で、神がアダムとエヴァをエデンの園から追放した後にエヴァのもとに現れた時、エヴァが隠した子供たちである小人の集合名詞。神は「わたしから隠されたものは、とこしえに隠されるように！」と言ったという。Hollenleut ともいう。

■参考文献

Joh. Adolf Heyl, *Volkssagen aus Tirol*, Brixen, 1897, p. 504, p.608. Ignaz V. Zingerle, *Sagen aus Tirol*, Innsbruck, 1891, p.46 sq.

## アンナール（「他者」）
ANNAR

夜の化身ノット（Nott）の二番目の夫で、大地の化身である女神ヨルズの父。

# ［イ］

## イヴァルディ
### IVALDI

フレイまたはオーディンの魔法の船であるスキーズブラズニル、シヴの黄金の髪、オーディンの槍グングニルを作った小人の兄弟の父。

## イーヴィング
### IFING

巨人たちと神々の領域を分ける川。決して凍結することはない。

## 家つき精霊
### GÉNIES DOMESTIQUES, TOPIQUES

神話や民間伝承によると、あらゆる家は精霊に守られている。それはもしかしたら、その場所に住む人間に好意を示している土地の守り神かもしれないし、あるいは亡くなった祖先の霊かもしれない。なぜならかつて死者は、家の中に葬られていたからだ。より近年のスカンディナヴィアの伝承によれば、家に最初に住んだ人間は、死後その家の守護霊になるという。つまりゲルマン人にも、ローマ文明のマーネス（Manes）、ペナーテース（Penates）、ラーレス（Lares）に似た概念が広まっていたということである〔古代ローマ文明で、マーネスは死者の霊、ペナーテースとラーレスは家庭の守護神である〕。これら家つき精霊は、古英語では「家の神」を意味するcofgodasと呼ばれた。

そこから派生したのがドイツ語のコボルト（Kobold）で、これは文字通り「部屋を支配する者」という意味を持つ。昔の家に部屋は一つしかなかったからだ。10世紀の古高ドイツ語の注釈書では、ラテン語のペナーテースとラーレスの訳語としてingoumoとingesindが充てられている。「召使い」を意味するingesindは、フランスの精霊の名前でもある。1230年から1250年の間に活躍したシトー会修道士ロドルフ・フォン・シュレジアが残した記録には、古い名前が記されている。「新しく建てられた家や、初めて人が住む家では、Stetewaldiuと呼ぶ守護神のために、いろいろなも

のが入った壺を家のあちこち、場合によってはかまどの裏にさえ埋める」

　これらの精霊は、各地方の精霊と共通する多くの名を持っている。デンマークでは Nisse、Lile Niels、Nis、Nis Puge、Puge、Gaardbo、Gaardbonisse、Gaardbuk。ノルウェーでは Tuss（e）、Bokke、Tomte、Tomtegubbe、Tufte（しばしば -folk、-bonde、-kall と結合する）、Tunkall、Tunvord、Gardvord、Gardsbonde。スウェーデンでは vätte、Gårdsråd、Tomte（Tomte gubbe、-bise）、Tomkall、Nisse、Goa Nisse、Nisse-go-dräng。

　精霊たちは少しずつ小人と混同され、特徴を失っていった。現在では、庭に置かれた小人人形の形で生き延びている。

→ファクサル、ヘルノス

■参考文献

Claude Lecouteux, *La Maison et ses Génies : croyances d'hier et d'aujourd'hui*, Paris, Imago, 2000; Dagmar Linhart, *Hausgeister in Franken*, Dettelbach, J. H. Röll, 1995; Erika Lindig, *Hausgeister. Die Vorstellungen übernatürlicher Schützer und Helfer in der deutschen Sagenüberlieferung*, Francfort/Berne, Peter Lang, 1987. J. Klapper, Deutscher volksglaube in Schlesien in älterter Zeit, *Mitteilungen der Schlesischen Gesellschaft für Volkskunde* 17（1915), pp.19-57, ici p.36; G. F. Hartlaub, *Der Gartenzwerg und seine Ahnen*, Heidelberg, 1962; Bengt Holbek, Iørn Piø, *Fabeldyr og sagnfolk*, Copenhague, Politikens Verlag, 1967, pp. 142-155; Bø, Grambo & Hodne, *Norske Segner*, Oslo, 1995, n° 70.

家つき精霊

## イェローム
### JEROME

1300年頃に記された『シュワーベンのフリードリヒ物語』に登場する小人たちの女王。森の中で出会ったフリードリヒに一目惚れしたイェロームは、中が空洞の山の中に彼を誘い込み、そこから帰さない。フリードリヒはイェロームの愛人となり、ツィプロナーが生まれるが、この子は小人ではない。フリードリヒの最初の妻の死後、二人は結婚する。魔術を操るイェロームは、手の一振りで部屋の中を暗闇にすることができた。

## 生贄の沼（ブロートケルダ）
### BOURBIER SACRIFICIEL (Blotkelda)

生贄の儀式では、生贄の男性が沼に突き落とされた。これは、女神ネルトゥスの宗教儀礼に関するタキトゥスの記述を思い起こさせる。女神像を湖の水で清めた後、作業に携わった奴隷たちは湖で溺死させられていたというのだ。実際にスカンディナヴィアと北ドイツでは生贄と思われる遺体が発見されたが、いずれも、泥炭層に含まれるタンニンのおかげで非常に良好な状態を保っていた。

## イザヴォル（「輝く野」）
### IDAVÖLL

アースガルズの周りに広がる、アース神族の土地。ラグナロク後、生き残った神々が集まり、大きな出来事や太古のルーンについて回想した。神々は、草の間から、古代の民のものだった不思議な黄金のテーブルを発見する。人類のあらゆる知識は石板や柱に刻まれ、世界が崩壊した後も失われないという、中世ドイツの伝承が、ここにも認められる。

## 石／岩、礼拝と使用
### PIERRES, CULTE ET EMPLOI

石（岩）を拝む行為はヨーロッパの至るところで確認されており、聖職者の文章、教会法、教令、聴罪提要などから幾つかの具体例が明らかになっている。443年から452年にかけて開催されたアルル公会議では、岩を礼拝する者たちを断罪し（教会法第23条）、506年には、南仏アグドでの公会議で岩に向かって祈願することが禁じられた。567年のツール公会

議では、岩のそばで教会の戒律に反する行動をする者を非難し（第 23 条）、681 年のトレド司教区会議では岩を祀る者たちのことが取り上げられた（第 11 条）。789 年にカルル大帝が発布した一般訓令（Admonitio generalis、第 65 条）の内容から、岩の前で火を焚いていたこと、岩の周りで特定の礼拝行為をしていたことが明らかになっている。10 世紀には、アングロ・サクソン 7 王国の一つノーサンブリア王国の司祭法で、岩の周りに集まる者たちが断罪されている（第 54 条）。アグド公会議の議事録には、一つまたは複数の岩が（そこに何らかの神が座しているかのように）祭壇として使用されていたことが記されている。中世になると、小人やエルフや精霊がこうした信仰の対象になった。『キリスト教のサガ』の第 2 章にその実例が載っている。「ノルウェーのジリアに岩がそびえ立っているが、その岩にコドランの両親は生贄を捧げていた。その岩には守護霊が住んで棲んでいると信じていたのだ」。また『トールヴァルトの言葉』にも、似たような話が載っているが、この話に登場する聖霊が「占い師」と呼ばれているのは、おそらく、その精霊が将来を予言するからだろう。

　古代法では、石は今では考えられないような使い方をされていた。1225 年にイングランド王国でジョン王が制定した大憲章（マグナ・カルタ）を読むと、裁判官は岩のそばに腰かけるか、被告人と同じように岩に座っていたことが分かる。中世のスウェーデンでは、裁判官は 3 人か 7 人か 12 人だった。ある人物に裁判所への召喚を知らせる場合、その人の家の前の石を一つひっくり返しておく。不在の場合は、敷居の上に石を三つ置いておく。『詩のエッダ』の中の『フンディング殺しのヘルギの歌 その 2』（31 節）では、ヘグニの息子でシグルーンの弟のダグが誓いを立て、後にその誓いを裏切るウンの岩が話題に上っている。『めんどりのソーリルのサガ』にはヘルステインが次のように宣誓する場面がある。「彼は岩塊のある場所の方に進み、その岩の上に足を置いて『私は、この民会が終わる前に、ゴジ（神官兼首領）、アングリームの完全なる追放を勝ち取るだろう』と高らかに宣言した」。おそらく王の即位儀式の習慣に似せる必要があるのだろう。新王は、戴冠のときに聖別してもらい、喝采を受けるために岩の上に登った。この岩はスウェーデンでは Mora、デンマークでは danaerygh と呼ばれている。『詩のエッダ』の英雄詩『フレズの歌』にはその岩のことが暗示されている（7 節）。熱湯による神明裁判では、沸騰した湯が入っている鍋の中から素手で石をとり出さなければならないとノルウェーの法

律集 Grágas（55 条）に記されている。『詩のエッダ』には、グズルーンが煮えたぎっている鍋から石を取り出して身の潔白を証明する場面が描かれている。「彼女は美しい白い手を鍋の底に伸ばし、輝く宝石を拾い上げた。ごらんなさい、戦士たち。私は神聖な方法で、疑いが晴れたのです」。このことを古アイスランド語では taka i ketill（鍋から取り出す）という。オラウス・マグヌスの代表作『北方民族文化誌』によると、姦通者は石を身につけていた。中世スカンディナヴィアの法律には、そのことに関する滑稽な規定があった。「既婚女性が夫以外の既婚男性と情事に耽った場合、当人たちは罰金を支払わなければならない [ 中略 ] 男性が罰金を支払うことができなければ、男性の性器を石を括りつけた紐で縛り、女性に同じ石を結びつけ、女性は愛人を連れて町中を歩き回らなければならない」。

　死刑の一つの形として、受刑者の頭の上に大きな石（石臼がよく使われた）を落とすというのがあった。サクソ・グラマティクスの『デンマーク人の事績』の第八の書 16 に、スウェーデン人がテューレ（アイスランド）のレボをこの方法で殺害したことが記されている。「彼らはレボが寝ている間に、ベッドの上に石臼を吊るし、その綱を切って彼の頭上に落とした」。スノッリ・ストゥルルソンは『詩語法』（第 2 章）の中で、こう述べている。「小人のフィアラルとガラールが殺したギリングの妻は、夫の死を知って激しく泣いたため、ふたりの小人は妻も殺してしまう。ギリングの妻が砦の外に出たとき、フィアラルは弟ガラールに扉の上の岩壁に登って、石臼を彼女の頭に落とすように指示した。彼女の泣き叫ぶ声にうんざりしたからだ」。魔術師の裁判では特殊な死刑が行われるようだ。スノッリ・ストゥルルソンが 1230 年頃に編集した『オーラヴ・トリュッグヴァソン王のサガ』（第 63 章）を信じるなら、魔術師は高潮に覆われた岩壁に連れていかれる。これはエイヴィントとかいう者に起こったことだ。以来、この岩は Skrattasker（魔術師の暗礁）と呼ばれている。同じくスノッリは、先に掲げたギリングの話の結末について面白いことを書いている。ギリングの息子スットゥングは小人のフィアラルとガラールを捕まえて沖に連れてゆき、ふたりを高潮に覆われた暗礁の上に置いた。しかし結局、クヴァシルの血で造った魔法の蜜酒と引き替えに、命を助けてやった。

　石は自殺の道具にも使われる。『ガウトレクのサガ』には、ギリングが命を落とした岩壁（Gillingshamarr）の頂にある Atternisstapi、すなわち「家族の岩」と呼ばれる岩のことが記されている。「非常に高く、そこから落

ちて助かった者は誰もいない。家族の岩と呼ばれるのは、その岩壁のせい
で、祖先の数が減っているからだ [ 中略 ] 祖先はみんなここで死んだ [ 中略 ]
そして、その祖先をたどるとオーディンに行きつく」。このサガには、人
はヴァルハラに行くためにここでの死を選ぶとはっきり書かれている。『ア
イスランドの植民の書』の Skardsarbok（スカルズスアゥ）写本には、食
料難のときには、老人や困窮者を岩壁の上から突き落として非業の死を遂
げさせたと書いてある。

　魔法の石もある。『コルマクのサガ』（第 12 章）では、ベルジは首の回
りに下げた袋の中に命の石（lifsteinn）を持っており、そのおかげで水泳
競技に勝利する。また、『ベルンのテオドリックのサガ』では「勝利の石」
について触れている。

　最後に、フランク王国時代以降、ゲルマン民族の国々で stein（石）の
ついた名前が数多く見られるようになったことを指摘しておこう。アイス
ランドでは、Steinbjorn、Steinthorr、Steinhildr など男性の名前が 16、女性
の名前が二つある。ドイツでは、紀元 1000 年前には stein のついた男性の
名前が七つあった。

■**参考文献**

C.Lecouteux,《La face cachée des pierres》, in :*Les Pierres au Moyen Age*, ed. C.
Thomasset & D. James-Raoul, Paris (sous presse).


## イジ（「熱心」）

IDI

　オルヴァルディの息子で、シャツィとガングの兄弟である巨人。オルヴァ
ルディは所有物を息子たちの間で分ける際、それぞれが口いっぱいに頬張
れるだけの黄金を与えた。そのため、スカルド詩人たちは黄金のことを「イ
ジとシャツィとガングの一口」と呼ぶようになった。

→オルヴァルディ


## 泉

SOURCES

　中世の西洋諸国では、ケルト人の間でもゲルマン人の間でも泉崇拝が盛
んだった。そのことは、考古学によっても裏づけられている。宗教文学は
泉信仰を異端として排除し、泉に対する崇拝を聖人に対する崇拝に置き換

えている。神話ではウルズの泉、ミーミルの泉、そして多くの川の源泉と
なっているフヴェルゲルミルと呼ばれる泉がよく知られている。こうした
泉は、生贄にする人間を沈める生贄の沼（blotkelda）に近いと言ってよい
だろう。非常に多くの文献から、泉信仰があり、さまざまなものが奉納さ
れていたことが分かる。こうした奉納物は、その泉に住んでいると思われ
る神の庇護を願ったり、なだめたりするために捧げられる。

## イズン（「若さ」）
IDUNN

　詩歌の神ブラギの妻となった小女神。彼女の持つリンゴを食べれば、老
いてきた神々は若さを取り戻すことができる。ロキの企みによって、巨人
シャツィにさらわれた。

### ■参考文献
Sophus Bugge, Iduns æbler, *Arkiv för Nordisk Filologi* 5（1889）, pp.1-45.

## イディシ
IDISI

　運命の化身である超自然的な存在で、『メルゼブルクの呪文』の第一の
呪文に登場する。軍隊を麻痺させるという同じような能力を持つヴァル
キュリアに似た存在である（→ヘルフィヨトゥール）。古英語と古高ドイ
ツ語では、ides ／ itis は既婚婦人を意味していた。

## 犬
CHIEN

　地獄の入り口でまず出会うのは、ギリシャ神話のケルベロスを想起させ
る、胸部が血まみれの犬（→ガルム）である。また北欧神話には、女神フ
レイヤの別の姿であるメングロズの宮殿を守る二匹の犬ギヴルとゲリが登
場する。ヨール〔冬至の祭〕の祝いの行列で、犬の仮面をつけた人物を見
ることがある。また、墳墓から犬の遺骸が発見されている点も注目に値す
る。英雄ヘルギはフンディング（Hundingr）王を殺したことで知られてい
るが、この王の名は「犬の子孫」を意味する。-ingr/ -ungr という接尾辞は、
親子関係を示しているからだ〔Hund は現代ドイツ語で「犬」を意味する〕。フラ
ンス語でメロヴィウス（Mérovée）の子孫をメロヴィング朝（Mérovingiens）

と呼ぶのと同様である。フンディングという名は、特定の動物を始祖とするトーテミズムの概念の表れといえよう。

　民間伝承では、死者の魂はしばしば犬の姿をとると考えられている。有名なのは、アルント・ブッシュマンの物語だ〔15世紀のケルンの物語で、アルント・ブッシュマンの死んだ祖父が現れて、煉獄から天国に行くために手助けして欲しいと頼む〕。

■参考文献

Claude Lecouteux, *Dialogue avec un revenant* (XVe siècle), Paris, Presses de l'Université de Paris-Sorbonne, 1999.

→ヨール


## イボールとアイオ

IBOR ET AIO

　ゲルマン民族の双生神。パウルス・ディアコヌスは著書『ランゴバルド史』（8世紀）で、移住者を率いる同名の二人の首領について記している。あるとき、ウィニール族の人口が増えすぎたため、彼らは三つの集団に分かれ、そのうち二つの集団は新天地を目指すことを決めた。くじ引きにより生まれ故郷を離れて新天地を求めることになった人々は、指導者としてイボールとアイオの兄弟を選んだ。二人は血気盛んな若者で、しかも他者より優れていたからである。こうして彼らは故郷とそこに残る人々に別れを告げ、移住先を求めて旅に出た。兄弟の母ガンバラは、二人への助言を惜しまなかった。スコリンガに到着した一行は、ヴァンダル族に遭遇した。ゴダン（Godan）、つまりオーディンは、朝日が昇るときに最初に目にした側に勝利を授けることにした。ガンバラが女神フレアのもとに相談に行くと、女神はウィニール族の女たちが男に変装し、日の出後にゴダンが最初に目にする場所に立つように助言した。この見慣れない「長い髭の民」に気づいたゴダンは、妻のフレアに対して、あの長い髭の民は誰かと尋ねた。するとフレアは、あなたが今名付けた人々に勝利を授けるべきだと答えた。こうしてウィニール族が勝者となった。


## イムド（「ぼろを着た」）

IMD

　ヘイムダールの九人の母親の一人。

## イルパ

IRPA

10 世紀にノルウェー北部のハロガランドで、ソルゲルズ・ヘルガブルーズ（Thorgedr Hölgabrudr）とともに崇敬されていた女神。『ニャールのサガ』には、トールの横にイルパの神像が並んでいた神殿が登場する。

## イルミン

IRMIN

この神については、ほとんど知られていない。タキトゥスのいうヘルミノネスとおそらく関係がある。タキトゥスはゲルマン民族をイングヴァエオネス（その名からはイングヴィ＝フレイ神との関連性がうかがえる）、イストヴァエオネス、ヘルミノネスの 3 部族に分けている。イルミンは、その中の一部族の重要な神だったと思われる。年代記作者コルヴァイのヴィドゥキントは『ザクセン人の事績』（970 年頃）で、ヒルミンという名の神に言及し、これはマルスあるいはヘルメス神に相当するとしている。そしてゲルマン民族はこの神に巨大な柱を奉納し、これを崇めると述べている。イルミンという名は、ミズガルズの蛇の別名であるヨルムンガンド（Jörmun gandr）も想起させる。オーディンの名前の一つはヨルムンで、これは「力強い」という意味である。古い『ヒルデブラントの歌』には「イルミンの民」が登場する。

■参考文献

Norbert Wagner, Irmin in der Sachsen-Origo, Germanisch-Romanische Zeitschrift 59（1978）, pp.385-397.

## イルミンスール（「イルミンの柱」）

IRMINSÛL

ザクセン人との戦いにおいて、カルル大帝はエーレスブルクを攻略（772 年）し、そこにそびえていた樹幹を破壊した。ラテン語の文献によれば、イルミンスールが立っていた場所は神聖とされ、聖域になっていた。イルミンスールは、スカンディナヴィア神話において世界を支える木、宇宙樹ユグドラシルに相当する。

ヴァイドヴィーゼンヴァイブル

## [ウ]

### ヴァイデロッテ（男性形）、ヴァイデロッティン（女性形）
WAIDELOTTE, WAIDELOTTIN

旧プロシアの偶像崇拝の司祭たちの名前。

### ヴァイドヴィーゼンヴァイブル（「牧場の小人女」）
WEIDWIESENWEIBL

　1782年から1783年にかけて、バイエルンのライヘンハル近辺に現れた小人女。小柄なこの女性は、黒い衣服を身にまとい、右手には火を灯したロウソクを持っていた。大きな帽子をすっぽりとかぶっているため、顔がないのかと思われるほどだった。夜遅くに畑のそばを通って帰ると、どこからともなく牧場の小人女がやって来て、迷わないようにきちんと道案内をしてくれる。しかしときには、人を道に迷わせて、目的の場所とまったく違う方に連れて行き、置き去りにすることもある。彼女はひと言も発しないし、悪さをしたり、怖がらせたりすることもない。人々は彼女の助けを喜んで受けるが、当たり前のことだと思っているため、決して礼を言うことはない。

■参考文献

*Alte Sagen aus dem Salzburger Land*, mit einem Vorwort von Karl Adrian, Zell am See & Saint-Gall, 1948, p. 83 sq; Theodor Vernaleken,*Alpensagen*, Salzbourg, Leipzig, 1938, p. 63.

牧場の小人女

51

## ヴァグンホフト（「アザラシの頭」）

VAGNOPHTUS（ノルド語：**Vagnhöfdi**）

　デンマーク王グラムの息子たちグトルムとハディングを育てたふたりの巨人の一人。その娘ハルトグレーパは、ハディングの乳母にもなり、教育係にもなり、そして愛人にもなった。

## ヴァゴッルト

WAGOLLT

　15世紀末に世を去ったバイエルンの作家ウルリッヒ・フュートラーのアーサー王家の物語に登場する人さらい悪魔。ある島に棲み、魔術や妖術を操る。この物語の英雄パーシバインは、彼を殺し、多くの騎士や貴婦人を解放する。

### ■参考文献

Claude Lecouteux, *Démons et Génies du terroir*, Paris, Imago, pp. 192-194.

## ヴァズゲルミル（「浅瀬で騒ぐ者」）

VADGELMIR

　嘘つきを懲らしめる特徴がある川。

## ヴァッサーマン（「男の人魚」）

WASSERMANN（スカンディナヴィア言語：havmand, marmennil, âmand, havtrold, vandmand; 女の人魚の場合：havfrue pour les ondines, 英語：mermaid）

　水場はいつの時代も多くの幻想生物たちの棲みかになっていた。なかでも、人魚は人間の顔をしている。中世に、アンリ・ド・ノイシュタットがヴァッサーマンの姿を詳しく記している。背は槍のように長く、下の方が広がり、上の方は細くなっている。身体は緑色で、尻は魚の鱗で覆われ、長い尻尾がついている。吐く息は「小便桶のように臭い」。足には水かきがついている。1メートルほどもある長い顔は、口の両端から伸びている猪の牙のようなものに挟まれている。鼻は鳥の鼻のように湾曲し、曲がった爪と窪んだ眼、長い耳がある。棍棒を持ち、金の谷と呼ばれるエデンの園のようなところの番をしている。聖ブレンダンの伝説〔5世紀末から6世紀にかけて生存していた初期キリスト教の聖人ブレンダンは、隠居した後、楽園探訪の

旅に出て、その旅の様子が半ば伝説として残っている〕では、ヴァッサーマンは毛むくじゃらで角質化した肌の半人半魚として描かれている。

　13世紀に、ハインリヒ・フォン・デム・テュールリーンは、ヴァッサーマンについてまた違う描写をしている。海の王の使者は6歳くらいの子供の背丈で、皮膚はうろこで覆われ、眉が長く、髪の毛は魚のひれに似ている。耳は大きく上に伸び、鉄灰色の目はダチョウの目のように大きい。大きく短い鼻は先の方が広がって、真ん中は平べったい。半馬半魚の海の馬に乗っている。

　全般的に、中世の男人魚は恐ろしい。人をさらい、川を横切ったり水辺に沿って馬を走らせる騎士を襲うが、なかには、子供をさらっていき、湖底や海底で育てるものもいる。比較的新しい伝説や物語にもこのような恐ろしいイメージが残っている。

　北欧諸国では、舞踏会の夜に美しい若者が現れ、若い娘と踊っているうちに、いつの間にかその娘と共に姿を消してしまい、その後、ふたりは決して姿を見せなくなった物語が広く知られている。その若者はきっとヴァッサーマンだったにちがいない。なぜなら、彼の着衣の下の方が濡れていたから……。

　スカンディナヴィアのバラードには、人間と人魚との出会いを詠ったものが15篇ほどある。『アグネーテと人魚（*Agnete og havmanden*）』では、ヒロインは男の水の精に海底まで連れてゆかれ、そこで7人の子供をもう

ヴァッサーマン。ドイツの詩人、J. ケルナー（1786－1862）の同名の詩のイラスト。

ヴァッサーマン

けて、8年間、海底で過ごしていた。ある日、彼女は教会の鐘が鳴るのを聞き、教会に行かせてくれと夫に頼み、夫はそれを許した。地上に戻ったアグネーテは母親に出会い、海底での生活を語って聞かせた。そこへ夫がやって来て、戻ってくれと頼むが、アグネーテは拒む。あるいは夫とともに戻ったというバージョンもある。『竪琴の力 (Harpens kraft)』では、婚約をしている娘が川に落ちる運命にあることを知り悲嘆にくれている。娘の婚約者は頑丈な橋を造らせて、家来に橋を見張らせておいた。しかし、ふたりがこの橋を渡ろうとしたとき、馬がつまずいて娘は川に落ちてしまった。婚約者は竪琴を取ってこさせ、橋の上で美しい曲を奏でた。あまりの素晴らしい演奏に、すべてのものが心を動かされ、男人魚は奪った娘を返さざるを得なかった。水面に上がってきた娘は死んでいたというバージョンもある。また別の非常に有名なバラードでは、紳士の姿になった男人魚が若い娘をさらって湖底に連れてきたが、娘がその男人魚の名前を言ったために助かったという話が詠われている。ウンディーネたちが一人の若者を引き寄せたが、彼が去っていったときに悲しみのあまり死んでしまったという話もある。また、『ルーノの殿とウンディーネ (Herr Luno og havfruen)』では、生き物は魔法とルーンで守ることができると諭している。ドイツでは、ハインリヒ・ハイネ (1797 – 1856) が人さらいのヴァッサーマンのことを詠った詩『水の精 (Der Wassermann)』を書いている。

　どんな海や湖、川にも悪魔がいる。アルザスにはホージュマン (Hôgemann) (「牙をむく男」) がいるし、ベルギーのワロン地方ではランスクルーフト (Ranscroufte) (「背中の曲がったヨハネ」) がいる。

■参考文献

C. Lecouteux, Les génies des eaux : un aperçu, in : *Dans l'eau, sous l'eau : le monde aquatique au Moyen Âge*, éd. par D. James-Raoul et C. Thomasset, Paris, P.U.P.S., 2002; même auteur : *Les Monstres dans la littérature allemande du Moyen Âge*, 3 vol., Göppingen, 1982, t. 2, pp. 140-145; Bengt Holbek, Iørn Piø, *Fabeldyr og sagnfolk*, Copenhague, Politikens Verlag, 1967, pp. 63-99; *Danske Folkeviser fra Riddersal og Borgstue*, 2 vol., éd. par H. Grüner Nielsen, Copenhague, 1925, t. 2, pp. 110-117, p. 137 sqq.

## ヴァテ（ノルド語：ヴァジ）
WATE（nor. Vadi）

　ドイツの叙事詩や伝説に登場するエルマナリック王に仕える有名な武将。『テオドリック（シズレク）のサガ』では、ヴィルキヌス王と人魚との間にできた息子である巨人とされている。鍛冶師のヴィーラントはヴァジの息子。

■参考文献

Claude Lecouteux, *La Saga de Théodoric de Vérone*, traduite, présentée et commentée, Paris, Champion, 2001.

## ヴァナディス（「ヴァン神族のディース」）
VANADIS

　フレイヤの別称で、この名前は、フレイヤとディーゼスとの関係を明確にし、フレイヤが第三機能（豊穣と多産）に深い関わりがあることを示している。

## ヴァナヘイム（「ヴァン神族の国」）
VANAHEIMR

　ニョルズが育ったと思われる場所。

## ヴァフスルードニル（「からめることに強い者」）
VAFTHRUDNIR

　オーディンが身分を隠して知識比べをした物知りの巨人。ヴァフスルードニルはオーディンの質問にすべて答えたが、「バルドルが火葬の薪の上

に置かれる前に、オーディンが息子に何と言ったか？」という最後の質問
には答えられなかった。しかし、その質問で巨人は知識比べの相手が誰で
あるか見抜いたのだった。

## ヴァフルロジ（「揺れる炎」）
VAFRLOGI

女巨人ゲルズの住まいを囲む炎の壁。スキールニルが神フレイの求婚を
伝えに赴いたとき、この壁を越えなければならなかった。この炎の壁は、
オーディンが罰を与えたヴァルキュリア、ブリュンヒルドの物語にも出て
くる。奇妙なことに、白鳥の子供たちの伝説のラテン語バージョンには
Mountbrant つまり『燃える山』のことが示唆されている。ちなみに、中世
のキリスト教神話によると、エデンの園は炎の壁で囲まれていることに
なっている。

## ヴァーラスキャールヴ
VALASKJALF

アース神族の住居の名前。非常に古くて、銀で覆われているが、誰が住
んでいるのかよく分からない。その名前から、住んでいるのはオーディン
の息子ヴァリではないかと推測される。

## ヴァリ
VALI

オーディンが女巨人グリンドに産ませた息子。兄弟にアリがいる。ヴァ
リは主に、義理の兄バルドルの復讐をしたことで知られている。ヴァリは
9歳のとき、意図せずしてバルドルを殺してしまったホズを殺す。ヴァリ
は勇敢で弓を射るのが上手い。ラグナロクのときに生き残る。

## ヴァルキュリア（ワルキュリャ）（「戦死者を選ぶ者」）
VALKYRIES（valkyrjor）

ヴァルキュリアは主として軍事的機能を担うが、それだけでなく、魔術
師でもあり、守護神、恋する女、白鳥乙女でもあり、また知識を託された者、
豊穣と多産に気を配る者でもある。インド神話の水の精アプサラスのよう
に超自然的な姿にもなれば、人間の姿にもなる。ディース（第三機能の女

神）やノルヌ（ローマ神話のパルカに相当）、フィルギャ（fylgjur：守護霊）たちと多くの共通点がある。

ヴァルキュリアたちはオーディンに仕えており、その名前の多くは、「戦闘、交戦、剣、矛槍、怒り、勇敢さ」といった言葉に関係している。フランスの北欧学者レジス・ボワイエは38種類のヴァルキュリアの名前を分析し、その結果を著書で発表している。それによると、これらの名前の3分の1はふたつの異なる機能に関係しているため、デュメジルによる厳密な機能分類に当てはまらないことが分かる。

ヴァルキュリアは戦地で倒れた戦士たちを選びヴァルハラに連れてゆく。とくにオーディンを信奉する王侯たちへの関心が強く、彼らを助け、助言し、チャンスを与え、彼らが死ねば結婚することさえある。ヴァルキュリアはオーディンに従わなければ罰せられる。ブリュンヒルドがその例で、眠りの棘に刺され、目覚めさせてくれる人を待ちながら「雌鹿の山」で横たわった。ヴァルハラでは戦士にビールを注いでまわる。

→シグルーン、スヴァーヴァ、ヘルギ

■参考文献

Régis Boyer, *Les valkyries et leurs noms, in : Mythe et Personnification,* Paris, 1980, pp. 39-54.

## ヴァルキュリエ

### WAELCYRGE

古英語でのヴァルキュリアの表記。アングロ・サクソンの僧侶ウィンチェスターのウルフスタン（10世紀）は説教の中で、ヴァルキュリアはギリシャ神話の復讐の女神たち、フューリズに相当するとはっきり述べている。

## ヴァルズロクル、ヴァルズロックル

### VARDLOKUR, VARDLOKKUR

妖精や守護神（verdir、単数形は vördr）を遠ざける（動詞 loka）、あるいは呼び寄せる（動詞 lokka）ための歌で、その綴りによって異なる。『赤毛のエイリクのサガ』によると、この歌は女性が唄い、セイズを行うには、この歌を唄わなければならない。

## ヴァルタリ（「細い紐」）
VARTARI

バルドルが死ぬ原因を作ったためにロキが罰を受けたとき、ロキの口を縫いつけた糸の名前。

## ヴァルハラ（「戦死者の館」、ノルド語：Valhöll：ヴァルホル）
WALHALLA

アースガルズにあるオーディンの住まいで、戦士たちの天国。病気や老衰で死んだ場合はここに入れない。長椅子の上には胴鎧がたくさん置かれている。屋根は槍と盾で作られ、屋根の上ではヘイドルンという山羊がレーラズ（ユグドラシル）の葉をかじっている。ヘイドルンの乳房からは蜜酒が流れ出て、ヴァルキュリアたちがこの蜜酒をエインヘリヤルに給仕する。山羊のそばには鹿のエイクチュルニル（「オークの木の枝をそなえた者」）がやはり木の枝を食べている。エイクチュルニルの角からは滴が滝のようにしたたり落ちている。ヴァルハラには540の扉があり、そこから毎日、戦士たちが出て来て、気晴らしに戦を交え、食事の合図が鳴ると戻って来る。料理人のアンズリームニルが猪のセーフリムニルの肉を調理して出す。ラグナロクのときには、戦士たちはヴァルハラを出て、混乱をもたらした悪の力に対抗する。

ヴァルハラ、詩のエッダの写本、1680年頃。

## ヴァルフォズル（「戦死者の父」）

VALFÖDR

　戦いに倒れ、ヴァルハラにやってきた戦士たちを回復させる者としてのオーディンの別称。スカルド詩では、同じ意味の「戦死者たちの Goth：ゴス」——「ゴス」（Gautr：ガウト）は言うまでもなく神の名前の一つ）——や「神」あるいは「戦死者のチュール」（Valtyr：ヴァルチュール）が使われている。

## ヴァルベラン

WALBERAN

　この名前がタイトルになっている物語の中では、ヴァルベランはアルメニー山に住み、シナイ山とタボル山を支配する小人族の王である。ユダヤ地方からカフカス地方に至るまでの地域に住むすべての小人が彼の封臣だ。ヴァルベランは巨人たちが住んでいたカナンの国を制圧した。ラウリンの家来が彼に支援を求めにくる（→ラウリン）がディートリヒ・フォン・ベルンに捕らえられ、ラヴェンナに連れていかれたというのだ。ヴァルベランは部隊を組んで出発し、ラヴェンナを包囲した。ヴァルベランは魔法で自分の部隊を見えなくしていたが、ディートリヒとその両親だけには部隊が見えていた。というのは、ラウリンはラヴェンナに来てからキリスト教徒に改宗しており、ディートリヒとその両親に魔法の指輪を渡していたからだ。ラウリンの計らいで、戦いをすることなく事態は収まった。このテキストは小人の王の装備がいかに素晴らしいかについてながながと述べている。その鎖帷子はサラマンダー（火トカゲ）の血で硬くしたアラビア産の金で出来ており、胴鎧はコーカサスで作ったもので、太陽、月、星の装飾が輝き、小さな鈴がぶら下がっているなどなど……。

## ヴァルリデルスケ（「生垣の女騎手」）

WALRIDERSKE

　ニーダーザクセン地方の女性の超自然生物の名前。あるときは夢魔のように、またあるときは妖精あるいは魔女のようにふるまう。

### ■参考文献

Mackensen, *Niedersächsische Sagen*, t. 2, Leipzig-Gohlis, H. Eichblatts Verlag, 1923, No. 67.

## ヴァン神族（ノルド語：ヴァニル）

**VANES（nor. Vanir）**

ゲルマンの神族の中で、アース神族に次ぐ第二の神族。最もよく知られているのはニョルズとその子供たちフレイとフレイヤである。農耕を中心とする第三機能を司る典型的な神々である。インド神話の Nâsatyas（ナサチャス）や Açvin（アシュヴィン）、ローマ神話のクイリヌスに相当する。ヴァン神族は大地や水との関わりが深く（→ニョルズ、ネルトゥス）、世界に幸せと喜び、つまり富、豊穣、平和、快楽、愛をもたらす。彼らはまた予言者であり、魔術に精通している。フレイヤはセイズの担い手であり、アース神族にセイズを伝えたのはフレイヤである。ヴァン神族は死者とも関わりがあり、死者は豊穣に関わるあらゆることに重要な役割を担っていることが分かっている。また、フレイヤは戦いに倒れた戦士らの半分を引き受けること、白鳥乙女たちはヴァン神族の世界に属していることを指摘しておこう。

ヴァン神族とアース神族は一時期、交戦していたが、和睦し（→クヴァシル）、その証として人質を交換し合った。ニョルズとフレイヤはアース神族のもとに行き、ミーミルとヘーニルがヴァン神族のところに赴いた。この神話は、古代のふたつの社会階級、つまり戦士と農民の間で起こった実際の紛争を置き換えたものとして解釈されている。この和平によってインド＝ヨーロッパ世界に宗教的・社会的な仕組みが生まれたのだろう。

## ヴィーザル

**VIDAR**

オーディンと女巨人グリーズとの息子で、アース神族。寡黙なアースと呼ばれており、世界がまだ創造されたばかりの頃に作られた強い靴を持っている。その靴は人が靴を作るときにつま先や踵のところで切り捨てる三角の端皮を集めて作ったものだ。

ラグナロクのときに狼のフェンリルがオーディンを呑み込んだが、ヴィーザルはその靴を履いた足で狼の下顎を踏みつけ、上顎を手でつかんで引き裂いて、殺した。

## ヴィズフィンル

**VIDFINNR**

ビルとヒューキの父。
→マニ

## ヴィーズブライン（「並外れた青」）
VIDBLAINN

　第三の天の名前。そこには、ギムレ（火からの避難所）と呼ばれる他のどの館よりも美しく、太陽よりも輝かしい館がある。光のエルフたちはヴィーズブラインに住んでいる。

## ヴィゾーヴニル
VIDOFNIR

「ミーミルの樹」であるミマメイド、つまりユグドラシルの枝にとまっている雄鶏の名前。この鶏は、炎の巨人スルトと、定かではないがおそらくスルトの妻であるシンマラに、始終、話しかけている。ヴィゾーヴニルは、ロプト（ロキ）が作ったレーヴァテイン（傷つける魔の枝）をもってしか屠ることができない。

## ヴィゾールヴ（「森の狼」）
VIDOLF

　すべての魔術師と巫女の祖先。Vittolfr という変化形があるが、これは興味深い。というのも、vitt は「魔術」や「科学」という意味であるから、こちらの方がむしろふさわしいだろう。近年になって、「再構築」されたものかもしれない。
→ヴィルメイズ

フライジング大聖堂（ドイツ、バイエルン州）のクリプト（地下礼拝堂）の柱、1200年頃。

## ヴィッゴ
### WIGGO

アインハルト・ド・フルダ（770 - 840 頃）が『聖マルセリーニとペテロの転生と奇跡（*Translatio et miracula sancti Marcellini et Petri*）』（III、14）の中で、その悪事を語っている悪魔。悪魔にとりつかれた娘の悪魔祓いをしたとき、ヴィッゴが語り始め、自分とその 11 人の手下はサタンの弟子で、家畜に疫病をはやらせてことごとく殺し、穀物やブドウの木、果物を荒らし回って、フランス王国を崩壊させたと白状した。

## ヴィットフラウエン
### WITTFRAUEN

つねに複数で用いられるこの言葉は「白い夫人」という意味だが、同じ言い方の白夫人と呼ばれる幽霊とはまったく関係がない。フェーマルン島（バルト海）に棲む悪い妖精で、まだ洗礼を受けていない子供をさらっていく。新生児を守るには、洗礼を受けさせるまで、赤ん坊のそばに火をともしたままのロウソクをおいておくことだ。

## ヴィデヴィブリ
### WYDEWIBLI

スイスのグラールス州に伝わる、道を迷わせる精霊の名前。この名前は「森の女」という意味。

### ■参考文献

Theodor Vernaleken, *Alpensagen*, éd. par Hermann Burg, Salzbourg, Leipzig, Verlag Anton Pustet, 1938, p. 63.

## ヴィテゲ
### WITEGE

ドイツの叙事詩に登場する有名な裏切り者の武将で、数人の若者を殺害している。貴婦人エルカとアッティラの息子を殺した。ディートリヒ・フォン・ベルン（テオドリック大王をモデルにした叙事詩と伝説に登場する人物）に追跡されたヴィテゲは海に飛び込む。すると人魚が現れて彼を受けた。人魚の名前はヴァグヒルトといい、ヴィテゲの親族だ。ヴィテゲの剣はミーミングと呼ばれ、ヴィーラントが鍛えたもので、馬はスケミングだ。

13 世紀に起草された『テオドリック（シズレク）のサガ』によれば、ヴィテゲは鍛冶師のヴィーラントの息子である。古英語によるテキストでは、Widia / Wudge という名前で、エルマナリック王の宮廷に追放される。9 世紀の詩『ワルデレ』でも、やはりヴィーラントの息子として登場し、ディートリヒ／テオドリックが巨人のところにいたときに、窮地を切り抜け手助けをした。ヴィテゲには切り離せない仲間ハイメ（ハマ、ヘイミール）がいる。

ヴィテゲという人物は、ヨルダネスが「330 年頃、遊牧騎馬民族サルマタイ軍の背信でハンガリーの平原で非業の死を遂げた」と書いているヴィディゴシャ（Vidigoïa）というゴート族の戦士がモデルとなっているのだろう。

## ヴィトラ
VITRA

西ボスニアのバルト海底に棲む自然の精霊の名前。羊飼いや猟師、漁師がいるところならどこにでも出向く。

## ヴィヒト
WICHT

ドイツで、妖精、精霊、小人を指す言葉。ノルド語の vættr、ノルウェー語の vätter に相当する。

## ヴィムール
VIMUR

トールが巨人ゲイルロズのところに行くときに渡る川。ゲイルロズの娘がその川で用を足したため、水かさが増してトールは流されそうになったが、ナナカマドの枝をつかんで何とか難を逃れた。

## ヴィリ（「意思」）
VILI

オーディンとヴェーの兄弟で、ボル（またはブル）と女巨人ベストラの息子。人間が生み出されたとき、ヴィリは人間に知恵と動く力を与えた。

## ウィリアム・テル
### TELL, GUILLAUME

　スイスのヴァルトシュテッテン森林地域（ウーリ州、シュヴィーツ州、オプヴァルデン州、ニトヴァルデン州）の永久同盟の成立について記述された1470年頃の年代記に初めてウィリアム・テルの名前が上がり、以後、さまざまな歴史的要素が絡み合ってこの伝説が出来上がった。ウーリ州のアルトドルフに派遣されたハプスブルク家の悪代官ゲスラーが広場の菩提樹の木の根元に立てたポールに帽子をかぶせ、これに礼をするよう住民に命令した。ある日、そこを通ったウィリアム・テルは礼をすることを拒否した。怒った代官は、死刑にされたくなければ息子の頭の上にのせたリンゴを1回の弓矢で射貫いてみろと命じた。このエピソードはウィリアム・テルの物語に弓矢の名手の物語が結びついたもので、このことから、弓術というものが非常に古くから行われていたものであることを示している。弓術の伝統はサクソ・グラマティクスの著作（13世紀初め）を初め、『ヴェローナのテオドリックのサガ』や鍛冶師のヴィーラントの伝説にすで認められる。シラーの戯曲『ヴィルヘルム・テル』にもこのエピソードが出てくる（第3幕第3場、第4幕第1および3場）。

■参考文献

Edwin Bonsack, Die nordischen, englischen und deutschen Darstellungen des Apfelschußmotivs. Texte und Übersetzungen mit einer Abhandlung, in : Quellenwerk zur Entstehung der schweizerischen Eidgenossenschaft 3/1, Aarau, 1947; Hans-Peter Naumann, Tell und die nordische Überlieferung. Zur

オスカー・ワイルドのおとぎ話のためにハインリヒ・フォーゲラーが描いた挿絵、1904年

Frage nach dem Archetypus vom Meisterschützen, Schweizerisches Archiv für Volkskunde 71 (1975), pp. 108-128; on trouvera des variantes originaires de Bavière et du Schleswig-Holstein chez Leander Petzold, Historische Sagen, t. 1, Munich, H. Beck'sche Verlagsbuchhandlung, 1976, p. 442 sq.

## ヴィルメイズ
VILMEIDR

すべての魔術師の祖先。

→ヴィゾールヴ

## ヴィレヴァイス（女性形）
WILLEWEIS

チロルの伝説に登場する幻想生物。病人を癒す修道女の姿で現れ、未来を予知できる。場所によって、一人だったり、3人だったりする。死者の経帷子を縫うために新しい針を使って節約をしなかった罪を償わなければならない者だと言われている。

ブリクセン（ブレッサノーネ）地方フェルス小教区のヴェルシュノフェンでは、ヴィレヴァイスは、一人で黙々と、密かに何かをやっている小柄な老婆で、過去も未来も知り尽くしている。古いモミの木の下にいるのが好きで、住まいを持たない。しかし彼女は病に倒れることも、稲妻に打たれることもなく、水の中でも火の中でも平気でいられる。彼女を死に至らせることは不可能だ。ただ、鐘の音が苦手だ。この名前は、「非常に賢い」という意味に取れる。

ドイツの伝説研究で有名なヴィル＝エーリッヒ・ポイカートの論文によると、「ヴィレヴァイス」という名前は17世紀末に、妖精の名前であるヴィットフラウエン（witten wiver）と巫女のシビュラ（Sibylle）との混同によって生まれたということだ。スロベニアのカリンティアではヴィレヴァイスは Billeweis と呼ばれ、オーストリアのシュタイアーマルク州やドイツのオーバープファルツではシビュレ・ヴァイス（Sibylle Weiß）と呼ばれている。

### ■参考文献
Joh. Adolf Heyl, *Volkssagen aus Tirol*, Brixen, 1897, p. 271, p. 411, p. 415. Ignaz V. Zingerle, *Sagen aus Tirol*, Innsbruck, 1891, p. 53, p. 288 sq. Will-Erich Peuckert,

Sibylle Weiß, in : Brigitte Bönisch-Brednich, Rolf Wilhelm Brednich（éd.）, *Volkskunde ist Nachricht von jedem Teil des Volkes : Will-Erich Peuckert zum 100.* Geburtstag, Göttingen, 1996（Beiträge zur Volkskunde in Niedersachsen, 12）.

## ヴィンド（「風」）
VINDR

巨人フォルニョートの息子、エーギルとエルドル（Eldr）の兄弟。別の霜の巨人の系譜ではカリと呼ばれている。

## ヴェー（「神殿」）
VÉ

オーディンの弟で、ブルと女巨人ベストラの息子。オーディンの妻フリッグの命令によって造られた像を、オーディンが壊してその黄金を持ち去り国外に出たあと、兄弟のヴィリと共にアースガルドを支配し、フリッグを兄弟で共有した。スノッリ・ストゥルルソンによると、ヴィリとヴェーは最初のふたりの人間、アスクとエムブラを創ったということだが、他のテキストでは、オーディンとヘーニルとローズルが創ったと書かれている。

## ヴェアヴォルフ、ファルグウルヴル（「人狼」）
WERWOLF, VARGULFR

ヴェアヴォルフについての西洋の伝承は次の三つの典拠に基づいている。第一は古典古代のテキストである。第二は北欧のテキストで、霊魂についての特殊な考え方の中で根づいたものだ。第三は民間伝承で、ヴェアヴォルフは多くの物語や伝説に登場する。人間から狼に姿を変えるには衣服を脱がなければならない。1160 年代および 1170 年代に、フランスの詩人マリー・ド・フランスは『ビスクラヴレのレー（*Le Bisclavret*）』の中で、そのことに触れ、狼は衣服を見つけられなければ人間の姿に戻ることができないと書いている。ティルベリのゲルヴァシウスが 1209 ～ 1214 年頃に著した作品では、狼に変身するにはふたつの現象が条件となっている。それは男が気を失うこと、そして新月の夜であることだ。

狼への変身がどのようにして起こるか「理論的」な説明がされているテキストもある。指輪にはめこまれた石にふれる、膏薬を振りかける、まじない、あるいは呪いの決まり文句を唱えながら小枝か狼の皮手袋で叩く、

また、昔話ではベルトをしめるなどの行為によって変身が起こる。また遺伝的なものだという話もある。
　北ドイツでは、狼の皮をまとうことで変身できると考えられていた。スラブ諸国や中世のドイツでは、帽子をかぶって生まれた子供（つまり、胞衣をつけて生まれた子供）は狼男になる運命にあるという。ドイツでは、同じ夫婦から6人の娘が続けて生まれると、その中の一人は必ず狼女か夢魔になると言われている。人間に戻るには、幾つかの方法がある。衣服を見つけること、もちろん出会った人に人狼だと言われること、あるいは傷をつけられること。身体が傷ついて血が流れると、狼の姿から解放される。呪文については、唱えるべき言葉を魔女に言わせることもできる。人狼は魔術によって殺すことができる。たとえば、聖フベルトゥスを祀る礼拝堂に銀の弾丸を捧げて祈る。
　昔は、人間には複数の動物の分身がいて、睡眠中や昏睡状態あるいはトランス状態になると、それらの分身が身体から抜け出すと信じられていた。変身する特性は祖先から受け継いだものであることが多い。ヴォルムスの司教ブルハルト（965－1025）は次のように記している。「一部の人々が信じていること、つまり、俗人がパルカと呼ぶ女性たちがいて、彼女たちには特別の力が備わっている。たとえば、一人の人間が生まれてくるときに、その人間を彼女たちが望む通りのものにできる。その結果、その人間は思いのままに狼（いわゆる愚かな庶民がヴェアヴォルフと呼ぶもの）に変身したり、あるいはその他のあらゆる姿になれるということをそなたは信じていた」（『教令集』第9章5、151）。つまり、狼は変身可能な姿の一つに過ぎず、したがって他の獣男も存在し、スカンディナヴィアの古い文

人狼、オラウス・マグヌス著、谷口幸男訳、『北方民族文化誌』渓水社、1992年

献の中には、それを裏づけるものがある。たとえば、熊の姿をした敵の一人に立ち向かうために牛に姿を変える男の話がある（『植民の書』第350章）。他にも、熊に姿を変えて、敵に立ち向かう人々に力を貸しにやって来る戦士の話もある。こうした変身物語の裏には、シャマニズムの思想が根づいている。つまり、シャマンがトランス状態に入ると、その霊は身体を離れ、人間あるいは動物の姿であの世に渡り、死者の霊を連れ戻したり、病人を治療するのに役立つものを持ち帰る。こうした思想は、中世のキリスト教徒には受け入れられなかったため、キリスト教徒はこれを変身だと捉えた。古典古代の作家たちの思想に大きな影響を受けたキリスト教徒は、元に戻った人間の身体に、狼男が受けた傷が残っているという事実に、自分たちの考えの正当性が確認できると見ていた。

→ハムル、ベルセルク

■参考文献

Claude Lecouteux, *Fées, Sorcières et Loups-Garous au Moyen Âge*, 4e éd. mise à jour, Paris, Imago, 2012; Ronald Grambo, Fortrollet vilt. Varulv og mannbjørn, *Norsk skogsbruksmuseum. Skogbruk, jagt og fiske. Årbok* No. 1, Elverum, 1958; du même auteur, *Svart katt over veien. Om varsler, tegn og overtro*, Oslo, Ex Libris, 1993, p. 100 sq.（sur l'homme-ours [mannbjørn], pp. 182-184. (varulv); Grimm, *Deutsche Sagen*, éd. par H. Rölleke, Francfort, 1994, No. 213 sq; M. Van den Berg, *De volkssage in de provincie Antwerpen in de 19de en 20ste eeuw*, Gand, Komminglijke Academie voor Nederlandse taal- en letterkunde, 1993, pp. 1854-1867.


## ヴェクセルバルク、ヴェクセルブッテ（「取り替え子」）
### WECHSELBALG, WECHSELBUTTE

　ドイツでの取り替え子の名前。ノルド語では skiptingr、vixling、英語では changeling、ラテン語では cambio。超自然の生き物、とりわけ小人たちは自分の子供と人間の子供を取り替える。

　こうした取り替え子には次のような特徴が見られる。成長しないで発育不良のままであり、言葉を発しない。また、いくら食べても満腹になることがない。この子供たちに話をさせ、本性を明かすには一連の手続きをする必要がある。子供を鞭で打つも良い、そうすればその子供の母親が大切に育てた人間の子供を連れて走ってくる。

ヴェクセルバルク（取り替え子）。エイヴィン・ニールセンのイラスト、1921年。

■参考文献

Jean-Michel Doulet, Quand les *démons enlevaient les enfants : les changelins, étude d'une figure mythique*, Paris, P.U.P.S., 2002; Ilmar Arens et Bengt af Klintberg, Bortbytingssägner i en gotländsk dombok frå 1690, Rig, 1979, pp. 89-97; Ronald Grambo, *Svart katt over veien. Om varsler, tegn og overtro*, Oslo, Ex Libris, 1993, p. 29; Grimm, *Deutsche Sagen*, éd. par H. Rölleke, Francfort, 1994, n° 81 et 82.

## ヴェグタム（「道に慣れた者」）
VEGTAMR

オーディンの別称。オーディンが死者の国を支配する女神ヘルのもとを訪れ、降霊術を使って死んだ巫女を目覚めさせ、尋ね事をしたときにこの名前を名乗った。

## ヴェステルキント
WESTERKIND

ドイツでは、乳をあまり飲まないで、洗礼後ほどなくして死んでしまった赤ん坊のことをこう呼んでいる。このようにして死んだ赤ん坊には特別な能力があると思われていた。

■参考文献

*Schweizer Volkskunde*, Korrespondenzblatt der Schweiz, Gesellschaft für Volkskunde 37（1947）, pp. 102-107.

ヴェネディガー

## ヴェストリ(「西」)
VESTRI

　天空の四つの方位を支える小人の一人で、原初の巨人ユミールの頭蓋骨から創られた。
→アウストリ、世界の起源

## ヴェネディガー(「ヴェネチア人」)
VENEDIGER

　ザルツブルク地方にいる、灰色の衣服を着た人の手ほどしかない小柄な山のコボルトのことをこう呼んでいる。金鉱脈がある山、あるいは宝物が隠されている山に住んでいる。中世に、ヴェネチア人たちがカリンティア鉱山を開発したため、ヴェネディガーという名前はイタリア人の金採掘者たちに由来するという別の伝承もある。

■参考文献

Th. Vernaleken, *Alpensagen*, Salzbourg, Leipzig, 1938, p. 313.

## ヴェラチュール(「人間の神」)
VERATYR

　オーディンの別称。最初の男と最初の女の創造にオーディンが関わったことを示唆している。
→アスク

## ヴェルダンディ（「現在」）

VERDANDI

3人のノルヌの一人。ローマ神話のパルカに相当する。

## ウォーダン

WODEN

古英語によるオーディンの名前。この言葉のつく地名が数多くあることがオーディンの神話における重要性を示している。ウォーダンは『九つの薬草の呪文（*The Nine Herbs Charm*）』の中で魔術治療師として次のようなフレーズで登場する。「蛇が這ってきて、人にかみついた。するとウォーダンは輝く葉のついた9本の小枝（九つの薬草）を取り、蛇を打ち叩くと蛇は九つに砕け散った……」。ケント王国やウエスト・サクソン王国などイングランドの諸王家の系譜では、ウォーダンが家系の始祖となっている。

## ヴォーダン

WODAN

ゲルマン祖語でのオーディンの名前（Wuotan：ウオータン、Wôtan：ウォータン）で、『メルゼブルクの呪文』第2部に出てくる。ドイツでは、この言葉のついた「山」、「家」、「道」に関係する地名が非常に多い。

## ヴォーテス・ヘール

WUOTES HER

→ワイルドハント

## ヴォルターケン（「小さな家の精」）

WOLTERKEN

ドイツ北部の家の精の名前。皿洗いをしたり、明かりをともしたり、馬の世話をしたり、家畜に餌をやったりする。夜になると、目には見えないが、階段あるいは梯子を上り下りする音がしたり、使用人や女中のベッドの布団を剥いで笑う声が聞こえたり、あらゆるものを四方八方に投げつけたりして、ラップ現象に似た様相を呈する。

## 宇宙観

COSMOLOGIE

　簡単にいえば、北欧神話の世界は、人間界ミズガルズ、神々の世界アースガルズ、そして巨人や悪霊やあらゆる悪意を持つ者の棲むウートガルズに分かれている。ミズガルズの下には、女神ヘルが支配する死者の王国があり、また東のヨートゥンヘイムには巨人たちが住んでいる。これらの世界を縦に貫くのが宇宙樹ユグドラシル。さらに、海の大蛇であるミズガルズソルムがすべての大地を取り巻いて、水平世界の均衡を保っている。ミズガルズの中心部にはアースガルズが位置し、両者の間にはビヴロストまたはアースブルという名の橋が架かっている。人間の世界とヨートゥンヘイムは、決して凍結することのない川と、狼の姿をした巨人の棲む「鉄の森（ヤルンヴィド）」で隔てられている。

## 宇宙樹

ARBRE COSMIQUE

→ユグドラシル

## ウード（「波」）

UD

　海の神エーギルとラーンの9人の娘の一人。

## ウートガルザロキ（「囲いの外のロキ」）

UTGARDALOKI

　魔法に長けた巨人。スクリューミルという名前で魔法を使ってトールをだます。

→スクリューミル

### ■参考文献

Michael Jacoby, Der Kampf gegen die Übermacht : Leviathan-Satan. Strukturelle Analyse zur Parallele zwischen Sir Gawein and the Green Knight und Thors Fahrt zu Utgardaloki in der Gylfaginning, *Amsterdamer Beiträge zur älteren Germanistik* 23 (1985), pp. 97-129; Régis Boyer, Le voyage chez Útgarda-Loki selon les sources norroises et Saxo Grammaticus, in : W.-D. Lange, *Diesseits- und Jenseitsreisen im Mittelalter*, Bonn, Berlin, 1992 (Studium Universale 14),

ウトボレン

pp. 25-40.

## ウートガルズ（「囲いの外」）

UTGARD

世界の北または東に位置する土地で、巨人や怪物たちが住んでいる。そこには、ヨートゥンヘイムや鉄の森（ヤルンヴィド）、狼のような姿の巨人の居間、さらに北の端には、霜のチュルス（フリームスルス）の所領と死者の国ヘルがある。ウートガルズは、危険な海と決して凍らない数本の川によって人間の世界と神々の世界から隔てられ、南には暗い森（ミュルクヴィズ）がある。

## ウトボレン（「危険な目にあった子供」）

UTBOREN

この言葉は、実際、自分の「過ち」が明るみに出るのを恐れた未婚の母に殺された子供という意味である。

1687年にノルドランドでニール・ヤンスダッターという娘が未婚のまま孕んだ赤ん坊を殺したところ、死んだ子供は「ニールかあさん！　ニールかあさん！」と叫び続けた。どうしたいのかと誰かが問いかけると、「オッパイが飲みたいよ！」と子供は答えた。とうとう、ニールは自分が庭に埋めたのだと白状した。

この言葉は、洗礼を受けないまま死んで、亡霊としてこの世に戻ってきた子供のことも指す。この子をなだめるために、1320年頃にはキリスト教の洗礼の決まり文句を唱えていた。主の祈りをさかさまに唱えるという別の方法もあった。この子は馬と同じくらいの背丈の悪魔に変身することもある。誰かに出会うとその人の内臓を欲しがる。ときには頭や背中を欲しがることもある。もし、亡霊の子供に追いかけられたら、川を飛び越えるといい。子供は川を渡れないから。また、以下のような洗礼の呪文もある。「グリまたはジョンよ、我、汝にバプテスマを授ける。汝がグブランという名前なら、これからはグリと名乗るがよい。ジャンまたはジョンよ、我、汝にバプテスマを授ける」。

重要なのは名前をつけること、つまり死んだ子供の身元をはっきりさせることだ。

■参考文献

Ronald Grambo, *Svart katt over veien. Om varsler, tegn og overtro*, Oslo, Ex Libris, 1993, p. 176 sq.

## 馬
CHEVAL

馬は宗教儀礼において重要な役割を果たし、生贄として捧げられる場合もあった。タキトゥスによると、ゲルマン人は馬が伝える予兆や警告を重視していたという。神話では、神々を死者の王国に運ぶのは常に馬だった。魂の運搬役としてのその役割は、墓の中で主人の傍に馬が殉葬されていることからもうかがえる。昔の住居の入り口の敷石の下に馬の頭蓋骨が埋められていたのも、馬が家庭において信仰の対象であり、守護神の役割を果たしていたことを示している。北ドイツの農家で、切妻屋根に馬の頭部が刻まれていたことも、その一例だ。民間伝承によれば、水の精霊はしばしば馬の姿で現れるという。

→ニークル、ファルホヴニル

■参考文献

Marc-André Wagner, *Le Cheval dans les croyances*, Paris, Champion, 2005.

## ウラーケン
ULLERKENS

丘に住んでいると思われているポメラニアの小人の名前。人間の家にやって来て、ときおり、こね桶を借りていく。地下室に行き、そこで音楽を奏でる。自分たちの持っている明かりにしか耐えられないため、誰かが音に気がついてロウソクを手に下りて来ると、姿を消してしまう。

■参考文献

J. D. H. Temme, *Die Volkssagen von Pommern und Rügen*, Berlin, 1840, No. 217.

## ウル
ULLR

「弓のアース」、「スキーまたはスキー靴のアース」、「狩りのアース」などと呼ばれる非常に古い神。シヴの息子で、イチイの谷（ユーダリル）に住んでいる。サクソ・グラマティクスの『デンマーク人の事績』ではオルレスという名前で登場し、骨を船の代わりにして海を渡ることができ、オー

ウル。『スノッリのエッダ』、
O・ブリニョルフソン、1760 年

ディンが神の座を追放されている間、アース神族を支配していたと書かれている。このことは、ウルが非常に重要な神だったことを示しており、ノルウェーやスウェーデンにウルにちなんだ地名がたくさんあることの裏づけになっている。数々の神殿におかれていた誓いの指輪はウルに捧げられたものだった。

　ウルという名前は、ゴート語の「光沢」、「輝き」という意味の uulthus と同じ語源から派生しているのかもしれない。したがってウルは、春または夏の太陽がきらめく空の神、少なくとも太陽の神であったようだ。

## ウールク
OURK

　チロル地方の Gadler 司教区の Floruz に出没するワイルドハントの名前。この地方の伝説では、狩猟をする動機が、罪を犯した者が死者の助けを借りて生贄にする獲物を差し出すという奇妙な贖罪と結びついている。罪人は頭の上に銅鍋を乗せ、腕に猫を抱え、手に数珠を持って、「荒猟師よ、早く獲物を取りに来い、私には何の役にも立たないから！」と叫ばなければならない。

■参考文献

Ignaz V. Zingerle, *Sagen aus Tirol*, Innsbruck, 1891, p. 2 sq.

## ウルド（「過去」、「運命」）
URD

　ローマ神話のパルカに相当する運命の女神たち、3 人のノルヌの一人で、

おそらく 3 人の中で最年長。宇宙樹のそば、あるいは根元にその名前のついた泉（ウルダルブルン）があり、そこでアースの神々が会議をする。ウルドは抗しがたい運命（古ドイツ語ではヴルト [wurt]、古英語ではウィールト [wyrt]）の化身だ。ウルドとその姉妹は海から来たと言われている。

## ヴルド（「運命」）
WURD

　古高ドイツ語ではヴルト（Wurt）、古サクソン語ではヴルド（Wurd ウルド「過去」、「運命」）、古英語ではウィールト（Wyrt）。

→ウルド、ノルヌ

### ■参考文献

Ladislaus Mittner, *Wurd. Das Sakrale in der altgermanischen Epik*, Berne, Francke Verlag, 1955.

## ウルフスルーン（「狼のルーン」）
ULFSRUN

　神ヘイムダールの 9 人の巨人の母の中の一人。

## ウルフヘドナー（「狼の皮をまとった者」）
ULFHEDNAR

　オーディンが率いる荒々しい戦士たち、ベルセルクの別称。

## ウンカトゥル（中性）
UNKATL

　ウングスホイ（Ung'heu）「怪物、亡霊」とも呼ばれ、あるときは、いたずら好きで人を困らせるコボルトだったり、燃えるような真っ赤な目の亡霊だったり、またあるときは小柄な女性の姿をした家の精だったりするチロルの妖精の名前。ウンカトゥルは四季の斎日（四季の最初の、水、金、土の断食日）や大きな宗教的祭日の前日に現れる。

### ■参考文献

Joh. Adolf Heyl, *Volkssagen aus Tirol*, Brixen, 1897, pp. 222-225.

## ウングスシヒト（中性）

UNGS'SCHICHT

　農場の納屋や牧場の山小屋に棲むチロルの家の精の名前。オーストリアのシュトゥーバイでは、リセンマンヌル（Lißenmannl）と呼ばれている。

■参考文献

Joh. Adolf Heyl, *Volkssagen aus Tirol*, Brixen, 1897, p. 84 sq.

## ウンターイルディッシュ（「地下の住民」）

SUBTERRANÉENS

　北ドイツおよびデンマークの小人の名前。フェール島やアムルム島ではエナーベンキッセン（Önnerbänkissen）、シュレースヴィヒ＝ホルシュタイン州ではウナーアルケ（Unnererske）やドゥワーゲ（Dwarge）、ジルト島ではエナーアースケ（Önnererske）、デンマークのシュレースヴィヒではエレフォルク（Ellefolk）、ビャウフォルク（Biergfolk）、ウナーヴェステ（unnervoetstöi）と呼ばれている。

■参考文献

K. Müllenhoff, *Märchen, Sagen, Lieder aus Schleswig-Holstein*, Kiel, 1845, No. 380, No. 381, No. 383, No. 421, No. 428; Ronald Grambo, *Svart katt over veien. Om varsler, tegn og overtro*, Oslo, Ex Libris, 1993, pp. 174-176（underjordiske）.

## ウンディーネ

UNDINE

　ウンディーネには魂がないが、人間の男性と結婚すれば魂を得ることができる。ウンディーネは、フリードリヒ・ド・ラ・モット＝フーケが錬金術師のパラケルスス（1493 – 1541）の四大元素の理論を取り入れて書いた同名の小説（1811 年）で有名になった。パラケルススはウンディーネ（水の精）についてある文献で非常に詳細な描写をしており、その姿は、ペーター・フォン・シュタウフェンベルク（1300 年頃）やフランスの伝承に登場する蛇女メリュジーヌなどを想起させる。ウンディーネが騎士フルトブラントと結婚したとき、メリュジーヌの伝説のように、やってはならないことが二つ暗黙のうちに課せられた。それは、フルトブラントは別の女性と結婚しないこと、波の上でウンディーネを叱らないことだ。2 番目の掟が破られたためにウンディーネが姿を消してしまうと、やがてフルトブ

ウンディーネ

ラントは再婚を考えるようになる。ウンディーネはフルトブラントの夢の中に現れて、再婚しないようにと懇願するが、フルトブラントはそれを無視する。ウンディーネはやむなく妖精の世界の第一の掟にしたがい、フルトブラントの命を奪った。このテーマは多くの作家や劇作家を惹きつけ、たとえばフランスの劇作家ジャン・ジロドー (1882 - 1944) はフーケの『ウンディーネ』を原作とする戯曲『オンディーヌ』を書いた。ドイツの物語では、ウンディーネは異教徒を殺す。同じような筋書きのアンデルセンの『人魚姫』では、人魚は王子を殺すことを拒み、海の中に泡となって消えてしまうが、300年後に魂を得るという保証を得た。

■参考文献

Claude Lecouteux, *Mélusine et le Chevalier au Cygne*, 2e éd. mise à jour, Paris, Imago, 1997; du même auteur : Quelques remarques sur la préhistoire de Undine, *Mythes, Symboles, Littératures* 3 (Nagoya, 2002), pp. 183-191.

## ヴンデラー

WUNDERER

チロルの山岳地帯に現れる巨人で、犬を連れて処女狩りをする。さらった娘が結婚を望まなければ、食べようとする。騎士のように装備していて、ものすごく強い力をもっている。その力をもってすれば、エッツェル（アッティラ王）の城の入り口を固く閉ざしている鉄扉も耐えられない。ディー

トリヒ・フォン・ベルン（テオドリック大王をモデルとする叙事詩や伝説の登場人物）はヴンデラーを殺した。ヴンデラーが倒れたとき、城の壁が震えた。囚われていた乙女の名前はサイールデ（Saelde）、すなわち「チャンス」、「幸運」という名前で、神は、純潔を誓ったことに報いるため、彼女に超自然的な能力を与えた。そのためこの乙女は、ヴァルキュリアのように、一人の戦士を祝福し、戦闘での死から守る。また、一瞬で、どこへでも望むところに移動できる。

こうした話の背景には、他のテキストにも出てくる神話的、伝説的なテーマ、ワイルドハントのテーマを垣間見ることができる。『ヴィルギナール』（13世紀）では、しつこく追われる娘は小人の女王の腰元で、巨人の名前はオルキーズだ。オルキーズという名前は、フランス語の「ogre（人食い鬼）」に相当するオルクを想起させる。『エッケの歌』（1250年頃）では、巨人の名前はファソルトだが、これもまた、気象に関わる悪魔の名前で、処女は「野生の乙女」、つまり妖精である。

→ザリンゲン

■参考文献

Georges Zink, *Le Wunderer*, Paris, Aubier-Montaigne, 1949.


## 運命

DESTIN

運命を意味する単語はフランス語には五つしかない（sort、destin、hasard、chance、lot）のに対して、古代スカンディナヴィア人は、少なくとも15の言葉を持っていた。このことは、彼らがどれほどこの概念を重視していたかを物語っている。これらの単語はそれぞれ、中立な、客観的な、主観的な、受動的な、能動的な、有益な、不吉な、集団的な、個人的な、擬人化された、象徴的な、運命を指しているのである。この事実が神話にも反映されているのは、むしろ当然だろう。運命をつかさどる神はディーゼスとノルヌで、ノルヌは糸を紡ぐ女神とされている。

→ウルド、ヴルド

■参考文献

R. Boyer, Herfjötur(r), in : *Visages du destin dans les mythologies, Mélanges Jacqueline Duchemin*, Paris, Les Belles Lettres, 1983; du même auteur : Fate as a deus otiosus in the islendingasögur : a romantic view ?, in: R. Simek et alii (éd.), *Sagnakemmtun. Studies in Honour of Hermann Pálsson*, Vienne, Cologne, Böhlau, 1986, pp.61-77.

# ［エ］

## エアレンディル
EARENDEL

古英語で明けの明星。
→アウルヴァンディル

## 永遠の戦斗
COMBAT ÉTERNEL
→ヒャズニンガヴィグ

## 永遠の戦い
BATAILLE ÉTERNELLE
→ヒャズニンガヴィグ

## エイキン（「激烈な」）
EIKIN

37本の伝説的な川のうちの一本で、『グリームニルの言葉』（古エッダ）に登場する。神々の住む地を取り囲んでいる。

## エイクチュルニル（「オークのとげ」）
EIKTHYRNIR

ヘリアフォドの広間の屋根の上に立ち、ラエラードという木の葉を食べている雄鹿。ラエラードは宇宙樹ユグドラシルと同じものかもしれない。この木からフヴェルゲルミルの泉に水が流れ込み、そこから世界中の川が流れ出ている。

## エイストラ
EISTLA

ヘイムダールの9人の母親の一人。

## エイムニル（「燃やす者」）

EIMNIR

名前のリストに登場する巨人。スルト（「黒い者」）に率いられた巨人たちが世界中を燃え上がらせる世界の終末と関連づけられるかもしれない。

## エイール（「平和」、「感謝」）

EIR

アース神族に属する女神で、最も優れた医者とされる。救助、助力、恩恵を擬人化した存在。またメングロズかヴァルキュリアの召使いの一人ともされる。

## エイルギャファ

EYRGJAFA

ヘイムダールの9人の母の一人。他の8人は、ギャルプ、グレイプ、エイストラ、ウルフスルーン、アンゲイヤ、イムド、アトラ、ヤルンサクサである。

## エインヘリ（「一人で戦う者」）

EINHERI

トールの別名の一つ。

## エインヘリヤル（「無二の戦士たち」）

EINHERJAR

オーディンの戦士たちで、ヴァルハラに住む彼らは、一日中戦い合って過ごす。傷ついたり「死んだり」しても、夜になると傷が癒え、蘇って、ヴァルキュリアにかしずかれ、猪セーフリムニルの肉を食い、山羊ヘイドルンの乳房から流れ出る蜂蜜酒を飲んで陽気に騒ぐ。終末戦争の際には、彼らは同時に800人ずつの列をなしてヴァルハラの540の扉から出て、悪の力（フェンリル、火の巨人など）と戦う。エインヘリヤルになるのは、戦場で倒れた者やオーディンが印をつけた者（槍の傷）だけである。

→セーフリムニル

## エインリディ（「孤独な騎手」）
EINRIDI

　トールの別名の一つ。『スノッリのエッダ』では、エインリディはロリディの息子でヴィングトールの父であるとされているが、この二つの名もまた、トールの別名である。ユトランドのリムソのルーン石碑（10世紀）やスウェーデンのグリンダの石碑（11世紀）にもこの名が登場する。

## エウゲル
EUGEL

　『角のあるザイフリートの歌（*Das Lied vom Hürnen Seyfried*）』に登場する親切な小人。ニブリンク（Nyblinc）王の息子で、二人の兄弟とともに父王の遺した財宝を守っているエウゲルは、散々逡巡したのち、ザイフリートに力を貸すことを決める。ザイフリートは、空飛ぶ竜に変身した男にさらわれたクリームヒルトを救出しようとしているのである。

　エウゲルは炭のように黒い馬に乗り、黄金で飾られた毛皮を着て、冠を被っている。ザイフリートにその素性を教え、やがて暗殺されるだろうと知らせる。ザイフリートが巨人クペラーンによって負傷させられると、姿が見えなくなるマント（タルンカッペ）で彼を覆って、意識を取り戻すまで巨人から隠す。

クリームヒルトの誘拐

## エウヘメリズム
### ÉVHÉMÉRISME

紀元 3 世紀のギリシャ人エウヘメロスは、宗教と歴史を巧みに統合した。彼は、神話上の神々はもともと、人類に多大な貢献をした人間が死後に神格化されたものであると主張したのである。神々のパンテオンは、人間活動の一つの現れとなり、神話はあらゆるロマンを取り去られて歴史上の平凡な現実におとしめられたのである。スノッリ・ストゥルルソンは『世界の輪（ヘイムスクリングラ）』の神話に関する章で、ゲルマン・スカンディナヴィア神話の神々にこの枠組みを当てはめており、サクソ・グラマティクスもその著作『デンマーク人の事績』で同じことを行っている。

## エオトン
### EOTON

古英語における巨人族の名前。スカンディナヴィアの jötnar に相当する。どちらの名も、「貪り食う」を意味する動詞に由来している。10 世紀にはキリスト教神学者たちは、これはカインの子孫であると主張した。
→巨人

## エギル
### EGILL

ヒュミールのもとに向かうトールは、この名を持つ巨人のところにとどまり、そこに戦車をひく 2 頭の雄ヤギを残していく。

## エーギル
### ÆGIR

「波間」を意味する名を持つ海の巨人。海神の持つべきあらゆる特徴を備えている。別名ギュミールまたはフレール。フレールという名は、住まいであるフレッセイ島の名称にも含まれている。フォルニョートの息子で、海の女神ラーンはエーギルの娘または妻。9 人の娘は波の乙女として知られ、その名はヒミングラーヴァ、ボロヅクハルダ、ヘーフリング、ドゥファ、ウード、フロン、ビュルギャ、バラ、コルガである。

## エグテール（「剣の守護者」）

EGGTHÉR

「鉄の森（Jarnvidr ヤルンヴィド）」に魔女たちを住まわせ、丘の上に座ってハープを弾く巨人。

## エッカーケン

ECKERKEN

　ドイツ西部のクレーフェ地方に 16 世紀から伝わる家つき精霊のこと。家事を手伝い、馬に飼い葉をやり、怠惰な、あるいは不注意な女中を懲らしめた。通常はその姿を見ることはできないが、手だけ見える場合もある。Hütchen（Hugen）という名の別のコボルトに似ている。

■参考文献

Jean Wier, *De praestigiis daemonum*, Francfort, 1586; Grimm, *Deutsche Sagen*, éd. par H. Rölleke, Francfort, 1994, n° 78：エッカーケンはトカゲ（Eidechse）だとするグリム兄弟の考察は現在では否定されている。

## エニラウグ（「大きな額」）

ENNILAUGR

　トールの別名の一つ。

## エリ（「年」）

ELLI

　巨人ウートガルザロキ（Utgardaloki）の乳母。彼を訪ねて来たトールは、エリと取っ組み合いをするが負けてしまう。エリは老いを擬人化した存在なので、誰もこれに勝つことはできない。

## エリヴァガール（「雪の海」）

ELIVAGAR

　フヴェルゲルミルの泉から原初の深淵であるギンヌンガガップへ流れ出る 11 の大河の名前。エリヴァガールが押し流す氷が深淵を満たす。11 の大河の名前はスヴォル（Svöl、爽やか）、グントロ（Gunnthro、尊大）、ヒョルン（Fjörn、迅速）、フィンブルテュル（Fimbulthul、大予言者）、スリード（Slidr、危険）、フリッド（Hrid、突風）、ユルグ（Ylgr、雌狼）、シュ

ルグ（Sylgr、深淵）、ヴィド（Vid、広大）、レイプト（Leiptr、天の火）、ギョル（Gjöll、怒濤）である。

## エリケン
ELLIKEN, ÖLLERKEN

ブランデンブルク州の小人。背の高さは約 30cm で赤い服を着て縁なし帽をかぶっている。森の中や地下に住んでいる。

→小人、ウンターイルディッシュ

■参考文献

H. Lohre, *Märkische Sagen*, Leipzig-Gohlis, 1921, n° 68.

## エルス
ELS

ドイツ、ヘッセン州のタウヌス山地に現れる女の精霊。

## エルズリームニル（「火が煤で覆った物」）
ELDHRIMNIR

ヴァルハラの戦士たちに饗する猪セーフリムニルを料理する鍋。料理人の名はアンズリームニル。

## エルズル（「火」）
ELDR

エーギルとヴィンドの兄弟であり、フォルニョートの息子。

## エルゼおばさん
ELSE, FRAU

ドイツ、ヘッセン州で、馬に乗った人の後ろに飛び乗る精霊。

## エルディル（「火夫」）
ELDIR

海の神エーギルの召使い。

## エルドメンメンドル

ERDMENMENDLE

アダムが罪を犯す前に天界を追われた精霊たち。創造主に対して重大な罪を犯したわけではないが、他の邪悪な天使たちとともに地上に落とされた。他の精霊と異なり、地上でもしるしのついていない、しっかりした肉体を持ち、そのため恩寵を得て救済される可能性がある。彼らが善き行いを続けるのは、そのためである。

### ■参考文献

*Zimmer'sche Chronik (1564-1566)*, éd. K. Barack, 4 vol., Stuttgart, 1869, t. 4, p. 228 sq.


## エルフ

ELFES （古ノルド語単数：Alfr、ドイツ語：Elbe, Alp、古英語：aelf）

　非常に古い時代の存在で、神話が文字で書き記された時代にはすでに化石的な概念になっていた。エルフはすべてのドイツ語圏の国々に存在する。関係する名前を調べると、人々がエルフを崇め、同時に恐れていたことがわかる。イギリスでは 35 の関係する固有名詞が知られている。フランスでは、ピピン 2 世の妻の名前はアルバイディスだった〔ピピン 2 世（635-714）はフランク王国の宮宰。カロリング家の祖ピピン 1 世の孫でカール・マルテルの父〕。本来は人間に好意的な存在で、alfr の語源はインド＝ヨーロッパ語で「白い、明るい、輝く」を意味する。しかしすぐに邪悪な小人と混同されるようになった。北方スカンディナヴィア地方では、エルフはフレイが支配する天空の領域アルヴヘイムに住んでいると考えられた。そしてデュメジルの第三機能（豊穣,肥沃）を担うとされた。古代スカンディナヴィアの神々の構成を見ると、彼らはもともとアース神族やヴァン神族と同等の、独立した神族だったことがわかる。

　古英語の呪文によると、エルフは魔術やまじないに秀でていた。マンドラゴラの古ドイツ語名であるアルブルナが、それを示している。アルブルナは「エルフの秘密」という意味で、またこの名は女神官の名として、タキトゥスの『ゲルマニア』にも登場する。人々はエルフの存在を信じ、犠牲を捧げていた。（→アルファブロット）。1018 年頃には、スカルド詩人のシグヴァド・トルダルソンが、ちょうどエルフの祭儀を行っている最中の農夫に一夜の宿泊を断られている。

清い存在であるエルフは、汚れを嫌う。「用を足す」をノルド語で、「エルフを追い払いに行く」という。このことは15世紀のピカルディ地方で、放尿すると小悪魔が逃げ出すと信じられていたことに通じる。エルフはまた、守護精霊の地位へと高められた善き死者でもあった。グードロットの息子オラフは、埋葬された場所にちなんで「ガイアシュタッドのエルフ」と呼ばれたし、ハルフダン・フヴィトベイン（Halfdan Hvitbeinn）は「胴鎧のエルフ」と呼ばれて惜しまれた。この意味でエルフは霊的な死者であり、小人のような物質的な死者とは異なる。鍛冶屋ヴィーラント（→鍛冶師のヴィーラント）とエルフの関係については、『エッダ』で3カ所に彼が「エルフの王」であると記されているにもかかわらず、明らかではない。同じくトールとエルフの関係も「トールのエルフ（トラルフ、Thoralfr)」などの名前や植物名しか伝わっていないため、不明である。たとえば多肉質の植物センペルビブム（barba iovis）はドイツ語で「箒」または「トールの草」という。

エルフは悪魔的なものと考えられるようになると、小人（Zwerge）や（悪）夢（Alp、Mahr、Trude）と同一視されるようになった。

■参考文献

Claude Lecouteux, *Les Nains et les Elfes au Moyen Âge*, préface de R. Boyer, Paris, Imago, 2013; du même auteur: Trois hypothèses sur nos voisins invisibles, in: *Hugur. Mélanges Régis Boyer*, Paris, P.U.P.S., 1997, pp.289-297; Lutz Röhrich: Eva : die ungleichen Kinder E.s（AaTh 758), in: K. Ranke, R. W. Brednich, *Enzyklopädie des Märchens*, Berlin, New York, t. 4, col. 569-577.

エルフたち。オラウス・マグヌス著『北方民族文化誌』谷口幸男訳、上下巻、渓水社、1991-1992年

## エルフォーク

ELLEFOLK

デンマークのエルフの名前。丘や塚に住んでいると信じられている。ノルウェーの huldrer やアイスランドの huldufolk に相当する。

■参考文献

Bengt Holbek, Iørn Piø, *Fabeldyr og sagnfolk*, Copenhague, Politikens Verlag, 1967, pp.127-134.


## エルブスト

ELBST

スイスのゼーリスベルク付近の山あいの湖に現れる精霊。苔むした木の幹や流れる島の姿をとり、不注意な者を水中に引きずり込む。月明かりのもとでは蛇となって湖の周りでとぐろを巻く。夜には竜または爪を持つ爬虫類の姿で陸に上がり、家畜を殺す。黒い雌豚の姿になることもある。エルブストが現れると天気が荒れるといわれる。


## エルマナリック

ERMANARIC

アマーレス族出身の東ゴート族の王で、4世紀にロシアの南に強力な帝国を建設したが、この帝国はフン族の猛攻を受けて376年に滅亡した。エルマナリックは死後間もなく伝説化し、ゲルマン系の叙事詩で重要な位置を占めるようになる。彼は妻のシュヴァンヒルデを不品行の疑いで惨殺したという。シュヴァンヒルデの兄弟のアミウスとサルスがその仇を取った。これについて最初に物語ったのはヨルダネスであり、その後『ハムジル（Hamdir）の歌』（古エッダ）でも再度取り上げられている。また古英語の文献にも言及が見られる。中世ドイツではエルマナリックは、13世紀にはドイツ騎士の理想とされた甥のテオドリック（ディートリヒ・フォン・ベルン）の不倶戴天の敵とみなされた。エルマナリックは、ハールルンゲン、つまりこの兄弟の甥で、Svanhildr の兄弟であるハムジルとソルリを殺したことでも有名である。

■参考文献

G. Zink, *Les Légendes héroïques de Dietrich et d'Ermrich dans les littératures germaniques*, Paris, Lyon, 1950.

## エールユーズニル
ELJUDNIR

冥界の女王ヘルの広間の名前。

## エルルケーニヒ(「ハンノキの王」)
ERLKÖNIG

　1779年にJ.G.ヘルダーは、エルフの王の娘と遭遇した男オラフについてのデンマークのバラードをドイツ語に翻訳した。それによると、オラフと踊ることを願った娘は、報酬として素晴らしい贈り物を与えると約束するが、結婚式を翌日に控えていた男は拒絶する。すると娘は復讐として彼の心臓に一撃を見舞ったため、家に帰り着いたオラフは死んでしまうという物語である。母親と婚約者もまた、悲しみで死んでしまった。エルフの王がハンノキの王になった経緯は、誤訳が原因だったと思われる。「エルフの王」はデンマーク語で「Ellerkonge」というが、低地ドイツ語では、ellerは「ハンノキ」を意味するのである(高地ドイツ語ではErle)。ゲーテもまた、ヘルダーの作品からインスピレーションを受けて1781年に作品を発表している〔『魔王』という詩で、これをもとに作曲したシューベルトの同名の歌曲は名高い〕。

■参考文献

*Danske Folkeviser fra Riddersal og Borgstue*, 2 vol., éd. par H. Grüner Nielsen, Copenhague, 1925, t. 2, pp.140-145(ballade danoise).

ハンノキの王

## エルルーン

ŒLRUN

　ヴァルキュリアの一人で、ヴァルランドのキャールの娘。白鳥乙女として描かれている。スヴァンフヴィートとアルヴィトの姉妹で、3人はそれぞれヴィーラント（ヴェルンド）とその兄弟と結婚する。エルルーンという名前は興味深い。öl はおそらく淡色ビール（英語で ale）のことだ。したがって、エルルーンは「ビールの秘密」という意味で、これはフレイの活動領域を思い起こさせる（→ビュグヴィル）。また、öl は *alu /albu（白、エルフ）の語根が変化したものである可能性があり、したがってエルルーンはゲルマン民族の巫女アルブルナと同一人物であるだろうとタキトゥスは記している。これは「エルフの秘密」あるいは「白い者の秘密」を意味する。

## エンネルバンスク

ENERBANSK, ONNERBÄNKISSEN

→ウンターイルディッシュ

## エンブラ

EMBLA

　最初の人間の女。

→アスク

# ［オ］

## 狼男

LOUP-GAROU

→ヴェアヴォルフ

## オーク

CHÊNE

　プロイセンの人々はオークを、ペルクノス（Perkunos、雷鳴）、ピコロス（Pikollos、死）、ポトリンプス（Potrimpes、戦争と豊穣）の三柱の神が

切妻屋根に馬頭装飾があしらわれたエストニアの家

宿ると信じて崇拝していた。ナドロヴィア〔プロイセンの最北部の地方〕の町ロモヴィアのオークは太さ6オーヌ〔フランスの古い長さの単位で、1オーヌは0.6-1.2メートル〕で、冬の間も夏と同じように葉が青々と茂っていた。高さ8オーヌの黄金の垂れ幕がこれを取り囲んでいたという。垂れ幕が開かれるのは祭日か、またはプロイセン貴族が多くの犠牲を捧げた場合に限られていた。次によく知られているのがハイリゲンバイル〔ロシアの都市で、現在のマモノヴォ〕のオークである。これはロモヴィアのオークと同じような特徴を持つが、そこに宿っていたのは、食料と飲み物の神ゴルショ（Gorcho）である。司教アンセルムスがこれを切り倒している。また聖ボニファティウスによって切り倒されたガイスマールのオークも有名だ。

■参考文献

Caspar Schütz, *Historia rerum Prussicarum*, Leipzig, 1599, p.4; Simon Grunau, *Preussische Chronik*, 3 vol., Leipzig, 1876-1896, t.2, p.5.

## オーズ（「激情」、「不思議な酩酊に満たされた者」）
OD

　フレイヤの夫で、ふたりの間にはフノッス（「宝石」）とゲルシミ（「宝物」）という娘がいる。オッドはよく長旅をし、フレイヤは寂しがって赤い黄金の涙を流して泣いた。オッドとオーディンは名前が似ているが、オッドとフレイヤ、オーディンとフリッグという、それぞれの夫婦の名前も似ていること、フレイヤとオーディンは戦死者を分け合っているという事実ともあいまって、この4人の間に非常に密接な関係性があることを示している。

## オスクメイ、オスクマエール

OSKMEY, OSKMAER

「ヴァルキュリア」に同じ。この言葉は maer（娘）（英語では maid）と osk（望み）に分解できる。つまり、ヴァルキュリアはオーディンおよび／または戦士たちの「望むことを行う娘たち」である。

## オスコレイア（「恐るべき騎行」）

OSKOREIA

　北欧諸国、とりわけノルウェーでは、伝説にある死者を呼ぶ夜の軍団の行列から派生したテーマが見られる。今もそのまま行っているように思われる例が幾つもある。ノルウェーでは、ワイルドハントは「オスコレイア」（恐るべき騎行）と呼ばれている。クリスマスから公現祭〔東方の三博士がイエスの誕生を祝いにやってきた日〕までの期間中あるいは聖ルチア祭の日に、仮面を被り馬に乗って通り過ぎる人間あるいは妖精たちの軍団（ridende julevetter）のことで、ワイルドハントはまた、Lussiferdi とも言われている。スカンディナヴィアでは、12 月 13 日からクリスマスまで、またはクリスマスから 1 月 13 日までの 12 日間に現れる。他にも Julereia、Trettenreia、Fossareia、Imridn などの名称も確認されているが、いずれの言葉にも rei、reid（馬に乗る、騎馬団）という言葉が含まれ、さらに、Jul / Jol（「クリスマス」）や教会暦の四旬節の 4 日間を意味する Imbre /Imbredagen、あるいは、Fosse（妖精の名前）という言葉と組み合わされている。この期間は Trettenreia または Trettandreia、「冬の 13 日目の騎士団」とも言われる。

　オスコレイアは空中を飛行したり、地上を練り歩いたりするが、二つの大きなモチーフがあるのが特徴だ。それは馬との関係と食物や飲み物との関わりである。第一のモチーフは 13 世紀の幾つかの物語に見られる。たとえば、クリスマス前夜から公現祭までの 12 日間に妖精たちが馬屋に忍び込んで馬を連れ出し、まるで、ずっと走り続けていたかのように汗びっしょりになるまで走らせる。手綱を握るのはオスコレイアの一員あるいは聖ルチアらしい（at merri var Lussi-ridi）。第二のモチーフは食物、とくに飲み物の盗みだ。「オスコレイアたち」が人の家に忍び込み、酒蔵から酒樽を取り出して、ビールの樽を空っぽにし、代わりに水で満たしておく。

■参考文献

Christine N. F. Eike,《Oskoreia og ekstaseriter》, *Norveg* 23（1980）, pp. 227-

309, cartes p. 242 et p. 247; *Le Mythe de la Chasse sauvage en Europe*, ed. par Philippe Walter, 1997; C. Lecouteux, *Chasses infernales et Cohortes de la nuit au Moyen Age*, Paris, Imago, 2013; Erik Henning Edvarsen, *Gammelt nytt i våre tidligste ukeblader*, Norsk Folkeminnelag / Acheboug, 1997, pp. 79-124 (textes).

## オスタラ（古英語：エオストラ）

### OSTARA (v. angl. Eostra)

おそらく昔の春の女神。ベーダ・ヴェネラビリス（673 – 735）は4月のことを「エオストゥルモナト」と表現している。英語の復活祭を表す言葉「イースター」はエオストラに由来している。

## オーダーインサク（「不死の領域」）

### ODAINSAKR

幾つかの『古代のサガ』（fornaldarsogur）に引用されている楽園のような場所。英雄たちはあの世で生き続けるという思想に通じるケルト神話の冥界を表すさまざまな名前と関連づけることができる。

## オーディン（アングロ・サクソン語および古ザクセン語：ヴォーデン、古高ドイツ語：ウォータン）

### ODIN (ags. Woden, v.saxon. Woden, vha. Woutan)

北欧神話の主神であり、残酷で意地悪く、狡猾、シニカルで女嫌いの神である。ローマ人やラテン文化の研究者たちはオーディンとメルクリウスを同一視している。オーディンには片目しかない。ミーミルの泉の水を飲んで知識を得た代償として、巨人ミーミルに片目を差し出したためだ。白髪の老人で、長い髭を蓄え、つば広の帽子を目深に被り、青いマントをまとっている。ブレーメンのアダムが『ハンブルグ教会史（*Gesta Hammaburgensis ecclesiae pontificum*)』の中ですでに「Wodan id est furor」と記しているように、オーディンという名前は語源的に「怒り」という意味である。

オーディンは、最初の神ブリの息子である巨人ブルと、霜の巨人ボルトルンの娘ベストラとの間に生まれ、ヴィリとヴェーというふたりの兄弟がいる。オーディンはこのふたりの兄弟と共に原初の巨人ユミールを殺し、その身体の各部から世界を創った。フリッグと結婚し、ふたりの間にバル

ドルという息子が生まれる。一方、オーディンは女巨人ヨルズとも愛し合い、ふたりの間に息子トールが生まれた。さらに女巨人グリンドとも関係を持ち、息子ヴァリが生まれた。アースガルズでは、オーディンはヴァルホル（ヴァルハラ）に住み、フリッズキャルフといわれる高座に座り、そこから全世界を見渡している。オーディンを象徴する宝物の一つは槍のグングニルで、戦闘が始まる前に戦士たちの頭上にこの槍を投げると、必ず勝利が決まるのだ。また黄金の腕輪ドラウプニルからは9夜ごとに同じような腕輪が8個したたり落ちる。8本脚の馬スレイプニルの所有者でもある。スノッリ・ストゥルルソンによると、一般にフレイの宝物とされている魔法の船スキーズブラズニルもオーディンのものだという。

　オーディンは、メルクリウスと同じように、死者の霊を冥界に運ぶ神であり、降霊術師でもある。「亡霊の神」とか「吊り下げられた者の神」と呼ばれる。切断されたミーミルの首に魔法をかけ、以後、問題が起こると決まってその首に相談しに行く。

　オーディンは戦死者の館（ヴァルホル）の主で、その館でワインだけを飲み、自分の食事は狼のゲリとフレキに与えている。ヴァルキュリアたちに選ばれた死者はヴァルハラに連れてこられてそこに住み、選ばれた比類なき戦士たち（エインヘリヤル）と呼ばれる。オーディンはフギン（思考）とムニン（記憶）という2羽のカラスを飼い、言葉を与えたため、この2羽のカラスは世界中を飛び回って、見聞きしたことをオーディンに報告する。

　オーディンは全知で、ルーン文字を読解し、魔術を使い、詩の才がある。

最高神オーディン、
『スノッリのエッダ』、
O・ブリニョルフソン、
1760年

# オーディン

オーディンを呑み込む狼フェンリル

その知識の深さを巨人たちと競い合うのを好む（→ヴァフスルードニル）。オーディンにはまた、敵対者の目を見えなくしたり、耳を聞こえなくしたり、動けなくしたり（→ヘルフィヨトゥール）、飛んでいる矢を止めたり、味方の戦士を不死身にしたりする能力がある。

首吊り人やその他の死者をよみがえらせ、彼らを連れてゲルマン諸国の至るところでワイルドハント（ヴォーダン・ヤークト、Wuotes her）を繰り広げる。

オーディンはセイズ（→セイズ）と呼ばれる呪術に精通し、クヴァシルの血からできた魔法の蜜酒を飲んだために、詩の心得もある。ある種のシャーマン的な神で、オーディンの行動のすべてがシャーマンの重要な資質の名残であることを示している。こうした能力は、風が吹きつける中で木に吊るされて過ごした9夜の秘儀の末に得たものだ。そのため、オーディンは神であると同時に魔術師でもある。自分の分身（アルター・エゴ）が身体を抜け出して、動物の姿で世界中を巡っている間、一定時間、カタレプシー状態（同じ姿勢を保ち続ける）やトランス状態に入ることができる。その間、身体は霊魂がないまま残っている。

スノッリ・ストゥルルソンによる『ユングリンガ・サガ』のエウヘメリズム説的解釈では、オーディンは、現在のロシアを流れるドン川の東に位置するアースガルズを支配するアジアの王である。オーディンが長く留守にしていたある日、オーディンのふたりの兄弟が彼の遺産を分け合い、オーディンの妻を共有の妻にした。しかし、オーディンは戻って来るとすぐに妻を奪い返した。それからオーディンはヴァン神族と戦う。オーディンは将来を読むことができるため、子孫が北方に国を建てることを知っていた。

オドレリル

スレイプニルにまたがる
オーディン

そこで、兄弟のヴィリとヴェーにアースガルズを委ねて北方に旅立ち、海辺にたどり着くとまずオーディンセ島（今日のデンマーク、フュン島のオーデンセ）に身を落ち着け、次にログリン湖畔（今日のスウェーデン、メーラル湖）のシグナツ（現在のシグトゥーナ）に居を定めた。

　オーディンが古くからの重要な神であったということは、オーディンの名前にちなんだ地名が数多くあることからも窺える。さらに、さまざまな文献からオーディンには170以上の別称やあだ名があることが分かっている。それらの名前はオーディンの特徴や行動を反映している（→ゴンドリル）。またオーディンの名前は水曜日という言葉に残っている。たとえば英語では Wednesday（昔は Wodnesdaeg：オーディンの日）。

　機能面では、古代インド神話のミトラとヴァルナ、ローマ神話のユピテルに相当する。

■参考文献

Peter Buchholz,《Odin : Celtic and Siberian Affinities of a Germanic Deity》, The Mankind Quaterly; Lote Motz,《Odinn's Vision》, Maal og Minne 1（1998）, pp. 11-19; Clive Tolley,《Sources for Snorri's Depiction of Odinn in Ynglinga Saga》Maal og Minne 1（1996）, pp. 67-79; Regis Boyer,《Ódinn d'après Saxo Grammaticus et les sources norroises : étude comparative》, Beitrage zur nordischen Philologie 15（1986）, pp. 143-157.

オドレリル
ODRŒRIR

小人ヤラールとガラールがクヴァシルの血を集めて入れた容器の一つ。

## オルヴァルディ（「ビールの王」）

ÖLVALDI

巨人で、シャツィ、イジ、ガングの父。オルヴァルディの遺産を子供たちが分けたとき、子供たちは黄金を一口ずつしか持っていく権利がなかった。そのためスカルド詩では黄金のことを「シャツィの一口、イジの一口」または「ガングの一口」と表現する。

## オルク（オルグ、ノルグ、ロルコ、オルコ）

ORK（ORG, NORG, LORKO, ORCO）

チロル地方の悪霊で、その名前は「人食い鬼」という意味。非常に多くの伝説がある。ある伝説ではオルクは人里離れたところに棲み、またある伝説では人間社会で、ときに巨人の姿で、またときに小人の姿で生活している。オルクは動物たちを支配している。1250年頃、『オルキーズ（*Orkise*)』あるいは『ヴンデラー（*Wunderer*)』というタイトルの物語が見つかっている。

→ヴンデラー

### ■参考文献

Leander Petzold, *Kleines Lexikon der Damonen und Elementargeister*, Munich, Beck, 1990（Beck'sche Reihe, 427), p. 138 sq; B. D. Insam, Der Ork. Studien zu einer alpinen Wort- und Erzahlgestalt, Munich, 1974; Joh. Nepomuk Ritter von Alpenburg, *Mythen und Sagen Tirols*, Zurich, 1857, pp. 72-75.

## オルゲン（複数）

ORGEN

夜にだけ現れるチロルの森の小人。猫ほどの身長で、触ると粉袋のような感触がする。人里離れた、森の近くの家屋に忍びこむ。好んで木こりの仕事をする。パッシリア渓谷（南チロル）では、オルゲンは手のひらを広げたほどの大きさで、猫に似ている。通りすがりの人の肩に飛び乗り、運んでもらう。

### ■参考文献

Ignaz V. Zingerle, *Sagen aus Tirol*, Innsbruck, 1891, pp. 84-86, p. 209.

## オルニル
ÖLNIR

オーディンの息子として与えられた小人の名前。

## オルヘラー
ÖRHHELER

→ノルゲン

## オンディーヌ
ONDIN, ONDINE

→ヴァッサーマン、ニクス、ニークル

■参考文献

Leander Petzold, *Kleines Lexikon der Damonen und Elementargeister*, Munich, Beck, 1990（Beck'sche Reihe, 427）, pp. 173-175（Wassergeister）.

## オンドウェギスールル（「飾り柱」）
ÖNDVEGISULUR

　高座、すなわち家長の威厳を示す椅子を支える2本の柱。これらの柱には神と思われる像が彫刻されたり、削られたり、描かれたりしている。ノルウェー人はアイスランドに定住地を求めて出発する前に、岸辺からこの柱を投げる。守護神がその柱を導いて定住するにふさわしい場所に漂着させてくれると信じていたからだ。

音楽家オンディーヌ

# ［カ］

**開錠根**

PLANTE FORCE SERRURE

→シュプリングヴルツェル


**ガウタチュール**（「ゴート族の神」）

GAUTATYR

オーディンの別名の一つ。


**ガウト、ガウティ**（「ゴート族」、「ゴットランド人」）

GAUTR, GAUTI

オーディンの名前。アングロ・サクソン族の系図に登場する Geat や、そのラテン語形である Gausus に対応する。


**ガグンラーズ、ガングラーズ**（「口答えする者」）

GAGNRADR, GANGRADR

巨人ヴァフスルードニルとの知恵比べで、オーディンはこう名乗った。


**影**

OMBRE

→ペーター・シュレミール


**鍛冶師のヴィーラント**（ノルド語：ヴェルンド）

WIELAND LE FORGERON (nor. Völundr)

翼を作って幽閉場所から脱出する点が似ていることから、ゲルマンのイカロスと言われることの多いヴィーラントは、中世には非常によく知られていた。古フランス語によるテキストでは「ガラン」という名前で呼ばれている。伝説によると、ヴィーラント、エギル、スラグヴィズの3兄弟は、ある日、湖のほとりで亜麻を織っている白鳥乙女たちを目にする。3人は彼女たちの傍らに置いてあった羽衣をこっそり奪って隠した。美しい白鳥

## 鍛冶師のヴィーラント

乙女たちは羽衣がなくては飛べないため、やむなく3人の兄弟と結婚することに同意した。数年後、魔法の衣を見つけた白鳥乙女たちは姿を消し、決して戻ってこなかった。エギルとスラグヴィズはそれぞれの妻を探しに出かけたが、ヴィーラントだけは狼の谷に留まって、鍛冶師の腕を磨くことに専念した。スヴィジオーズ(スウェーデン)のニーズス王がヴィーラントが鍛えた財宝を奪い、妻に請われるままに彼の脚を切った。しかし、ヴィーラントは復讐を企て、成功する。ニーズス王のふたりの王子を殺し、王女を犯した後、自分が作った羽をつけて飛び去った。

『テオドリック(シズレク)のサガ』によると、ヴィーラントの祖父はヴィルキニス、祖母はウンディーネ(水の精)で、父は巨人のヴァテ／ヴァジ、息子はヴィテゲである。『詩のエッダ』では、ヴィーラントは「妖精の王」と呼ばれているが、このことは、フレイの支配する国、アルヴヘイムとの関係を示している。

ヴィーラントはエトルリア神話のヴェルシャン(Velchans)、イラン系オセット人のヴァルゴン(Ossète Wärgon)、クレタ島のゼウス・フェルカノス(Zeus Felchanos)の近縁であると見るべきだろう。カエサルが挙げた三神(太陽神ソール、火の神ウゥルカーヌス、月の神ルーナ)のうちのウゥルカーヌスはおそらくヴィーラントに相当するだろう。ヴィーラントは古くは神であったものが、英雄に格下げされたのだと思われる。なにより、ヴィーラントとギリシャ神話のヘーパイストス(鍛冶の神)には気になる共通点がある。つまり、二人とも脚に異常があり、ともに処女を犯している(ヘーパイストスはアテナを犯した)。

クレルモン＝フェランにほど近いオーゾンで発見されたフランク王朝

鍛冶師のヴィーラント、伝説の重要な場面。オーゾンの小箱(大英博物館所蔵)。

時代の宝石箱の彫刻はこの伝説から題材が取られており、この話の中心的な場面が描かれている。

■参考文献

Robert Nedoma, *Die bildlichen und schriftlichen Denkmäler der Wielandsage*, Göppingen, Kümmerle Verlag, 1988 (Göppinger Arbeiten zur Germanistik, 490), avec une bibliographie à jour jusqu'en 1988; Lotte Motz, *The Wise one of the mountain. Form, function and significance of the subterranean smith. A study in folklore*, Göppingen, Kümmerle, 1983 (G.A.G. 379); Jean-Marie Maillefer, Essai sur Völundr-Weland : la religion scandinave ancienne a-t-elle connu un dieu forgeron ?, in : C.Lecouteux, O. Gouchet, *Hugur*, Paris, P.U.P.S., 1997, pp. 331-352; Gustav Adolf Beckmann, Erika Timm, *Wieland der Schmied in neuer Perspektive*, Francfort, Berne, Peter Lang, 2004.

## 鍛冶屋

FORGERONS

　ゲルマン系諸国には、伝説として語り継がれる偉大な鍛冶屋が3人いる。1254年から1260年の間に中高ドイツ語で記された作者不詳の叙事詩『ビテロルフとディートライブ』では、彼らについてのこんな記述がある。「ある書物から知った／三本の剣が打たれたことを／偉大なる鍛冶屋の親方によって／あの男ができうるかぎりの知識／できうるかぎりの知恵を注ぎ込んだのだから／他国では／これほど堅固なものは見つからない／男は同時代のいかなる［鍛冶屋］よりも／優れていた。／住まいはアザリア／トレドより20マイル。／昔から数多くの剣を打ってきた。／その名は／老ミーム。／老ミームの打った剣により多くの［戦士］が倒れ／それさえなければ長く生きられたであろうに／この剣のせいで／死を迎えることになった。／老ミームにかなう技を持つものは／どの王国にも存在しない／ただひとり／ここに述べる者を除いては。／男の名はヘルトリヒ／ガスコーニュで暮らす。／この二人の卓越した鍛冶屋は／作品だけでなく、多くの点で互いに似通っていた／二人はその優れた技量で／見事な作品を作り上げた。／この技能は／ヴィーラントの持てるもの——彼の打った剣は／大胆不敵な戦士／ヴィテゲが帯び／ヴィーラントはまた素晴らしい兜／リンメをこしらえた。／剣に似つかわしい／すべての武具も用意した。／ヴィテゲはためらいなくそれを身につけた／彼、名誉の友はいさおしの供とした。／

ヴィーラントは我が子のために／最良の武具を用意したのである／──し かしそのために／ミームとヘルトリヒほどの称賛は受けていないと見える ／彼らの技能は別格であった／ここに教えよう／二人が打ったのは／12本 の剣／ヴィーラントは13本目を打ち／それはミムンと名付けられた」

## カーゼルトルゲレン（複数形）
### KASERTÖRGGELEN

チロルで、普通は危害を与えないが、好奇心を抑えられない子供の亡霊 の総称。この亡霊をじっと見つめると、失明してしまう。聖マルティヌス の日（収穫祭）には牧場から下りてくる。この名前は「山小屋からふらふ ら下りてくる人々」という意味。カーゼルマンドルの近親。

### ■参考文献

Joh. Adolf Heyl, *Volkssagen aus Tirol*, Brixen, 1897, p. 73; Joh.Nepomuk Ritter von Alpenburg, *Mythen und Sagen Tirols*, Zurich, 1857, p. 162 sq., 169 sq., p. 180.

## カーゼルマンドル、アルムブッツ
### KASERMANNDLL, ALMBUTZ

冬の間、家畜や人間が谷間に下りていなくなると、牧場の主となって好 き放題に騒ぐ妖精。生前、家畜や餌、道具を粗末に扱ったために、その罪 を贖うために戻ってきた羊飼いや牛飼いであることが多い。この民間信仰 はアルプス地方全域に広まっている。

### ■参考文献

Johann Nepomuk Ritter von Alpenburg, *Deutsche Alpensagen*, Vienne, 1861, №. 74; Theodor Vernaleken, *Alpensagen*, ed. par Hermann Burg, Salzbourg, Leipzig, Verlag Anton Pustet, 1938, p. 85.

## ガビアエ（「分配者」）
### GABIAE

ライン川下流域で発見された約10点の奉納碑文に登場する大地母神集 団の名前。語源的には、女神ゲヴィオンと対になっている。

## ガプト
### GAPT

ゴート王が輩出したアマーレス族の伝説上の祖先。おそらくは、Gautr（ゴート、古英語で Geat、ゴート族）の別名を持つオーディンのこと。
→ガウト

## ガーマネイス
GARMANEYS

海の怪物。妖精エンギセロール（Engiselor）と、クリー（Kurie、『パルシファル』に登場する魔女クンドリー（Cundrie）に相当）の息子をさらった魔物に仕えている。息子をさらわれたクリーは、アーサー王の宮廷に助けを求めに行く。魔物は、妖精をさらって高い山の上に閉じ込め、その周囲を広大な川（または海）で囲むばかりにしたので、誰もその土地に出入りできないようになっていた。しかし、そこへ辿りつく道を知っていたクリーを道案内に、パーシバイン（Persibein）はガーマネイスの守る山に向かう。山頂に到達するには、ガーマネイスを打ち負かし、山頂に運ばせる以外に方法はないからである。戦いの末、パーシバインは魔法の鎖に繋がれたエンギセロールを解放することに成功し、水と火から守ってくれる魔法の石を手にする。この石に備わる他の力についての詳細は、残念ながらわかっていない。その後、パーシバインはクリーの息子を救出しに行くのである〔これは15世紀のオーストラリア人ウルリッチ・フュートラーによる『冒険物語』に含まれた物語で、その主人公は円卓の騎士の一人であるパーシバインである〕。
→ヴァゴツルト

■参考文献

Ulrich Fuetrer, *Das Buch der Abenteuer*, nach der Handschrift A（Cgm 1 der Bayerischen Staatsbibliothek）in Zusammenarbeit mit Berd Bastert herausgegeben von Heinz Thoelen, Teil 2, G.A.G. 638 I-II（Göppingen, Kümmerle, 1997）. C. Lecouteux, *Démons et Génies du terroir*, Paris, Imago, 1995, pp.192-194.


## 神隠し
ENLÈVEMENT（bjœrgtagen, bergtaking）

ドイツ文学にしばしば登場するテーマ。超自然的な存在（小人、巨人、精霊）が子供。（→取り替え子）や大人をかどわかす。忠臣エッカルトやタンホイザーなどの人間は、ヘルゼルベルク（ドイツ、チューリンゲン州）のヴェーヌスベルクをはじめとする、夢のような楽園に連れ去られる。多

くの英雄が、様々な場所で姿を消している。ヴァスガウ〔フランス・ドイツ国境の丘陵地帯〕のゲロルゼック城にはジークフリートとヴィッティヒ（ヴィテゲ）が、ウンタースベルク（オーストリア、ザルツブルク近郊）やキーフホイザーではフリードリヒ・バルバロッサ〔12世紀の神聖ローマ帝国皇帝〕が、そしてヘッセン州オーデンベルクではカルル大帝が、その軍隊とともに眠っているのである。

　昔の人は、偉大な君主や英雄が死んだという事実を、なかなか信じられずにいた。そのため、これらの人々は死後も長い間、山の中で眠り続けており、国家の危急の際には再び姿を現すと信じられたのである。数多くの文学者がこのテーマを取り上げている。たとえばルートヴィヒ・ベヒシュタイン（1801-1860）、フリードリヒ・リュッカート（1788-1866）、クララ・フィービッヒ（1860-1952、『眠れる軍隊』）などである。

■参考文献

H. F. Feilberg, *Bjærgtagen. Studie over en gruppe træk fra nordisk alfetro*, Copenhague, 1910, pp.55-69; Ronald Grambo, Balladen om hakje og Bergmannen, 28（1972), pp.55-81; J. M. Clifton-Everest, *The Tragedy of Knighthood : Origins of the Tannhäusertlegend*, Oxford, Society for the Study of Mediæval Languages and Literature, 1979（Medium Ævum Monographs, New Series X); Bengt Holbek, Iørn Piø, *Fabeldyr og sagnfolk*, Copenhague, Politikens Verlag, 1967, p.136; Grimm, *Deutsche Sagen*, éd. par H. Rölleke, Francfort, 1994, n°21, n°23, n°27, n°28; Leander Petzold, *Historische Sagen*, t. 2, Hohengehren, 2001, pp.15-24（Untersberg).

山中で眠る王、
Marcus Grønvold,
1874.

## 神々

DIEUX

→イズン、ウル、エーギル、オーディン、サーガ、スカジ、チュール、トール、ニョルズ、バルドル、フォルセティ、ブラギ、フリッグ、フリーン、フレイ、フレイヤ、ヘーニル、ロキ

## 神々（神々の住居）

DIEUX（DEMEURES DES DIEUX）

→アースガルズ、アルヴヘイム、ヴァルハラ、グラズヘイム、グリットニル、スルーズヘイム、セックヴァベック、ノアトゥン、ヒミンビョルグ、フォルクヴァングル、ブライザブリック、ヘル、ユーダリル

## 神々の黄昏

CRÉPUSCULE DES DIEUX

　終末戦争を指す言葉で、ワグナーのオペラを介して広く一般に定着した。しかしこの言葉は古文献の解釈の誤りに基づくものである。終末戦争は、「裁き」または「神々の運命」と呼ばれる。

→ラグナロク

## カーラ

KARA

　ヴァルキュリアの一人、シグルーンの生まれ変わりで、フンディング王を殺したヘルギの生まれ変わりであるハッディンギャルの援護者。

## カラス

CORBEAU

　オーディンの聖鳥。鳴き声で予言をするとされる。オーディンに願い事をしたい者は、カラスに供犠を捧げた。戦争の際には記章として用いられ、王妃マティルドのバイユーのタピストリーでは、ウィリアム征服王が、カラスが描かれた旗を持つ兵士を従えている。カラスの絵を誇示すれば勝利が訪れるが、その旗手は死に見舞われると信じられていた。人名研究の分野からも、カラスの人気は明らかである。コンピエーニュで発見されたガロ・ローマ時代のある彫像では、男性像の肩にとまった二羽のカラスがそ

の耳元でささやいている。これはフギンとムニンという二羽のカラスが世界中を飛び回り、戻ってくるとあらゆる出来事について伝えるというオーディンの物語を強く想起させる。

■参考文献

Ronald Grambo, *Svart katt over veien. Om varsler, tegn og overtro*, Oslo, Ex Libris, 1993, p.124 sq; Huntley Horowitz, Sylvia, The ravens in Beowulf, *Journal of English and Germanic Philology* 80 (1981), pp.502-511.

## ガラール（「叫ぶ者」）
GALARR

　クヴァシルを殺して魔法の蜂蜜酒を造った二人の小人のうちの一人。もう一人はガラールの兄弟のヤラール。

## カリ（「風」）
KARI

　巨人フォルニョートの息子。

## ガルゲンメンヒェン
GALGENMÄNNCHEN

→マンドラゴラ

## ガルズ（古高ドイツ語：galster、古英語：gealdor）
GALDR

　「まじない、呪文」を意味する一般名詞。『赤毛のエイリクのサガ』には、人々がまじないを唱えて精霊を呼び出していたと記されている。

→ヴァルズロクル、セイズ

■参考文献

Ivar Lindqvist, Galdrar, *Göteborgs Högskolas Årsskrift* 29, Ire partie, 1929.

## ガルドボ
GARDBO

→家つき精霊

## ガルム
GARMR

狼のフェンリルが繋がれていた岩グニパヘリルの前に繋がれた犬。終末戦争でチュールと相打ちになって死ぬ。

## 川（神話上の）
FLEUVE MYTHIQUE

『古エッダ』の『グリームニルの言葉』には、神々の宮殿を取り囲む川が多数登場する。川の名前はたとえば以下のとおり。「緩慢」、「広大」、「湧出」、「激烈」、「清冽」、「尊大」、「迅速」、「流れ」、「老女」、「槍の束」、「ざわめき」、「女の友」（？）、「若松」、「下り坂」、「大食い」、「戦闘の勇猛」、「利益」、「波」、「危険」、「突風」、「淵」、「雌狼」、「つっけんどん」、「堤」、「ざわめき」、「天の火」、「燃える水浴び」。そのどれも、他の文献には登場しないが、地獄を巡る次の川は確認される。「ゲイルヴィムル（Geirvimul、「槍の束」）」、「スリード（Slidr、「危険」）」、「ギョル（Gjöll、「怒濤」）」。

## ガンゲルル（中性）
GANGERL

オーストリア山岳地方の精霊。身長約3ピエ〔昔の長さの単位。フィートにほぼ等しく、1ピエは約32センチメートル〕で、外套を着て灰色の縁なし帽を被り、白く長い髭を生やしている。胴の周りに金色のベルトを締めている。品行方正な山岳民には富をもたらしてくれることもあるが、土砂崩れを引き起こす場合もある。ケルンテン地方〔オーストリア南部からスロベニアにかけての地方〕では、悪魔の名の一つとされる。

## ガンダールヴル（「魔法の心得を持つエルフ」）
GANDALFR

この小人の名前からは、我々の遠い祖先がエルフと小人をしばしば混同していたことがうかがえる。トールキンの小説『指輪物語』に登場する魔法使いの名前でもある。

## ガンド
**GANDR**

　ラテン語で gandus。もともと魔術師が持つ魔法の杖を指していたが、その後、女魔術師が相手に送る呪いそのものを指すようになった。この場合の呪いは、ハエのような小動物の姿をとる。また魔術師の肉体的な分身でもあり、時に、肉体を離れて呪いをかけに行くという。このような分身の行動を「ガンドの騎行」という。分身は動物の姿をとることができるため、ガンドという言葉は狼を指す場合もある。ラテン語文献によると、gandus は「死者の霊魂」を呼び出すためにあの世へ行くシャマンの魂を意味する。ノルウェーのベルゲンで発見された、ラグンヒルド・トレガガース（Ragnhildr Tregagaas）という人物による呪詛の言葉（1325 年）は次のようなものだ。「我が騎行する魔法の杖の精霊（→ゴンドゥル）を汝に向けて放つ。一つは汝の腹に、一つは汝の胸に嚙みつき、さらに一つは汝を憎しみと嫉妬で満たすように」

## ガンバンテイン（「魔法の杖」）
**GANBANTEINN**

　オーディンが巨人フレーバルズから与えられた魔法の道具。フレイの召使かつフレイの別の姿でもあるスキールニルは、フレイに代わって女巨人ゲルズに求婚した時、この杖を使って受け入れさせた。


# ［キ］

## ギヴル（「魔法使い」、「恐るべき者」）
**GIFR**

　ゲリとともに地獄の入り口を警護する、2 頭の犬のうちの 1 頭。また女神フレイヤの別の姿であるメングロズの 11 人の処女を守る。

## ギズル
**GIZURR**

　オーディンの別名の一つ。「予言する者」の意。オーディンだということに気付かれないまま解決を求められた謎に関連する名前だと思われる。

## ギズル（「太陽の光線」）

GISL

アース神族の所有する馬のうちの1頭。『グリームニルの言葉』（古エッダ）では10頭の馬について言及されている。

→ファルホヴニル

## ギムレ（「火からの避難所」）

GIMLÉ

黄金の天井を持つ広間で、終末戦争の後で人間が住む場所といわれる。またよき人間が死後に住む、天上界の住まいでもある。第三の天であるヴィーズブラインにあり、ここには光のエルフも住んでいる。よき人間とエルフが次第に同一化していく過程が分かり、興味深い。

## ギャラルブル（「ギョルの橋」）

GJALLARBRU

地獄を取り巻く川ギョル（Gjöll）にかけられた橋（→ヘル）。輝く黄金で覆われたこの橋を、処女モドグドが守っている。この世とあの世をつなぐ一方通行の橋は、インド＝ヨーロッパ族に共通するモチーフである。キリスト教にも取り入れられ、中世の伝承に頻繁に登場する。

## ギャラルホルン（「響きわたる角笛」）

GJALLARHORN

ヘイムダールが吹き鳴らし、アースガルズに悪の軍勢が押し寄せていることを神々に知らせる角笛。終末戦争の開始を告げる。

ミーミルが知恵と科学の泉から水を汲んで飲む時に使う角杯だという伝承もある。この水は、宇宙樹ユグドラシルの根元から湧き出ている。

→ラグナロク

## ギャルプ（「絶叫」）

GJALP

巨人ゲイルロズの二人の娘のうちの一人。トールがロキを解放するためにヨートゥンヘイムを訪れた時に、首の骨を折られた。ヘイムダールの9人の母の一人の名前でもある。

## ギュテル

GÜTEL（JÜTEL, JÜDEL）

時とともに家つき精霊へと変化した霊。13世紀には偶像とされた。1507年には腰の曲がったコボルトと同一視され、ゲオルグ・アグリコラ（1499-1555）によって小人やスウェーデンのトロールに擬された〔ゲオルグ・アグリコラはドイツの鉱山学者・医者で、『デ・レ・メタリカ』を著し、「鉱物学の父」と呼ばれる〕。16世紀のスイスでは、この言葉から派生して「良い」を意味する guot/gut という単語が生まれた。ドイツのザクセン地方では、この精霊は Güttichen（指小語）と呼ばれる。またゲーテは『ファウスト』第二部で、「敬虔なるギュッチェン」に言及している。ギュテルは、亡くなった子供の魂とされる場合もあり、また人の背中に取り付く精霊のようにふるまうこともある。

→アウフホッカー

## ギュミール

GYMIR

海の巨人エーギルの名前の一つ。海の神の可能性もある。

## ギュルヴィ

GYLFI

スウェーデンの伝説上の王。もともとは海の巨人だったと思われる。姿を変え、ガングレリと名乗ってアース神族の知恵を探りに赴く。

## 巨人

GÉANTS

巨人は三つの系統、または種族に分かれている。謎に包まれたヨートゥン（アングロ・サクソン語：eotene）、霜の巨人たち、そしてトロールである。巨人は醜く、しばしば奇怪な姿で、自然の力を体現している。これは、その名前——暴力や叫び声の他、火、雪、岩石、腐植土、水などに関係する——からもうかがい知ることができる。巨人は、女神ソル（太陽）、イズン、フレイヤを捕らえようと狙い、破壊を好む。世界の終わりを主導したのは、巨人ヒュミール、スルト、ロキである。しかし、世界を生み出したのもまた、巨人だ。なにしろ、世界は原初の巨人ユミールの体から創られたのだ。さ

らに神々は巨人の娘たちと結婚し、多くの子孫を残している。このような結婚が繰り返されたため、神々と巨人の境界は極めて曖昧である。巨人は魔術の心得があり、ウートガルズやヨートゥンヘイムに住んでいる。トールはミョルニルを使って、たえず彼らを倒そうとしている。

中世ドイツの伝承に登場する巨人は、知能の劣った乱暴者で、ほとんど動物に近い存在である。毛皮を身につけて木の幹を振り回す。用心棒、貢ぎ物の取り立て者、誘拐者、あるいは好ましくない求婚者として描かれることもある。ほとんど異教徒で、人食いとされる場合さえある。しばしば神話的な特徴を持たない野人と混同される。

15世紀のドイツのある文献によれば、神は小人を創造したのちに、彼らを守るために巨人を創り出した。小人たちが、巨大な爬虫類に妨げられて、土地を耕せなかったからである。しかし巨人たちはすぐに裏切って小人たちを迫害し始めたため、神は英雄を創り出して秩序を回復させた。

スカンディナヴィア諸国では、risi、rysa、jätte、jöttul と呼ばれる。また女巨人は gygr、シェトランド諸島では guykerl、gör とされる。

■参考文献

Claude Lecouteux, *Les Monstres dans la littérature allemande du Moyen Âge (1150-1350)*. *Contribution à l'étude du merveilleux*. 3 vol., Göppingen, 1982 （G.A.G. I- III）; du même auteur: *Les Monstres dans la pensée médiévale européenne*, Paris, P.U.P.S., 1993, 3e éd. revue et corrigée, Paris, 1999; M. Van den Berg, *De volkssage in de provincie Antwerpen in de 19de en 20ste eeuw*, Gand, Komminglijke Academie voor Nederlandse taal- en letterkunde, 1993, p.1452 sqq; Katja Schulz, *Riesen. Von Wissenshütern und Wildnisbewohnern in Edda und Saga*, Berlin, Erich Schmidt, 2004.

## ギョムル（「古い」）
GÖMUL

フヴェルゲルミルの泉から流れ出て、「神々の館の周囲を巡る」41本の川のうちの1本。

## ギョル
GJÖLL

①（「怒濤」）ヘルの支配する地獄の最も近くを流れる川。ギャラルブル

という橋がかかっている。

②アース神族が狼のフェンリルを繋いだ岩の名前。

## ギリング（「騒々しい」）

### GILLINGR

巨人でスットゥングの父。クヴァシルを殺した小人のヤラールとガラールは、ギリングを海で溺死させ、その妻をひき臼で殺した。スットゥングは小人たちを捕らえて荒海に囲まれた岩礁の上に放置しようとしたので、ヤラールとガラールは生きるために魔法の蜂蜜酒を彼に譲らなければならなかった。

## ギンヌンガガップ（「大きな裂け目」）

### GINNUNGAGAP

この世の始まりには混沌、底なしの深淵しかなかった。その北側には氷と霜で覆われたニッフルヘイムが、南には灼熱のムスペルヘイムがあった。ニッフルヘイムの中をフヴェルゲルミルが流れ、そこから原初の川エリヴァガールが流れ出ていた。ムスペルの熱で霜が解け出し、生命が誕生した。それが巨人ユミールであり、そこから生まれたのが霜の巨人と雌牛アウズムラである。

■参考文献

Jan de Vries, Ginnungagap, *Acta Philologica Scandinavia* 5（1930), pp.41-66; Eugen Mogk, Ginnungaga, *Beiträge zur Geschichte der deutschen Sprache und Literatur* 8（1882), pp.153-160.


# ［ク］


## 杭

### PIEU

杭は怪しげな死者から身を守る道具である（→ドラウグ）。中世ドイツのヴォルムス司教ブルハルトは、1012年から1023年にかけて自身が編纂した『教令集』の中で、「串刺しの刑」について簡単に触れている。「ごく幼い子供が洗礼を受けないまま死んだ場合、女たちはその子の遺体を神聖

な場所に運び、身体に棒を突き刺す。そうしないと、子供はこの世に戻ってきて、多くの人々を苦しめると言われているからだ」。分娩中に命を落とした女性にも同じことをする。『赤毛のエイリクのサガ』では、キリスト教徒の考えと異教徒の考えのぶつかり合いがはっきりと表れている。一人の女性の死について、ある無名の著者がこう記している。「グリーンランドでは、キリスト教が入ってきて以来、農家の人々は埋葬用ではない土地に埋葬するのが習わしだった。死者の胸に杭を打ち込み、司祭が来るとその杭を抜き、開いた穴に聖水を入れ、その場で埋葬の礼拝を執り行った」。この習慣は亡霊に対する恐れが反映されている。聖水が杭の代わりになるのだ。そして聖なる墓地では悪霊が遺体の中に忍び込んで、死者をよみがえらせることができないと考えられていた。イギリスでは、1824年まで自殺者は十字に掘った墓に杭打ちされていた。

## クヴァシル
KVASIR

　詩の起源について語る神話の主要な登場人物。アース神族とヴァン神族が抗争を終わらせて和睦を決めたとき、その印としてすべての神々が壺の中に唾を吐いたところ、その唾から非常に聡明な男神クヴァシルが生まれた。小人の兄弟ヤラールとガラールはクヴァシルを殺し、その血をボゾンとソンと呼ばれる二つの壺とオドレリルと呼ばれる鍋に集め、この血にハチミツを混ぜて蜜酒を創った。すると、これを飲んだ者は誰でも詩人になった。クヴァシルがいなくなったことを不審がるアースの神々に対し、ふたりの小人は、クヴァシルを質問攻めにして彼の知識を吸収し尽くせる者が誰もいなかったせいで、クヴァシルは自分のあふれる知識で窒息したのだと説明した。

　クヴァシルの神話は、インド神話にある巨大な阿修羅マダ（酩酊）の誕生の話に似ているが、マダは神々の仲裁のためにつくられた一方、北欧神話におけるクヴァシルは和睦の象徴としてつくられた。

　この神話の後半では、オーディンがどうやって蜜酒を横取りしたかが語られている。二人の小人は巨人ギリングとその妻を招待し、二人とも殺してしまう。そのことを知ったギリングの息子スットゥングは、二人の小人を捕まえ、殺さない代わりにと蜜酒を取り上げる。スットゥングは蜜酒をフニットビョルグという山中に隠し、娘のグンロッドにその管理を任せた。

蜜酒盗み

オーディンはスットゥングの弟バウギに、畑仕事をした報酬として蜜酒を一口飲ませて欲しいと頼むが断られる(→ボルヴェルク)。バウギはオーディンに頼まれてラティと呼ばれるドリルで山に穴を開ける。すると、オーディンは蛇に姿を変え、開いた穴の中に滑り込み、洞窟の見張りをしているグンロッドのところにたどり着く。オーディンはグンロッドと三晩続けて愛し合い、その報いとしてグンロッドは蜜酒が入っている三つの容器からそれぞれ一口ずつ飲ませる。ところがオーディンは、三つの容器からそれぞれ一口飲むだけで、二つの桶と一つの壺をすっかり空にしてしまった。そして直ぐに鷲に姿を変えて逃げ去った。アースガルズに戻ったオーディンは、神々があらかじめ用意しておいた桶の中に口に含んだ蜜酒をすべて吐き出した。

## グズルーン
GUDRUN

『ニーベルンゲンの歌』のクリームヒルトに相当し、シグルド(ジークフリート)を主人公とする北欧の武勲詩に登場する。ギューキ王と、魔術に長けた王妃グリムヒルドの娘グズルーンは、シグルドと結婚して娘シュヴァンヒルデを産む。しかしブリュンヒルドの企みにより、夫は彼女の腕の中で死ぬ。母親に魔法の媚薬を飲まされたグズルーンはシグルドのことを忘れ、シグルドの財宝を狙うフン族の王アトリ(アッティラ)と再婚す

る。アトリはグズルーンの二人の兄グンナルとホグニを宮廷に招く。夫の企みを見破ったグズルーンは、兄たちに警告を試みるが失敗する。宮廷で殺されずに済んだグズルーンは、アトリと和解するふりをして、葬送の宴を用意する。夫との間に儲けた二人の息子を殺し、取り出した心臓を調理して父親に食べさせると、さらに、息子たちの頭蓋骨で盃を作った。

アトリは、息子たちの血が混ぜられたワインを飲む。グズルーンは夫にすべてを明かし、その夜に夫を殺して城に火を放つ。その後、海に身を投げて自害しようとするが、波によってヨーナクル王のもとに運ばれ、王と結婚する。二人の間には、3人の息子ハムジル、ソルリ（Sörli）、エルプが生まれる。

ドイツの文献に基づいて編まれた『シズレクのサガ』は、上記の物語といくつかの点で異なる。そこではグズルーンはグリムヒルドと呼ばれ、グンナルとホグニの妹である。またニフルンガー（ニーベルンゲン）が滅ぼされた戦闘を引き起こしたのも、彼女ということになっている。彼女はシズレク、つまりディートリヒ・フォン・ベルン（テオドリック大王）に殺された。

→『ニーベルンゲンの歌』

## グドムンド

GUDMUND

スカンディナヴィアの北東にある神話上の王国グラエシスヴェリールを支配する巨人。サクソ・グラマティクスによると、ゲイルロズの父。訪ねてきたトーキリュスとその部隊を宿泊させる。彼らの淫欲を呼び起こして足止めしようとするが、最終的には、彼らがこの世とあの世を隔てる川を渡るのを手助けしてやる。もともとは死者の国の主だったと思われる。

## クードルーン

KUDRUN

1240年頃に中高ドイツ語で記された長編英雄詩のタイトル。永遠に続く戦の神話の影響が見受けられる。ヘゲリンゲン王国のヘテル王によるヒルデ姫への求婚作戦が物語の核になっている。

## ■参考文献

*Kudrun*, ed. par Karl Bartsch, Wiesbaden, Brockhaus, 1980; Jean carles, *Le*

*Poème de Kudrun, étude de sa matière*, Paris, 1963（Publications de la Faculte des Lettres et Sciences humaines de Clermont-Ferrand, 16).

## グナー
GNA

　アース神族の 14 番目の神。オーディンの妻フリッグの召使いと思われる。ホーヴヴァルプニルという魔法の馬に乗って、空中や水の上を駆け回る。

### ■参考文献
Hans Kuhn, Gná oder Syr, in: *Kleine Schriften*, t. 2, Berlin, 1978, pp.280-289.

## クナール＝トロー
KUNAL-TROWS

　シェトランド諸島に住む、陰気で絶望に沈む生物。人間の女性と結婚することを強いられている。結婚した女性は子供を産むと死ぬ運命にあるが、クナール＝トローは決して再婚できない。

→トロー

### ■参考文献
Jean Renaud,《Le peuple surnaturel des Shetlands》, *Artus* 21-22（1986), p. 2832.

## グニパヘリル（「大きく開いた岩」）
GNIPAHELLIR

　狼のフェンリルが閉じ込められた場所。

## クネヒト・ループレヒト（「従者ループレヒト」）
KNECHT RUPRECHT

　聖ニコラウスに同行する妖怪で、悪い子供を自分の背負い籠に放り込んで連れて行く。元来は水の悪霊で、キリスト教に改宗して聖ニコラウスに仕えるようになった。いつもは毛皮を身に着け、獣の面をつけているが、白髪の善良な老人に変身することもある。手に持っている杖で出会った人々を叩く。良い子にはご褒美をやるが、妹をたたくような子供は袋に入れて連れて帰り、悪い子は食べてしまうぞと脅す。従者ループレヒトの 1663 年の歌には、こんな一節がある。

従者ループレヒトと聖ニコラウス。M.Rumpfの『ペルヒト』にもとづくF.Kollarzの絵

Ich bin der alte böse Mann,
「わしは老人じゃ、
Der alle Kinder fressen kann.
どんな子供でも食べてしまうぞ」。

ループレヒトという名前は、「輝かしい勝利」という意味だが、その姿や行動から、一般に、Rupel（乱暴者）が語源だと言われている。
→クラウバウフ、クランプス、スタンパ、ペルヒト

■参考文献
Claude Lecouteux,《Nicchus - Nix》, *Euphorion* 78 (1984), pp. 280-288.

## 首吊り
PENDAISON

　オーディンに犠牲として捧げられた人間は吊り下げられるのが慣例で、その意味でオーディンは吊り下げられた者たちの神だった。オーディン自身、崇高な知識を得るために、槍の一撃で自分を傷つけた後に、自身を木に吊り下げ、9夜の間、「風に吹きさらされる木」にぶら下がっていたのだ。『ガウトレクのサガ』の一節には、風が吹かなくなり、ヴィーカル王の船が進まなくなったとき、占いによってオーディンが王の犠牲を求めていることを知るいきさつが書かれている。スタルカズはヴィーカル王に犠牲に

なるふりをすればよいと提案する。そうして、木の枝に縛った仔牛の腸をヴィーカル王の首の回りに巻きつけ、葦で王を突き刺す真似をした。ところが仔牛の腸は硬い紐に変わり王の首を絞め、葦は王を死に至らしめる鋭い槍に変わった。
→スタルカズ

## クペラーン（クプラン、クプリアン）
KUPERAN（KUPRAN, KUPRIAN）

竜にさらわれたクリームヒルトを救い出すために、ザイフリート（ジークフリート）は彼女が閉じ込められている洞窟の鍵を持つこの巨人と戦わなければならない。クペラーンは大勢の巨人と一人の小人を従えて、山のふもとに住んでいる。

クペラーンは甲冑を身につけていなかったが、ザイフリートに鉄の棒の一突きを食らわせようとして失敗、その棒は地面に突き刺さった。巨人が鉄棒を引き抜こうと身をかがめた瞬間に英雄は巨人に傷を負わせる。クペラーンは洞窟に引き返し、竜の血で鍛えた甲冑を身につけ、剣と先端が四角く角が尖った金づちを持ってくる。2度目の格闘でクペラーンは16カ所も傷を負う。ザイフリートはクリームヒルトを救い出す手助けをするならとクペラーンを生かしておく。クペラーンはそれを承諾しておきながら、ザイフリートを裏切り、背後から襲う。そこに小人のオイゲル（→エウゲ

ザイフリートに立ち向かう巨人クペラーン、16世紀の口承文学『不死身のザイフリート』

ル）が駆けつけ、ザイフリートに霧の頭巾をかぶせて巨人の目から隠して助ける。その後、さらなる裏切りの後、英雄は遂にクペラーンを打ち砕く。

■参考文献

Claude Lecouteux,《Seyfrid, Kuperan et le dragon》, *Études germaniques* 49（1994）, pp. 257-266.

## クラウバウフ
KLAUBAUF

チロルでクリスマスの行列に加わる野蛮な男。集団で現れることが多い。毛皮のマントを身にまとい、ベルトに大きな鈴をつけ、恐ろしい面をつけている。聖ニコラウスに同行して町や村を練り歩き、聖ニコラウスが1軒の家に入ると、外で大騒ぎをする。聖ニコラウスが家々を巡り終えても、クラウバウフはその場に残り、我がもの顔で大暴れする。

→クネヒト・ループレヒト、クランプス、スタンパ、ペルヒト

## グラウマル（「騒々しい者」）
GLAUMARR

名前のリストに登場する巨人。

## グラウメンヒェン
GRAUMÄNCHEN

ドイツ中部と北部の幽霊で、財宝を守っている。

## クラーケン
KRAKEN

ノルウェー沿岸に出没する巨大なウミヘビ。1555年、スウェーデンの宗教家で地理学者オラウス・マグヌスがその著書で初めてクラーケンに言及している。それによると、この海の怪物は家畜を食い殺し、海の生物を襲う。体長は60メートル以上もあり、燃えるような目で睨み、たて髪を振り乱して、どんな大きな船もものともせずに襲いかかり、甲板にいる船員たちをわしづかみにする。

この怪物は、どうやらアイスランドの道徳書『王の鏡』（1270年頃）で初めて言及されたハフストランビの姿に似ているようだ。グリーンランド

## グラシル

オラウス・マグヌスによるクラーケンの絵。オラウス・マグヌス著『北方民族文化誌』谷口幸男訳、上下巻、溪水社、1991-1992年

　沖で見られるというハフストランビの巨体は、波の上にまっすぐそびえ立つ姿で描かれる。人間のような肩、首、頭、目、口、そして人間のような顎を持つが、腕はなく、下に向かって細くなっている。身体はまるで「氷のロウソク」のようだ。この怪物に目をつけられ、近寄られた船では多くの人間の命が失われるが、船から遠ざかって潜っていけば、嵐が起こる心配はなくなる。

■参考文献
B. Heuvelmans, *Le Grand Serpent de mer*, Paris, Plon, 19752; *Le Miroir royal*, trad. par Einar M. Jonsson, Esprit ouvert, 1997.

### グラシル (「きらめき」)
GLASIR
　黄金の葉を持つ木立。アースガルズのヴァルハラの扉の前にある。

### グラズヘイム (「輝く世界」)
GLADSHEIM
　天上界の五つ目の館。ヴァルハラ(古ノルド語でValhöll)のある場所。「戦いに斃れた戦士の広間」を意味するヴァルハラに、オーディンがいる。

## グラード（「輝き」）

GLAD

アース神族が宇宙樹ユグドラシルの下に赴くために乗った馬のうちの1頭。

→ファルホヴニル

## グラニ

GRANI

シグルド（ドイツ語：Siegfried、フランス語：Sigefroi）の馬の名前。オーディンの愛馬スレイプニルの子で、長い髭の老人の姿で現れたオーディンがシグルドに与えた。このエピソードは、神の別名の一つが「灰色の髭（アルバルド　Harbardr）」であることを想起させる。

## クラバウターマン（クラボターマン、カルファター、クラダー）

KLABAUTERMANN（KLABOTERMANN, KALFATER, KLADER）

帆船に宿り、船の見張りをする北ドイツ特有の精霊。この精霊が船を去ると、船は沈んでしまう。普段は姿が見えないが、たまに、白い髭を生やしたワインボトルほどの背丈の赤毛の小人の姿で現れることがある。澄んだ目に緑色の歯、老人の顔をしている。水夫の格好でパイプをくゆらせ、手にはコーキンハンマーを持っている。洗礼を受けないうちに亡くなり、木の下に埋葬された子供の霊だと言われている。魂が木に乗り移り、その木が造船に用いられると、船の中に入り込むのである。

### ■参考文献

H.Gerndt, *Fliegender Holländer und Klabautermann*, Göttingen, 1971; J. D. H. Temme, *Die Volkssagen von Pommern und Rügen*, Berlin, 1840, No. 253; K. Lichtblau,《Klabautermann》, in : U. M ü uller, W. Wunderlich, *Mittellater Mythen*, t. 2, Saint-Gall, 1999, pp. 343-352.

## グラプスヴィズ（「誘惑に長けた者」）

GLAPSVIDR

オーディンの別名の一つ。リンズとグンロッドを誘惑した物語に由来するのかもしれない。

→ゴンドリル

## グラント
GRANT

13世紀イギリスでは、後脚で立つ1歳の子馬に似た姿を持つ魔物をグラントと呼んだ。日中の最も暑い時間か日没間際に現れるが、それは出現した町や村で火事が起きることを予告している。危険が迫ると、犬を吠えさせる。

### ■参考文献
Gervais de Tilbury, *Otia imperialia* III, 62, éd. F. Liebrecht, Hanovre, 1856.

## クランプス、グランプス
KRAMPUS, GRAMPUS

オーストリアのオーバーエスターライヒ州で聖ニコラウスに同行する悪魔（複数形は Krampusse）。仮面をつけた人々の冬の行列に仲間と一緒に加わり、大声でわめきながら、腰ベルトにつけた鐘を打ち鳴らす。真っ黒の仮面に白い歯をむき出し、白い眼玉をぎょろつかせ、真っ赤な口を開けている。雄羊のような角が横に2本突き出し、頭のてっぺんには雄ヤギの角が後ろに向かって幾つも伸びている。角の先端は赤く塗られていることもある。羊の毛皮を身にまとい、手にした鞭で行き交う人々を打ち（これは多産を願う儀式として行われていた）、鎖を引きずりながら練り歩く。
→クネヒト・ループレヒト、クラウバウフ、スタンパ、ペルヒト

## グリオツナガルズル（「石垣の壁」）
GRIOTUNAGARDR

トールと巨人フルングニルの決闘が行われた場所。13世紀につけられた名前だと思われる。

## グリオトゥン（「石垣」）
GRJOTUN

巨人ゲイルロズの住まい。巨人族が住むとされた山々を想起させる名前である。

## グリダルヴォール（「グリッドの杖」）
GRIDERVÖLR

トールが巨人ゲイルロズに捕らえられたロキを解放するために向かった とき、途中で女巨人グリッドから借りた魔法の杖。

## グリッド（「激烈な」）
GRIDR

トールがロキを解放するためにゲイルロズのもとに向かう途中で立ち 寄った女巨人。静かなるヴィーザルの母で、鉄の手袋、力の帯、魔法の杖 を持っている。彼女はこれらをトールに貸して、ゲイルロズの策略につい て警告した。

## グリットニル（「光り輝く」）
GLITNIR

フォルセティの宮殿。金銀で覆われているといわれる。

## グリム
GRIM

ディートリヒ・フォン・ベルンについての叙事詩で、剣術の師である老 ヒルデブラントと旅していた主人公は、グリムとヒルデという巨人の夫婦 と戦う。ディートリヒはグリムの首を切り落とし、ヒルデを二つに切り裂 いたが、魔法によってヒルデの体の二つの部分がくっついて復活してしま う。最終的に主人公は、二つに切り裂いたヒルデの体の間に自らの体を差 し入れて、相手を倒すことに成功する。このエピソードは、サクソ・グラ マティクスの『デンマーク人の事績』（VIII、12）に記されている。グリムは、 彼自身が持っていた小人のアルフリク（Alfrik）によって鍛えられた剣で 倒された。ナーゲルリングという名のこの剣は、その後ディートリヒのも のになった。このエピソードは『エッケの歌』や『ジーゲノート』をはじ め、13世紀のドイツの作品のいくつかの中で語られており、『ジーゲノー ト』では巨人ジーゲノートはグリムの叔父とされている。

## グリームニル（「仮面をかぶった者」）
GRIMNIR

オーディンの別名の一つ。この神が好んで姿を変えたことを示している。 名前のリストに登場する巨人の名前でもある。

## グリムル（「仮面」）

GRIMR

　オーディンの別名の一つ（→グリームニル）。名前のリストに登場する小人の名前でもある。

## グリュラ

GRYLA

　アイスランドの伝承に登場する女トロール。目が6個ずつついた毛むくじゃらの頭を300個持ち、どの首の後ろにも青白い目が2個ついている。ヤギの角が生えている。耳は非常に長く、一方の端は肩に垂れ下がり、反対の端は300個の鼻に達するほどである。歯はまるで灼熱の溶岩のように見える。どの足にも、言いつけに従わない子供を連れ去るための袋が結びつけられている。尻尾を持ち、そのそれぞれに約100の袋が取りつけられ、各袋には20人の子供が入る。もともとグリュラはスノッリ・ストゥルルソンの『ストゥルルンガ・サガ』（13世紀）に登場するトロールだった。16世紀になると、子供を怖がらせるときに言及される存在となり、20世紀には、北米のサンタクロースと重ねて考えられるようになった。袋は背負い袋となり、グリュラはクリスマスの夜にプレゼントを配るようになったのである。

■参考文献

H. R. Jonsson, Trolls, chiefs and children. Changing perspectives on an Icelandic Christmas Myth, Nord Nytt 41（1990）, pp. 55-63.

## グリンカンビ（「黄金のとさか」）

GULLINKAMBI

　終末戦争の開始を告げる雄鶏。アース神族のもとにいるグリンカンビは、冥界の女主人ヘルの広間にいる、名前の知られていない「炭のように赤い」別の雄鶏と対をなしている。

## グリンボルスティ（「黄金の毛並み」）

GULLINBORSTI

　フレイの猪。スリドルグタニ（Slidrugtanni、「危険な鼻面」）の名で、フレイの戦車を馬よりも速く引く。その毛並みは夜でも光り輝き、空中でも

水の上でも、昼夜を問わず走ることができる。この魔法の猪は、小人のブロックによって作られた。冬至祭であるヨールには、フレイに雄豚が捧げられた。

## グルヴェイグ（「黄金の酔い」）
GULLVEIG

貪欲の化身である魔女。ヘイズ（Heidr、「魔女」）とも呼ばれる。神々は彼女を3回殺し、3回燃やしたが、無駄だった。彼女を巡るヴァン神族とアース神族の争いが、最初の世界戦争だったとされる。グルヴェイグはフレイヤの化身、またはフレイヤ自身とも考えられる。

## クルッデ、クラウデ
KLUDDE, KLUDDE, KLEUDDE

変幻自在の妖怪で、元来はおそらく水の精。オランダ、フランドル、ベルギーで、人間の姿（男性、女性、魔女、亡霊など）で、あるいは悪霊や夢魔として現れるとされている。動物の姿をしていることも多く、多い順に、犬（後ろ脚で立つ黒い犬）、仔牛、熊、猫などの姿で表現される。その他にも、狼男、妖怪、地上からある程度離れた場所にいる仙人、あるいは水の精とくるくると姿を変える。

■参考文献

Van Den Berg, *De Volkssage in de provincie Antwerpen in de 19de en 20ste Eeuw*, 3 vol., Gand, 1993, t. 3, p. 1539 sqq.

クルッデ

## グルトプ（「黄金のたてがみ」）
GULLTOPPR

　ヘイムダールの馬。

## グルファクシ（「黄金の馬」）
GULLFAXI

　オーディンに競走を挑んだ巨人フルングニルの馬。スレイプニルに乗ったオーディンが競走に勝つが、フルングニルはその後を追いかけてアースガルズに到達し、そこでトールに倒される。トールはグルファクシを3歳の自分の息子マグニに与えるが、自分に権利があるはずだと思っていたオーディンはこれに不満を抱く。

## グレイプ
GREIP

　ヘイムダールの9人の母の一人、または巨人ゲイルロズの二人の娘の一人。ロキを解放するためにゲイルロズのもとにやってきたトールに首の骨を折られた。

## グレイプニル
GLEIPNIR

　神々が狼のフェンリルを繋ぐのに使った3度目の綱。「これは六つの材料からできていた。猫の足音、女の髭、山の根、熊の神経、魚の息、そして鳥の唾液である。[中略]絹のリボンほど柔らかく滑らかだったが、硬く強力だった」（スノッリ・ストゥルルソン）。

## グレッギ
GRÄGGI

　スイスで、夜間に木の幹、犬、子牛、豚、またはカボチャの大きさの獣の姿で現れる精霊である。道の上を転がって移動し、「千人分の声で喚く」。旅人を道に迷わせ、ワイルドハントに属する場合もある。
→ワイルドハント

## グレール

GRERR

　14世紀に書かれた『ソルリの話』によると、フレイヤの首飾りブリシンガメンを作った4人の小人のうちの一人である。

## グレール（「光」）

GLER

　アース神族の馬の1頭。
→ファルホヴニル

## グレンデル

GRENDEL

　古英語の叙事詩『ベーオウルフ』で、主人公のベーオウルフによって殺される怪物。グレンデルは沼地に住む巨人（eoton）で、人間を食べる。キリスト教神学によれば、カインの末裔であるという。

■参考文献

Lars Malmberg Grendel and the Devil, *Neuphilologische Mitteilungen* 88（1977), pp.241-243; J. R. R. Tolkien, *The Monsters and the Critics and other Essays*, Boston, 1984, pp.5-48.

## グレンル（「輝き」）

GLENR

　太陽の女神ソルの夫。それ以外には、何も知られていない。

## グロ・リュセロヴァ（「馬の尻尾のグロ」）

GURO RYSSEROVA

　ノルウェーの伝承によると、オスコレイア（恐るべき騎行）を率いるのは、グロ・リュセロヴァという女である。グロはジークフリートとして広く知られるシグルド・スヴェイン（「若シグルド」）を伴っている場合もある。あるバラードでは、シグルドが呪われた狩りに加わった経緯をこう描いている。遊び仲間をいじめていたシグルド・スヴェインは、彼らから、「こんなことをしていないで父親を探しに行くべきだ」と言われる。母親はシグルドにグラニという馬を与えて、兄弟のグレイプのもとへ向かわせ

る。旅の途中シグルドは人食い巨人に出会い、自分の馬の後方に乗ること
を許すが、グラニが巨人を振り落とす。やがてグレイプのもとに辿り着く
と、グレイプはシグルドに父親はすでに亡くなっていると告げ、黄金で満
たした櫃を渡して家に帰るように命じる。沼地まで来るとグラニが脚を折
り、シグルドは櫃を運ぶのを諦める。そこでグロ・リュセロヴァ率いる地
獄の狩りの一行に出会い、彼らに加わって先頭にたつか、あの世で最後尾
になりたいかと尋ねられて、一行に加わることにする。

→オスコレイア

■参考文献

Claude Lecouteux, *Chasses infernales et Cohortes de la nuit au Moyen Âge*, Paris,
Imago, 2013.

## グロア

GROA

　霊能力者。伝承によれば、息子スヴィップダーグの降霊術によって死者
の国から呼び出され、未来に関する予言と、婚約者を探す際の助言を求め
られた。明けの明星であるアウルヴァンディルの妻でもある。トールがフ
ルングニルと戦った際、頭に刺さった石を呪文で取り除こうとした。

## グロイ（「白熱した」）

GLOI

　名前のリストに登場する小人。小人たちが従事する鍛冶仕事を想起させ
る名。

## 黒いエルフ

ELFES NOIRS

→ドッカルファー

## グロソ（「興奮した雌豚」）

GLOSO

　スウェーデン南部では、興奮した雌豚であるグロソが十二夜の期間に現
れるといわれている。その目はメラメラと燃え、毛皮から火花が飛び散り、
全身は激しく燃えさかる炎のように見える。

グロソ

豊作祈願として、またグロソが誰も傷つけないことを願って、人々は碾き割り麦と魚を用意した。収穫後には、「これはグロソのためである。1本はクリスマスの夜、1本は新年の夜、そして最後の1本は公現祭の夜のためである」と唱えて、3本の穂を畑に残した。グロソは殺されてキリスト教の葬式を挙げてもらえなかった子供の幽霊とも、教会の超自然的な守護霊（kirkegrim）だともいわれる。デンマークにも伝えられており、シェラン島では Gravsoen、Glumsoen と呼ばれている。

■参考文献

H. Celander, Gravso och Gloso, Arv 8 (1952), pp.42-76; A. Eskeröd, *Årets äring. Ethnologiska studier i skördens och julens tro och sed*, Stockolm, 1947, pp.115-117 にグロソが出現するとされる地域を示した地図が含まれている。

## グロッティ
GROTTI

女巨人のフェンヤとメンヤが動かしていた魔法の風車。どんな物でも挽くことができた。デンマーク王フロージが所有していた。スカルド詩のケニングでは、黄金を「フロージの小麦粉」と呼ぶ。

## グングニル
GUNGNIR

小人のイヴァルディの息子たちがオーディンのために作った投げ槍。「槍

の主」という別名を持つオーディンにとって、きわめて重要な持ち物。オーディンは、戦いが始まる前、両陣営の上にこの槍を投げて勝者を決める。

### グンロッド（「戦闘への招き」）

GUNNLÖD

父親のスットゥングが奪ってきた魔法の蜂蜜酒をフニットビョルグ山で守っている女巨人。オーディンは彼女と三夜を共にして、これと引きかえに三つの壺（ボズン、ソン、オドレリル—— Bodn、Son、Odrœrir）から一口ずつ飲む許しを得たが、いずれも一口で壺を空にして、鷲に変身して飛び去った。

→クヴァシル

# ［ケ］

### ゲイティール

GEITIR

『フィヨスダール（Fljosdal）の民のサガ』（第5-6章）に登場する巨人。シェトランド諸島に住む巨人ゲイティールは、島民を迫害していた。島の近くで座礁した若いアイスランド人トールヴァルト（Thorvald）は、ヤールのベルゴルフ（Bergôlfr）の歓待を受ける。その頃、ヤールの娘ドロプラウグ（Droplaug）はゲイティールに捕らわれていた。トールヴァルトは娘が捕らわれている洞窟を発見すると、ゲイティールの剣を奪って巨人を殺し、恐ろしい牢獄から娘を解放した。ゲイティールのほら穴の描写は、『ベーオウルフ』に登場する怪物グレンデルのほら穴を彷彿とさせる。

### ゲイラヴォル（「槍の女神」）

GEIRAVÖR

ヴァルキュリアの一人。

### ゲイラホズ（「槍の戦い」）

GEIRAHÖD

ヴァルキュリアの一人。

## ゲイルヴィムル（「槍の束」）
GEIRVIMUL

エリヴァガールの川の一つで、地獄の近くを流れている。

## ゲイルスコグル（「槍の戦い」）
GEIRSKÖGULL

ヴァルキュリアの一人。

## ゲイルチュール（「槍の神」）
GEIRTYR

オーディンの別名。

## ゲイルドリヴル（「槍を投げる者」）
GEIRDRIFUL

ヴァルキュリアの一人。

## ゲイルロザルガルズ（「ゲイルロズの土地」）
GEIRRÖDARGARDR

ヨートゥンヘイムで巨人ゲイルロズが住んでいる土地。ロキを解放する
ためにトールが訪れた。

## ゲイルロズ
GEIRRÖDR

フリッグの隼の衣を借りて、隼の姿で飛んでゲイルロズの家にやってき
たロキを捕らえた巨人。隼の目が鳥ではなく人のものであるのを見抜いた
ゲイルロズは、なんとか口を割らせようとしたが、ロキは黙っていた。し
かし、箱に閉じこめられて空腹責めにされると、ロキは観念して名乗り、
トールをハンマーと力の帯なしで呼びだすことを約束する。トールはゲイ
ルロズのもとに向かう途中で女巨人グリッドの所に寄り、彼女の力の帯、
手袋、そして「平和の杖」を借りる。それからヴィムール川を渡ろうとす
ると、突然川が増水する。ゲイルロズの娘ギャルプが放尿したのだ。よう
やくゲイルロズのもとにたどり着いたトールは、ヤギ小屋の中に招じ入れ
られるが、そこには椅子が1脚しかない。そこに座ると、椅子が持ち上が

り、トールは屋根梁に向かって投げ出された。トールは平和の杖を使って衝突の衝撃を和らげると、体重をかけて再び椅子に座る。すると大きな音と悲鳴が聞こえた。椅子の下に隠れていたギャルプとグレイプの首の骨が折れたのだ。そこでゲイルロズはトールを大広間に呼びだし、白熱した鉄の塊を投げつけた。トールは鉄の手袋でこれを受け止めて投げ返す。巨人は飛び上がって鉄製の柱の後ろに隠れたが、鉄の塊は柱とゲイルロズの体を貫き、壁にぶつかって床にめり込んだ。サクソ・グラマティクスの物語ではゲイルロズの名前はゲルチュス（Gerruthus）で、内容も異なる。

## ゲイルロズニル（「槍の戦いに招く者」）
GEIRLÖDNIR

オーディンの別名。オーディンは戦いが起こると、自分の槍グングニルを両軍の間に投げ入れて勝敗を決める。

## ゲヴァルス
GEVARUS

サクソ・グラマティクスによると、バルドルの妻ナンナの父であり、またバルドルを不本意にも殺してしまったホテルス（ホズ）の養父である。

## ゲヴィオン（「分配者」）
GEFJON

アース神族の女神。スヴィトヨドを治めていたギュルヴィ王はゲヴィオンに、「4頭の牛に一昼夜犂をひかせて耕せたぶんだけ、土地をやろう」と約束した（これは民俗学で始祖伝承と呼ばれるモチーフで、『アイネイアース』のカルタゴ建国神話やジャン・ダラスの『メリュジーヌ物語』にも見られる）。ゲヴィオンは巨人たちのところで借りてきた牛を使って大地を耕した。すると、犂が深く大地に刺さって地面が切り取られ、それがゼーラント島となった。現在のシェラン島である。このエピソードには、別のパターンもある。ゲヴィオンは巨人との間に4人の息子を産み、彼らを牛に変えて犂をひかせた。その結果ログリン湖、つまり現在のメーラル湖（スウェーデン）が生まれた、というものだ。語源的には、ゲヴィオンはガビアエと関連が深い。
→ガビアエ

## ■参考文献

Tomoaki Mizuno, The Gefjon Story and its Magical Significance in Gylfaginning（水野知昭『生と死の北欧神話』松柏社、2002 年）, *Bulletin of the Society for Icelandic Studies of Japan* 13（1993), pp.22- 35; Axel Olrik, Gefion, *Danske Studier*, 1910, pp.1-31; Anne Holtsmark, Gevjons plog, *Maal og Minne*, 1944, pp.169-179.

## ゲヴン（「与える者」）
GEFN

フレイヤの別名の一つ。

## ゲスト（「主人」、「外国人」）
GESTR

オーディンの別名の一つ。彼は青いフードつきマントを羽織り、正体を隠して世界を旅することを好んだ。

## ゲストゥンブリンディ（「盲目の主人」）
GESTUMBLINDI

オーディンはヘイズレク王にこう名乗り、謎かけをした。『古エッダ』の『ヴァフスルーズニルの言葉』で、オーディンと巨人ヴァフスルードニルが知恵比べをしたときとよく似た状況といえよう。

## 血誓兄弟の儀式（大地の首輪）
COLLIER DE TERRE

二人の人間が義兄弟の契り（fost broedralog）を結ぶ場合には、魔術的な固めの儀式が行われる。「草の生えた地面を三筋切り取る。端は地面についたまま、これを持ち上げてアーチ状にし、その下を通れるようにする」と『血誓兄弟のサガ』にある。誓いをたてる二人はアーチの下で、わざと血を流して地面の上で混ぜ合わせ、同時に誓いの言葉を述べなければならない。太古の大地母神の儀礼に通じるこの儀式により、魔術的な関係が結ばれる。この儀式は母胎回帰を象徴しているのかもしれない。

## ケニング

KENNINGAR

スカルド詩人が好んで用いた、ある事柄について詳しく言い換える隠喩。ケニングを研究することによって神話に関するさまざまなことがわかってきた。たとえば、黄金は「フロージの小麦粉」と表現されるが、これはデンマーク王フロージが所有し、女巨人のフェンヤとメンヤが回している不思議な石臼のエピソードに由来する。また、海は「ユミールの血」と言われるが、これは天地創造における巨人ユミールの役割から来ている。

スノッリ・ストゥルルソンによる『エッダ』第2部の『詩語法』には、「ケニング」とその説明、スカルド詩に使用される特殊な言葉「ヘイティ」がリストアップされている。

## 毛深いエルゼ

ELSE LA VELUE

ヴォルフディートリヒの武勲詩に登場する野人の女で水の精霊。最も古い本で綴られるのは次のような物語である。主人公が木の根元で眠っていると、海から現れた女の水妖がその剣を隠し、木の後ろに隠れてその目覚めを待っていた。鱗の帽子をかぶった女は、泥だらけでじめじめした体を持ち、顎から足まで水草と毛で覆われている。目は1アンパンまたは指の幅2本分ほど落ちくぼみ、足はシャベルほどの大きさで、額の幅は1オーヌほどである〔1アンパンは親指と小指を広げた間の長さ。1オースは0.6-1.2メートル〕。この醜い女はヴォルフディートリヒに結婚を申し込み、結婚に同意すれば、彼は三つの王国を手に入れることになる、と告げた。水の精霊は、海に囲まれたあらゆる物を支配しているからだ。しかし勇士は、結婚式には悪魔が現れるに違いないと言ってこれを拒んだ。すると女は鱗を脱ぎ捨て、実は美しいことを示す。空腹に苛まれていたヴォルフディートリヒは食べ物を要求し、自分の国を解放するまでは結婚しないと告げる。女はそこで、ヴォルフディートリヒの兄弟との結婚を要求し、それから植物の根を与える。それは摂取するとライオンの勇気が生じ、空腹も渇きも感じなくなる魔法の根だった。そうして、ロンバルディアを取り戻す方法を教えるのである。

この物語の異本では、女性は毛深いエルゼと呼ばれ、ヴォルフディートリヒに恋をしているが、悪魔と思われて拒否される。怒り狂ったエルゼは

毛深いエルゼ、*Heldenbuch*, Strasbourg, Johann Prüss, vers 1483.

ヴォルフディートリヒの正気を失わせて馬と剣を奪い取る。正気に返った主人公が奪われた物を探すと、エルゼは魔法で道を出現させ、この道をヴォルフディートリヒは 12 里たどる。エルゼはようやく木の上に姿を見せ、またもやヴォルフディートリヒに結婚を申し込むが、再び拒否される。エルゼは彼に魔法をかけて、髪を一房と爪を切り取ると、相手は正気を失い、森の中を 6 カ月間、野獣のようにうろつく。主人を探しに来た忠実な家臣のベルヒタンがエルゼに出会い、これまでに起きた出来事を聞き出す。神がそこへ天使を遣わし、妖術をやめるようにエルゼに命じる。彼女は命令に従い、三たび結婚を申し込むと、彼女が洗礼を受けるという条件で、ヴォルフディートリヒはこれを受け入れる。そこで二人は船でエルゼの王国に向かう。高い山の中にある青春の泉にエルゼが飛び込むと、鱗が剥がれ落ちて、うっとりするような美女となる。こうしてエルゼは洗礼を受けてジグミンネ（Sigeminne「愛の勝利」）という名前になった。

## ゲマ、ゲミナス
GEMA, GEMINAS

　古代プロイセンの大地母神。ある日ペルクノス（雷鳴）とピコロス（死）の訪問を受けた女神は、前者には永遠の若さを、後者には夜間に奉仕する多数の若い乙女を与えた。

■参考文献

L. Rhesa, *Prutena oder preussische Volkslieder*, Königsberg, 1809, p.174.

## ケラン
KERAN

848年に名前が明らかになった神。投げ槍をする姿で表現される。この武器は雷鳴の象徴で、ケランはオーディンと関係があると考えられている。

## ゲリ（「貪欲」）
GERI

地獄にいる犬の1頭。オーディンに付き従う2頭の狼のうちの1頭とする伝承もある。

## ゲルギャ（「縛め」）
GELGJA

アース神族が狼のフェンリルをギョルという岩に結びつけるために使用した鎖。

## ゲルシミ（「宝石」）
GERSIMI

フレイヤの娘の一人で、フノスと等しい。

## ゲルチュス
GERUTHUS

サクソ・グラマティクスによると、スカンディナヴィア地方の北東にある伝説的な国の王。英雄トーキリュス（Thorkillus）が遠征隊を率いてこの国におもむくと、恐ろしげな宮殿で一行を迎えたのは、体に穴のあいたゲルチュスと、その脇に立つ首の骨の折れた二人の女だった。これはゲイルロズとその二人の娘、ギャルプとグレイプに相当する。トーキリュスは、宮殿内の物に手を触れないよう仲間たちに忠告するが、手を触れると離れられなくなるからである。遠征隊のうち3人の男が忠告を無視し、黄金の腕輪、角笛、そして怪物の歯を手に取った。たちまち腕輪は蛇に、角笛は竜に、そして歯は剣に変わり、3人の命を奪った。さらにトーキリュスが美しいマントを手にすると、広間が揺れ始め、彫像のように見えていたものが彼らを攻撃してきたので、生き残った者はごくわずかだった。

■参考文献

Claude Lecouteux, *Mondes parallèles. L'univers des croyances au Moyen Âge*, Paris, Champion, 1994, pp.85-100（traduction du *Voyage de Thorkillus*）.

## ゲルズ（「所有地」）

GERDR

　アース神族で、巨人ギュミールとアウルボザの娘、フレイの妻でヒョルニルの母。ゲルズに求婚するために、フレイは剣をギュミールに譲らなければならなかった。ゲルズは、第三機能に関係する、非常に古い大地母神なのかもしれない。

## ゲルドメンラインヒェン（「金の小さな男」）

GELDMÄNNLEINCHEN

　この一風変わった精霊は、名前からもわかるように、財産に関わる存在である。灰色の小さな男の姿で、目の色は時に明るい。赤い縁なし帽をかぶり、しばしば緑色の上着を着ている。カエルやフクロウ、コガネムシなどの姿をとる場合もある。あらゆる情報を合わせると、マンドラゴラを投影した、またはそこから派生した存在のようである。十字路の3本のハシバミの木の下で、真夜中に穴を掘っていると見つかることがある。手に入れることも可能。ゲルドメンラインヒェンは、閉めきった部屋に置いた箱、あるいは共用部屋の屋根の中心の梁に固定した箱の中に入れておくことが多い。自由に動き回れる場合、彼らが好むのは、納屋の中、家の中の薄暗い片隅、または堆肥の山の上である。奉仕に対する見返りとして、焼きたての新鮮なパンと牛乳、時には菓子や一杯のワインなどを納屋に置いておくといい。また、マンドラゴラと同じように世話をする必要がある。アルプス西部では、毎日スプーンの中で水浴びさせ、主人の皿から直接食事を与えなければならない。他の地域では、綺麗な服を与える。ゲルドメンラインヒェンは、火に強く、死ぬこともないので、追い払うのはほぼ不可能である。ほぼすべての地域で、「初めの二人の購入者はこれを売ることができるが、3人目に買った者は決して手放すことができず、必ず悪魔に取り込まれることになる」とされている。

## ケルラウグ
KERLAUGAR

雷神トールが毎日渡っている神話上の2本の川。現存しない神話を指す可能性もある。

→コルムト

## ゴイ
GOI

霜の巨人の一人。この名前は、2月18日から24日の間に始まる冬の第5月を表す。

## ゴイン
GOINN

宇宙樹ユグドラシルの根元でとぐろを巻いて根をかじっている蛇のうちの1匹。他にモイン（Moinn、「沼地の獣」）、グラヴィトニル（Grafvitnir、「穴掘り狼」）、グラバック（Grabakr、「灰色の背中」）、グラヴォルッド（Grafvölludr、「平地を掘るもの」）、スヴァヴニル（Svafnir、「まどろみ」、オーディンの別名でもある）、オーヴニル（Ofnir、「とぐろを巻くもの」）がいる。『スノッリのエッダ』によると、これらの蛇はフヴェルゲルミルの泉の中に住んでいるという。

## ゴジ
GODI

生贄を捧げる神官、神殿の管理人、政治上の指導者を兼ねた存在。キリスト教時代のアイスランドでは、世俗権力を持っていた。部族長がその権限を担うことが多かった。

## こだま
ÉCHO

古ノルド語では、こだまは「小人の言葉（dvergmál）」と呼ばれる。こ

れは Hupeux、Braillards、Hemänner など、呼びかける精霊の存在を想起させる。

## 小人（ノルド語：**ドゥエルグ**、古ドイツ語：**ツヴェルク**、古英語：**ドゥヴェルグ**）

NAINS (nor. dvergr, v. all. zwerc, v. angl. dveorg)

　民間伝承によって広まった通念とは裏腹に、小人は小柄だとは限らない。自分の意志でどんな体格にもなれる。「小人」というのは、「神」とか「巨人」と同様の種族名で、エルフ（妖精）とは対照的にその性質は腹黒い。その名前は語源的には、心も身体も「ゆがんでいる」という意味だ。

　『エッダ』によると、初めにモートソグニルとドゥリンというふたりの小人がいた。このふたりの小人は自分たちに似せた小人の種族をつくった。神々が世界を創ったとき、空を支えるために空の四つの方位点に４人の小人を置いた。スノッリ・ストゥルルソンによれば、小人たちはユミールの死体から生まれ、神々がこれに人間に似た顔と知性を与えたという。

　小人は職人技に長け、優れた鍛冶師でもある。小人たちは神々の宝物をこしらえる。たとえば、トールの鎚（→ミョルニル）、オーディンの槍（→グングニル）、フレイの船（→スキーズブラズニル）、シヴの金髪、オーディンの黄金の腕輪ドラウプニル、金の剛毛をもつ猪など。これらの宝物にはいずれも不思議な力が備わっている。小人が人間のための武器を鍛えれば、それらの武器は有名な魔剣ダーインスレイヴ（「ダーインの遺品」という意味で、ダーインは「死」を意味する小人の名前）やチュルヴィングのように非常に恐ろしい武器となる。

　小人は魔術師でもあり、死者と非常に密接な関係があり、邪悪な死者が神話の世界で姿を変えたものだと考えられている。多くの小人にはそのことを示す名前がついている。たとえば、「黒い」、「他界した」、「麻痺した」、「死んだ」、「死体」、「冷たい」、「石塚に埋められた」など。彼らは明らかに地下の住人で、陽に当たると石になってしまう、つまり石の世界に関わりがあり、いずれも死者の隠れ場所や死者の王国にふさわしい岩、洞窟、山などの下または中に住んでいる。以上がヘルラ王伝説での小人についての見解だ。多くの地下住人たちがそうであるように、小人は財宝と、いわゆる「小人たちの飲み物」と譬えられる詩の才（→クヴァシル）を手にしている。

　小人は水にも関係があり（→アンドヴァリ）、その点では、ケルトの小

人レプラコーンやアファングに近い。

　フレイやアース神族と関係の深いエルフ（妖精）とは異なり、小人は人間とは関わりがない。小人はヴァン神族の機能（第三機能、つまり豊穣と多産）と同じ機能に関わるが、そのネガティブな面の働きをするようだ。巨人と小人の区別は明確ではない。どちらも魔法を巧みに使い、知識が豊富で（→アルヴィッス）、死と関わりがある。小人の「主人」はロキかもしれない。ロキの素性は小人のようでもあり、巨人のようでもある。

　小人はまた泥棒でもある（→アルスィオーヴ）。古英語で書かれた奇妙な呪文に、素性がよく分からないクモの姿で現れる邪悪な小人が出てくる。

　ドイツやイギリスの小説的叙事詩に登場する小人は、腹黒く、手先が器用で、大地のさまざまな秘密を知っている。彼らは騎士、白髪の老人（→アルベリッヒ２世）、あるいは子供の姿で現れる。アルマンディン・ガーネットの輝きに照らされた摩訶不思議な洞窟に住み、人間と同じ法律にしたがって、序列化された社会の中で生活している。

　スイスでは、ゴットヴェーリネン（Gottvährinnen）とかゴットヴェルギ（Gotwergi）（ヴァレー州）、ヴァイオリンが弾けることからシュピールマンリ（Spielmannli）（フリブール州）とか呼ばれている。また、トッゲリ（toggeli）、ドッギ（Doggi）、トッキ（Tocki）、ツヴィルギ（Twirgi）（ベルナー・オーバーラント地方）、セルヴァン（Servans）（ヴォー州）、ツヴェルゲ（Zwerge）と、土地によってさまざまな呼称がある。

　バルト海に浮かぶリューゲン島には、３種類の小人がいる。白い小人、茶色い小人、そして黒い小人だ。白い小人と茶色い小人は親切で、誰にも悪いことはしないが、最も親しみやすいのは白い小人だ。黒い小人は魔術師で、良いことは何もしない。嘘つきで、狡猾だ。これらの小人はみな、好んで島の山に住んでいる。

## ■参考文献

Claude Lecouteux, *Les nains et les Elfes au Moyen Age*, Paris, Imago, 2013; Lotte Motz, *The Wise one of the mountain. Form, function and significance of the subterranean smith. A study in folklore*, Göppingen, Kummerle, 1983（g.a.g. 379); Theodor Vernaleken, *Alpensagen*, ed. par Hermann Burg, Salzbourg, Leipzig, Verlag Anton Pustet, 1938, pp. 107-111; pp. 118-124; p. 147 sq; p. 322; Bengt Holbek, Iørn Pio, *Fabeldyr og sagnfolk*, Copenhague, Politikens Verlag, 1967, p. 137 sq; M. van den Berg, *De volkssage in de provincie Antwerpen in de*

*19de en 20ste eeuw*, Gand, Komminglijke Academie voor Nederlandse taal- en letterkunde, 1993, pp. 1437-1452.

## 小人の三つ編み
TRESSE DU NAIN

　ヨーロッパ全域で馬のたてがみについての迷信がある。農家の人間が、絡まった、あるいは三つ編みにした馬のたてがみを見つけると、その家に精霊がいると考えられていた。このたてがみの束につけられた昔ながらの名前は、これを作ることが超自然的生き物の役目であることを示している。ドイツで「小人の三つ編み」（ヴィッテルツォップ wichtelzopf）とか「エルフ」または「夢魔」（アルプツォップ Alpzopf、ドゥリュッテン Drutenzopf、ツォップ Drutenzopf）と言われるものは、オランダでは mahrenlocke や elfklatte、デンマークでは marelok、イギリスではエルフロック（elflocks）に相当し、シェイクスピアの時代には（たとえば『リア王』の第 2 幕第 3 場）、elf という動詞は「（鞍）にフェルトを詰める」という意味だった。ノルウェーでは、精霊の 2 種類の名称によってニス - プレイト（nisse-plaits）またはトゥス - プレイト（tusse-plait）が用いられる。実際、これは動物の体毛がもつれたり、フェルト化するプリック（プリカ・ポロニカ plica polonica、またはコマ・カエサレア coma caesarea）と呼ばれる疾患のことだ！　この迷信については、悪霊の行為や仕草について取り上げたフランスの哲学者で神学者のオーベルニュのギヨーム（1180 ～ 1249）の著書によって、はじめて明らかになった。「悪霊たちはまた別の多くの欺瞞行為に耽る [ 中略 ]ときには馬小屋でも [ 中略 ]。馬のたてがみが丁寧に編まれている」（『人間世界について（De universo)』II、3、24、パリ、1674 年）。

### ■参考文献
M. Haavio, *Suomalaiset kodinhaltiat*, Porvoo, Helsingfors, 1942, p. 400 sqq; C. W. von Sydow, Övernaturliga väsen, Folketru 19（1935), p. 124; Claude Lecouteux, *La Maison et ses Génies : croyances d'hier et d'aujourd'hui*, Paris, Imago, 2000.


## 小人の名称
DÉNOMINATIONS DES NAINS

　最もよく見られる名称はツヴェルク（Zwerg「小人」）で、これは「肉体的に歪んだ」、そしてその結果「精神的にも歪んだ」という意味であ

る。地域によって様々な変化形が使われ、ドイツ北部では Twarg、南部では Zwargl、ヴェストファーレン地方では Twiärke、チューリンゲン州では Tweärken、ハルツ地方では Querliche または Querge、ヘッセン地方では Querchlinge という具合である。これほど広まってはいないが、ウィッヒト（Wicht「物、存在」）は、たとえば Wichtelmännchen のような複合語を作る。オランダ語話者は alvermannekens（エルフ）、kabouter（男性）、kaboutervrouwtjes（女性）、heihessen、hussen などという。

　Erd-（「大地」）を含む複合語は、小人が大地と密接に関わった存在であることを示している。東フリースランド地方の Erdmantje は、邪悪な、灰色の幽霊のような小人である。旧オルデンブルク公爵領の Erdmünken は家つき精霊で、その女王は Fehmöhme という。ヴェストファーレン地方では Eirdmannekes、Aardmannetjes、Sgönaunken という。スイスのベルナー・オーバーラント地方の Fegmännchen（「箒で掃く者」）は、山に住む地域限定の精霊である。北ドイツの地中生活者の大きな集団は、Odderbaantjes、Odderbaanki、Unnererske、Onnerbänkissen、Unnervœstöi、Önnererske、Unnerborstöi、Uellerken、友好的な Unnerreizkas（ポメラニア地方）、音楽的な Elliken（ブランデンブルク州）などと呼ばれている。

　家つきの小人や精霊の名には、個人名から取られたものがある。Heinzelmännchen（ハインリッヒ）、Johannes（ヨハン）、Petermännlein（ペーター）、Ludi（小さなルートヴィヒ）、Wolterken（ワルター）、Niss ニス／ Niskepuk（小さなニコラス）、メクレンブルクの城で、不遜な見習いを殺して八つ裂きにし、料理したことで有名な Chimeke ／ Chimgen ／ Schimmeke（小さなヨアヒム）などである。また住んでいる場所から取られた名もある。Kellermännchen（「洞穴の小人」）、Pfarrmännel（「司祭館の小人」）、Ofenmänchen（「フライパンの小人」）など。活動時間から、Nachmännlein（「夜」）、そして活動内容からは Futtermännchen ／ Fueterknechtli（飼い葉）、しわくちゃの青ざめた顔をした小さな灰色の小人 Käsmandel（チーズまたは酪農小屋。Kaser ／ Käser が二重の意味を持つことから）、Kistenmännchen（「財宝の小人」）という名がある。Graumännchen ／ Gro mann（「灰色の小さな男」）、Rotjäksch（「赤いチョッキ」）など、衣服の色からくる名もある。15 世紀のシュレジア地方の「土地を支配する者」Stetewaldiu は、家つき精霊である。

　次の名では、小人の大きさが示されている。Däumling（「親指」）、

Fingerling（「指」プロイセン）。また外見を示しているのは、Dickkopf（「大きな頭」）、Kröppel（「腫れた喉」）、Boyaba（「小さな男の子」）、lütje lüe（「小さな人」）である。

スカンディナヴィア諸国には多くの名前があるが、必ずしも小人と地元に根付いた精霊を区別していない。デンマークには dverg、Lille Liels、Nis Puge、Puge、Gaardbo（Gaardbonisse、Gaardbuk）、そして huldrefolk（「隠れた人々」）という集団がいる。アイスランドには dvergr、Álfr、Huldrefolk がいる。スウェーデンにいるのは Tuss (e)、Tomte（Tomtegubbe）、Gardsvord（gardsbonde）、Tunkall、Tunvord である。また Gårdsråd、Tomte（Tomtebise、Tomtegubbe）、Nisse（Goa Nisse、Nisse-godräng）がいる。

ドイツ語圏の国々（スイス、ドイツ、オーストリア）には Bergmännlein、Donanadl、Elbe、Gotwerg、Gotvährinne、Käsmandel、Nebelmännlein、Nörglein ／ Norgen（Grincheux）、Querre、Schrattel ／ Schrätteli、Spielmännli、Twirgi、Venediger、Zwerg がいる。

このすべての名について、地域ごとのバリエーションが無数に存在する。

■参考文献

C. Lecouteux, *Les Nains et les Elfes au Moyen Âge*, Paris, Imago, 4e éd. mise à jour, 2013; Erika Lindig, *Hausgeister. Die Vorstellungen übernatürlicher Schuützer und Helfer in der deutschen Sagenüberlieferung*, Frankfurt/Bern, 1987（Artes Populares 14); Dagmar Linhart, *Hausgeister in Franken*, Dettelbach, 1995.

## コボルト

KOBOLD

さまざまな土地に結びついた、また国や地域によって呼び名もさまざまな土地特有の精霊。フランスではゴブランやリュタンに相当する。家つき妖精として家庭の手助けをするが、あらゆるいたずらをやってのける。猫や、3本脚の豚、火の玉など、さまざまな姿で現れる。家の主は手伝いの報酬にカラス麦を与える。しかし、手助けのお礼に赤い服を与えると永遠に姿を消してしまう。

■参考文献

H. F. Feilberg,《Der Kobold in nordischer Überlieferung》, *Zeitschrift des Vereins für Volkskunde* 8（1898), pp. 1-20, pp. 130-146, pp. 264-277; C. Lecouteux, *La Maison et ses Génies : croyances d'hier et d'aujourd'hui*, Paris, Imago, 2000;

Grimm, *Deutsche Sagen*, ed. par H. Rölleke, Francfort, 1994, No. 71-73; N. Arrowsmith & G. Moorse, *A Field Guide to the little People*, Londres, MacMillan, 1977 (Pan Books), pp. 135-139; T. Keightley, *The World Guide to Gnomes, Fairies, Elves and other little People*, New York, 1978 (avenel Books), pp. 239-258.

## ゴル（「騒音」）
### GÖLL
『グリームニルの歌』（古エッダ）に登場する13人のヴァルキュリアの中の一人。

## コール（「病」）
### KÖR
死者の国の女神ヘルの寝台。
→ヘル

## ゴルショ
### GORCHO
古代プロイセンの食料と飲み物の神。ハイリゲンバイル〔ロシアの都市で、現在のマモノヴォ〕のオークの下で讃えられた。神像は毎年破壊されたが、果物の収穫後に再び建てられ、穀物の刈り入れ後に特に厚く崇敬された。
■参考文献
Caspar Schütz, *Historia rerum Prussicarum*, Leipzig, 1599, p.4. Lucas David, *Preussische Chronik*, éd. E. Hennig & D. F. Schütz, t. 1, Königsberg, 1812, p.83.

## ゴルデマール
### GOLDEMAR
ディートリヒ・フォン・ベルン伝説に属する『ゴルデマール』という物語に登場するチロル地方のトルトムント（Trutmunt）山に住む小人たちの王。ポルトガル王女のヘルティン（Hertlin）をさらったが、ディートリヒが王女を救出して結婚した。

## コルムト
### KÖRMT

ゴンドリル

雷神トールが宇宙樹の根元にあるアース神族の法廷に行くために、毎日渡っている川の一つ。その他にエルムトとケルラウグという２本の川がある。これらの川は人間の世界と巨人の世界の境界線になっていると考えられている。

## ゴンドゥル

GÖNDUL

ヴァルキュリアの一人。その名は「魔力（gandr）」に由来し、「魔法の杖」を指している。運命を決する杖であり、オーディンによって派遣された（死の）使いとしての役割を示している。

## ゴンドリル

GÖNDLIR

『グリームニルの言葉』に登場する、オーディンの 41 の名前のうちの一つ。この他にも、次のような名前がある。「仮面（→グリムル）」、「疲れた旅人（Ganglari）」、「軍隊の主（Herjan）」、「兜を被る者（Hjalmberi）」、「愛される者（Thekkr）」、「第三の者（Thridi）」、Thrud（?）、「愛される者（Ud）」、「ヘルの盲者（Helblindi）」、「至高者（Har）」、Sadr（?）、「姿を変える者（Svipall）」、「よく予言する者（Sanngetall）」、「戦士の間で歓喜する者（Herteitr）」、「叩く者（Hnikarr）」、「一つ目」、Bileygr（?）、「炎の眼を持つ者（Baleygr）」、「災いをもたらす者（→ボルヴェルク）」、「姿を変える者（Fjölnir）」、「誘惑に長けた者（Glapsvidr）」、「非常に賢い者（Fjölsvidr）」、「仮面を被った者（Grimnir）」、「帽子を目深に被る者（Sidhöttr）」、「長髭（Sidskeggr）」、「勝利の父（Sigfödr）」、「宇宙の父（Afödr）」、「殺されたものの父（Valfödr）」、「突撃者（Atridr）」、「荷物の神（Farmaty）」。また「首吊りの神（Hangagud）、「亡霊の主人（Draugadrottinn）」とも呼ばれる。どの名前も、この神に関する物語や、その性格を示している。

# ［サ］

## サーガ（「見る者」）

SAGA

序列2位の女神、またはフリッグの本質。「沈んだ長椅子」（セックヴァベック）と呼ばれるアースガルズにある宮殿でオーディンと飲み交わして酌み交わしているということしか分からない。

## ザクシーとヘルマン

SAXIE ET HERMAN

シェトランド諸島のバラ湾という小さな入り江を挟んで向き合うサクサヴォード高原とハーマネス高原に住むふたりの巨人の名前。このふたりの巨人は喧嘩ばかりしている。なかでも、ヘルマンがバラ湾のクジラを捕まえ、これを料理するためにザクシーに鍋を貸してくれと頼んでおきながら、ザクシーにクジラを分けてやろうとは決してしなかった話が有名だ。それなら鍋は貸さないというザクシーに激怒したヘルマンはザクシーめがけてものすごく大きな岩を投げつけたが、ザクシーはこれをうまく避けた。岩は海に落ち、以来、この暗礁はヘルマンの岩柱と呼ばれるようになった。ふたりの巨人は揃って、ブリテン諸島の最北端にある Oot Stack という岩の上でいつも髪を梳いている水の精に恋をした。水の精は、自分の後について一度も陸に上がらないで北極まで泳いできたら結婚してもいいとふたりに言う。それを聞いたふたりの巨人は旅に出るが、その後、ふたりの姿を見た者は誰もいない。

### ■参考文献

Jean Renaud, Le peuple surnaturel des Shetlands, *Artus* 21-22（1986）, pp. 28-32.

## ザクスノット（アングロ・サクソン語：ジークスネット、ザクスニート）

SAXNOT（ags. Seaxnet, Saxneat）

『ザクセンの信仰告白』の中で言及される神。この名前は「剣の仲間」を意味するのかもしれない。

## ザクセンの信仰告白
PROFESSION DE FOI SAXONNE

　洗礼志願者が宣言しなくてはならない決まり文句を記した 9 世紀の信仰告白文。そこには次のような記述がある。「私は Donar（ドナール）、Wodan（ヴォーダン）、Saxnot（ザクスノット）、そしてあらゆる悪魔とその仲間たちを信じることをやめます」。ドナールはトール、ヴォーダンはオーディンであることが容易に分かるが、ザクスノットは誰に当たるの分からない。

## サズ、サン（「真実の者」）
SAD, SANN

　オーディンの別称の一つ。

## さまよえるオランダ人
FLIEGENDER HOLLÄNDER, HOLLANDAIS VOLANT

　オランダ人船長ファン・デル・デッケン（1821 年）とベーレント・フォックス（1841 年）にまつわる伝説。船長は「たとえ最後の審判の日までかかるとしても、絶対に喜望峰を周航する」と誓い、その言葉通りになった。周囲の海域を航海する者が、どこの港にも入ることのできないこの幽霊船に出会うと、遠い昔に死去した人々宛の手紙の束を託されるという。これらの手紙を大マストに釘で留めない限り、不幸に見舞われる。ハインリヒ・ハイネ、ついでリヒャルト・ワグナーがこの伝説から着想を得て作品を書いた。

19 世紀の幽霊船。イギリスの挿絵

ドイツ語圏の国々には、他にも幽霊船の伝説が存在する。その一つが、港湾管理人が救難を拒否したために沈没したエムデン（Emden）号である。幽霊船の乗組員は、何らかの理由で呪われた者——瀆神、誓いを破る、海賊行為、キリストの受難の日である金曜日に乗船したなど——、または盗賊や人殺しである。リベラ・ノス（Libera nos「解放してくれ」）号も幽霊船の一つ。命あるキリスト教徒の船乗りが、彼らのために死者のためのミサをあげてくれないかぎり、救われることはない。

■参考文献

G. Kalff, *De Sage van den vliegenden Hollander, naar Behandeling, Oorsprong en zin onderzocht*, Zutphen, 1923; Ronald Grambo, *Svart katt over veien. Om varsler, tegn og overtro*, Oslo, Ex Libris, 1993, p.53; Leander Petzold, *Historische Sagen*, t. 2, Hohengehren, 2001, p.28 sq.

## ザリンゲン（複数形）

SALINGEN

チロルの妖精で、親切な人には優しく、意地悪な人には冷酷に接する。いつも3人連れでいるため、常に複数形が使われる。歌ったり、踊ったりするのが好きで、家畜の世話をするが、嫉妬深い。彼女たちは野人を目の敵にしている。この妖精について最初に言及されているのは1250年頃に書かれた『エッケの歌（Eckenlied)』で、山奥に隠れた城に住む3人の「女王」として描かれている。この名前はおそらく中高ドイツ語の saelig（非常に幸せな）という言葉から派生したもので、この妖精の一人の名前はサイールデ夫人（Dame Saelde）である。現代では、サリングはテンペステール、つまり悪天候をもたらす魔女となっている。

■参考文献

Joh. Adolf Heyl, *Volkssagen aus Tirol*, Brixen, 1897, p. 273, pp. 401-406, p. 520, sq. Ignaz V. Zingerle, *Sagen aus Tirol*, Innsbruck, 1891, pp. 32-39; p. 42 sq; Joh. Nepomuk Ritter von Alpenburg, *Mythen und Sagen Tirols*, Zurich, 1857, pp. 3-9, pp. 18-23, pp. 27-30.

## サルヴァネル

SALVANEL

ヴァルスガーナ（イタリア側チロル地方、トレントの南東）の架空の生

物。森の中の洞窟に住む肌の赤い男として描かれる。サルヴァネルは森で、よく太り毛の多い羊をたくさん飼っている。毎晩、羊飼いが搾った乳を飲みに行く。3歳の女の子を好み、見つけるとその女の子をさらって洞窟に連れて行き、食事を与え、自分のそばにおいておく。

■参考文献

Christian Schneller, *Märchen und Sagen aus Wälschtirol. Ein Beitrag zur deutschen Sagenkunde*, Innsbruck, 1867, pp. 213-215.

## サルヴァンク

SALVANG

チロルの森の精で、おそらくローマ神話の森の精シルウァヌスの系統をひくもの。小柄で、髭を蓄えた老人で、魔法を使うが、性質は非常に快活だ。妻の名前はガンナまたはガンヌ。人里離れた森の中や、足を踏み入れにくい洞窟、森の泉の畔に棲み、農民と家畜を守っていると考えられている。普段は親切だが、馬鹿にされるとひどい仕返しをする。働き者の女中たちに褒美として決して途切れない糸玉を与えるが、「この糸玉は決しておしまいにならないの？」と言ってしまうと、その家族全員の運が傾き始める。小人たちの仕業だと思われていることは、実はサルヴァン達（複数）の仕業のことがある。サルヴァンはフランスのアルプスのセルヴァン（小妖精）に相当する。

■参考文献

Joh. Adolf Heyl, *Volkssagen aus Tirol*, Brixen, 1897, pp. 613-615. Ignaz V. Zingerle, *Sagen aus Tirol*, Innsbruck, 1891, p. 123.

## 三機能説

FONCTIONS

フランスの比較神話学者ジョルジュ・デュメジルは、インド＝ヨーロッパ語族の神々を系統立てて分析し、神々は（1）王権、（2）戦闘、（3）豊穣の三つの機能に分けられること、そして王権は二重構造で、統治と祭儀（宗教または魔法）に分けられることに気づいた。しかしゲルマン神話においては、デュメジルの枠組みはうまく当てはまらない。なぜなら一柱の神が複数の機能を兼ね備える例、あるいは一つの機能に複数の神々が該当する例が多々あるからである。たとえば、第一機能を体現する神にはオー

ディンだけではなくチュールがいるし、トールは、第二機能と第三機能の両方を担っているのである。ゲルマン神話の解釈が難しいのは、どの役割も、一柱の神または神々の集団が――ときに協力し、ときに対立しながら、同時に、あるいは相前後して――担っているからだ。一柱の神が、同時にまたは相前後して、三つの機能を一手に引き受ける場合さえある。ヘロドトスが紹介しているスキタイ王国の伝説などがその例だ。各機能を同名の別人が担う場合もある。

■参考文献

Georges Dumézil, *Les Dieux des Germains*, Paris, P.U.F., 1959; du même auteur: *Mythe et Épopée I : l'idéologie des trois fonctions dans les épopées des peuples indo-européens*, Paris, Gallimard, 1968; J.-M. Maillefer, recherche sur l'ancienne royauté suédoise et l'idéologie des trois fonctions, *Études germaniques* 36 (1981), pp.377-392; Die burgundische Königsfamilie im Nibelungenlied und die drei indogermanischen Funktionsebenen: Überlegungen zum Fortleben einer mythologisch-epischen Struktur, *Euphorion* 91 (1997), pp.279-290.

## サンゲタル（「真実を推しはかる者」）

SANNGETALL

オーディンの別称の一つ。オーディンは謎解き合戦で必ず勝利することを示唆している。

# ［シ］

## シアルヴィ

THJALFI

トールの相棒であると同時に従者。トールに損害を与えた償いをするためにトールに仕えることになった。シアルヴィは何も知らずに、食い意地を出してトールの戦車をひく2頭のヤギのうちの1頭の足を傷つけてしまったからだ。シアルヴィは巨人フルングニルとの戦いでトールを助け、粘土でつくられた巨人モックルカルヴィを倒した。

## シヴ

SIF

　アース神族の女神。狩猟、弓術などの神ウルの母で、トールの妻。シヴについての物語は一つしかない。「ラウフェイの息子ロキが悪戯でシヴの美しい髪の毛を刈り取ってしまった。そのことに気づいたトールはロキを捕まえ、被ると本当の髪の毛が生えてくるような黄金のかつらを黒いエルフ（小人）に作らせることを誓わないのなら、ロキの骨をへし折ってやると迫った」（スノッリのエッダ）。ロキは小人イヴァルディの息子のブロックとシンドリをたずね、黄金の髪の毛を作ってくれるように頼んだ。「シヴの髪の毛」が黄金を意味するケニングとなったのはそのためだ。

→アース神族

## シェーアフ（「麦の束」）

SCEAF

　アングロ・サクソン王家の系図によると、シェーアフはオーディンの神話上の祖先。次のような言い伝えがある。大西洋のスコーネという島に１艘の小舟が漂着した。その小舟の中には小さな子供が武器に囲まれて眠っていた。地元住民がその子供を連れ帰り、後にその子を王にした。それがシェーアフだ。もう少し後の時代の証言としては、マームズベリのウィリアム（1080 - 1142）が『歴代イングランド王の事績（Gesta Regun Anglorum)』の中でより詳しく書いている。櫂のないボートがスカンツァ（スカンディナヴィア）というゲルマニアの島に打ち上げられた。ボートには子供が麦の束に頭を乗せて眠っていた。それがシェーアフだ。地元の住民がその子供を迎え入れ、成人すると城の王となった。その城はSlasvic 城（シュレースヴィヒ州）と言われたり、Eithesi 城（ホルシュタイン州ヘーゼビュー）と言われたりする。紀元 1000 年頃の古アングロ・サクソン語による叙事詩『ベーオウルフ』には、シュルド・シェーヴィング、すなわちシェーアフの息子シュルドが登場する。

### ■参考文献

Jacob Grimm, *Deutsche Mythologie*, t. 1, p. 306 sq; t. 3, p. 390 sqq.

## シオヴン

SJÖFN

　男女の心を愛に向ける女神。したがって、おそらく結婚あるいは血縁を擁護する女神だろう。

## シギュン

SIGYN

　アース神族の女神でロキの妻。

## シグヴァジル、シグフォズル（「勝利の父」）

SIGVADIR, SIGFÖDR

　戦いの主としての機能を表すオーディンの名前。他にも同じような組み合わせで作られた名前がある。たとえば「勝利するガウト」とか「勝利者スロール」がある。

## ジークフリート（ノルド語：シグルド）

SIEGFRIED（nor. Sigurd）

　ジークフリートの伝説はフランク人の歴史がもとになっており、ゲルマン民族の諸部族が移動をはじめ、ヨーロッパ各地に定住した民族大移動の時代が背景となっている。また、メロヴィング朝時代の出来事が借用され、ジークフリートとクリームヒルトとの結婚はメロヴィング朝の分王国アウストラシアの初代王シジュベールとブリュヌオーの結婚が下敷きになっていると推測される。

　ドイツではこの伝承は三つの形でしか受け継がれていない。13世紀前半にバイエルンで起草された『ニーベルンゲンの歌』、ブルグント族の英雄たちの死を延々と嘆く『哀歌』、そして、スカンディナヴィアのテキストを書き写したもので、あまり文学的ではないが、非常に興味深い『角質化したザイフリート』である。

　13世紀のアイスランドの詩を集めた『詩のエッダ』にこの伝説を描いた詩が幾つかあり、中には9世紀から10世紀に執筆されたものもある。また、『ヴォルスンガ・サガ』や博識なスノッリ・ストゥルルソン（1179－1241）の手による『詩語法』、さらには『ベルンのテオドリックのサガ』はジークフリートの生涯と死を改めて辿ることのできる内容だ。『詩のエッ

ダ』に含まれるテキストの中では、十数篇の詩、なかでもこの英雄の生涯が要約されている『グリーピルの予言』、『レギンの歌』、『ファーヴニルの歌』、『シグルドリーヴァの歌』、『シグルドの歌の断片』にとくに詳しく描写されている。

古代のほとんどの英雄たちと同様に、ジークフリートの子供時代については意見が分かれている。というのは、神話や英雄伝説は魅力的で盛りだくさんな内容にするために、さまざまな伝説のテーマやモチーフが混ざり合っているからだ。

『ベルンのテオドリックのサガ』は今日まで伝わっていないドイツの英雄詩の翻訳であるだけにより興味深い。このサガでは、シグルドは王シグモンドと王妃シシベの息子となっている。シシベはアルトヴィン公爵とヘルマン公爵に裏切られ、シュワーベンの森に連れてこられて殺されそうになるが、後悔の念にかられたヘルマン公爵が武器を手にするアルトヴィンの前に立ちはだかる。その瞬間、王妃は産気づいて、世にも美しい男の子を産み落した。王妃は持っていた小箱からガラスの甕を取り出し、赤ん坊を産着でくるむとその中に入れ、ふたをして自分のそばに置いた。ふたりの騎士は激しく剣を交えるが、アルトヴィンが遂に刺され、横たわっている王妃の上に倒れる。そのとき、アルトヴィンの足がガラスの甕にぶつかり、甕は川に転がり落ちた。赤ん坊に何が起こったか知った王妃は気を失い、そのまま息絶えてしまう。こうして生まれたばかりのシグルドは、孤児と

ノルウェー、ハイレスタドの教会の木製扉柱、1200年頃。ジークフリート／シグルド伝説の主要な場面

しての道を歩み始める。

　ガラスの甕は川を下って海まで流れ、高波に乗って岸に打ち上げられた。それから長い年月を経て、子供は立派に成長した。それまでの経過は次のようなものだ。ガラスの甕は浜辺に打ち上げられたとき、こなごなに割れてしまい、赤ん坊は泣いていた。そこに鹿がやって来て、子供を口にくわえて自分のねぐらまで連れて行く。ねぐらには2頭の小鹿がいた。母鹿は自分の子供と一緒にこの子にも乳を与えた。子供は12カ月間、鹿に育てられて、瞬く間に元気で丈夫な子供に成長し、4歳の子供と同じくらい大きくなった。

　こうした筋書きはインド＝ヨーロッパの王家の子供に関する神話の典型的なパターンである。後に王となる運命の英雄は必ずと言ってよいほど、人里離れた自然の中で幼少時代を過ごし、自然と強い繋がりを持つ。それは、後に自然と共生して生きることになるからだ。たとえば、この英雄が病に陥れば、自然も荒廃する。このサガでは鹿を介して、この子供が将来は王になることを自然が見抜く。この小さな子供に超自然的な能力が備わっていることは、極端に速い成長からうかがえる。つまりこれが第一の通過儀礼である。しかし、人間の世界に戻る必要があり、『テオドリックのサガ』ではミーメという名前の、『詩のエッダ』ではレギンという名前の鍛冶師が人間の世界に導く。そしてこの英雄にはジークフリートあるいはシグルドという名前がつけられる。

　少年は9歳になるまで鍛冶師のもとで過ごし、立派な体格の頑強な男の子に成長し、太刀打ちできるものは誰もいなかった。非常に乱暴で、ミーメの鍛冶場で徒弟たちに始終、殴りかかるため、誰も我慢ができなくなった。恐れをなしたミーメは兄のレギンに会いにゆき、少年を片付ける企みに手を貸してもらうことにした。ミーメはシグルドに森に行って炭を手に入れてくるように頼み、シグルドはその頼みを聞き入れる。森の中で竜がシグルドに近づいてくるが、シグルドはその竜に立ち向かい、これを殺す。

　竜に姿を変えたミーメの兄が死ぬ段にはいくつかのバリエーションがある。『詩のエッダ』では、竜の足跡を見つけたシグルドは深い穴を掘って、その中に入り、剣を真っすぐに立てて待ち伏せする。竜が這いながら穴の上を通ると、いきなり剣を突き刺した。『ファーヴニルの歌』ではシグルドと竜の姿をしたファーヴニルとの間で会話が交わされる。ファーヴニルはこう断言する。「だが、本当のことを言ってやろう。響きの良い黄金、

Rocher de Ramsund
Södermanland (Suède)

スウェーデン、セーデルマンランド地方ラムスンドの石刻画

燃える炎のように赤い宝、指輪などがお前の命とりになる」。そしてこの詩は次のような言葉で締めくくられている。「シグルドは莫大な黄金を見つけ、それをふたつの箱に詰めた。それから恐怖の兜、黄金の甲冑、剣フロッティ、その他多くの宝石を取り上げた」。

それからシグルドは自分が殺した竜の心臓を煮る。煮えたと思い、沸き立つ鍋の中に手を突っ込んで、火傷をしてしまい、とっさに指を冷やそうと口の中に入れた。指についた煮汁が舌の上を流れ、喉を通ると、不思議なことに木の上にとまっている2羽の鳥の会話が聞き取れるようになった。鳥たちはこんなことを話していたのだ。「僕たちの知っていることがあの男の人に分かればよいのにね。戻ったら、養父のミーメを殺せばいいよ。だって、ミーメは、思い通りに事が運べば、シグルドを殺させるつもりだったんだから。あの竜はミーメの兄さんなのだから、彼がミーメを殺さなければ、ミーメは兄の復讐だと言って彼を殺すつもりなんだよ」。それを聞いたシグルドは竜の血を取り、身体と手にこすりつけた。すると、血をこすりつけたところはすべて角のような皮膚になった。シグルドは衣服を脱ぎ、身体中、手の届く限り血を塗りたくった。ただ、両肩の間だけは塗り残してしまう。それから衣服を着て、竜の頭を抱え、帰路についた。ドイツ語のテキストではシグルドの急所について、両肩の間に1枚の菩提樹の葉が落ちたからだと説明されている。つまり菩提樹の葉がシグルドが血を塗ることを遮ったのだ。スウェーデンの『シズレクの年代記』はおそ

らくこの『テオドリックのサガ』より正確だ。「両肩の間に1枚のカエデの葉があり、血がその場所だけ覆い尽くせなかった」。

　シグルドが鍛冶場に戻ると、彼を見た徒弟たちはみんな逃げ出した。ミーメだけは彼を出迎え、兜と盾、ブリュンヒルドの牧場からやってきたグラニと呼ばれる馬、グラム（どう猛）という名の剣を与えた。シグルドはその剣を受け取るや否やミーメを殺す。それからブリュンヒルドの城に行って門を突き破り、7人の番人を倒す。その知らせを聞いたブリュンヒルドが城から出て来て、シグルドに誰かとたずねた。シグルドは本当の身分を明かし、グラニを彼女に渡す。

　『ヴォルスンガ・サガ』では、シグルドはブリュンヒルドのところにもう少し長く滞在する。ブリュンヒルドはシグルドにルーン文字の秘密、つまり一種の魔術を教える。

　この時点から物語はジークフリートを死に導く宝物の方に話題が移る。

　この宝物については、『ヴォルスンガ・サガ』と『詩のエッダ』の中の幾つかの詩を除いて、ほとんど語られていない。『ニーベルンゲンの歌』では、ジークフリートはシルブング王とニベルング王から宝物を奪ったとされている。このサガはより正確で、このことに関しておよそのことを語っている（第14章）。宝物は小人アンドヴァリのものだった。アンドヴァリはカマスに姿を変えて自分の名前のついた滝アンドヴァラフォルスに住んでいた。ある日、旅をしていたオーディン、ヘーニル、ロキの3人の神がこの滝にやって来て、ロキが1匹のカワウソを殺した。ところがそのカワウソは巨人族のフレイズマル王の息子トキだった。フレイズマルはトキがこの神々に殺されたことを知ると賠償を請求した。そこでロキは滝に引き返し、アンドヴァリを捕まえて、持っている宝物を渡せとすごんだ。アンドヴァリは宝物を差し出したが、指輪だけは取っておいた。ロキはそのことに気づくと指輪をひったくる。そこで小人はその指輪に呪いをかけた。「この黄金がふたりの兄弟を死に至らしめ、8人の王子の争いの種となるように」と。ふたりの兄弟とはフレイズマルの残されたふたりの兄弟ファーヴニルとミーメで、8人の王子とはブルグント王家の家族とシグルド、その未亡人と2番目の夫アトリとの間の息子たちだ。ロキがアンドヴァリから巻き上げた宝物を受け取ったフレイズマルは、それを息子たちに分け与えることを拒んだ。そのため息子たちはフレイズマルが寝ている間に殺してしまう。ファーヴニルは父の遺産を独り占めし、黄金を守るために竜に

姿を変えた。黄金を横取りされたミーメは鍛冶師の仕事を続ける。

　ジークフリート／シグルドがこの黄金を手にすると、黄金の邪悪な特性が露わになり、英雄は知らず知らずのうちに悪の道を辿り、ハーゲンの裏切りで死に至る。

→アトリ、アルベリッヒ１世、アンドヴァリ、グズルーン、クペラーン、グラニ、グロ・リュセロヴァ、ニューブリンク、ニーベルンゲンの歌、ハーゲン、ファーヴニル、ブリュンヒルド、ミーメ、レギン

### ■参考文献

G. Neckel, Edda. *Die Lieder vom Codex Regius nebst verwandten Denkmälern*, Heidelberg, 1914; *Völsunga saga ok Ragnars saga lodbrókar*, éd. M. Olsen, 2 vol, Copenhague, 1906-1908; *Das Nibelungenlied*. Paralleldruck der Hss. A, B und C nebst Lesarten der übrigen Hss., éd. M. S. Batts, Heidelberg, 1971; *Das Lied vom Hürnen Seyfried*, éd. K. C. King, Manchester, 1958; R. Boyer, *La Saga de Sigurdr ou la Parole donnée*, Paris, 1989; Claude Lecouteux, Der Nibelungenhort : Überlegungen zum mythischen Hintergrund, *Euphorion* 87（1993）, S. 172-186; du même : Siegfrieds Jugend. Überlegungen zum mythischen Hintergrund, *Euphorion* 89（1995）, S. 221- 226; du même : *La Légende de Siegfried d'après le Seyfrid à la peau de corne et la Thidrekssaga*, Paris, Le Porte-Glaive, 1995.

## シグルドリーヴァ
### SIGRDRIFA

　ヴァルキュリアの一人、ブリュンヒルドの別称。

## シグルーン（「勝利のルーン」）
### SIGRUN

　ヴァルキュリアの一人で、ヘグニの娘、フンディング王殺しのヘルギの恋人。カーラという名前で生まれ変わる。

## ジーゲノート
### SIGENOT

　巨人グリムの叔父（→グリム）で、叔父の死の復讐をしようとしている。ジーゲノートはディートリヒ・フォン・ベルンに出会い、彼を打ち負かし、小脇に抱えて連れ去る。ヒルデブラントは主人を助け出し、ジーゲノート

と戦い、左手を切り落とし、足に傷を負わせたあげくにこの巨人を殺す。ジーゲノートの武器は 24 メートルほどもある剣だ。

## シーズスケッグ（「長髭の者」）
SIDSKEGG

灰色の長い髭を生やしていることを表すオーディンの別称。

## シーズヘト（「目深に帽子をかぶった者」）
SIDHÖTT

オーディンの別称。オーディンは帽子を深くかぶって顔を隠す習慣があったことをほのめかしている。

■参考文献

H. Falk, *Odens Heiti*, Kristiania, 1924.

## 霜の巨人
GÉANTS DU GIVRE

→ベルゲルミル

## シャツィ
THJAZI

この巨人は、ニョルズの妻スカジの父親。次のような物語の中に登場する。オーディンとロキとヘーニルが旅をしていたとき、途中で食べ物がなくなってきた。ちょうど谷間に牛の群れが見えたため、その中の 1 頭を殺して焼き始めたが少しも焼けない。3 人はなぜ焼けないのだろうと不思議がっていると、自分たちの頭上に枝を広げるオークの木のてっぺんから誰かが語りかけてきた。肉が焼けないのは自分が魔法をかけたせいだと言っている。よく見るとそれは鷲で、「自分にも好きなだけ肉を食べさせてくれるのなら、ちょうど良い焼け具合になるようにしてやる」と言った。

3 人のアース神族たちが同意すると、鷲は牛のもも肉二つと肩肉二つを取ってしまった。怒ったロキが鷲を棒で強く突き刺すと、鷲は背中に棒が刺さったまま、ロキもろとも飛び立った。ロキは棒から手を放そうとしても離れない。後生だから離してくれと懇願すると、鷲は女神イズンを彼女が持っている若返りのリンゴと共にアースガルドから連れ出してくれると

誓うなら、離してやると言う。ロキは必ず連れ出すと約束した。それからしばらくして、ロキはイズンを森に誘い出した。そこにまたもや鷲に姿を変えたシャツィがやって来てイズンを鷲づかみにすると、自分の館スリュムヘイムに連れ去ってしまう。

　イズンのリンゴが奪われたため、アースの神々はたちまち歳を取り始めた。イズンがいなくなったのはロキのせいだと知った神々は、イズンを連れ戻さなければロキを殺すと脅す。ロキはフレイヤの羽衣を借り、ハヤブサになって巨人の国ヨートゥンヘイムまで飛び立ち、シャツィの館にやってきた。シャツィが留守の隙をねらい、イズンをハシバミの実に変えてハヤブサの爪で掴むと大急ぎでアースガルドに戻った。一方、館に戻ったシャツィはイズンがいないことに気がつき、また鷲に姿を変えてロキを追いかけた。戻って来るロキのすぐ後ろにシャツィが追ってきているのを見たアースの神々は用意していた薪に火を放つ。火は鷲の羽に一気に燃え移り、地に落ちた鷲はアースの神々に打ち殺された。この話の続きには、父親を殺されたスカジがアース神族にどんな償いをさせたかが語られている。オーディンは償いの一つとして、シャツィの両目を天空に投げた。すると、その目は空で星になった。

■参考文献

Eugen Mogk, Thjazi, in *Reallexikon der germanischen Altertumskunde*, t. 4, Strasbourg, 1918-1919, p. 321.

シャツィ、『スノッリのエッダ』、O・ブリニョルフソン、1760 年

# シャマニズム
CHAMANISME

　スカンディナヴィアの住民がラップランド人と接触した結果、シャマニズムの強い影響が北欧神話に入り込んだ。特にオーディンは、シャマニズムの精神世界を強く想起させる通過儀礼を経て、深い知識と魔力を獲得している。遠方への移動能力や変身能力を持つことから見ても、彼はシャマンにほかならない。また一人の人間が複数の魂を持つという特殊な考え方は、現在でもウラル＝アルタイ民族の間やバルト海沿岸地域で見られる。古ザクセン語や古英語の文献からは、中世におけるシャマニズムの影響がドイツ北部に限定されなかったことがわかる。

→ハムル

■参考文献

Mircea Éliade, *Le Chamanisme et les Techniques archaïques de l'extase*, Paris, Payot, 1968; Régis Boyer, *Le Monde du double: la magie chez les anciens Scandinaves*, Paris, Berg-International, 1986; Peter Buchholz, *Schamanistische Züge in der altisländischen Überlieferung*, Diss. Münster, 1968; M. Hopál, O. J. von Sadovsky, *Shamanism: Past and Present, Budapest, Los Angeles*, Fullerton, 1989 (ISTOR Books 1-2); Ronald Grambo, Sjamanisme i norske sagn fra middelalderen, *Forum Medievale* 4-5 (1983) pp. 5-13.

トランス状態のシャマンから霊が離脱している。オラウス・マグヌス著『北方民族文化誌』谷口幸男訳、上下巻、溪水社、1991-1992 年)

## 終末戦争
BATAILLE ESCHATOLOGIQUE
→ラグナロク

## 終末の戦い
COMBAT ESCHATOLOGIQUE
→ラグナロク

## 終末論
ESCHATOLOGIE
→ラグナロク

## シュトレゲレ、シュトレッゲレ
STRÄGELE, STRÄGGELE

　スイスのアルプス地方の架空の生物。醜く、待降節の第3土曜日または四季の斎日〔四季の最初の水、金、土の断食日〕に働いている糸紡ぎ女、あるいは仕事をさぼっている糸紡ぎ女をさらっていく。シュトルンツェ（Strunze）と呼ばれることもある。

■参考文献

Theodor Vernaleken, *Alpensagen*, éd. par Hermann Burg, Salzbourg, Leipzig, Verlag Anton Pustet, 1938, pp. 56-58; Grimm, *Deutsche Sagen*, éd. par H. Rölleke, Francfort, 1994, №. 269

## シュプリングヴルツェル（「開錠根」）
SPRINGWURZEL

　古典古代の時代から、閉じられたあらゆるものを開ける力のある植物がすでにあった。人間はある鳥の行動を観察していて、この草を発見したのだ。その鳥はキツツキ（またの名を「錠前屋」）あるいはヤツガシラだろう。ドイツの民間信仰では、シダやサクラソウ（学名 Schlüsselblume：「鍵の花」）についても同じことが言われている。この植物は馬の足かせを外したり、宝物が隠されている岩を開けたり、またその岩を元に戻したりすることができる。17世紀のドイツの作家グリンメルスハウゼンが『不思議な鳥の巣（Das wunderbarliche Vogelnest）』、（1672年）に、またクレメン

ス・ブレンターノが戯曲『プラハの建設（Die Gründung Prags)』（1815 年）
にこの伝承を取り入れている。

■参考文献

Rosinus Lentilius, De radice effractoria vel apertoria, vulgo Spreng-Wurzel,
*Miscellanea Acad. Nat. Curiosa* VII-VIII（1699-1700), pp. 144-152.


## 樹木

ARBRE

　樹木信仰は、中世ヨーロッパ全域で確認される。ゲルマン系諸国で最も
頻繁に登場するのはトネリコ、ヨーロッパヤマナラシ、ボダイジュなど。
特にドイツで人気が高い。宇宙樹ユグドラシルはトネリコだったといわれ、
最初の人間もトネリコの幹から創られた。ある神話によると、トールはナ
ナカマドの枝に救われたという〔増水した川を渡る際に、ナナカマドの杖のおか
げで無事だったという〕。決闘を行う神聖な場所は、ハシバミの枝を刺して囲
われた。神木の中でも特に有名なのは、ドイツ、ヘッセン州のガイスマー
ル村〔現在のフリッツラー〕のオークであろう。聖ボニファティウスによっ
て切り倒されたこの木が、中世ドイツの宇宙樹イルミンスールを体現して
いたことは間違いない。同様に重要なのは、スウェーデン、ウプサラの神
殿付近に立っていた聖なるイチイの木で、人々はこの木に生贄を捧げてい
た。この神殿について、ブレーメンのアダム（11 世紀）は次のように述
べている。「同種の生き物が９体ずつ捧げられた。[ 中略 ] 生贄は聖なる小
さな森の中に吊り下げられた。これは神聖な森で、異教徒たちは、生贄の
死と死体の腐敗ゆえに、個々の木の聖性がさらに増したと考えており、そ
こには犬や馬や人間が吊るされている」。より後代の注釈書では、「犠牲祭
は９日続いた。[ 中略 ] これは春分に行われた」と付け加えられている。


## 呪文

CHARME

　神々や精霊の助力を求める非常に古い形の呪術。中でも古高ドイツ語と
古英語の呪文は数多く残っている。特によく知られているのが「メルセブ
ルク（ボーデン湖地方）の呪文」で、ウォーダン（オーディン）、フリリア、
フォラ、シントグント、フォルなどの神々が登場する。一方イギリスでは、
小人や彼らの魔力から身を守るため、アース神族、（悪）夢、魔女の力を

排除するために民間で伝えられてきた呪文が多い。中でも有名なのは「九つの薬草の呪文」、「突然の虫刺されに対する呪文」、「小人に遭遇した場合の呪文」などである。イギリスに伝わる呪文からは、古代の神々が次第に駆逐される過程がうかがえて興味深い。アース神族は悪霊と同一視され、（悪）夢や魔女と混同されている。またこれらの呪文を読むと、超自然的な存在を倒す武器は弓矢だと信じられていたことが分かる。また、腰痛はかつてドイツ語で「アルプの一撃」と呼ばれていた。ドイツ語圏全域では、悪霊に降格された超自然的存在の名が病名となる場合が多かった。

### ■参考文献

Claude Lecouteux, *Charmes, Conjurations et Bénédictions: lexique et formules,* Paris, Champion, 1996; *du même auteur:* Le Livre des grimoires, De la magie au Moyen Âge, *Paris, Imago, 2008; J.-P. Allard, Du second Charme de Mersebourg au Viatique de Weingarten, Études indo-européennes* 14（1985), pp. 33-53, avec la note additionnelle de J. Haudry, pp. 54-59.


## シュラート（「わめく人」）

SCHRAT

さまざまな由来による特徴が混ざり合ったゲルマンの民間信仰による人物で、邪悪な死者、亡霊、ローマ神話のゲニウス・カタブリを思わせるような馬に関係のある家の精でもあり、小人でもある。10世紀のイギリスでは、スクラエットは降霊術師のことを指していた。今日、オールド・スクラッチ（Old Scratch）は悪霊のことを指す。ドイツの民間伝承では、シュラートは小人と同一視される。

### ■参考文献

C. Lecouteux, Vom Schrat zum Schrättel. Dämonisierungs-, Mythologisierungsund Euphemisierungsprozeß einer volkstümlichen Vorstellung, *Euphorion* 79（1985), pp. 95-108.


## シュル（「雌豚」）

SYR

フレイヤの別称、おそらくフレイヤへの信仰を暗示している。フレイ神には雄豚を犠牲として捧げるので、おそらく、フレイヤには雌豚を捧げるのだろう。

## シュレックメンライン (「恐ろしい小人」)
### SCHRECKMÄNNLEIN

　子どもが叫び出すような突然の恐ろしい夢の原因となる生物で、夜中に叫び声や泣き声 (Nachtgeschrei、Nuochtkräsch、Nachtweinen) が聞こえると、この生物が現れたと考えられる。オーストリアのシュタイアーマルク州では、子供の部屋に月の光が射し込んだり、ベッドが月の光に照らされると、この生き物がやって来ると言われている。ルーマニアのトランシルバニア地方では、このような叫び声は7晩続く。

## シュレット
### SCHLETTO

　アルザス地方の都市セレスタ (ドイツ語ではシュレットシュタット) を建設した巨人の名前。伝説によると、アルザスから海の水が引いた時代に住んでいたという。この巨人の骸骨は海に住む動物の骨で、肋骨の長さは20フィート (8メートル) もある。さまざまな建物がこの巨人の手によるものだとされている。

## 消滅
### DISPARITION
→神隠し

## シントグント
### SINTHGUNT

　『メルゼブルクの呪文』第2部に出てくる誰だか特定されていない女神で、スンナの姉妹とされている。スンナというのは、おそらく太陽 (ドイツ語では Sonne、女性形) の女神ソルのことだろう。シントグントという名前は「戦い」を意味する -gunt と「道、街道、旅」を意味する sint で構成されている。スンナと共に天空を旅するヴァルキュリア、天体の女神、女戦士の一人の名前だろう。

### ■参考文献
J.-P. Allard, Du secondCharme de Mersebourgau Viatique de Weingarten, *Études indo-européennes* 14 (1985), pp. 33-53.

## シンドリ（「鍛冶師」）
SINDRI

小人で、イヴァルディの息子でブロックの兄弟。神々を象徴する宝物を鋳造したのはこの小人。

→グリンボルスティ、ドラウプニル、ミョルニル

## 神明裁判（ノルド語：オルダル、ドイツ語：ウアタイル、「裁判」）
ORDALIE（nor. ordal, all. Urteil）

最もよく行われたのは「熱審」(jarnburdr) である。熱した鉄を手に持ち、9歩進んで鍋のところまで運ぶ、あるいは、赤く熱した犂12本の上を歩かなければならない。また別の神明裁判では、水を入れて沸騰させた鍋の中に卵大のものを入れ、それを素手で取り出す。

## シンメルライター（「白馬の騎手」）
SCHIMMELREITER

ドイツの法律家で作家のテオドール・シュトルムの有名な小説（1888年）のタイトル。堤防が決壊しないためには生きた人間が一人そこに閉じ込められる必要があるという迷信に基づく物語で、ヨーロッパにおける多くの建造物の伝説に共通する特徴を備えている。白馬の騎手はシュレースヴィヒ＝ホルシュタイン沿岸に現れる亡霊で、白馬の騎手が現れると嵐がやって来ると言われている。

イェンス・ルッシュによる『白馬の騎手』の挿絵

# ［ス］

## スヴァーヴァ
SVAVA

エイリミ王の娘。名前のついていなかったヒョルヴァルズの息子に、ヘルギという名前を与え、結婚した。スヴァーヴァとヘルギは死後、生まれ変わったと言われている。

## スヴァジルファリ
SVADILFARI

アースガルズの壁を建設した巨人が所有する雄馬。雌馬に姿を変えたロキと交尾した。したがって、スヴァジルファリはオーディンの軍馬スレイプニルの父親ということになる。
→スレイプニル

## スヴァルトヘヴジ（「黒い頭」）
SVARTHÖFDI

セイズを行うすべての魔術師の祖先とされる巨人の名前。

## スヴァンヒルド（ラテン語：スアンヒルダ）
SVANHILDR, lat. SUANHILDA

エッダの最も古い詩の一つ、『ハムジルの歌』に登場するグズルーンの娘で、ハムジル（アミウス Ammius）、ソルリ（サルス Sarus）の姉。グズルーンはスヴァンヒルドの弟たちに王エルマナリックの駿馬の蹄で踏み殺された姉の復讐を促す。弟たちはその企みの中で非業の死を遂げる。この伝説を初めて公にしたのは6世紀のゴート族の歴史家ヨルダネスである（『ゴート史』第24章）。「ゴートの王エルマナリックは、数々の国を制圧したとは言え、フン族がすぐそこまで攻めてきていることに悩まされていた。その機に乗じて、エルマナリックの支配下にあった諸国の一つ、ロソモン族が彼を裏切る。卑劣なやり方でロソモン族に裏切られたことを知ったエルマナリックは怒り狂い、その部族のリーダーの妻であるスアンヒルダとい

う女性を乱暴な馬に括りつけ、馬をけしかけて彼女を引き裂かせろと命じた。ところが、スアンヒルダの兄弟サルスとアミウスが姉の死の復讐をしようとやって来て、王の脇腹を剣で切りつけた。一命は取り留めたものの、深い傷を負った王は不自由な身体で無為な日々を送ることになる。王の病弱を良いことに、フン族の王バランベアが東ゴートに武力介入した」。

『グズルーンの扇動』（『詩のエッダ』）には、この物語の初めの部分が次のように詳しく書かれている。ゴート族の王ヨルムンレクはグズルーンとシグルドの娘スヴァンヒルドを妻にした。ヨルムンレクの家臣ビッキは王の息子ランドヴェールにスヴァンヒルドを愛人にするよう促しておきながら、王にふたりが愛し合っていると密告する。怒った王はランドヴェールを絞首刑にし、スヴァンヒルドを馬の蹄で踏みにじらせた。最古のスカルド詩人ブラギ・ボッダソン（9世紀頃）の手による『ラグナル頌歌』には、この物語を含むいくつかの伝説の光景が描かれた盾について言及されている。ブラギによれば、ハムジルとソルリのイェルムンレクに対する襲撃は夜に実行されたようだ。

『スノッリのエッダ』では不意の襲撃という形がとられ、幾つかの情報が補足されている。すなわち、ヨルムンレクはランドヴェールを遣わして、スヴァンヒルドの父、ヨーナクル王に娘を嫁に欲しいと頼みに行かせた。ビッキがランドヴェールに悪知恵を吹き込んだのはその旅の途中のことだ。父の差し金で死刑にされる身となったランドヴェールは死を前にして自分の鷹の羽を抜き、それを父に渡すように言った。それは、父がたった一人の跡継ぎである息子を殺せば、王国は滅びる運命にあることを知らせるためだった。息子が死んだ後、狩りから戻ったイェルムンレクは川で髪を洗っているスヴァンヒルドを見つけると、家来と共に彼女のそばに駆け寄り、馬の蹄で踏みつけ、彼女を死に至らしめた。

『ヴォルスンガ・サガ』にも同じような話がある。鷹の羽を抜くエピソードの後、王はランドヴェールを許そうとするが、ビッキがすでに刑を執行してしまっていた。スヴァンヒルドには刑の執行前に正当な判決理由がつけられていた。姉の復讐に向かった弟たちの武器には不思議な力が備わっているようで、誰もふたりを倒すことはできなかった。最後に、スヴァンヒルドの弟たちに石を投げつけるように言ったのは王ではなく、オーディンである。

サクソ・グラマティクスの『デンマーク人の事績』では、若き王子（ブ

ローデルス）は死を免れる。すべては家臣の王に対する憎しみから始まった。というのも、王はかつて家臣の兄弟を殺していたのだ。スアンヒルダの兄弟は 4 人だ。サクソは兄弟の一人エルプという人物を完全に省いている。さらに、兄弟たちが不死身なのは魔法と呪文を使っていることを明確にしている。彼らはグトルーナという魔女の助けを借りているのだ。ここでは、スアンヒルダの母の名前が魔女の名前になっている。

　この神話はスカンディナヴィアだけでなく、有名ではないもののドイツにもあることが幾つかの資料から確認できる。『クヴェドリンブルク年代記』には Hernido、Serilo、Adaocaro の 3 兄弟が父を殺したエルマナリックに報復する話が記されている。『エッケハルト年代記』では、エルマナリックがゴート族を治めていたのはウァレンティニアヌス皇帝と弟のウァレンス皇帝による共同統治の時代であるとし、サルスとアミウスの兄弟がエルマナリックに致命傷を負わせたことが書かれている。

→ハールルンゲン

## ■参考文献

Georges Zink, *Les Légendes héroïques de Dietrich et d'Ermrich dans les littératures germaniques*, Paris, Lyon, 1950, pp. 169-189.

## スヴァンフヴィート（「白鳥のように白い」）

SVANHVIT

　白鳥乙女。フレズヴェール王の娘。池で水浴びをしているとき、鍛冶師ヴィーラント（ヴェルンド）の兄弟の一人スラグフィードが彼女の着物を盗み、一緒にならざるを得なくなった。

## スヴェル

SVÖL

　太陽の前に立っている盾で、太陽の熱で大地が燃えないように遮っている。

## スヴェントヴィート（「強い神」）

SWANTEWIT

　バルト海に浮かぶリューゲン島の島民たちが信じる戦争と豊穣の神。この神に対する礼拝はリューゲン島の最北端、アルコナ岬にある外壁に彫刻が施された木造神殿で捧げられる。神殿は二つの壁に囲まれ、入り口は一

つしかない。神殿の内部には、四つの頭をもった巨大な神像がある。四つの頭のうち、二つは前方を、別の二つは後方を見つめ、それぞれ一方は左、もう一方は右を向いている。右手には宝石で装飾された角杯を持っており、毎年、司祭がこの角杯に蜜酒を満たしておき、その年の収穫を予言する。左手は腰におかれている。神像はふくらはぎまでの長い法衣を着ている。神像のそばには、轡、鞍、神剣、野獣の頭部のはく製が置かれている。1168年にこの神像は破壊され、キリスト教徒たちによってスヴェントヴィートの礼拝は廃止された。

　スヴェントヴィートは300頭の馬を所有し、そのうちの1頭が特別に神聖化されていた。誰であれ、その馬に乗ることも、たて髪や尻尾に触れることも許されなかった。夜になると、国の敵と戦うために神がその馬に乗って出かけると信じられていたからだ。戦闘の成り行きを予言することにも使われていた。

■参考文献

Saxo Grammaticus, *Gesta Danorum* XIV, 39, pp. 1-10; Joh. Miräclius, *Sechs Bücher vom Pommerland*, Stettin & Leipzig, 1723, I, p. 163; II, p. 30; Thomas Kanzow, *Pomerania, oder Ursprung, Altheit und Geschichte der Völker und Lande Pommern, Cassuben, Wenden, stettin, Rügen*, Greifswald, 1816-1817, I, pp. 161-173.


## スカジ

SKADI

　スカンディナヴィアの語源となった女神の名前で、巨人シャツィの娘、ニョルズの妻、フレイの母。トールが父シャツィを殺したため、武器を取ってアースガルズに乗り込み、アース神族に償いを求めた。アースの神々は和解の印にアース神族の中から夫を選ぶよう提案する。スカジは密かにバルドルを望んでいたが、頭から布を被り、足だけ出した神々の中から選ばなければならなかった。最も美しい足の神を選んだところ、それはニョルズだった。スカジはやむなくニョルズと結婚する。しかしこの結婚はうまくいかなかった。スカジは山での生活が恋しく、ニョルズは海での生活が忘れられない。結局ふたりは別れてしまう。その後、スカジはオーディンと結婚し多くの息子をもうけた。

　スカルド詩では、スカジは「神々の麗しい花嫁、スキーの女神」とか「雪

靴の女神」と表現されている。第三機能（豊穣、多産）の女神ではあるが、その名前は男性形で、おそらく、かつては両性具有だった証しだろう。スカジは冬の凍った大地を体現していると思われる。

### ■参考文献

Régis Boyer, *La Grande Déesse du Nord*, Paris, Berg International, 1995, pp. 184-195; Margaret Clunies Ross, Why Skadi laughted. Comic seriousness in an old norse mythic narrative, *Maal og Minne* 1989, pp. 1-14; Franz-Rolf Schröder, *Skadi und die Götter Skandinaviens*, Tübingen, 1941.

## スキーズブラズニル
### SKIDBLADNIR

　フレイが所有する見事な船。この船は使用した後に折りたたんでポケットにしまうことができ、帆を張ると、ひとりでに風が吹いて船を進めることができる。アースの神々全員が乗り込むことができるほど大きい。

　この話は、フィンランドで19世紀になってもまだ夏至祭で行われていた分解できる折り畳み式船の行列儀式を思い起こさせる。『聖トロンドの司祭年代記（*Chronique des abbés de Saint-Trond*）』の一節に、1133年に船の行列儀式が行われたことが記されている。また、女神ネルトゥスの巡礼のことも思い浮かぶ。この船はネハレニアの象徴でもある。

## スキルヴィング
### SKILFINGR

　オーディンの名前の一つ。この名前は、スウェーデンの王家ユングリング家のアングロ・サクソン語による呼称であるスキルフィンガ（Scylfingas）家とオーディンを結びつけている。しかし、スカンディナヴィアの伝承では、ユングリング家はフレイ（別称ユングヴィ）の子孫であると見なされている。

## スキールニル（「輝く者」）
### SKIRNIR

　フレイの召使い、または使い神。女巨人ゲルズにフレイと結婚してくれるように頼みに行くことで知られている。

## スキンファシ（「輝く馬」）
SKINFAXI

昼をもたらす馬で、ダグ（昼、英語では day、ドイツ語では Tag）が所有している。

## スクーグスヌフヴァ、スクーグスユングフリュ（「森の女性」）
SKOGSNUFVA, SKOGSJUNGFRU

スウェーデンの物語に登場する妖精に似ている大地の精のことを指す。

## スクラティ（「巨人」）
SKRATI

この言葉は、亡霊、巨人、魔術師のことを意味する。

→シュラート

## スクリューミル
SKRYMIR

ウートガルザロキの別称。

トールとロキはヨートゥンヘイムに向かう。途中で大きな小屋を見つけ、そこに泊まった。夜中に地震があって目が覚め、小屋の横に別の部屋を見つけ朝までそこで過ごした。朝になり、外に出てみると大男が横になっているのが目についた。この大男はスクリューミルだと名乗る。小屋だと思ったのは彼の手袋で、別の部屋だと思ったのは手袋の親指だったのだ。彼はトールたちの旅に同行させてくれと申し出た。それからトールたちの食料も一緒に一つの袋に入れて持った。夜になり、一行は休息し、スクリューミルは眠り込んだ。トールは食料を出すために袋を開けようとするが、紐の結び目が固くてほどくことができなかった。腹が立ったトールは眠っている巨人に強力な威力を持つ鎚ミョルニルの一撃を食わせる。するとスクリューミルは目を覚まし、木の葉が落ちてきたのかと思ったと言うのだった。トールはさらに2回、巨人に鎚の一撃をくらわすが全く歯が立たなかった。次の朝、スクリューミルはトールとロキの一行と別れた。一行はヨートゥンヘイムにやっと着いたが、そこでは、さまざまな技を競わなければならなかった。トールはウートガルザロキの角杯を3口で飲み干すことができなかったし、巨人の猫を持ち上げることにも成功しなかった。巨人の

乳母エリを打ち負かすことすらできなかった。翌朝、ウートガルザロキは神々が旅の途中で出会ったスクリューミルという男は、実は自分だと打ち明け、トールが競技に失敗した理由を説明する。食料を入れた袋の紐は固いはずで、鉄線だった。巨人の頭に打ちつけたと思った3回の鎚の一撃は、実際は三つの山に打ちつけていたのであり、山はえぐられて、深い谷ができたのだという。角杯の酒をいくら飲んでも減らなかったのは、角杯の端が海の中に入っていたからだった。また、猫はミズガルズの大蛇だったし、乳母は誰であれ打ち負かしてしまう老齢の化身だった。巨人の魔術に騙されたことを知ったトールは仕返しをしようとするが、ウートガルザロキもその館もすでに消え失せていた。

## スクルド（「未来」）
SKULD

運命の女神ノルヌたちの一人。

## スゲーナウンケン（複数形）
SGÖNAUNKEN

ドイツ、ヴェストファーレンの小人の名前。オスナブリュック街道から2時間のところにある丘の上に住んでいた。この小人たちは番犬に乳を飲ませるために女性を捕らえて匿っている。捕らえられた女の乳房は長く垂れ下がり、肩の上に投げることができるほどだ。

### ■参考文献
Ignaz Vinzenz Zingerle, *Sagen, Märchen und Gebräuche aus Tirol*, Innsbruck, 1859, No. 64; Adalbert Kuhn, *Sagen, Gebräuche und Märchen aus Westfalen*, t. 1, Leipzig, 1859, No. 292.

## スコル（「あざける者」）
SKÖLL

太陽の女神ソルを追いかけ、遂には呑み込んでしまう狼の名前。おそらくフェンリルと同じ狼だろう。

## スズリ（「南」）
SUDRI

天空の四つの方位を支える4人の小人の一人で、原初の巨人ユミール
の頭蓋骨からつくられた。ノルド語で「小人」を意味する「ドゥエルグ
(dvergr)」には、「梁」という意味もある。

## スタッロ（「鋼を着た者」）
STALLO

　ラップランドの民間信仰（原住民サーミ族）の残酷な人食い巨人。とき
にナイーブで滑稽な巨人として描かれる。クリスマスの時期にレミング（タ
ビネズミ）またはネズミが引っ張るソリに乗り、豪華な衣装を身にまとい、
あるいは鉄のマントを羽織って現れるが、自分の姿を見えなくすることが
できる。住民は野営テントのそばに水を入れた容器を用意しておく。さも
ないと、スタッロは喉の渇きをいやすために子供の血を吸うからだ。彼を
打ち負かした者は、戦利品を横取りして金持ちになる。

　ノルウェー南部では、その名前のついたクリスマスの行列（Ståleferdi）
が行われる。スタッロに由来する地名が数多くあることがこの民間信仰が
広まっていたことを物語っている。

　スタッロはラッカス（子犬）またはシエカという名前の犬を飼い、その
犬がスタッロのお金の番をしている。スタッロを殺した者はその犬も殺さ
なければならない。そうしないと、犬が主人の血を舐めて生き返らせるか
らだ。

　スタッロにはルッタタ（「意地悪女」）という妻がいる。彼女は人の血を
吸うための鉄の管を持っている。真っ赤に燃える炭を呑み込ませれば、彼
女を殺すことができる。

### ■参考文献

Ch. Mériot, *Les Lapons et leur société*, Toulouse, Privat, 1980; Bø, Grambo &
Hodne, *Norske Segner*, Oslo, 1995, No. 65; Rolf Kjellström, Ven var egentligen
Stallo ?, Rig 58（1975）, pp. 113-115; G. Sandberg, Om lappernes Tro paa Stallo
i vore Dage, *Folkvennen*, Kristiania, 1879, pp. 345-370; R. Kjellström, Är
traditionerna om stalo historiskt grundade ?, *Fataburen*, Stockholm, 1976, pp.
155-178.

## スタルカズ
STARKAD

　8本の腕を持った恐ろしい巨人。ある娘がスタルカズに誘拐され、娘の父はトールに助けを求めた。トールはスタルカズを殺し、娘を家に連れ戻した。娘は妊娠しており、人並外れた力持ちの美しい黒髪の男の子を産んだ。この男の子はストールヴィクという名前で、成長するとハロガランドの王女と結婚し、ふたりの間に息子が一人生まれ、慣習にしたがって、祖父にちなんでスタルカズと名づけられた。

## スタルカズ（ラテン語：**スタルカテルス**）
STARKADR（lat. Starcatherus）

　ストールヴィクの息子。アグデスの王ハラルドはストールヴィクを殺してスタルカズを奪い、自分の息子ヴィーカルと一緒に育てる。ところが、ホルダランドの王ヘルスヨーフル（Herthjofr）がハラルドを殺してこの子供たちを戦利品として連れ帰り、グラニという男（実際は変装したオーディン）に預ける。グラニはフェンリング島でふたりを育てた。スタルカズは成長するにつれて堂々たる強靱な男になり、故国を奪回しようとするヴィーカルを助ける。しかし、オーディンはかねてより、ヴィーカルを自分のための犠牲にすることを決めており、その実行役としてスタルカズを選んでいた。ある夜、グラニはスタルカズを森の中の広場に連れて行った。そこでは11人が席についており、一つだけ席が空いていた。

　グラニは自分がオーディンであることを明かし、空いている席に着くと会議を始めた。それはスタルカズの運命を決定するための会議だった。トールがスタルカズは不吉な運命を辿ると言うたびに、オーディンは幸せな運命が待っていると応じた。曰く、スタルカズは子供に恵まれないが、三度生きることができるだろう。どの人生でも大罪を犯すが、最善の武器と衣料を備えるだろう。土地も所領も持たないが、立派な家具を手に入れるだろう。かなりの財産を手に入れるとは決して思えないが、どんな戦いでも勝利するだろう。どの戦いでも傷を負うだろう。しかし詩と即興の才に恵まれるだろう。自分が作った歌はすべて忘れるだろう。しかし彼は貴族や王族に好まれるだろう。最後にトールが締めくくった。「スタルカズは下層の民から嫌われるだろう」。この英雄はその通りの運命を辿ることになる。そう、スタルカズは三つの大罪を犯すのだ……

スタルカズ
オラウス・マグヌス著『北方民族文化誌』谷口幸男訳、上下巻、溪水社、1991-1992年

　ジョルジュ・デュメジルはこの神話の背景に『マハーバーラタ』に見られるインド=ヨーロッパ神話の原型を見出した。『マハーバーラタ』の登場人物、シシュパーラもまた、神々の論争の的である。

### スタンパ
STAMPA (GSTAMPA, STAMPE)

　スタンパはチロル地方とバイエルン州南部の妖怪で、ペルヒトに非常に似ている。スタンパは公現祭の夜に死んだ子供の一団を従えてやって来る。鎖を手にしているため、その音が遠くから聞こえる。姿が見えないこともあるが、クリスマス前夜から公現祭までの12日間に、その恐ろしいヒューヒューという口笛のような音とうめき声が聞こえると、この妖怪がやってきたことが分かる。子供や妊娠中の女性をさらっていく。その顔は馬のようで、人間の顔をしている場合は長い鼻がついている。スタンパをなだめるには聖水が必要だ。公現祭の夜には、この妖怪のご機嫌を取るために、人々は窓の上に食べ物を置いておく。その名前が「踏みつける」(stampfen)という意味の動詞から派生していることから、スタンパは人を苦しめる妖精（appesarts）の仲間だ。

■参考文献

Joh. Adolf Heyl, *Volkssagen aus Tirol*, Brixen, 1897, p. 165, p. 429; Ignaz V. Zingerle, *Sagen aus Tirol*, Innsbruck, 1891, pp. 26-28.

## スットゥング
SUTTUNGR

父ギリングを殺された代償としてクヴァシルの血から造った蜜酒を手に入れた巨人。フニットビョルグという山に蜜酒を隠し、娘のグンロッドにその管理を任せている。オーディンがこの蜜酒をだまし取ったとき、スットゥングは鷲に姿を変えて追いかけるが、アースの神々は火を放ち、鷲の尾の羽を燃やした。そして鷲が足元に落ちてきたところを殺してしまった。

## ストルジゴン

STRZYGON（男性形、複数形：strzygonie）

意地悪な妖精または半悪魔のストルジゴンは教会の近辺にいつでも現れる。彼らは腕の下に頭がついているか、腕の代わりに頭がついていて、白いシャツを着ている。教会の鐘が鳴ると松ヤニになると信じられている。アウシュビッツでは、その由来が次のように語られている。神が天国で反抗した天使たちを追放したとき、その中のある者は水中に落ち、ある者は農地に落ちた。水中に落ちたものはウンディーネになり、農地に落ちたものはストルジゴンになるか、頭のない人間になった。地獄に堕ちたものは悪魔になった。

### ■参考文献

Theodor Vernaleken, *Mythen und Bräuche des Volkes in Österreich*, Vienne, 1859, p. 358 sq.

## スネール、スニョール（「雪」）
SNÆR, SNJOR

ノルウェーの伝説的な王で、カリー（「風」、「突風」）の息子フロスティ（氷結）の息子で、フォルニョートの末裔（「年老いた巨人」）。おそらく、霜の巨人（フリームスルス）の系図に属する。

## ズノール
THUNOR

トール、ドナールのアングロ・サクソン語による名前。古サクソン語ではズナール（Thunaer）。

## スュン（「拒絶」）

SYN

　門の番をしている女神。この女神については何も分かっていない。ローマ神話では複数の神が門の監視を担っている。たとえば、フォルキュルスとフォルキュラ、リメンティヌトリンメティナなど。

## スリヴァルディ（「3倍強い」）

THRIVALDI

　九つの頭を持つ巨人で、今日まで伝わっていない神話の中でトールに殺される。

## スリーズ（「危険な」）

SLID

　冥界に流れる川の一つ。その川はさまざまな武器を運ぶ。11世紀のあるキリスト教徒の幻視について書かれた『ゴットシャルクの幻視』の中に、それらしき川のことがはっきりと語られている。

## スリドルグタニ

SLIDRUGTANNI

→グリンボルスティ

## スリュム（「喧噪」）

THRYMR

　ある日、トールのハンマーを盗んだ巨人。ロキがフレイヤの羽衣を借りてヨートゥンヘイムまで飛んで行くと、スリュムはロキにこう言った。「トールのハンマーは地下のものすごく深いところに隠した。取り戻すことなど誰にもできやしないさ。もっともフレイヤが俺様の妻になってくれるなら別だがね」。先のことが読める光の神ヘイムダールの提案で、トールは花嫁の格好をしてロキと一緒に巨人のところに行き、うまくだましてハンマーを取り戻し、スリュムとその家族を皆殺しにした。

## スリュムギョル（「良く響くもの」）
THRYMGJOLL

　地獄に向かう道にあるギャラルブル橋を見張る女巨人メングロズの館の鉄柵。この鉄柵は小人のソルブリンジの息子たちが鍛えた。その柵を持ち上げた者はたちまち動けなくなる。

## スリュムヘイム（「騒がしい世界」）
THRYMHEIM

　巨人のシャツィとその娘スカジが住む館。

## スルーズ（「強き者」）
THRUD

　ヴァルキュリアの一人で、トールの娘。現代によくあるゲルトルート（ノルド語では Geirthrudr）という名前の中にスルーズという言葉が含まれる。単独の名詞としては「魔女」とか「夢魔」（ドイツ語でドゥルーデ：Drud）という意味になる。

## スルーズヴァング（「強き者の領域」）
THRUDVANG

　アースガルズにおけるトールの所領。スルーズヘイムと呼ばれることもある。

## スルーズゲルミル（「猛烈にわめく者」）
THRUDGELMIR

　六つの頭を持つ霜の巨人で、アウルゲルミルの息子であり、ベルゲルミルの父親。その名前は「力強くわめく者」という意味であるかもしれない。

## スルーズヘイム（「強き者の世界」）
THRUDHEIM

　アースガルズにおけるトールの所領。

## スルト（「黒い」）
SURTR

神々の世界を終末へと導く3人の巨人の一人で、火の国ムスペルヘイムの番人。ラグナロクの戦いで、スルトはフレイと刺し違えて死ぬ。「スルトの火」とはラグナロクのときに世界を焼く尽くした火事のことを指す。

余談として、アイスランド人は1963年に海底火山の噴火によって沿岸に出現した島に「スルツェイ島」という名前をつけたが、これは「スルトの島」という意味である。

■参考文献
B. Phillpotts, Surtr, *Arkiv för Nordisk Filologi* 21（1905), pp. 14-30.

### スレイプニル
SLEIPNIR

オーディンの軍馬。灰色の毛で脚が8本ある。ロキが雌馬に変身したとき、アースガルズの壁を建設した巨人の駿馬スヴァジルファリとの間にできた息子。シグルド（ジークフリート）の馬グラニはスレイプニルの子孫。

スレイプニルは神話にしばしば登場する。ヘルモードは、死んだ兄弟のバルドルを死者の国から連れ戻すために、この馬に乗ってヘルのところに向かった。このことは、スレイプニルの霊界に導く役割と死者との繋がりを示唆している。8世紀の絵画石碑（シェングヴィーデやアードレの絵画石碑）には、脚が8本あることから容易にスレイプニルだと分かる馬が描かれている。

→スヴァジルファリ

上方にオーディンの駿馬スレイプニルに乗ってヴァルハラに到着した死せる戦士が描かれた石碑。ヴァルキュリアの一人が迎え、飲みものを差し出している。ゴットランド島（スウェーデン）のシェングヴィーデ絵画石碑、8世紀

スレイプニル、『スノッリのエッダ』、O・ブリニョルフソン、1760年

■参考文献

Georges Dumézil, *Loki*, Paris, Flammarion, 1986, pp. 27-30.

## ズンデル（「麻のくず」）

ZUNDEL

　パラケルススによれば、これは四大元素のうちの火の精である。ズンデルが現れると、一つの家系、または一つの国が滅びてしまうほどの大災害が訪れる前兆だと考えられている。

## スンナ

SUNNA

　『メルゼブルクの呪文』第2部で言及される女神。おそらく太陽を擬人化した女神だろう。この名前はゲルマン諸語の日曜日という言葉の中に認められる（英語：sunday、ノルド語：sunnudagr、ドイツ語：Sonntag）。

# ［セ］

## セイズ（「魔術」）

SEIDR

　人を不幸に陥れたり、あるいは幸運をもたらしたりできる魔術あるは予言の儀式で、きわめて入念な手順が踏まれる。オーディンは非常に優れた

セイズの術者であり、そのことについてスノッリ・ストゥルルソンは次のように述べている。「オーディンはセイズのおかげで、人の運命やまだ起こっていない出来事を予知したり、人に死や災いや病をもたらすことができたし、人から分別や力を奪い取り、それを他の者に授けることもできた」。セイズをアース神族に教えたのはヴァン神族で、フレイヤはセイズの担い手だった。セイズには女性的なしぐさを伴うため、男性が行うことは好まれなかった。

　セイズには道具が必要だが、杖と術者が乗る足場の他はあまりよく分かっていない。セイズを行っている間には霊を呼ぶための歌が唄われる。
→ヴァルズロクル

■参考文献

Régis Boyer, *Le Monde du double : la magie chez les anciens Scandinaves*, Paris, Berg International, 1986; Dag Strömbäck, *Sejd. Textstudier i nordisk religionshistoria*, Lund, 1935（Nordiska Texter och Undersökningar, 5）.


## 世界の起源

COSMOGONIE

　はじめ、ギンヌンガガップがあった。それは無限の深淵で、暗黒の氷と霧に覆われた北の国（ニッフルヘイム）と南の火の国（ムスペルヘイム）の間に広がっていた。南からニッフルヘイムに向かって流れる川は、霜に覆われ、広大な氷の中に姿を消した。この氷の塊は徐々に深淵を覆いつくし、一方熱さを増す南の風は氷を解かし始めた。こうして生じた水滴は集まって巨人ユミールを形成し、巨人は同じようにして生まれた雌牛アウズムラの乳を飲んで成長した。やがて汗をかき始めたユミールの左脇の下から、男と女が生まれた。また二本の足からは息子が生まれた。アウズムラが舐めた氷からはブリという男が出現した。ユミールと同じく単独生殖が可能だったブリから、ボルが生まれた。ボルは、ユミールの子孫であるベストラと結婚し、二人の間にオーディン、ヴィリ、ヴェーの三柱の神が生まれた。三神はユミールを殺して、その死体で世界を創造した。ユミールの骨は山々に、頭蓋は天空に、血は海になったのである。そして四方に小人を配して天空を支えさせた。

## 赤褐色

### ROUX

　赤褐色という色には、昔は非常に軽蔑的な意味が込められていた。中世ドイツで初めて書かれた小説『ルオドリエプ（*Ruodlieb*）』（11 世紀）には、「赤毛の男性と決して友情を結ぶべきではない（Non tibi sit rufus umquam specialis amico）（451 行目）」という忠告がある。フランス人初のローマ教皇であるジェルベール教皇（シルウェステル 2 世：在位、999 － 1003）の伝説には次のような段がある。「彼は赤毛だ。だから不実者にちがいない」（Rufus est, tunc perfidus）。チロルでは「赤髭の男にいい奴はめったにいない」とう諺が今もあり、ドイツのバイエルン州オーバープファルツでは、「良い土には、赤毛と 1 年木は育たない」と言われる。ドイツの作家、デア・シュトリッカーによる 13 世紀の小説『花咲く谷のダニエル（*Daniel von dem blühenden Tal*）』には、赤毛で邪悪な男が登場する。その声を聞いたものは誰でも催眠をかけられ、桶の上で喉をかき切られる。赤毛男は週に 1 回、血の風呂に入る必要があるからだ。

### ■参考文献

Michael Resler（ed.）, Der Stricker : Daniel von dem bluhenden Tal, 2e edition revue, Tübingen, 1995.

## セックヴァベック （「長椅子」、「沈んだ館」）

### SÖKKVABEKKR

　アースガルズにある館、女神サーガが住んでいる。

## セーフリムニル （「海の煤」）

### SAEHRIMNIR

　ヴァルハラで料理人アンズリームニルが料理する猪。オーディンの戦士たち、エインヘリヤルは毎日、この猪の肉を食べる。この猪の肉は毎日料理しても、夜になると骨の上にまた新しい肉がついて元通りになっている。このことは、シャマニズム色がより濃いトールのヤギの話を思い起こさせる。
→エインヘリヤル、シアルヴィ

## セルキー

### SELKIES

シェトランド島に出没するセルキーと呼ばれる大きな灰色のアザラシは実は男性あるいは女性が変身した姿だった。そのため島の住民はアザラシを殺したがらない。皮を剝いだり、脂をとるためにアザラシを殺せば、災いが起こると信じているからだ。セルキーは何かのきっかけで人間に姿を変えて現れる。こんな伝説がある。ある日、アンスト島に住む一人の漁師が岩の上で皮を脱いで踊っている数頭のアザラシを目撃した。漁師は脱ぎ捨てられた皮の一つを隠した。それは若く美しい娘の皮だった。娘は仲間と一緒に海に戻るために、裸のまま必死で自分の皮を探したが見つからない。漁師はその娘を自分の妻とし、やがてふたりの間に子供たちが生まれた。何事もなく数年が過ぎたある日、子供の一人が父親が隠しておいたアザラシの皮を見つけ、母親にそれを見せた。それが自分の脱いだ皮だと分かると、母親はそれを身につけ、固いきずなで結ばれている仲間のもとに戻ってしまった。その後、彼女の姿を見た者は誰もいない。

男性のセルキーに愛されたいなら、高波が打ち寄せる岸辺から海に7滴の涙を落とせばよい。イェル島では、ブレッケン海岸で貝殻を集めていた若い娘が男のセルキーに出会い、愛し合って身ごもった。生まれてきた子供の頭はアザラシのようだった。他にも、ある家族は、代々、手足の指が繋がって水かきのようになっているという話もあり、彼らはセルキーの子孫だと言われている。

**■参考文献**

Jean Renaud, Le peuple surnaturel des Shetlands, *Artus* 21-22（1986), p. 2832.


## セルキー・ワイフ（「アザラシ妻」）

SELKIE-WIVES

シェトランド島でのウンディーネの名称。こんな伝説がある。釣り針に引っかかったセルキー・ワイフが、何でも望みをかなえるから自由にしてほしいと漁師たちに懇願した。漁師たちが彼女を解放してやると、ウンディーネは歌いながら、海に潜って姿を消した。漁師たちの中で一人だけ彼女の言葉を信じた者がいた。しばらく経ったある日、その漁師が釣った魚の口から見事な真珠が出てきた。彼の願いが叶えられたのだ。漁師が無理やり剝いだアザラシの皮を取り戻そうとしたウンディーネが、非業の死を遂げたという話もある。

→ヴァッサーマン、ウンディーネ

## ■参考文献

Jean Renaud, Le peuple surnaturel des Shetlands, *Artus* 21-22（1986）, pp. 28-32.

## セルコッラ（「アザラシの頭」）
SELKOLLA

　複数の資料によって 1339 年から 1369 年にかけて生存していたことが確認されているスカルド詩人エイナル・ジルソン（Einar Gilsson）の『セルコッラの言葉』には次のような話がある。「ある夫婦が子供に洗礼を授けてもらうため、道を急いでいた。道の途中で、夫婦は無性に愛し合いたくなった。そこでふたりは子供を石の上において、その場を離れた。戻ってくると子供は死んで、冷たくなっており、突然、ふたりの前に『恐ろしい女』が現れた。どうやら、子供がその怪物に姿を変えたようだ。その女の頭はアザラシの頭だった。地元住民は彼女のことをセルコッラと呼んでいる。以来、この怪物はシュタイングリムショールに出没するようになった。ときには若く美しい娘の姿で、またときには醜い姿で昼夜を問わず現れる。身体が衰え始めているダルクルという男性のところに女の姿をしたセルコッラが頻繁にやって来るようになった。ダルクルの友人トルギスルが世話をしにやって来ると、セルコッラが襲いかかってきたため、トルギスルは仰天して目の球が飛び出した。人々はグドムンド司教を呼びに行った。司教は自身も乱暴を受けながらも、何とかセルッコラを押さえつけることができた」。この詩の作者エイナルはセルコッラを悪霊として登場させ、モルン（夢魔）や flagd と同じようにセルッコラについて「有害な霊、サタン、巨人、汚れた霊」という言葉を用いている。

　エイナルの詩は、1345 年に Arngrimr Brandsson がラテン語で起草し、その後アイスランド語に翻訳された『グドムンド・アラソンのサガ』の一節の典拠となっている。このサガではセルコッラの「誕生」のいきさつが異なっている。また、このサガの執筆者は子供を怪物の姿にして生き返らせている。

　セルコッラについて言及されている最も新しいテキストは、1400 年頃に起草されたと思われる『グドムンド司教の奇跡の書』だが、これもエイナルの詩が下敷きになっている。用いられている言葉は『グドムンド・アラソンのサガ』と同じだが、セルコッラの誕生については、「子供の両親と地元住民は汚れた霊が子供の遺体に忍び込んだのだと信じている」と記

している。

■参考文献

Textes éd. par G. Jónsson, in : *Byskupa sögur* III, Reykjavík, 1943. Les strophes se trouvent dans la *Gudmundar saga Arasonar*（e*ftir Arngrím ábóta*）, pp. 302-313; histoire de Selkolla : pp. 294-302; *Jarteinabók Gudmundar byskups*, chap. 20-21, éd. G. Jónsson, in : *Byskupa sögur*, Reykjavík, 1948.

# ［ソ］

### ソッリ
### THORRI

　1月半ばから2月半ばに当たる冬の月の名前。巨人フォルニョートの家族の一人の名前でもある。ソッリはノルウェーのスネール王の息子で、ノール（Norr）とゴール（Gorr：「風」）というふたりの息子とゴイ（Goi：「粉雪」）という娘がいる。

### ソル（「太陽」）
### SOL

　太陽を擬人化した女神で、アース神族に属する。
　「ムンディルファリという男にふたりの子供がいた。ふたりとも非常に美しいので、息子にはマニ（月）、娘にはソル（太陽）という名前をつけた。ソルはグレンという男と結婚した。神々はその不釣り合いな結婚に憤り、マニとソルをとらえて天空におき、ソルを太陽を乗せた車を牽く馬の馭者

ソル（太陽の女神）

にした。神々は世界を照らすためムスペルスヘイムから飛んできた火花で太陽を創っていたのだ。ソルとマニが乗る馬の名前はそれぞれアールヴァク（早起き）とアルスヴィズ（快速）という。スノッリ・ストゥルルソンによると、神々は馬の身体を冷やすために、それぞれの馬の肩の下にふいごを取りつけた。狼のスコルがソルを呑み込もうと追いかけ続け、ラグナロクのときに遂に呑み込んでしまう。

　デンマークのトゥルンドホルムで1200年前に遡る太陽を牽く馬車が発見されたが、これはかつて太陽信仰があったことを証明している。日曜日はノルウェー語ではソンダグ（sunnudagr）、ドイツ語ではソンタグ（Sonntag）だが、これは『メルゼブルクの呪文』で言及されているスンナ（太陽）という女神を思い起こさせる。また、ソルに由来する多くの地名がある。ソルはまたアースガルズの城壁を建設する話にも少し登場する。巨人が城壁を建設する代償としてフレイヤとソル（太陽）とマニ（月）が欲しいと要求したのだが、結局、その願いはかなえられなかった。

## ソルゲルズ・ヘルガブルーズ、ヘルザブルーズ
### THORGERDR HÖLGABRUD, HÖRDABRUDR

　10世紀のノルウェーで祀られていた女神。その姉妹はイルパ。おそらくこの地域固有の女神で、ホルダランドの守護神だろう。この女神については、『ヨムスボルグのヴァイキングのサガ（*Saga des Vikings de Jomsborg*）』（1200年頃）に詳しく書かれている。ソルゲルズはハーコン侯（jarl）が息子を生贄として捧げると、ハーコン侯に勝利を与える。戦場があっという間に重く黒い雲で覆われたかと思う間もなく、突然、雹が激しく降り始め、雷鳴がとどろき、稲妻が光る。鋭い眼力の持ち主なら、そこにソルゲルズがいるのが見えるだろう。その指の1本1本から矢が放たれ、そのたびに人間一人が倒れるようにみえる。

　ソルゲルズはおそらく、豊穣の守護神で、-brudr（ブルーズ）という呼称は、他の資料ではもっぱらヴァン神族の神、したがって農地の神と結びついている。今日のラーデ（ノルウェー）に当たるHladir（フラジル）にあった神殿では、ソルゲルズは戦車に乗るトールとイルパに挟まれて立ち、金の指輪をつけ、フードを被っていた。

　スノッリ・ストゥルルソンによれば、ソルゲルズはヘルギ（HölgiまたはHelgiaha）の娘とされ、サクソ・グラマティクスによれば、フィン人の

王グシ（Gusi）の娘で、ハロガランドのヘルギ王と結婚したとされている。

■参考文献

R. Boyer, *La Grande Déesse du Nord*, Paris, Berg International, 1995, pp. 84- 96.


## ソルブリンジ（「太陽に目が眩むもの」）

SOLBLINDI

　小人の名前。この小人の 3 人の息子がメングロズの館の鉄柵、スリュムギョルを作った。この名前は小人が太陽の光に耐えられないことを暗示している。小人は陽に当たると石になってしまうのだ。


## ソン

SON

　クヴァシルの血から造った素晴らしい蜜酒を入れた容器の一つ。


## ゾンタークスキント（「日曜日の子供」）

SONNTAGSKIND

　日曜日のミサの始まる前または最中、あるいはミサの開始を告げる 2 回の鐘の音の間、奉献の儀式の間、あるいは 11 時から正午ないし午後 1 時までの間、さらには土曜日の夜中から日曜日にかけて、日曜日から月曜日にかけての夜中から午前 1 時までの間に生まれた子供のことを指す。日曜日に生まれて金曜日に洗礼を受けた子供、または祭日（生誕祭、クリスマス前後の 12 日間、1 月 1 日、聖ヨハネ祭）に生まれた子供を指すこともある。この子供は企てるすべてのことに成功し、どんな夢もかなう。美しく、宝物の隠し場所を推測してそれを見つけることができるため、金持ちになる。死を予言し、姿を見えなくする帽子をかぶっている小人や妖精の姿を見ることのできる預言者で、魔女たちを見分けることができる。魔力を備えているが、自分が魔法にかけられることはない。妖精を追放し、苦悩する魂を解放し、出血を止め、風を鎮め、火を消すことができる。彼らは早朝に死ぬ。フランスでは、日曜日の子供は王冠をかぶって生まれるという。

■参考文献

Erich Pohl, *Die Volkssagen Ostpreussens*, Königsberg, 1943, p. 209.

# ［ダ］

## 大地母神
DÉESSES-MÈRES

　ローマ人が入植したゲルマニア各地で発見された多くの奉納碑文から、大地母神信仰の形跡が見られる。特にライン沿岸地域での発見が多いが、イギリスのハドリアヌスの壁付近でも見つかっており、どれも紀元1-5世紀の間のものと思われる。ライン下流地域で発見された碑文にはMatronae、イギリスではMatresと記されており、このような表記の差異が何を意味しているのかははっきりしない。描かれているのは、ほぼ必ず三人の女性の立像または坐像で、そのうち一人は果物を盛った籠を持っている。その名は地域によって異なり、最も頻繁に登場するのはAufaniae、Suleviae、Vacallinehae、Austriahenae、Nehalenniaである。おそらく彼女たちは部族、民族あるいは土地の守護神だったのだろう。このことは、たとえば「スエビ族の母たちへ」、「我がフリース族の父方の母たちへ」といった碑文からも明らかである。同様にAlbiaheniaeとエルベニヒ（Elvenich）の町、Mahlinehaeとメヘレン（Mechelen）の町、そしてNersihenaeとニーアス（Niers）川の、それぞれの関連が立証された。奉納碑文に刻まれた合計118の名前の語源を解釈することにより、こうした大地母神が守護神や福をもたらす神としての役割を持つこと、その中には明らかに泉（鉱泉）や川の神もいたことが明らかになった。大地母神信仰は、ディーゼスを介して中世に受け継がれていった。

### ■参考文献

S. Gutenbrunner, *Die germanischen Götternamen der antiken Inschriften*, Halle, Niemeyer, 1936; R. Boyer, *La Grande Déesse du Nord*, Paris, Berg-International, 1995.

## ダーイン（「死」）
DAINN

　1. 相棒のナッビとともに、女神フレイヤの乗り物をひくイノシシ、ヒルディスヴィーニをつくり出した小人。2. 宇宙樹ユグドラシルの枝をかじっ

ている四頭の鹿のうちの一頭。

## ダグ（「昼」）
DAGR

ノット（「夜」）とデリングの息子で、昼の化身。ダグを始祖とするドグリンガー（Döglingar）家に、フンディング王を殺すヘルギが生まれた。ダグはドラシルという馬のひく馬車に乗っている。

## タッツェルヴルム
TATZELWURM

バイスヴルム（Beißwurm）（「かみつく竜」）、シュトレンヴルム（Stollenwurm）（「坑道の竜」）とも呼ばれる。足が2本あり、頭はおよそ50センチメートルほどもあり、トカゲのような姿をしている。足で立つことができ、毒のある息を吐く。鋭い目つきで睨みながら、甲高い叫び声を上げる。おもにアルプスに棲み、国によって描かれ方が異なる。

■参考文献

J. Freiherr von Doblhoff, Altes und Neues vom Tatzelwurm, *Zeitschrift für österreichische Volkskunde* 1（1895）, pp. 142-166, pp. 261-265.

## ダッハシュタインの老婆
DACHSTEINWEIBL

「三州の山」とも呼ばれるダッハシュタイン山塊〔ダッハシュタイン山塊はオーストリアの東アルプスの一部で、オーバーエスターライヒ州、シュタイアーマルク州、ザルツブルク州の三州にかかっていることから、こう呼ばれる〕にいるという伝説の老婆は、しわくちゃでイボに覆われた小柄な魔女だという。悪天候または災害の前触れとして現れる。もともとは、高慢で意地悪な牛飼いの女だったが、罰として恐ろしい姿に変えられ、最後の審判の日までさまようように運命づけられた。

■参考文献

*Alte Sagen aus dem Salzburger Land*, Vienne, Zell am See, Sankt Gallen, 1948, p.89 sq.

魂

ÂME

→ハムル、フュルギャ

## タンギー

TANGIE

シェトランドの深海に棲む馬の姿をした怪獣の名前。高潮や嵐のときに岩の多い岸辺、あるいは砂浜に現れて、嫁にするのに良さそうな若い娘をさらってゆく。

■参考文献

J. Renaud, Le peuple surnaturel des Shetlands, *Artus* 21-22（1986), pp. 28-32.

## タンホイザー

TANNHÄUSER

12世紀から13世紀にかけて実在した吟遊詩人の名前。この人物の話が伝説になった。それは次のような話だ。タンホイザーはドイツの騎士で、快楽を求めて長い放浪の旅を続けた末、ヘーゼルベルクにいる快楽の女神ヴェーヌスのもとにたどり着く。そこにしばらく滞在し、美女たちに囲まれて放蕩生活に明け暮れていた。しかしあるとき、良心に目覚め、ヴェーヌスにいとまごいをする。女神ヴェーヌスはあの手この手で彼を引き留め、美女たちの一人との結婚を勧めさえした。しかしタンホイザーは永遠の快楽のために身を滅ぼしたくはないと答えて、そこを立ち去る。タンホイザーは教皇に赦しを乞うためローマに赴いた。教皇は枯れ木の杖を取ってこう言った。「この枯れ木の杖に再び緑の芽が出るようなことがない限り、お前の罪は許されないだろう」。絶望したタンホイザーは女神ヴェーヌスのもとに戻ってしまう。その数日後、なんと教皇の杖に再び緑の芽が出たが、ときすでに遅かった。タンホイザーは最後の審判の日までヘーゼルベルクの山奥に留まることになる。

この伝説の存在が初めて明らかになったのは1515年のことで、1800年にドイツの作家で詩人のルートヴィヒ・ティークがこの伝説を脚色した作品を書いた。その後、他の作家たちもこれに続いた。たとえば、ハインリヒ・ハイネは1836年にこの伝説を題材にした詩を書き、1845年には、リヒャルト・ワグナーがこの伝説とヴァルトブルクでの宮廷音楽家による歌合戦

の伝説を組み合わせたオペラを作曲した。

■参考文献

GRIMM, Jacob & Wilhelm, *Deutsche Sagen*, éd. H. Rölleke, Francfort, Deutscher Klassiker Verlag, 1994.

# ［チ］

## 小さな灰色の男（グラウメンヒェン）

HOMME GRIS, LE PETIT（Graumännchen）

　ドイツ中部および北部に伝わる、死を予告する幽霊。財宝の守護者である妖怪とされる場合もある。コボルトや小人と同一視された。

## 力帯

CEINTURE DE FORCE

　トールの魔力を持つ所有物の一つ。その名の通り、これを身につけた者の力を増大させる。

## 乳しぼりうさぎ

LIÈVRE-TRAYEUR

→メルクハーレン

## 血の鷲

AIGLE DE SANG

　処刑方法の一つ。犠牲者の背中を肋骨の間で切り開き、胸郭から引き出した肺を翼のように広げる。おそらくは宗教儀礼であり、オーディンに人身御供を捧げる方法だったと思われる。

## 忠臣エッカルト

ECKART, LE FIDÈLE

　中世においてはハールルンゲン（→ハールルンゲン）の剣術師範のことだったが、その後呪われた狩りの前触れとして、これに遭遇した者に脇に寄るように呼ばわる人物とされた。この役割を示す成句は、1529 年には

すでに確認される。1453 年以降、タンホイザー伝説に登場する。1813 年にゲーテが『忠実なるエッカルト』という名の、教訓的なバラードを執筆した。

■参考文献

Grimm, *Deutsche Sagen*, éd. par H. Rölleke, Francfort, 1994, n° 7, 313.

## 中立の天使

ANGES NEUTRES

中世の神学者は、巨人、小人、エルフなど、ありとあらゆる精霊や悪霊の起源は「中立の天使」であるとした。ルシフェルが神に逆らったとき、天使のなかでも小心な、あるいは優柔不断な者たちは、どっちつかずの態度をとった。そこで神はルシフェルを地獄に落とし、中立の天使たちを地上に追放したのである。その結果ある者は森に、別の者は水に、あるいは空中に居つき、エルフや妖精になった。アイルランドでも、地上で暮らすという罰を受けた天使が妖精になったとされた。

■参考文献

Bruno Nardi, Gli angeli che non fueron ribelli ni fur fedelia Dio, *Studi Storici* 35-39（1960）, pp.331-350. M. Dando, The neutral Angels, *Archiv für das Studium der neueren Sprachen und Literaturen* 217（1980）, pp.259-276.

## チュール（ゲルマン祖語：ティワーズ）

TYR

このアース神はオーディンまたは巨人ヒュミールの息子。チュールは、インド神話のミトラとヴァルナのように、オーディンにその地位を取って代わられた。行使する権利として、法の執行としての戦争を司る。司法の神で世の秩序を守る力の代表者である。係争を解決する自由民の集会シングを見守る。イギリスのハドリアヌス城壁の近くで見つかった奉献碑文にあるマルス・シングススは、おそらくチュールのことだろう。

チュールについて分かっている唯一の神話は次のようなものだ。狼のフェンリルがどんどん巨大になるのを見て、アース神族たちは不安になり、この狼を縛りつけておくことに決めた。重い綱でフェンリルを縛ろうと 2 回試みたが、2 回とも、フェンリルは綱をちぎってしまった。そして 3 回目には小人に作らせたグレイプニルという綱で縛ることにした。強さを試

（左）チュール
（右）ラグナロクで神チュールは狼フェンリルと対決する、『スノッリのエッダ』、O・ブリニョルフソン、1760年

すためだと言われたものの、疑心暗鬼になったフェンリルは、縛られる代わりに神々の中の誰かが口の中に手を入れることを要求し、チュールがその役を引き受けた。フェンリルは、どんなに頑張ってもその綱がちぎれないことが分かると、口の中に入れているチュールの手を噛み切ってしまった。チュールは、自らを犠牲にして混乱する世界を救う典型的な英雄だ。ローマ神話でいえば、片腕を無くしたムキウス・スカエウォラに相当し、アイルランドの叙事詩に登場する銀の手のヌアドゥに当たるだろう。

　語源的には、チュールはサンスクリット語のディアウス（dhyaus）、ギリシャ語のゼウス（zeus）、ラテン語のユピテル（jupiter）、ケルト語の接頭語ディ di- と同じである。ノルド語の tysdagr（火曜日）という言葉の中にチュールの名前を見つけることができる。また、現代の文字の《t》に相当するルーン文字にはこの名前がついている。チュールにちなんだ地名が数多くあることはこの神が崇拝されていたことを示している。

■参考文献

Régis Boyer, La dextre de Tyr, in : F. Jouan, A. Motte, *Mythe et Politique*, Paris, 1990, pp. 33-43; Kaarle Krohn, Tyrs högra hand. Freys svärd, in : *Festskrift Feilberg*, Copenhague, 1911, pp. 541-547.

### チュルス

THURSE

　ゲルマン諸国全域でその存在が確認されている巨人の一種族の名前（古英語では thyrs、古ドイツ語では Durs/turs）。チュルスはまた、現代の文字では《th》で置き換えるルーン文字の名前でもある。この種族の巨人は邪悪な性質で、最もよく知られているのは霜の巨人（フリームスルス）、ベ

ルゲルミルとその妻の子孫たちだ。ドイツではその痕跡を示す資料はあまりないが、数少ない資料にチュルス族の巨人がいたことが記されている。オーストリアでは、インスブルック近郊のヴィルテン修道院創設に際して、その文化英雄の仕事を妨害した巨人がチュルススという名前だったと言い伝えられている。

→トゥス


# ［ツ］


### ツヴィーザウガー、ドッペルザウガー（「二度、乳を飲むもの」）
### ZWIESAUGER, DOPPELSAUGER

　この名前は、離乳期を終えた 24 時間後に、もう一度、乳を飲む子供という意味である。唇が赤いことからそれが分かる。このような子供が死ぬと、その身体は墓の中で腐敗しない。彼らは自分の肉を食べ、両親の血を吸うといわれ、まるで吸血鬼のように考えられている。


### ツォーダヴァシェル、ホーナヴァシェル
### ZODAWASCHERL, HONAWASCHERL

　ペルヒトの夜の行列に連なる 13 番目の子供の名前。洗礼を受けずに死んだ幼い子供で、自分の涙でいっぱいになった壺を持って、行列の後ろにのろのろとついて行く。公現祭の夜に、農婦たちがペルヒトの一行のために用意した食事のテーブルには、12 人分しかない。ツォーダヴァシェルがやっと着いたときには、食べ物は何も残っていない。

　この名前は、「ぼろ切れ」と「のろのろ歩く」という意味の方言で構成されている。つまり、「ぼろをまとったのろま者」と訳すことができる。


### 月の中の男
### HOMME DANS LA LUNE

　地上から見える月の表面の模様は、昔から人々の興味をかき立て、多くの言い伝え、伝説を生み出してきた。それは、ゲルマン文学でも同じである。新月と下弦の月を支配する神マニは、地上からビルという娘とヒューキという青年を連れ去った。二人はそのとき、セーグという鍋をひっかけ

ギーセン（ドイツ、ヘッセン州）近くのグロースリンデン教会（10世紀）の門扉。月を呑み込もうとする狼ハティが描写されている

た竿シムル（Simul）を肩にかけて、ビルギル（Byrgir）という泉から立ち去るところだった。二人はヴィルドフィンの子供達である。それ以降、二人は月に従っており、その様子は地上からも見ることができる。

　ビルとヒューキは月の満ち欠けの相を擬人化した存在である。より新しい時代のバスク、ベルギー、イギリス、ドイツの言い伝えによれば、月の中の男は芝の束を背負っている。フランスのリムーザン地方では、これは日曜日に垣根を修理した罰として空に連れ去られた聖ジェラールだという。12世紀以降、月の中の男は教会の掟に背いた罰を受けているのだと考えられるようになった。その後も、これをもとに様々な伝説が生み出された。

■参考文献

R. J. Menner, The Man in the Moon and Hedging, *Journal of English and Germanic Philology* 48（1949), pp.1-14.

## ツーゼルボイトライン

ZUSERBEUTLEIN

　ペルヒトの行列の後ろからのろのろとついて行く死んだ子供の名前。遅くなるのは、始終、着物の裾に足を取られてしまうからだ。こんな話がある。一人の巡礼女がこの子の姿を見て叫んだ。「ちょっと、お待ちよ、ツーゼルボイトラインちゃん。着物の裾を結んであげるから」。するとその子はこう答えた。「ああ、良かった。ぼくに名前ができた」。この子は洗礼を受けないうちに死んだので、安らぎを得ることができなかったのだ。この名前は、スズメ科の鳥「レンジャク」という鳥の方言 Zuser（ツーゼル）と、

「袋」、「財布」という意味の Beutel（ボイテル）の俗語で構成されている。


# ［テ］

## ディアラ、ディアレン（複数）
DIALA, plur. DIALEN

スイスの伝承に現れる野人の女。非常に美しく、善良かつ親切で、洞窟内で暮らし、苔のベッドに寝ている。不幸なことにヤギの脚を持っている。また Waldfänken とも呼ばれる。

### ■参考文献

Theodor Vernaleken, *Alpensagen*, éd. par Hermann Burg, Salzbourg, Leipzig, Verlag Anton Pustet, 1938, pp.63-65 et p.129; W. Lynge, Dialen, Unifrauen und Vilen. Motivgeschichtliches zu den weiblichen Gestalten mit Tierfüßen im Alpen- und Kartsbereich, *Österreichische Zeitschrift für Volkskunde* 60（1957), pp.194-218.


## ディアル（「神々」）
DIAR

スノッリ・ストゥルルソンが、アースガルズでオーディンに仕える 12 人の神官団に与えた名前。「彼らは生贄を捧げ、裁きを下す役目を持っている。国の人々は彼らに奉仕し、敬意を示さなければならない」。


## ディオスクーロイ（双子神）
DIOSCURES

ゲルマン民族の伝承には、多種多様な姿の対偶神が現れ、多くの登場人物が対になっている（フレイとフレイヤ、ヘンギストとホルサ、イボールとアイオなど）。これらはいずれも双子の神話であり、ギリシャ・ローマ神話のディオスクーロイ〔古代ギリシャ・ローマの双子神カストルとポルックスのこと〕との関係は希薄である。

→アルシ、イボールとアイオ、ヘンギスト

### ■参考文献

Anne Monfort, *Les Jumeaux dans la littérature et les mythes germaniques*, thèse de Paris IV-Sorbonne, Paris, 2004; François Delpech, Les jumeaux exclus: cheminement hispanique d'une mythologie de l'impureté, in: A. Redondo, *Les Problèmes de l'exclusion en Espagne*（XVIe-XVIIe siècle), Paris, Publications de la Sorbonne, 1983, pp.177-203; Hellmut Rosenfeld, Germanischer Zwillingskult und indogermanischer Himmelsgottglaube, in: *Märchen, Mythos, Dichtung*, Munich, 1963, pp.269-286.

## ディーサブロート（「ディーゼスへの供犠」）
DISABLOT

　ディーゼスに対して捧げられた犠牲のこと。ノルウェーでは冬の初めの10月中旬、スウェーデンでは2月頃に行われた。このような家庭の祭儀については、宴を伴っていたということ以外、ほとんど何もわかっていない。おそらく、ここでは豊穣に関する神格とされるディーゼスの恵みを請い願ったのだろう。これらの二級の神々の源流がインド＝ヨーロッパ語族にあることは間違いない。ゲルマン族のディーゼスに対応するのが、ヴェーダのディシャナである。

## ディサルサル（「ディースの部屋」）
DISARSALR

　スウェーデンのウプサラにある、ディーゼスに捧げられた神殿の名。単数形は使用されず、奇異な印象を与える。ディーゼスは集合的な存在であり、常に集団として扱われるからであろう。

## ディーゼス（ディシル）
DISES（DISIR）

　女性の神格。『メルゼブルクの呪文』の第一の呪文に登場するイディシ（Idisi）と同一視されるべきかもしれない。またタキトゥスの記述で、ゲルマニクスとアルミニウスが対決したイディシアヴィソ（Idisiaviso）の名にも関係があるかもしれない。伝承は混乱しており、ディーゼスは、ヴァルキュリアやノルヌ（ゲルマン民族の運命の女神）に近いだけでなく、守護精霊として、フュルギュールにも近い存在とされている。物語の中の妖精たちのように、子供が誕生すると駆けつけるといわれる。ディーゼスはまた、アイスランドのイーサフォルズル地方の「土地のディーゼスの石」

（landdisasteinar）から明らかなように、大地の精霊として豊穣をつかさどる。他にも彼女たちへの信仰を示す地名がいくつか残っている。ディーゼスが大地母神の領域に属する存在であることは間違いないだろう。女神フレイヤは「ヴァン神族のディース」、巨人スカジは「スキーを履いたディース」と呼ばれていた。

■参考文献

R. Boyer, *La Grande Déesse du Nord*, Paris, Berg-International, 1995, p.77 sq.

## ディドケン
DIDKEN

　ガリツィア地方の自然霊。名前から、スロバキアとロシアの Dédusko や、ボヘミアの Diblik（小さな悪魔）に似た存在だということがわかる。燕尾服、細身のズボン、シルクハットを身につけたおしゃれな姿だが、猫や犬やネズミなどに姿を変えることもできる。雷に打たれない限り、また右から左にすばやく振られた人間の手に殺されない限り、生きていられる。ギラギラ光る緑色の目で、ディドケンだと見分けられる。二種類の精霊がおり、一方は人間と親しく付き合うが、もう一方は家の主人と契約を交わす。ディドケンは古着と、眠るためのスペース、塩の入っていない食べ物を受け取って暖炉のそばにいる。契約が尊重されれば、その家にとってすべてが滞りなく進むように気を配り、動物を見守る。家の主人が死ぬと、新たに契約を結ばずにその後継者に奉仕を続けるが、後継者がディドケンの奉仕を拒んだり存在を認めなかったりすると、ものすごい騒音をたてて、彼らを家から追い出す。その後で自分も家を出て湿地に行き、野蛮化する。それでも、引き続き人間に対して奉仕を申し出ないわけではない。ディドケンの奉仕を受け入れる者は、聖ゲオルギウスの日〔4月23日〕の前夜に塩の入っていない丸パンを9個焼き、夜中に十字路に行って、ディドケンが食べに来るように呪文を唱えなければならない。

　または、中庭に通じる戸口の下に卵を埋めてもよい。9年後に、そこからディドケンが出てくるという。

■参考文献

Theodor Vernaleken, *Mythen und Bräuche des Volkes in Österreich*, Vienne, 1859, p.238 sqq.

## ティワーズ

*TIWAZ

ゲルマン祖語による神チュールの名前。古英語では Tiw（ティーウ）または Tig（ティグ）、古ドイツ語では Ziu（ツィーウ）。

## テウタヌス

THEUTANUS

古代ヨーロッパに存在した部族テュートン族の語源となった祖先。1240年頃、トマ・ド・カンタンプレは『諸物の本性について（*De Natura rerum*）』（第III巻5、40）の中でウィーン近くのドナウ川沿いでその遺骸が発見され、体長は94キュビッド（約43メートル）もあり、歯は棕櫚の葉よりも大きかったと記している。

## 鉄の手袋

GANTS DE FER

トールが所有する三つの魔法の宝物の中には、鉄の手袋があった（後の二つはハンマーのミョルニルと力の帯）。文献によると、この手袋は「ミョルニルを使用する際には欠かせない」という。女巨人のグリッドもこの手袋を所有しており、巨人ゲイルロズに捕われたロキを解放しに行くトールにそれを貸した。

## 鉄の森

FORÊT DE FER

→ヤルンヴィド

## デュッテン

DUTTEN

ドイツのヴェストファーレン州ミンデンの森に住んでいたとされる人々。多神教徒で、ミンデンとトッテンハウゼンの間にあった池に巡礼に訪れていた。この聖地で神々に供物を捧げ、池で沐浴した。

### ■参考文献

O. Weddingen, H. Hartmann, *Sagenschatz Westfalens*, Göttingen, 1855, p.12.

## デュラント（男性）

DURANT（masc.）

　植物の名前。この植物を子供にくっつけておけば、悪霊の子供と取り替えられずに済むという。

→ヴェクセルバルク

## テュルスト、ドュルスト

TÜRSCHT, DÜRST

　スイスの悪魔のような猟師の名前。テュルストは大きな雌豚とその仔豚たちを連れて、東から悪天候と共にやって来る。この狩猟団の一行は「ドュルストの狩猟団」（Dürstengejäg）と言われている。

### ■参考文献

E. Liebl, Geisterheere und ähnliche Erscheinungen, in : P. Geiger, R. Weiss, *Atlas der schweizerischen Volkskunde*. Kommentar, 2e partie, Bâle, 1971, pp. 768-784; T. Vernaleken, *Alpensagen*, éd. par Hermann Burg, Salzbourg, Leipzig, Verlag Anton Pustet, 1938, p. 59; Grimm, *Deutsche Sagen*, éd. par H. Rölleke, Francfort, 1994, № 269.

## 伝説上の馬

CHEVAUX MYTHIQUES

→スレイプニル、ファルホヴニル

## 天の海

MER SUPÉRIEURE

　その昔、船は空を航行しているのだと信じられていた。そのことから一つの伝説が生まれ、13世紀初めにティルベリのゲルウァシウス（1152 – 1218頃）が著した『皇帝の閑暇』（I,13）という書物の中に、そのことが記されている。「今、新たな事実が分かった[中略]天の海が我々の住むこの世界の上にあることが証明された。イギリスで、ある祭りの日のこと、歌ミサが終わり、人々は小教区の教会の門を出て四方八方、家路へと向かった。空はどんよりと厚い雲に覆われている。人々が教会の墓地のそばまで来ると、墓石を囲む柵に結びつけられている船の錨が目に飛び込んできた。その錨鎖が空から真っすぐ垂れ下がっている。人々は仰天し、騒ぎ出した。

すると鎖が動き出した。あたかも数人の人間が必死で鎖を引っ張っているように見える。錨は、持ち上げようとする力に抵抗して、持ち上がらない。厚い雲に覆われた空から大きな声が響いてくる。船員たちが投げた錨を懸命に引き上げようとしている叫びのようだ。ほどなく、船員たちは錨を引き上げることをあきらめたらしく、仲間の一人が手で互い違いに鎖をつかみながら伝い降りてきた。やっと降りてきた船員は、錨から離れるとほとんど同時に野次馬に抱えられた。そして、彼はまるで海に溺れたかのように、どんよりとした空気の湿気で息が詰まり、野次馬たちの手の中で息を引き取った。上の世界の船員たちは、下に送った船員は溺れてしまったと思ったのか、1時間が過ぎた頃、鎖を切り、錨を引き上げるのをあきらめて航海を続けた。この出来事を記念して、この錨は、大聖堂の扉の金具を作るために使われた。それは誰でも見ることができる」。

　ティルベリのゲルウァシウスはまた別の驚くべき次のような出来事を記している。「昔、ブリストルの一市民がアイルランドに向かう船に乗った。［中略］長い航海の末、船は大洋の最果ての地に到着した。午前9時を過ぎた頃、男は船員と共に朝食のテーブルについた。食事がすむと、彼はナイフを船の甲板で洗ったが、そのナイフが手から滑り落ちた。全く同じ時間に、その男の家で彼の妻がテーブルに座っていると、突然、開いていた屋根窓からそのナイフが飛び込んできて妻の目の前に落ちた。突然の出来事に妻は驚きながらも、見慣れたそのナイフをテーブルに並べた。何日も経って、夫が旅から戻ると、旅先で起こった出来事と、自分の前にナイフが落ちてきたのが、全く同じ日の同じ時刻であることが分かった」（I、13）。

**■参考文献**

Otia Imperialia, ed. G. W. Von Leibniz, in : *Scriptores rerum Brunsvicensium*, Hanovre, 1707, t. i, pp. 881-1006; Gervais de Tilbury, *Le Livre des Merveilles, trad. Annie Duchesne,* Paris, 1992.


# ［ト］


**トゥイスト**（「二重」）

TUISTO

　この神についてはタキトゥスの著書から得られた情報しか分かっていな

い。トゥイストは大地から生まれ、したがって大地の女神であるネルトゥスの息子ということになる。トゥイストは、一人で最初の人間であるマンヌスを産んだ。マンヌスはヴェーダの宇宙論におけるヴィヴァスヴァントの息子マヌに対応し、またフリギアの神マネスに対応する。トゥイストはおそらく両性具有の神なのだろう。リグ＝ヴェーダのヤマや北欧神話のユミールとの類似性は明らかだ。

## トゥス、タス
TUSS（E）, TASS（E）

巨人の一種族の名前である「チュルス（thurse）」から派生したこの名前は、民間伝承では地下の住民、精霊、土地の精、丘や山の住民のことを指す。スウェーデン（ウップランド、ヴェルムランド）やノルウェー（エストラン）では、狼のことを指す。Vestrogothie では、狼男と思われる男にこの名前が当てられる。トゥッセン（Tussen）もノルウェーで魔法使いの黒猫を指す言葉で、トロールカッテン（trollkatten）、「トロール猫」とも呼ばれる。

## トゲリ、ドゲリ（圧しつける小人）
TOGGELI, DOGGELI

夢魔（アルプ、マール、ドゥルーデ）の名前で知られる生物のスイスでの呼び名。夜の蝶や小人の名前でもある。

## ドダマンデル（中性）
DODAMANDERL（neutre）

死の化身で、長い鼻とこぶを持つ、痩せた醜い男の姿をしている。多くの詩に登場し、その中にはドダモン（Dodamon）の息子とするものもある。

### ■参考文献
Theodor Vernaleken, *Mythen und Bräuche des Volkes in Österreich*, Vienne, 1859, p.71 sqq.

## ドダモン（男性）
DODAMON（masc.）

死の化身で、時には金色の馬に乗った姿を見せるが、大抵は鎌を持っているか、白く長いナイトキャップをかぶった姿で現れる。乗馬姿を見た者

は幸運に恵まれるが、鎌やナイトキャップとともに見た者は3年以内に死ぬという。

■参考文献

Theodor Vernaleken, *Mythen und Bräuche des Volkes in Österreich*, Vienne, 1859, p.280 sqq.


## 土地つき精霊

GÉNIES DU TERROIR（landvaettir）

　古い言い伝えによると、すべての土地は精霊の支配下にあった。新しい土地を開墾し、そこに住もうという場合、たとえばその土地の上空に向けて火矢を放って精霊を追い払うなどするか、許しを乞う生贄を捧げなければならなかった。ヴァイキング船にしかめ面の船首像をつけるのは、襲撃先の土地の精霊を追い払うことで、勝利を得るため。だからこそ、かつての法律では、故郷に戻ったら、速やかに船首像を撤去するように命じていたのである。徐々に土地つき精霊はエルフや小人と混同され、やがてキリスト教伝来とともに悪霊と見なされるようになった。しかし民間伝承では、彼らは岩や森や山などの人里離れた場所で生き続けているとされている。ゲルマン民族の世界観は、この世はファウヌスやサチュロスやシルウァヌスなどの超自然的な存在に満ちているとするラテン世界のそれから、決してかけ離れたものではない。

■参考文献

Claude Lecouteux, *Démons et Génies du terroir*, Paris, Imago, 1995; *The supernatural Owners of Nature*, éd. par Å. Hultkrantz, Stockholm /Göteborg / Uppsala, Almkvist & Wiksell, 1961.


## ドッカルファー（「黒いエルフ」）

DÖKKALFAR

『スノッリのエッダ』にしか登場しない。おそらくエルフではなく、小人だろう。タールよりも黒く、その名を冠した世界スヴァルタルファヘイムに住んで、光のエルフと対立している。鍛冶屋として神々の持ち物を作っている。

## ドッペルザウガー
DOPPELSAUGER

→ツヴィーザウガー

## ドナナズ
DONANADL

　チロル地方の小人。非常に親切。小さく一見非常に年寄りで、常にぼろ着をまとっている。大抵単独で行動するが、時には仲間と一緒のこともある。

　高地のどこかにドナナズが現れたら、そこにいる家畜は、この親切で気前のよい精霊の保護を得られない他の場所に比べて、あらゆる事故から守られ、乳牛は乳の出る量が増える。夏の間に雪が降れば、転倒するおそれのある険しく滑りやすい場所から、安全な牧草地に誘導してくれる。ドナナズはしばしば山小屋に姿を現し、勧められるままに羊飼いや牛飼い、乳搾りなどと共に飲み食いをする。ご馳走してくれた人々の前から、どこへともなく突然姿を消すこともよくある。冬は家畜小屋の飼い葉桶の中に住みつく。牛飼いの娘が遅れて家畜小屋に来ても、精霊たちがすでに家畜の世話をして、干し草をどっさり与えているので、心配はいらない。しかも、家畜に干し草をいくら気前よく与えても、不足することは決してない。

■参考文献

*Alte Sagen aus dem Salzburger Land*, Vienne, Zell am See, Sankt Gallen, 1948, p.90-92.

ドナナズとの出会い

## ドナール
DONAR

南ゲルマン族におけるトールの呼び名。古英語ではズノール（Thunor）という。碑銘ではドナールはしばしばヘラクレスと同一視される。これは土地の神をローマ風に解釈した結果であろう。古ドイツ語と古英語の「木曜日」に、その名残が見られる（donarestâc、thunresdaeg）。725 年に聖ボニファティウスがヘッセン州ガイスマール村で、ドナールの神木であるオークを切り倒した。多神教を放棄する場合、ザクセンの呪文では「ズノール、ヴォーダン、ザクスノット、そして彼らのあらゆる眷属を否認する」と唱える。

## トネリコ
FRÊNE

古代ゲルマン社会において重要な意味を持っていた木。人々の篤い崇敬を得ていたトネリコは、「トールの救い手」とも呼ばれた。ヴィムル川に落ちたトールが、トネリコの枝のおかげで助かったからである。また、北欧神話では、最初に生まれた男の名はトネリコを意味する「アスク（Askr）」で、宇宙樹ユグドラシルもまたトネリコだった。

## ドーフリ
DOFRI

山の巨人で、同名の山ドフラフヤル（Dofrafjall）に住む。名前のリストや、『ハラルド美髪王のサガ』に登場する。

## ドーマルディ
DOMALDI

ユングリング家（ユングヴィ＝フレイの子孫）に属する伝説上のスウェーデン王。飢饉が 3 年続いたのち、臣下に殺された。「彼らはまた、豊作が戻ることを祈念して彼を生贄として捧げた」（スノッリ・ストゥルルソン）。

## トムチビッセンス・ストゥガ　（「トムテの部屋」）
TOMTEBISSENS STUGA

スウェーデンのヴェストマンランドの丘にある大きな石の名前で、その下に家の精が棲んでいる。

．トムテ

## トムテ
TOMTE
→家つき精霊、ニス
■参考文献
Bengt Holbek, Iørn Piø, *Fabeldyr og sagnfolk*, Copenhague, Politikens Verlag, 1967, pp. 142-155.

## トムテトレード（「トムテの木」）
TOMTETRÄD

　農園または耕作地に生える守護木のことで、この守護木が家族全員の幸せと農地の豊穣を左右すると考えられている。そのため、この木に害を与えてはならない。毎週木曜日の晩に、家族と家畜が不幸に見舞われないよう、木の根元に牛乳とビールを注ぐ。それが、そこに住んでいる守護霊に対する贖罪の生贄を捧げる一つの形なのだ。この木は、アイスランドではトウントレ、スウェーデンではボストレードとも呼ばれている。
■参考文献
Martti Havio, *Heilige Bäume*, Helsinki 1959（Studia Fennica, VIII）, pp. 35-48.

## ドラウグ（「幽霊」）
DRAUGR ("Revenant")

　昔の人は、死者の肉体は墓の中で生きており、その運命に関して何か不満がある場合、墓の外にさまよい出ると信じていた。この悪意ある死者は、人間や家畜の死をもたらすという。これを駆逐するには、死体を完全に燃やし、場合によってはその灰も海や流水に捨てなければならない。幽霊に

対する恐怖は、ゲルマン系諸国で広く認められる。考古学調査からも、それが遠い昔にさかのぼることが判明している。墓に安置された遺体に意図的に損傷が加えられ、たとえば切断された頭部が足元に置かれているのである。また生者の間に戻ってこられないように、縛られている場合もある。ゲルマン圏の幽霊の特徴としては、肉体を備えているにもかかわらず、地面に溶け込んで、魔法のように地中に姿を消すことができる。しかし負傷した場合は、墓を掘り返すと、納められた死体にも傷があるという。広く信じられているのとは異なり、ゾンビのように死体そのものが生き返るわけではない。姿を現すのは、死者の肉体的な分身だけである。

北ドイツでは、こうした幽霊はゴンゲルス Gongers（単数形 Der Gonger「行く者」）と呼ばれる。穏やかに休息できない死者であり、その理由は、足りない物があるから、または生前の悪行（境界石を移動させた、自殺したなど）の償いをしていないからだという。彼らと握手をすると、手が燃えてちぎれる。水死者もゴンゲルスに含まれ、彼らは近親者の前には現れないが、子孫の前には姿を現すという。

幽霊は文学作品にもしばしば取り上げられてきた。ゴットフリード・ビュルガーのバラード『レノーレ』、デンマークのバラード『アーゲとエルゼ』、またシュトルムの小説『白馬の騎士』などである。

→アーゲとエルゼ、シンメルライター、ナッハツェラー、レノーレ

■参考文献

Claude Lecouteux, *Fantômes et Revenants au Moyen Âge, postface de R. Boyer*, Paris, Imago, 1986; 3e éd. 2009; *Dialogue avec un revenant* (XVe siècle), présenté, traduit et commenté par C. Lecouteux, Paris, Presses de l'Université de Paris-Sorbonne, 1999; du même auteur: Typologie de quelques morts malfaisants, *Cahiers slaves* 3 (2001), pp.227-244; Wiedergänger, in : *Lexikon des Mittelalters*, Bd. X, Zürich, München, 1999; Gespenster und Wiedergänger. Bemerkungen zu einem vernachlässigten Forschungsfeld der Ältgermanistik, *Euphorion* 80 (1986), pp.219-231; Régis Boyer, *La Mort chez les anciens Scandinaves*, Paris, les Belles Lettres, 1994; C. Lecouteux, Ph. Marcq, *Les Esprits et les Morts. Croyances médiévales*, Paris, Champion, 1990; K. Müllenhoff, *Märchen, Sagen, Lieder aus Schleswig-Holstein*, Kiel, 1845, n° 251; Eugen Mogk, Altgermanische Spukgeschichten, *Illbergs neue Jahrbücher für das klass. altertum* 22 (1919), pp.103-117; C. N. Gould, They who await the second death, *Scandinavian Studies*

((左) 海難事故で出現した水死者の霊、R.Grambo, *Gjester fra Graven*
(右)『三人の死者と三人の生者の物語、ローマで使用された時禱書』の挿絵、パリ、1487 年頃

*and Notes* 9 (1926/1927), pp.167-201 (sur le rapport entre les reve- nants et les nains); G. Wiegelmann, Der lebende Leichnam im Volksbrauch, *Zeitschrift für Volkskunde* 62 (1966), pp.161-183; Ingeborg Müller, Lutz Röhrich, Der Tod und die Toten, *Deutsches Jahrbuch für Volkskunde* 13 (1967), pp.346-397 (catalogue des thèmes); C. Lecouteux, *Fées, Sorcières et Loups-Garous au Moyen Âge*, Paris, Imago, 2012. R. Grambo, *Gjester fra graven*, Oslo, Ex Libris, 1991; K.T. Nilssen, *Draugr. De norrøne fore-stillingene*, Diss. Oslo 1993; *Le Mythe de la Chasse sauvage en Europe*, éd. par Philippe Walter, 1997; C. Lecouteux, *Chasses infernales et Cohortes de la nuit au Moyen Âge*, Paris, Imago, 2013; M. Van den Berg, *De volkssage in de provincie Antwerpen in de 19de en 20ste eeuw*, Gand, Komminglijke Academie voor Nederlandse taal- en letter-kunde, 1993, pp.1854-1867; ballades danoises: *Danske Folkeviser fra Riddersal og Borgstue*, 2 vol., éd. par H. Grüner Nielsen, Copenhague, 1925, t. 2, pp.51-71.

## ドラウプニル

DRAUPNIR

　オーディンの指輪、または腕輪。「滴るもの」と呼ばれ、九夜ごとにそこから同じ重さの輪が八つ生まれる。こうして富がどんどん増えていくのである。小人のブロックとシンドリによって作られた。オーディンは、バ

ルドルの火葬用の薪の上にこれを載せた。

『巫女の予言』にも、同名の小人が登場する。

## ドラコッカ
### DRAKOKKA

ノルウェーの、人々に身近な精霊。魔力を持ち、富をもたらしてくれるという。中世後期以降、魔法使いやその他の魔術師に仕えているといわれた。

■参考文献

Bø, Grambo & Hodne, *Norske Segner*, Oslo, 1995, n° 5; Erik H. Edvardsen, *Gammelt Nytt i våre tidligste Ukeblader*, Aschehoug, Norsk Folkeminnelag, 1997, p.67.

## ドラック、ドラッヘ
### DRAC, DRACHE

ドラックは金(かね)と関係があり、住みついた家に富をもたらす。ドイツでは怪しい発火現象のことを一般に「ドラック」というので、「悪魔(Teufel)」と呼ばれたり、エルフと同一視されて、コボルトやアルフと呼ばれたりする。国や地方によっては単に「精霊」を意味し、大地の恵みと関係があるとされる。

空を飛び、煙突や天窓から家の中に入るドラックは、燃える長い棒の姿をしているが、赤い上着を着た小さな男の姿の場合もある。そのためポメラニア地方では Rôdjackte と呼ばれる。燃えさかるというその特性は、ニーダーザクセン州で、尾をひく炎を意味する Gluhschwanz、Glûswanz(「燃えさかる尾」)や「赤い鉄」(Glûbolt)と呼ばれていることからもわかる。またヴェストファーレン地方では、Brand(「火災」)の複合語が用いられ、同じ概念を示している。ドラックは時には単なる火の玉や、炎をあげる星に見える場合もある。炎と縁があることから、悪魔や魔法使いに結びつけられたり、暖炉やストーブの後ろ(ドイツでは地獄(Hölle)という注目すべき名である)に住んでいると信じられたりする。

また、ドラックには家つき精霊としての一面もある。ドラックは様々な色の動物(雄鶏、雌鶏、トカゲ)の姿をとることがあるが、色は、その時に主人のもとに運んでいる荷物によって変わる。火花を散らしているなら銀を、暗い色や灰色なら害虫を、金色なら黄金や麦を運んでいるという具合である。ドラックを手に入れるには、普通は悪魔と契約を交わさなけれ

ばならない。しかしその一方、ドラックは黄身のない卵から生まれ、家畜小屋や納屋に損害を与えてから、飛び去ってドラックとして生きていくともいわれている。そのような卵を見つけた場合は、家の上に投げ上げて割らなければならない。ラトビアでは、異界の魂、つまり悪人や魔法使いや呪術師の分身だとされる。ドラックの性格は両義的である。なぜなら隣人から奪った物で主人を富ませるからだ。だれもがドラックを欲しいと思う一方で怖れてもいるのは、そのためである。この二面性は当然、悪魔やその眷属である魔法使いやその他の呪術師と同一視されることと、深い関係がある。

　ドラックは奉仕の対価として、贈り物を要求する。菓子や肉、牛乳、キビの粥などを、火床やストーブの上に置いておかなければならないのである。これを怠った場合、すさまじい復讐が待っている。家に火を放たれるのだ。しかしドラックの奉仕に不満がある場合は、これを懲らしめることもできる。


## ドラッヘンコップ
DRACHENKOPP

　ギリシャ語の drakontopodes (「竜の脚」) に由来。古代神話における巨人の脚を意味し、その後、人頭の蛇を指すようになった。最も有名な動物寓話譚である『フィシオロゴス』〔中世の博物学誌で、5 世紀までに成立し、様々な言語に翻訳されて広く読まれた〕を介しての伝承や、13 世紀の百科全書で取り上げられている。

■参考文献

Claude Lecouteux, Drachenkopp, *Euphorion* 72 (1978), pp. 339-343.


## ドーリ
DORI

　トールキンの著作『ホビットの冒険』に登場する小人。


## 取り替え子
CHANGELIN
→ヴェクセルバルク

## トリグラフ（「三頭神」）

TRIGLAF

　ユーリン（Julin）〔10世紀から11世紀にかけて活躍した伝説上のヴァイキング傭兵団の拠点のあった場所だと思われる〕やシュチェチン〔ポーランドのバルト海沿岸の都市〕で崇拝されていたポメラニアの神。その三つの頭（スラブ語のtri + glava）は、この神が天国、大地、地獄を支配していることを示している。その像の顔は、人間の悪事を見ないで済むように金色の布で覆われている。トリグラフは黒くてよく太った聖なる馬を持っており、その馬に乗ることは禁じられていた。金と銀で作られた鞍は、一人の司祭だけが使用することができ、神託を伺うために用いられた。プリュフェニングの修道士 Idung は、1144年以前に起草したと思われるその著者『バンベルクのオットー司教の生涯（Vie d'Othon, évêque de Bamberg）』の中でこのことに触れている（II,11）。「人々は何本もの槍をそこかしこに立て、トリグラフの馬にこれらの槍を飛び越えさせる。槍に一切触れないで越えることができれば、馬に乗って略奪に出発するのが妥当だと判断された。しかし、馬が一つでも槍に触れたら、神が人々に馬に乗ることを禁じていると判断される」。ミヒェルスベルクの修道士エルボートは、槍は9本あり、馬はこれらの槍の上を3往復すると記している（『聖オットーの生涯についての対話（Dialogus de Vita S. Ottonis）』II、26および31）。1265年頃に起草された950年から1190年までのデンマークの歴史『デンマーク王クヌートの子孫のサガ』の著者は、トリグラフはリューゲン島の住民の神であると書いている（『クニートリンガ・サガ』125章）。シュチェチンの住民は1本のクルミの木を崇拝していた。その根元から泉が湧き出ていて、そこにトリグラフが住んでいると信じていたのだ。

#### ■参考文献

Thomas Kanzow, *Pomerania, oder Ursprung, Altheit und Geschichte der Völker und Lande Pommern, Cassuben, Wenden, stettin, Rügen*, Greifswald, 1816- 1817, I, pp. 107-111; Joh. Miräclius, *Sechs Bücher vom Pommerland*, Stettin & Leipzig, 1723, I, p. 150.


## トール（「轟く者」、古ドイツ語：ドナール、古英語：ズノール）

THOR（v. all. Donar; v. angl. Thunor）

　トールはオーディンとヨルズの息子。シヴと結婚し、マグニ（「力」）と

モディ（「勇気」）というふたりの息子とスルーズ（「力」）という娘をもうけた。スルーズヴァングあるいはスルーズヘイムに住み、その館はビルスキルニルと呼ばれている。この館には 540 もの扉がある。シアルヴィとその妹ロスクヴァが従者としてトールに仕えている。「歯ぎしりするもの」（タングニョースト）と「歯を研ぐもの」（タングリスニル）という名前の 2 頭のヤギを所有し、旅に出るときにはこの 2 頭のヤギに戦車をひかせる。赤い髭をたくわえ、その食欲は底なしで、粗暴でかっとなりやすい。トールはまた、アース神族のトール（またはアーサトール）とか、オクソールすなわち「旅をするトール」あるいは「車を駆る者」とも呼ばれる。

　トールは神々と人間の中で最も強い。三つの宝物を持っている。一つはミョルニルというハンマーで、これで何人もの巨人を殺している。もう一つはミョルニルを扱うのに欠かせない鉄の手袋、そして力を倍増させるベルトだ。トールは軍事（比較神話学者のデュメジルによる神の機能分類によれば第二機能）を司る神で、ローマ神話のマルスやヘラクレス、インド神話のインドラに対応する。ガリア人にとってトールに対応する神は古代ケルトの雷神タラニスだ。トールはアース神族を巨人から守るため、アースの神々の先頭に立つ（→ウートガルザロキ、ゲイルロズ、スクリューミル、スリュム、ヒュミール、フルングニル）。

　トールはまた若い戦士たちの指導者でもある（→モックルカルヴィ）ティワーズと親戚関係で、その非嫡出子であるチュールと次第にその特徴が似てくる。

　トールは第三機能（豊穣、多産）にも関わっている。雷鳴と稲妻、風と雨（土壌を肥沃にする）を支配し、その特性はラップランド人の民間伝承にしっかり根づいている。フレイヤとオーディンと共に死者を分け合うが、トールが引き受けるのは従者に限られる。従者という軽蔑的な言葉は、おそらく、単に貴族とは異なる農民階級の者たちを指すのだろう。

　トールについては、ミズガルズの蛇を釣り上げようとした話、ラグナロクのときに、その蛇の毒を浴びて死んだ話、巨人の国に旅行したときに戦車をひく 2 頭のヤギを生き返らせた話がよく知られている。トールはとりわけヴァイキングの神であり、中世デンマークのバラード（folkeviser：フォルケヴィーサー）の中で語り継がれている数少ない神の一人である。「木曜日」という言葉はトールの名前に由来し、ノルド語では thorsdagr（トールスダーク）、英語では Thursday（サースデー）、ドイツ語では Donnerstag（ド

トール

(上) トール
(下段左) トールと海蛇
(下段右) トール、『スノッリのエッダ』、O・ブリニョルフソン、1760年

ナースターク）という。地名や人名に「トール」がつくものが多いことか
ら、トールが広く知られていたことが窺われる。フランスでは、ノルマン
ディー地方に「Turquetil（テュルクティル）」という苗字が多く、これは
ノルド語の Thorketill「トールの鍋」という意味だ。

　トールの語源は雷鳴で、これはトールがハンマーを投げるときに生じる
轟音と稲妻のことを表している。

→ヴィムール

## ■参考文献

Riti Kroesen, Thor and the Giant's Bride, *Amsterdamer Beiträge zur älteren Germanistik* 17（1982）, pp. 60-67; Carl von Sydow, Tors färd till Utgård, *Danske Studier*, 1910, pp. 65-105, pp. 145-182. T 249 85.

## ドルーデ、トルーテ（女性）

DRUDE, TRUTE（fém.）

　オーストリアやドイツのバイエルン地方に伝わる夢魔の名の一つ。オー
ストリア北東部のニーダーエスターライヒ州では、ドルーデは一見普通の
女だが、夜になると他人の上に全体重をかけてのしかかり、相手を情け容
赦もなく押しつぶさずにはいられないという。この時のドルーデの姿は、
青ざめた醜い老婆で、痩せているものの非常に重い。足には三本の大きな
指があり、そのうち一本は後ろ向きに生えている。窓や鍵穴など、どこか
らでも入ることができ、教会で聖別された道具であってもこれを妨げるこ
とはできない。羽根に姿を変えることさえできる。言葉を発せず、いかな
る音もたてないとされるが、一方で、足を軽くひきずる音でそれとわかる
という者もいる。大抵は真夜中頃、眠っている人間の胸の上に座っている。
ある言い伝えによれば、ドルーデは昔の王女で、1000 年前から不眠に悩
まされているので、他の眠っている人間を責め立てているのだという。

　ドルーデになる運命の女は、そのことを知っているが、他人に告げるこ
とはない。夜中に誰かを押しつぶしにいく時、肉体はその場にとどまり、
魂だけが移動するので、本人は誰を攻撃したか知らずにいるという。ドルー
デを撃退するには、その足元に枕を投げつければ、動けなくなる。または
のしかかられている間に、可能ならば、「明日塩を探しに来い！」と言えば、
相手は戻ってくるので、攻撃者が誰か知ることができる。また入り口に五
芒星を描いたり、紐で閂を縛ったりしてもよい。

## ■参考文献

Theodor Vernaleken, *Mythen und Bräuche des Volkes in Österreich*, Vienne 1859, p.268 sqq. Joh. Adolf Heyl, *Volkssagen aus Tirol*, Brixen, 1897, p.288 sq; 430 sqq. Ignaz V. Zingerle, *Sagen aus Tirol*, Innsbruck, 1891, p.112, p.481; Joh. Nepomuk Ritter von Alpenburg, *Mythen und Sagen Tirols*, Zurich, 1857, p.301.

## トロー
TROW

　ノルウェー人が10世紀になって定住したシェトランド諸島でのトロールの呼び名。背が低く、灰色の衣服を身につけた非常に醜い姿のトローは人間に似ている。音楽を鑑賞し、飲んだり食べたりするのが好きだ。断崖や入り江のそばの洞窟に住んでいる。彼らの時間は、人間の時間よりずっとゆっくり流れる。

　トローは日が沈んでからでないと外出しない。また、とくに夜の長い冬によく現れる。気がつかないで太陽光線に当たってしまうと、石になると言われている。シェトランド諸島の一つ、フェトラー島には石が連なって円弧を描いている場所があるが、その中央に、立っているような格好のハルタダンという名前の石がふたつある。これはヴァイオリン弾きたちの輪の中で、日が昇るのも気がつかずに妻と一緒に踊っていたトローが石になってしまった姿らしい。トローたちの会話を耳にするのは縁起が良いが、一人きりのトローと一緒に食事をしたり、お返しをもらったりするのは縁起が悪いという。反対に、トローがうっかり忘れていったものを拾ったら、拾った人に幸運が訪れると言われている。

　トローたちは赤ん坊、とくに女の赤ん坊をさらっていき、発育不良の子供や知恵遅れの子供を代わりに置いて行くことがあるが（→ヴェクセルバルク）、それはトローが男の子しか産めないからだと言われている。子供を守るためには、海水を入れた桶と小石を三つ用意して、泥炭を燃やした炎の中に子供をかざし、子供を象った人形を燃やし、子供が元気を取り戻し始めたら、息子が一人いる9人の女性が用意した3種類の食べ物を食べさせなければならない。

　トローは乳牛も奪っていく。マロンという老女がどうやってトローが横取りした牛を奪い返したかは有名な話だ。マロンは松明を手に、牛の周りを3周し、そのたびに剣で牛を突き刺した。それから牛の上に聖書の1ペー

ジを振りかざしながら、古いノルド語による訳の分からない聖書の言葉を唱えた。牛の首に結んだタールの入った桶に松明を放り込むと、松明はもうもうと煙を立てる。それからマロンは猫の尻尾を持って牛の背中めがけて3回投げつけ、それから特別のカニを3個、牛に呑み込ませた。こうして、牛はトローたちから解放された。

トローは人間の助けを必要とする場合がある。こんな話がある。非常に腕が良いことで評判の助産婦が、ある日、夕食用の魚を焼き始めたばかりのとき、トローが彼女をさらっていった。トローの家族の出産に彼女が必要だったからだ。2週間後、この助産婦が家に戻ってくると、まるで何事もなかったかのように「魚は焼けたかしら？」と夫に聞いた。

トローの怒りや復讐心を掻きたてないように、住民は玄関の扉や戸棚の扉に鍵を掛けないようにし、寝る前にはトローの機嫌を損ねないように部屋をきちんと片付ける。幼児や家畜を守るためには、幼児のそばに開いた聖書を置き、家畜のそばには十字の形にした2本の藁と、トローを無力にする刀とを並べておくことを忘れなかった。目に見えないトローがいることを感じ取ることが出来るのは黒い雄鶏だけで、特にクリスマスが近づくと、雄鶏は非常に役に立った。

1803年の冬、グルティング（シェトランド）のジッビエ・ローランソン（Gibbie Laurenson）は Fir Vaa の水車で粉を挽いていた。わずかの泥炭を燃やしたたき火のそばでウトウトしていると、突然、数人のトローたちの声が聞こえ、ジッビエが眠っていると思ったのか、火の前に陣取った。一人の女が赤ん坊のおむつを取り替え、ジッビエの足の上でおむつを乾かし始めた。すると、トローの一人が「こいつをどうする？」と言った。「そっとしておいておやりよ。悪い人じゃないわ！　シャンコに何か弾いてやるように言って」と女は答えた。シャンコはヴァイオリンでメロディーを奏でた。その後、トローの一団は立ち去った。ジッビエはヴァイオリン弾きの息子にそのメロディーを口笛で吹いてみせた。息子はそのメロディーにFader's tøn（「パパのメロディー」）という題をつけたが、その後、このメロディーは Fir Vaa の水車のそばにある湖の名前『Winyadepla』というタイトルになった。それは、以下のようなメロディーだ。

## ■参考文献

BRIGGS, K. A., *Dictionary of Fairies,* Harmondsworth, Penguin Books, 1977; N. Arrowsmith & G. Moorse, *A Field Guide to the little People*, Londres, MacMillan,

# トロール

1977 (Pan Books), pp. 164-167.

### トロール
TROLL

　巨人の一種族の名前で、醜く、邪悪で、やはり水に関わりがある。この言葉は「怪物」、「悪霊」、「亡霊」という意味でも用いられる。今ではトロールは小人になり、シェトランド諸島ではトローと呼ばれている。意地悪な妖精で、異常な体つきをしていることが多い。たいがいは森に棲んでいる。

　昔話の中では、トロールは頭が二つも三つもあり、一気にすべての頭が切り落とされない限り、何度、頭を切り落とされても生えてくる。そして長い鼻、長い髪の毛あるいは毛むくじゃらの身体をしている。トロールはまた人食鬼でもあり、太陽光線に当たると石になってしまうため、夜にならないと現れない。トロールは、だまされていたことに気がつくと、怒りを爆発させて死んでしまう。

　ノルウェーでは、トロールが数々の諺に残っている。たとえば、「トロールのことを話題にすると、そばにトロールが来る」、これはフランス語では、狼の話をすると、その尻尾が見えるという。

　「美しい姿にはトロールが隠れているかもしれない」は、「人は見かけに

トロール、ヨハン・エッケルスベルク（Johann Eckersberg）によるグリムの『黄金の鳥』の挿絵

よらぬもの」（フランス語では、外見を自慢してはいけない）に相当する。「陽がのぼると、トロールがくたばる」という言い回しもある。

　ノルウェーでは、「トロール」にまつわる地名が幾つもあり、トロールという言葉が含まれる地名が500以上ある。しかし、村の名前や人の名前にはない。

→グリュラ、ヨートゥン、リセ

■参考文献

Virginie Amilien, *Le Troll et Autres créatures surnaturelles*, Paris, Berg International, 1996; N. Arrowsmith & G. Moorse, *A Field Guide to the little People*, Londres, MacMillan, 1977（Pan Books), pp. 94-139.


## トロルドヴァル　（「邪悪なクジラ」）

TROLDHVAL

　北海の巨大なクジラで、船を沈没させる。この獣はクラーケンの仲間のように思われる。

→クラーケン


## トンプタ・グダーネ　（「建設用地の神」）

TOMPTA GUDHANE

　スウェーデン固有の精霊。人々は、この精霊に自分の家の家畜、パン、飲み物の10分の1を与える。これは、精霊たちが農作物の順調な生育を邪魔をしないように、住民と精霊たちとの間で交わされた暗黙の契約である。

■参考文献

C. Lecouteux, *La Maison et ses Génies : croyances d'hier et d'aujourd'hui*, Paris, Imago, 2000;

C. Lecouteux, *Démons et Génies du terroir au Moyen Âge*, Paris, Imago, 1995; *The Supernatural Owners of Nature*, éd. par Å. Hultkrantz, Stockholm / Göteborg / Uppsala, Almkvist & Wiksell, 1961.

# ［ナ］

## 泣き女（ハウレムター、クラーゲムター、ヴァイプ、ヴィンゼルムター）
PLEUREUSE, LA（HAULEMUTTER, KLAGEMUTTER, -WEIB, WINSELMUTTER）

　ドイツでは 1400 年代から、夜のざわめき、とくに鳥の鳴き声は女性が嘆き悲しんでいる声だと言われていた。その泣き声は死を告げる。姿は見せずに家の周りを漂ったり、形の定まらない黒いシルエット、赤い目の仔牛、あるいは羊の姿で現れる。オーストリアでは、その鳴き声は死者のうめき声だと言われ、ドイツのザクセン州では溺れた息子のことを悲しむ女の嘆く声だと言われている。アルゴイ（ドイツ、バイエルン州）では、泣き女は棺を運ぶ男女の夜の行列に加わり、幽霊の行列と呼ばれる。スイスでは泣き女は Huri（コキンメフクロウ）、ドイツ、ニーダーザクセン州のブラウンシュヴァイクでは tutursel、tutosel（ワシミミズク）と呼ばれている。この空想上の生き物はフランスで「森の泣き人」と言われるものに近い。

## ナグリント（「死者たちの柵」）
NAGRIND

　地獄を閉じる鉄柵の名前で、ヘルグリンドとかヴァルグリントと呼ばれることもある（ヘルは「地獄」、ヴァルは「戦闘」すなわち「戦闘に駆り出される戦士」の言い換え）。

## ナグルファール（「爪の船」）
NAGLFAR

　死者たちの船。死者の爪でつくられている。死者の爪を切らないまま埋葬すると、この船の材料を提供することになるため、埋葬する前に必ず、爪を切る必要がある。この船が完成すると、世界終焉の幕が切って落とされる。ムスペルの息子たちがこの船に乗り、アースガルズを襲撃しようと出発する。

■参考文献

Hallvard Lie,《Naglfar og Naglfari》, *Maal og Minne*, 1954, pp. 152-161.

## ナストロンド（「死者の岸」）
NASTRÖND

太陽から遠く離れたこの場所には、北向きの扉がついた館がそびえ立っている。巫女の予言（『詩のエッダ』）には、「館の壁は蛇の背骨で編まれ、天窓からは毒がしたたり落ちてくる」と書かれている。これは明らかに地獄の建物で、この記述はキリスト教の啓示文学の影響を受けたのだろう。

## ナッハツェラー
NACHZEHRER

ドイツの特有な亡霊。この名前は「死後」も「食べ続ける者」、あるいは「食べ尽くしながら誘惑する者」という意味。この魔物については、15世紀末にラインラント（ドイツ西部のライン川沿岸地帯）で魔女や異端の撲滅を担っていたふたりの異端審問官、ヤーコプ・シュプレンガーとハインリヒ・クラーマーが記した著書で初めて言及された。「私たち異端審問官の一人は、住民のほとんどがペストに倒れ、ほとんど人が住んでいない空っぽの（要塞）都市を見つけた。しかも、生き残っている住民の間では妙な噂が流れていた。それは、一人の埋葬された死んだ女が自分の身体を包んでいる死装束をすこしずつ食べていて、その女が死装束をすっかり食べ尽くして消化してしまわない限り、病の流行が収まらないというものだ。人々はそのことについて話し合った。行政官と市長が墓を掘ると、死装束のほぼ半分がその死人の口と喉と胃の中に入っており、既に消化されていた。この光景を目の当たりにした行政官は動転し、剣を抜き、女の頭を切り落として墓穴の外に投げ捨てた。するとたちまち、ペストの流行が収まった」（『魔女の鉄鎚（*Malleus maleficarum*）』I、15、ストラスブール、1486 – 1487）。宗教改革者マルティン・ルターも邪悪な死者への信仰がもたらす問題に直面していた。ゲオルク・レーラーという牧師がヴィッテンベルクからルターに手紙を寄こし、この村に住む一人の女性が死んだこと、その女性を埋葬したら、彼女は墓の中で自分自身を食べ始めたこと。そのため、村のすべての住民が突然死ぬことになるかもしれないと書いてきた（『卓上語録』第6823話）。ナッハツェラーは18世紀の齧り魔（manducator）に相当する。
→ドラウグ

■参考文献

Claude Lecouteux, *Histoire des vampires, autopsie d'un mythe*, Paris, Imago, 1999, nouvelle edition 2009; Gerda Grober-Gluck,《Der Verstorbene als Nachzehrer》, in : M. Zender, *Atlas der deutschen Volkskunde*, Erlauterungen zu den Karten 43-48, Marbourg, 1981, pp. 427-456; G. Wiegelmann,《Der lebende Leichnam im Volksbrauch》, *Zeitschrift fur Volkskunde* 62（1966), pp. 161-183.

## ナール

NAL

　スノッリ・ストゥルルソンによると、ロキの母親とされているが、『詩のエッダ』ではロキの母親はラウフェイという名前でしか登場しない。Nal は「針」という意味だが、na は「死体」という意味であるため、「死」も連想させる。

## ナール（「死体」）

NAR

　小人の名前。この小人は死と密接な関係がある。

## ナルヴィ

NARFI

　ロキの息子。スカルド詩の隠喩ではヘルのことを「狼（＝フェンリル）とナルヴィの姉妹」と表現される。したがって、ナルヴィは死者の王国と何らかの関係を持っているに違いないが、それがどんな関係なのかは分からない。

## ナンナ

NANNA

　バルドルの妻でネプの娘。ネプはときにオーディンの息子とされることもある。ナンナはフォルセティの母だ。バルドルが死んだとき、悲しみのあまりに息絶えて、夫と共に火葬された。スノッリ・ストゥルルソンによるとナンナはアース神族の一人である。サクソ・グラマティクスは、ナンナはノルウェー王ゲヴァールの娘だとしている。ナンナは人間の英雄ホテルス（ホズ）と結婚するが、バルドルを愛したため、夫ホテルスはバルドルを殺害する。

# ［二］

## ニヴルヘル（「闇のヘル」）
NIFLHEL

9番目の世界である地獄の一部で、最も低い場所にある。このような考え方は、死後の世界についてのシャマニズム的な表現に近く、また幻想文学、たとえば12世紀頃にアイルランドの修道士マルクスが著した異世界幻視譚『トゥヌクダルスの幻視』に出てくるような、必ず恐ろしい奈落の谷がある地獄のキリスト教的描写の影響も受けているのだろう。

## ニクス（ニクセ）
NIX（E）
→ヴァッサーマン、ニークル、フォセグリム

## ニークル（古英語：ニコール）
NYKUR（v. angl nicor）

架空の動物で、語源的にはドイツ語のニクスと関連がある水の精。本来、非常にさまざまな姿のものがあったと思われ、古高ドイツ語の nicchus は「ワニ」という意味だ。スカンディナヴィアのニークルはいかにも超自然的生物らしい銭形模様のある灰色の馬の姿をしている。アイスランドの民話では「湖の馬」（vatnahestur）と呼ばれている。人間の姿を借りることもある。ノルウェーやデンマークではネッケ（Nökke）、スウェーデンではネック（Neck）と呼ばれ、ノルウェーではフォッセコール（Fossekall）やフォッセグリム（「滝の精」）とか Kvernknurre という名前で登場することもある。シェトランド諸島では、ニークルはニューゲル（Njuggel）と呼ばれ、尻尾が車輪の形をした馬の姿で湖や川に沿ってゆっくりと歩く。ニューゲルは尻尾を隠し、従順そうなふりをして疲れた旅行者に背中に乗るように促す。だが、旅行者が鞍に乗るや否や、尻尾を宙に舞わせ、たてがみを逆立てて、一気に湖まで稲妻のように走り出し、哀れな旅行者を水の中に放り投げて溺れさせる。不運な騎手が救われる唯一の手立ては、この馬の名前を告げることだった。そうすれば馬の力が失われるのだ。ニュー

ゲルはまた、誰も穀物や小麦粉をやらなければ、水車の車輪を止めてしまう。人々は火をつけて追い払う。
→ヴァッサーマン、ウンディーネ、フォセグリム

■参考文献

Brita Egardt,《De svenska vattenhastsagnarna och dera ursprung》, *Folkkultur* 4 (1944), pp. 119-166; h. F. Feilberg,《Der Kobold in nordischer Uberlieferung》, *Zeitschrift des Vereins fur Volkskunde* 8 (1898), pp. 1-20, pp. 130-146, pp. 264-277; Ronald Grambo, *Svart katt over veien. Om varsler, tegn og overtro*, Oslo, Ex Libris, 1993, p. 117 (nokken); M. van den Berg, *De volkssage in de provincie Antwerpen in de 19de en 20ste eeuw*, Gand, Komminglijke Academie voor Nnederlandse taal- en letterkunde, 1993, pp. 1425-1436; N. Arrowsmith & G. Moorse, *A Field Guide to the little People*, Londres, MacMillan, 1977 (Pan Books), pp. 101-104; T. Keightley, *The World Guide to Gnomes, Fairies, Elves and other little People*, New york, 1978 (Avenel Books), pp. 147-155, pp. 258-263.

## ニス
NISS

小人に似た土地の精。いたずら好きで、ときに意地悪をする。感じの良いニスはゴアニス（Goaniss）と呼ばれる（スウェーデン）。ある伝説では、堕落した天使だということになっている。ノルウェーでは、ニスは5〜6歳の子供の背丈で、親指がなく、それぞれの手に指は4本ずつしかない。握りしめた手は毛むくじゃらだ。

スウェーデンのニスは、赤い帽子をかぶり、グレーの衣服を着た髭面の

ニス、ノルウェーのクリスマスカードから

老人の姿をしている。住民はニスのために、彼らが住んでいると思われる
農場の石の上や木の根元に食べ物をおいておく。ときに、家の精プーク
（Puk）、プーゲ（Puge）と混同される。

■参考文献

H. F. Feilberg,《Der Kobold in nordischer Uberlieferung》, *Zeitschrift des Vereins fur Volkskunde* 8（1898）, pp. 1-20, pp. 130-146, pp. 264-277; Ottar Gronvik, 《Nissen》, *Maal og Minne* 1997, pp. 129-148; Oddrun Grønvik,《Ordet nisse o.a. i die nynorske ordsamlingane》, *Maal og Minne* 1997, pp. 149-156; Bengt Holbek, Iørn Pio, *Fabeldyr og sagnfolk*, Copenhague, Politikens Verlag, 1967, pp. 155-162; N. Arrowsmith & G. Moorse, *A Field Guide to the little People*, Londres, MacMillan, 1977（Pan Books）, pp. 165-169; T. Keightley, *The World Guide to Gnomes, Fairies, Elves and other little People*, New York, 1978（avenel Books）, pp. 139-147.


## ニスプック
NISSPUCK

　ドイツのシュレースヴィヒ＝ホルシュタイン州のニス。

■参考文献

Erika Lindig, *Hausgeister*. Die Vorstellungen *ü* bernaturlicher Schutzer und Helfer in der deutschen Sagenuberlieferung, Frankfurt/Bern, Peter Lang, 1987, p. 78 sqq.


## ニダヴェリール（「暗い野」）
NIDAVELLIR

　北にあり、小人のシンドリの一族の館が建っている。通常、小人は地下
や洞窟の中、山の中に住んでいる。


## ニダヒョル（「暗闇の山」）
NIDAFJÖLL

　竜のニドホーグが生まれた地獄の山。スノッリ・ストゥルルソンによれ
ば、ラグナロクの後に、そこに純金で造られた館シンドリが建ち、善良で
高潔な人間が住むという。

## 日曜日の子供

ENFANT DU DIMANCHE

→ゾンタークスキント

## ニッフルヘイム（「暗闇の世界」）

NIFLHEIMR

　大地が創造される前から北の果てにあった場所。そこにはフヴェルゲル
ミルという泉があり、この泉から 10 本の川が流れている。ニッフルヘイ
ムはニフルヘルと同じで、地獄を表す名前の一つと考えられる。

## ニドホーグ（「邪悪な一撃を与える者」、「漠然と襲う者」）

NIDHÖGG

　ニダヒョルで生まれ、死者の国に住む竜。ナストロンドで死者の血を吸っ
ている。ニドホーグはラグナロクの後に再生した世界で生きる。伝説によ
れば、ユグドラシルと呼ばれるトネリコの木の下に住み、根をかじってい
るという。

## ニューブリンク

NYBLINC

『角質化したザイフリート』という 15 世紀の詩の中で、ニューブリンクは
所有する財宝をザイフリートに奪われる小人として登場する。この小人は
『ニーベルンゲンの歌』に登場する小人ニーベルンゲンに当たる。

### ■参考文献

Claude Lecouteux, *La Legende de Siegfried d'apres le Seyfrid a la peau de corne
et la Thidrekssaga*, traduit du moyen haut allemand et du norvegien medieval,
Paris, le Porte-glaive, 1995.

## ニーベルンゲンの歌

NIBELUNGENLIED

　古い伝承をもとに 13 世紀初頭に成立した『ニーベルンゲンの歌』は、
ジークフリート伝説とクリームヒルトの復讐譚の二部から構成される。国
王ジークムントと王妃ジークリントの息子ジークフリートは、クサンテン
〔オランダ国境に近いドイツの町〕で生まれ育った。彼はブルグント王グンテ

ルの妹クリームヒルトに求婚するためにヴォルムスの宮廷に赴く。ここでこの叙事詩の氏名不詳の作者は、ジークフリートの数々の冒険について簡単に紹介している。竜を退治し、その血を浴びて不死身の体を得たが、菩提樹の葉が張り付いた肩の間だけが弱点となったこと。またシルブング王とニベルング王を殺し、その従者である小人のアルベリッヒを負かして財宝を奪い、姿が見えなくなる外套タルンカッペを手に入れ、12人の巨人を味方につけたこと……。ヴォルムスに辿り着いたジークフリートは、クリームヒルトとの結婚を条件に、ブリュンヒルドとの結婚を望むグンテル王を手助けする。ブリュンヒルドが求婚者たちに課し、負ければ命を奪っていた競技にグンテルを参加させ、姿を消すマントの力で勝利させたのである。ヴォルムスに戻るとグンテルはブリュンヒルドと、ジークフリートはクリームヒルトとそれぞれ結婚する。しかし婚姻の床で妻を従えられなかったグンテルは再びジークフリートの助けを求め、ジークフリートは姿を隠してブリュンヒルドを屈服させると指輪と帯を取り上げてクリームヒルトに与えた。その後、二人の王妃の間で上席権を巡る口論が起きると、クリームヒルトはこれらの証拠の品を示して、ブリュンヒルドにすべての真相を暴露してしまう。王妃を侮辱されたブルグント宮廷は憤激。家臣のハーゲンがオーデンヴァルトの泉付近で、ジークフリートを槍で刺して暗殺する。さらにクリームヒルトから復讐の手段を奪うために、財宝を奪ってライン川の底に隠す。

ジークフリートを殺すハーゲン、ドイツの書物の挿絵。パリ、1926年

エッツェル（アッティラ）王がクリームヒルトとの結婚を望むと、彼女は再婚して二人の息子を得る。兄たちをエッツェルの王城に招待すると、クリームヒルトの企みを見抜いたハーゲンの反対にもかかわらず、彼らは招待を受けてしまう。ドナウ沿岸で水の妖精に出会ったハーゲンは、ブルグント族が滅びるのではないかという自らの予感が正しかったことを知る。エッツェルの王城でブルグント族は全員殺され、グンテル王とハーゲンは捕らえられる。王が存命の限り財宝のありかは明かさないというハーゲンの言葉を聞いたクリームヒルトが、兄の首をはねてその首級を突きつけると、ハーゲンは「神とわし以外に財宝のありかを知る者はいない。悪魔のような女よ、財宝はおまえの手には入らない！」と叫ぶ。クリームヒルトはジークフリートの剣バルムンクを鞘から抜き、ハーゲンの首をはねるが、その直後にヒルデブラントに殺される。

→ジークフリート

■**参考文献**

*La Chanson des Nibelungen*, trad. par M. Colleville et E. Tonnelat, Paris, Aubier, 1945（『ニーベルンゲンの歌』石川栄作訳、2011 年、ちくま文庫 ); Claude Lecouteux, *La Légende de Siegfried d'après le Seyfrid à la peau de corne et la Thidrekssaga, traduit du moyen haut allemand et du norvégien médiéval*, Paris, le Porte-glaive, 1995; du même auteur Stratigraphische untersuchungen zur Siegfriedsage, in: G. Bönnen, V. Gallé (éd.), *Sagen- und Märchenmotive im Nibelungenlied*, Worms, 2002, pp. 45-69; Der Nibelungenhort : Überlegungen zum mythischen Hintergrund, *Euphorion* 87（1993), pp.172-186; Seyfrid, Kuperan et le dragon, *Études germaniques* 49（1994), pp.257-266.


## ニョルズ

NJÖRD

ヴァン神族の神で、フレイとフレイヤの父親。中世には女神ネルトゥスの分身だと解釈されていた。ニョルズは女巨人スカジと結婚した。スカジという名前はスカンディナヴィアの語源となっている。スノッリ・ストゥルルソンは次のように記している。「ニョルズはノアトゥン（船の囲い地）に住んでいる。風の向きを操り、海と火を鎮めることができる。航海に出たり、漁をするにはニョルズに祈願しなければならない。ニョルズは、祈願した者たちに土地や家具を授けることができるほどの金持ちだ」。ヴァ

ン神族の下で育ったが、ヴァン神族とアース神族との和睦の条件として
アース神族が人質に出したヘーニルと交換する形でアース神族の国にやっ
てきた。

　海の神と山の女神の結婚は有名な神話を生んでいる。ニョルズは山にも、
降りしきる雪にも耐えられなかった。一方、スカジは波の音やカモメの鳴
き声がうるさい海辺ではぐっすり眠れなかった。そこで、ふたりは9夜ご
と交互に海辺と山で過ごすことにしたが、結局、離婚をさけることはでき
なかった。

　ニョルズはフレイや「全能のアース神」（オーディン）と並んで、誓い
の祈りの中で加護を求める対象となった。豊作で平和な年となるように、
オーディンにもフレイにも犠牲を捧げなければならない。スカンディナ
ヴィアにはニョルズにちなんだ地名がたくさんある。たとえば、ナルヴィ
ク、ニャルダヴィク、ニョルズ湾など。

■参考文献

Georges Dumezil, *Du Mythe au roman. La Saga de Hadingus (Saxo Grammaticus
I, V-VIII) et autres essais*, Paris, P.u.F, 1970.


# ［ネ］


## ネズミの塔（モイゼトゥルム）

TOUR AUX SOURIS（Mäuseturm）

　資料によって914年、968年、974年と異なるが、ドイツが大飢饉に見
舞われたとき、当時のマインツ司教ハットー2世（891 - 913）は、飢え
に苦しむ民衆を食料を分けるからと納屋に誘い入れた後、納屋に火をつけ
た。哀れな民衆たちのうめき声を聞いた司教は言い放った。「ほら、ネズ
ミたちが鳴いているぞ」。しかし、司教に天罰が下る。ネズミの大群が昼
となく夜となく司教の蓄えを食い漁りにやって来るようになった。閉口し
た司教は、ライン川の真ん中、ビンゲンの辺りに塔を建てて避難するが、
ネズミの襲撃は終わることはなく、遂に司教を生きたまま食べてしまった。

　この有名な伝説は、1599年の年代記で初めて確認されたが、ドイツの
歴史家ティートマル・フォン・メルゼブルク（975 - 1018）による年代記
にすでに、次のような似た話が載っている。聖クレメンスの財産を力ずく

ネズミの塔

で奪ったある騎士がネズミの大群に襲われた。騎士は櫃の中に隠してもらい、傷が治るのを待った。だが、しばらくして誰かが櫃を開けてみると、騎士は他のネズミたちに食べられていた。

■参考文献

Felix Liebrecht, *Zur Volkskunde*, Heilbronn, Gebr. Hennninger, 1879, pp. 1-16 (der Mäusethurm); R. D. Kluge, Die Sage von Bischof Hattos Mäusetod im alten Russland, *Mainzer Almanach* 1968, pp. 142-154.

## ネハレニア
NEHALENNIA

紀元3世紀の奉納碑文、とくにワルヘレンというオランダの島で見つかった碑文によって知られるようになった女神。この女神は、果物かごを持って船首あるいは船の舵にもたれかかる姿で描かれることが多い。犬を連れていることもある。ネハレニアはおそらく、タキトゥスがその著書『ゲルマニア』に記しているスエビ族の航海を司る女神イジスに相当する。犬を連れていることはあの世との繋がりを示しているが、タキトゥスはネハレニアは豊穣をもたらす守護神だとしている。しかし、この豊穣には死者が重要な役割を担うことが知られている。

## ネール（「狭い」）
NÖRR

ノット（「夜」）の父親の名前。

## ネルグル（男性形）、ネルギン（女性形）

男性形：NÖRGL, 女性形：NÖRGIN

　チロルの湖に住む水の精。

### ■参考文献

Johann Nepomuk Ritter von Alpenburg, *Mythen und Sagen Tirols*, Zurich, 1857, p. 54; Ignaz Vinzenz Zingerle, *Sagen, Märchen und Gebräuche aus Tirol*, Innsbruck, 1859, No. 81-84; 98; 105; 127.


## ネルトゥス

NERTHUS

　この女神については、主にタキトゥスが『ゲルマニア』に記していることしか分かっていない。タキトゥスは次のように記している。「ゲルマン民族の人々は誰もがネルトゥスすなわち大地の女神を崇拝していた。ネルトゥスは人間のさまざまな事柄に介入し、牛車に乗って人間界を巡回すると信じられている。大洋のとある島に神聖な森があり、その中に聖なる牛車が布に覆われて安置されている。この牛車に触れることができるのは、ある一人の神官に限られていた。この神官は、いつ女神がこの神殿に現れるか知っており、ネルトゥスがこの車を雌牛に牽かせて練り歩くときには、恭しく女神に随行する。女神が通り、喜んで迎えられた場所はどこも喜びに溢れ、盛大に祭りが繰り広げられる。戦争をしないこと、武器を手にしないことを誓い、鉄の武具はすべてしまい込まれる。あるのは平和と安らぎのみで、女神が平和に満ちた人間社会に満足すると、神官は女神を神殿に連れて帰る」

　この大地母神は、原始ゲルマン語で *Nerthuz と表記される神ニョルズと語源的に対を成している。女神が男神に変わったのは、フレイとフレイヤのような性の二重性、あるいは神が元来両性具有の性質を持っていることによると説明された。デンマークのゼーラント島（現在のシェラン島）ではネルトゥス信仰が根づいていたようで、通称ニアルタルム（Niartharum　現在はネールム）という地名があり、ネルトゥス／ニョルズという名前の名残が認められる。ネルトゥスの息子はトゥイストで、この名前は「二重」、つまり、原初の巨人ユミールのような両性具有を意味する。北欧神話の神々には両性具有者が多いという大きな特徴がある。先に述べたような双子の神が多いことや、男性的な名前の女神が非常に多いことはよく言われている。

# ［ノ］

## ノアトゥン（「船の囲い地」）

### NOATUN

ニョルズが住んでいる館。

## ノインテーター（「9の殺人者」）

### NEUNTÖTER

生まれたときから歯が生えていたり、二重歯列だったりしたために、この世に舞い戻ることが定められている死者。若くして死に、新たに近い親族9人の死を引き起こすことからこの名前がついている。ノインテーターは自分が特別に愛していた者たちを自分の方に引き寄せる。さもなければその者たちが死んだときに何か不都合な事態を招いた。たとえば、遺体の上を猫が歩いたとか、目が閉じなかったとか、死化粧をしてくれた女性のスカーフが唇に触れてしまったなど。またこの亡霊は疫病を広めるとも言われる。厄除けをするには、その死体の首を切り落とす必要がある。

### ■参考文献

C. Lecouteux, *Histoire des vampires, autopsie d'un mythe*, Paris, imago, 1999, nouvelle edition 2009.

## ノット（「夜」）

### NOTT

夜を擬人化した存在。いくつかのテキストにこう書かれている。「ニョルヴィまたはナルヴィという巨人がヨートゥンヘイムに住んでいた。ノットという娘がいた。彼女は黒髪で、生まれつき色が黒かった。ナグルファリという男と結婚し、ふたりの間にアウズという息子が生まれた。次に、ノットはオナール（アンナール）という男と結婚し、ヨルズ（大地）という娘をもうけた。最後にデーリングというアース神族の男と結婚し、ふたりの間に息子ダグ（昼）が生まれた。ダグは父親に似て明るく、美しかった。そこで、万物の神アルフォッド（オーディン）はノットとその息子ダグを呼び、ふたりに2頭の馬と2台の車を与え、天空に送り、毎日、空を

回り続けるように命じた。ノットが先にフリムファシという名の馬が曳く車に乗って天空を走る。この馬は毎朝、よだれを大地に落とす。これが朝露である。ダグの馬はスキンファシという名で、そのたてがみが空と大地を照らす」（スノッリ・ストゥルルソン）。

## ノルゲン、ネルグル、ネルゲーレン（「気難しい」）
### NORGEN, NÖRGL, NÖRGGELEN

チロル地方の伝説で土地の守護神になった堕天使たち。彼らは天国から追放されたものの地獄にも辿りつかなかった。罪を認めたものの元来邪悪ではないため、彼らの多くは天国から堕ちるとき、山の岩や木に引っかかった。今日もそのまま森や洞窟に住んでいる。最後の審判の日まで地上に留まっていなければならないのである。多くのネルグライン（Nörglein）はルシファーの仲間で、人間の幸福を妬んでいるため、腹黒い性格だと決めつけるものが多い。

**■参考文献**

I. V. Zingerle, Sagen, *Märchen und Gebräuche aus Tirol*, Innsbruck, 1859, No. 83.

## ノルズリ（「北」）
### NORDRI

天空の四つの方位を支える4人の小人の一人で、ユミールの頭蓋骨からつくられた。天空のことをケニングでは「ノルズリの両親の荷物」と表現する。この小人の名前は『オーラヴ・トリュッグヴァソンの賛歌（Óláfsdrápa)』（26節）に登場する。

**■参考文献**

Claude Lecouteux, Olivier Gouchet, *Hugur. Mélanges d'histoire, de littérature et de mythologie offerts à Régis Boyer pour son 65e anniversaire*, Paris, P.U.P.S., 1997,  pp. 289-292.

## ノルヌ
### NORNES

運命の女神で、ほとんどいつも3人連れだって行動する。スノッリ・ストゥルルソンはノルヌについて次のように記している。「ウルズの泉のそばのトネリコの木、ユグドラシルの根元に美しい館があり、そこから3人

の乙女が出てくる。3人の名前はウルド（「過去」）、ヴェルダンディ（「現在」）、スクルド（「未来」）だ。この乙女たちはノルヌと呼ばれ、人間の運命を定める」。この3人の乙女は女巨人で、毎日、泉の澄んだ水に石灰を混ぜてユグドラシルに注ぎ、枯れないように管理している。ノルヌは残虐で、醜く、意地悪だと言われている。彼女たちの定めた運命を覆すことはできない。彼女たちは海から来たと言われている。スノッリはさらに、「ノルヌたちは他にも大勢いる。毎日、生まれたばかりの子供のもとを訪れ、その子供の運命を定める。この3人のノルヌはアース神族の子孫だが、エルフに属するノルヌや小人族などさまざまな血統のノルヌがいる」と記している。

ノルヌはギリシャ神話のモイラ、ローマ神話の運命の女神パルカ、ファタエ、またケルト伝説や中世の伝説に登場する妖精に相当する。実際、フランスの古い物語には、子供が眠るゆりかごのそばに3人の妖精が現れて、幸運あるいは悪運をもたらす場面がよく描かれているが、これは『眠れるの森の美女』の物語に見られるテーマだ。ウルド（古高ドイツ語：Wurt〈ヴルト〉、古代サクソン語：Wurd〈ヴルド〉）だけは北欧神話に昔から登場したノルヌのようだが、ヴェルダンディとスクルドはローマ神話のパルカにならって三女神の形にするために後から付け加えられたようだ。そもそも、ユグドラシルの根元にある泉は「ウルドの泉」（ウルダルブルン）という名前なのだから。

ユグドラシルの根元にいる3人のノルヌ。イギリスの挿絵画家アーサー・ラッカム（1867 – 1939）による絵

233

## 呪われた狩人

CHASSE MAUDIT

　呪われた狩人の伝説は、様々な異伝を超えて、罪人の死後の運命を示している。特に古い記述として挙げられるのは、吟遊詩人ミヒャエル・ベハイム（1416/1421-1474/1478）によるものである。あるよく晴れた日、ヴュルテンベルク伯エーベルハルトは一人で森に狩りに出かけた。やがて大きな物音がして、鹿を追う不気味な化け物が現れた。エーベルハルト伯は恐怖を覚えて馬から降り、木立に隠れて、相手に害意があるか大声で尋ねた。するとその化け物は、「いや、わしもそなたと同じ人間だ。もともと狩猟狂いの貴族だったわしは、最後の審判まで狩りをしたいと神に願った。不幸なことに願いは聞き届けられ、すでに 500 年間、同じ鹿を追い続けているのだ」と答えた。エーベルハルトはそこで、「あなたが誰だかわかるかもしれないので、顔を見せて欲しい」と願うと、相手は頭巾を外したが、その顔は握りこぶしほどしかなく、皺だらけで落ち葉のように乾ききっていた。それから化け物は鹿を追って去っていった。

　他の言い伝えによれば、狩人が罰を受けたのは、日曜日に狩を行ったから、農地に侵入したから、または教会で鹿を殺したからなどと言われている。度を越した狩猟熱の罰として、中断や休息なしに、最後の審判まで永遠に狩りを続ける罰が課せられたのだ。この言い伝えは特に人気があり、ベルギー出身の作曲家セザール・フランクは 1883 年にこれをテーマにした交響詩を作曲している。

### ■参考文献

Claude Lecouteux, *Chasses infernales et Cohortes de la nuit au Moyen Âge*, Paris, Imago, 2013.

# ［ハ］

## ハイメ（英語：Hama、古ノルド語：Heimir）

HEIME（v. angl. Hama; nor. Heimir）

　戦士で、ヴィテゲの分かち難い相棒。はじめエルマナリックに仕えていたが、その後ブリーシング族の首飾りを盗んで逃亡しなければならなくなり、テオドリックを新しい主人とした。これには、フレイヤの首飾り（ブリシンガメン）のエピソードが反映されていると思われる。

## ハイモン

HAYMON

　860年頃にイタリアからチロル地方のライン川渓谷にやって来た巨人。同じ渓谷に住む別の巨人テュルスス（Thürsus）と対決して倒した。両者の出会いの場はテュルセンバッハと呼ばれている。その後、インスブルック近郊のヴィルテンで、聖ベネディクトゥスに捧げられた修道院の建設を妨害していた竜を倒し、その舌を切り取った。この舌は修道院内で長い間見ることができたという。その後博物館で展示されるようになったが、現在ではそれがノコギリエイの吻であることがわかっている。

　非常に興味深いことに、ハイモンの敵テュルススの名は、巨人を意味する「thurse」をラテン語化したものである。

## ハヴマンド、ハヴフルー

HAVMAND, HAVFRUE

→ヴァッサーマン、ニークル

### ■参考文献

T. Keightley, *The World Guide to Gnomes, Fairies*, Elves and other little People, New York, 1978（Avenel Books), pp.152-155.

## 白鳥処女

FEMMES-CYGNES

　鍛冶屋のヴィーラント伝説に見られるように、白鳥処女はほぼ常に3人

の女性として描かれる。ワグナーが原因でヴァルキュリアと混同されがちだが、むしろフレイヤとの関連が強く、その使いである可能性が高い。水浴びをする時には身につけている白鳥の羽を脱ぐ。彼女たちに魅入られた者は、この羽を奪うことで、人間界に留まって自分と結婚するように説得することができる。ドイツでは『ニーベルンゲンの歌』に少しだけ登場。ハーゲンに衣を奪われて、未来を予言している。『シュワーベンのフリードリヒ』物語（13 世紀）もこのモチーフを取り上げているが、登場する妖精は白鳥ではなく鳩の姿をしている。白鳥処女伝説はケルト人とゲルマン人、双方に広まった。12、13 世紀のフランスの短詩『グラエラン（Graelent）』や『デジレ（Désiré）』、アルスターの伝説的な王の活躍を語るケルトの武勲詩『コンホヴァル（Conchobar）の誕生』などにも、その影響がはっきりと認められる。

## ■参考文献

Helge Holmström, *Studier over svanjungfrumotivet i Volundarkvida och annorstädes*, Malmö, 1919; Ann C. Burson, Swan maidens and Smiths: a structural study of the Völundarkvida, *Scandinavian Studies* 55（1983）, pp.1-19; Arthur Thomas Hatto, The Swan Maiden : a folk tale of north Eurasian origine ?, *Bulletin of the School of Oriental and African Studies* 24（1961）, pp.326-352.


## 白鳥の騎士

CHEVALIER AU CYGNE

　ワグナーのオペラ『ローエングリン』によって広まった白鳥の騎士伝説だが、その異本は、フランス、ドイツ、オランダに残されている。ヴォルフラム・フォン・エッシェンバッハが『パルツィファル』の最後でこの伝説を物語ったのは、1210 年頃のことだ。それによると、執拗な求婚者に悩まされていたブラバント公国の公女のもとへ、ある日、一羽の白鳥に引かれた小舟に乗った見知らぬ騎士が現れた。騎士は他の求婚者を負かすと、決して出自を尋ねないと誓わせたうえで公女と結婚する。二人は子宝に恵まれた。しかし公女が誓いを破ったため、騎士は息子に角笛、剣、そして指輪を残し、迎えに来た白鳥とともに去っていく。白鳥の騎士はおそらく、豊穣神フレイの化身だろう。白鳥はニョルズとフレイヤとも関係がある。ニョルズの聖鳥であり、またフレイヤは二羽の白鳥と二羽の鳩に引かせた車に乗っているからだ。白鳥の騎士はまた、アングロ・サクソンの Sceaf（小

ナイメーヘンに到着した白鳥の騎士、Editions copland, 1509.

舟で漂着した王子の話）にも結びついている。
■参考文献
Claude Lecouteux, *Mélusine et le Chevalier au Cygne*, 2e éd. mise à jour, Paris, Imago, 1997; du même auteur: Zur Entstehung der Shwanrittersage, *Zeitschrift f. deutsches Altertum* 107（1978）, pp.18-34.

**ハーゲン**（古ノルド語：**ヘグニ**）
HAGEN（nor. Högni）
『ニーベルンゲンの歌』に登場するグンテル王の忠実な臣下。邪魔者のジークフリートを殺して奪った財宝をライン川に沈める。ブルグント族がエッツェル（アッティラ）の宮廷に招待されたとき、ハーゲンはそれが罠であることを見抜いた。最終的にはクリームヒルトに殺害される。

『ヴォルスンガ・サガ』での名はヘグニで、グンナル（グンテル）の弟とされる。フン族の宮廷での戦いの際に捕らえられ、兄とともにアトリ（アッティラ）の前に引き出されてシグルド（ジークフリート）の財宝のありかを問われる。グンナルが、ヘグニが生きているかぎりは話せないと言ったため、アトリはヘグニの心臓を切り裂く。

『シズレクのサガ』では、ヘグニはアルドリアンの息子グンナルの異父兄弟で、彼自身の父はエルフである。そのため並外れた力を持ち、怪異な容貌をしている。肌は青白く、恐ろしい顔立ちだ。ヘグニとグンナルはニフルンガー（ニーベルンゲン）と呼ばれている。それ以外の点では、大筋で『ニーベルンゲンの歌』と同じである。

■参考文献

Olivier Gouchet, *Hagen von Tronje. Étude du personnage à l'aide des différents textes du Moyen Âge*, Göppingen, Kümmerle, 1981（G.A.G. 302).

### ハッケルベルク
HACKELBERG

　ドイツにおけるワイルドハントの一員の名前。ブラウンシュヴァイク出身のハッケルベルクは、臨終の床で、天国に行く代わりに最後の審判の日まで狩りを続けたいと神に願ったために罰せられたといわれる。

■参考文献

Grimm, *Deutsche Sagen*, éd. par H. Rölleke, Francfort, 1994, n° 219.

### ハティ（「恨み」、「執念深さ」）
HATI

　フローズヴィトニルの息子の魔狼。月を追いかけ、ついには呑み込んでしまう。相棒のスコルは太陽を追いかけている。

### ハディングス
HADINGUS

　サクソ・グラマティクスの著作に登場する北欧神話の英雄。ジョルジュ・デュメジルによれば、デンマーク王ハディングスは神ニョルズをモデルにしているという。

■参考文献

Georges Dumézil, *Du mythe au roman. La Saga de Hadingus* (*Saxo Grammaticus* I, V-VIII) et autres essais, Paris, P.U.F., 1970.

### ハディングヤル
HADDINGJAR, HADDINGI

　愚かなオッタルの類縁にあたる二人の兄弟。10人の年長の兄弟がいるが、この二人の分かち難さといえば、二人合わせて一人分の力しか出ないほどだという。ジョルジュ・デュメジルはこの兄弟について、タキトゥスが言及している神話上の双子アルシを英雄や叙事詩に移し替えた存在と考えた。

月を追い、これを呑み込もうとする狼ハティ。レーゲンスブルク、聖ヤコブ教会の北側扉口

→アルシ、イボールとアイオ、ディオスクーロイ、ヘンギストとホルサ

**ハードヴェーウル**（「砦の守護者」）
HARDVÉURR
　トールの別名の一つ。

**ババ**
BABA
　ケルンテン地方〔オーストリア南部からスロベニアにかけての地方〕におけるペルヒト／ペルヒタの名。

**バファナ**
BAFANA
　公現祭と関連づけられる伝説上の人物。もとは死者の魂を運ぶ古い神だったと考えられている。

**ハプタグッド**
HAPTAGUD
　オーディンの別名の一つ。ミルチャ・エリアーデの言うように、インド＝ヨーロッパ語族の神々は、いましめの神である（ヴァルナ Varuna、ウラノス Ouranos）。ハプタグッドという名は、軍隊を麻痺させるというオーディンの能力を示している。
→ヘルフィヨトゥール

## ハフリウス

HAPHLIUS

サクソ・グラマティクスによれば巨人で、グラムの二人の息子グトルムとハディングを育てた。

→グラム

## ハーベルマン

HABERMANN

鈴のついた色とりどりの衣装を着た家つき精霊。ドイツ、ヴュルテンベルク州では、子供達を見守っているといわれる。

## ハミンギャ

HAMINGJA

氏族の首領を代々見守る守護霊。

■参考文献

Claude Lecouteux, Une singulière conception de l'âme : remarque sur l'arrière-plan de quelques traditions populaires, *Medieval Folklore* 2 (1992), pp.21-47.

## ハムル

HAMR

古ノルド語で、個人の分身の意味。一部の人間は、生まれたときから二つの姿に分かれる能力を持ち、「強力な分身を持つ (hamrammr)」または「一つより多くの姿を持つ (eigi einhamr)」といった言葉で形容される。本体が睡眠中、またはトランス状態や昏睡状態に陥っているときに離脱する分身は、三次元の姿で、本体とまったく同じように行動したり話したりできる。分身が離脱中の本体は、大きな危険にさらされる。たとえば睡眠中の本体が動かされると、分身は戻ってこられなくなってしまう。分身は動物や人間の姿をとるが、熊、雄牛、狼の姿になる場合が最も多い。

→アルプ、ヴェアヴォルフ、フュルギャ、ペーター・シュレミール、夢魔

■参考文献

Claude Lecouteux, Une singulière conception de l'âme: remarque sur l'arrière-plan de quelques traditions populaires, *Medieval Folklore* 2 (1992), pp.21-47.

## バラ（「波」）
BARA

海の巨人エーギルの娘の一人。

## バリ、バレ
BARRI, BARRE

フレイと女巨人ゲルズが出会った場所。伝承によれば森または島である。

## ハリンスキディ
HALLINSKIDI

ヘイムダールの別名。

## ハール（「高き者」）
HARR

オーディンの別名の一つ。最高神であることを示していると思われる。

## ハルケ夫人（「刃物夫人」）
HARKE, FRAU（HERKEN, HACKE, HARFE, HARE, ARCHEN）

ドイツ北部の伝承に現れる女の悪霊で、南部のペルヒトに相当する。クリスマスから公現祭までの十二夜の間に出現し、怠け者の召使い、特に糸を紡ぎ終わらなかった紡ぎ女を罰するという。ブランデンブルク州ハーフェルラント郡カメルン近郊にある、その名を冠した Frau-Harkenberg という山に住んでいる。

## ハルズグレパ（「固い握り拳」）
HARTHGREPA

ハディングスの養父である巨人ヴァグノフズスの娘。初めはハディングスの乳母だったが、その後、姿を小さくして愛人になる。魔力を使って死者の魂を呼び出し、ハディングスの未来を予言させるが、強力な死霊の怒りを呼び、夜の間に八つ裂きにされてしまう。ハルズグレパはハディングスの守護霊のような役割を担っている。

→ハディングス

## ハルデス

HALDES（サーミ語：hal'de）

　サーミ人に伝わる、人間の姿をした守護精霊。特定の一族の間で受け継がれる場合が多いが、売買することもできる。子供や老人のような、小さな姿で現れる。古ノルド語のフュルギャに似た存在。

### ■参考文献

Claude Lecouteux, *Fées, Sorcières et Loups-garous au Moyen Âge*, 4e éd. mise à jour, Paris, Imago, 2012.


## バルドゥング

BALDUNC

　ディートリヒ・フォン・ベルンの冒険を描いた『ジーゲノート』（13 ～ 14 世紀）の異本。主人公ディートリヒが野人に捕らえられていた小人バルドゥングを解放すると、バルドゥングは返礼として魔法の根を贈る。剣と共にこの根を握ると、野人の皮膚を傷つけることができるのである。小人は、この根の力を失わせる別の根も持っていた。野人が死ぬと、山の中から千人以上の小人たちが出てきて歓喜した。ディートリヒが巨人ジーゲノートを探していると聞いたバルドゥングは、空腹と渇きを抑え、勇気と力を与えてくれる魔法の石を授けた。

→ジーゲノート


## バルドル（「主人」）

BALDR

　オーディンとフリッグの息子。アース神族の中で最も優れた神として、誰からも称えられ、「善き神」と呼ばれる。妻のナンナとの間に息子フォルセティがいる。ブライザブリックという宮殿に住み、フリングホルニという船と、小人が作ったドラウプニルという魔法の指輪を所有している。ある時、バルドルは不吉な夢を見た。その話を聞いた神々は、あらゆるものに対して、バルドルを傷つけないよう誓わせた。バルドルの母フリッグは、水、火、あらゆる金属、大地、木、石、動物、病気から約束を取りつける。

　その後アース神族は、バルドルに対して好きなものを投げつける遊びを始めた。ことの成り行きに不満を抱いたロキは老女に姿を変え、フリッグに「本当にあらゆるものがバルドルに危害を加えないと誓ったのか」と尋

ねた。ヤドリギの若枝だけは若すぎて誓いを立てられなかったと聞きだしたロキは、バルドルの盲目の弟ヘルブリンディにヤドリギを渡して、バルドルの立っている方角に投げつけさせる。すると、その枝に貫かれてバルドルは死んだ。

　盛大な葬式が営まれ、バルドルの遺体を納めた船は、女巨人ヒュロキンによって海に押し出され、トールがミョルニルの鎚で松明を清めた後で燃やされた。バルドルの妻ナンナは悲しみのあまり倒れて死に、夫の傍らに置かれた。葬式に参列したのはオーディンとヴァルキュリア、フレイとフレイヤ、ヘイムダール、霜の巨人と山の巨人たちである。オーディンの別の息子ヘルモードは影の国に遣わされ、バルドルをアース神族のもとに返すよう冥界の女王ヘルに訴えたが、ロキのせいで失敗に終わった。バルドルは、不完全で罪深い現世には存在し得ない、完全無欠の理想の姿と考えられる。世界の終末の後、バルドルはこの世に復活する。ユトレヒトで発見された3～4世紀の碑文にも、すでにバルドルウ（Baldruus）の名が見られる。

■参考文献

Ferdinand Detter, der Baldrmythus, *Beiträge zur Geschichte der deutschenSprache und Literatur* 19, pp.495-510; Otto Höfler, Balders Bestattung und die nordischen Felszeichnungen, *Anzeiger der österreichischen Akademie der Wissenschaften, Phil.-Hist. Classe, Abhandlung* III, Berlin, 1908; Rudolph Much, Balder, *Zeitschrift für deutsches Altertum* 61（1924), pp.93-126.

バルドルの死。『スノッリのエッダ』O・ブリニョルフソン、1760年

## ハールルンゲン
HARLUNGEN

　ドイツにおける、ゲルマン神話の双子神の一つの形。ハールルンゲン兄弟はエルマナリックの兄弟の息子で、叔父に迫害され、首吊りに処せられた。多くの文献によれば、この処刑はさしたる根拠もなく行われた。理由が挙げられている場合にほぼ必ず登場するのが、エルマナリックに甥たちの殺害をそそのかした奸臣シベケ（Sibeche）である。シベケは、若い王子たちを助けようとした老臣エッカルト（スカンディナヴィアの文献ではフリティラ　Fritila）と対立したとされている。しかし『ヘルデン・ブッフ』〔15、16世紀頃にまとめられた、中世ドイツの英雄物語の集大成〕では、ハールルンゲン兄弟に対するエルマナリックの敵意には別の説明が与えられている。エルマナリックは、甥たちの領土を狙っていたというのだ。また『シズレクのサガ』の中には、シフカ（Sifka、スカンディナヴィアにおけるシベケ）が、兄弟は王妃の操を汚そうとしたと二人をあしざまに悪く言う場面がある。ハールルンゲンの領土の場所も、文献によって大きく異なる。『ヘルデン・ブッフ』ではブライスガウ、『シズレクのサガ』ではライン川沿岸のトレリンブルク付近とされている。この伝説を最も詳しく描いているのは『ヘルデン・ブッフ』と『シズレクのサガ』だが、古英語の詩『ウィードシース』では、様々な名前の羅列の中にハールルンゲン、エメルカ（Emerca）、フリドラ（Fridla）が登場する。10世紀に成立した『クヴェトリンブルク年代記』〔ドイツ中部ザクセン＝アンハルト州クヴェトリンブルクの女子修道院で執筆された年代記〕では、ハールルンゲン兄弟が叔父のエルマナリックによって絞首刑にされたことについて、単刀直入に述べている。「当時エルマナリックはゴート族全体を支配していた。この男は誰よりも狡猾だったが、誰よりも気前がよかった。彼は一人息子のフリードリヒを処刑した後、二人の甥エンブリカ（Embrica）とフリトラ（Fritla）を絞首台にかけた」

→スヴァンヒルド、ディオスクーロイ

### ■参考文献

Georges Zink, *Les Légendes héroïques de Dietrich et d'Ermrich dans les littératures germaniques*, Paris, Lyon, 1950, pp.201-211.

## バーレイグ（「炎の眼を持つ者」）

BALEYGR

　オーディンの別名の一つ。サクソ・グラマティクスの著作では、バルヴィソスの名で登場。ビルヴィソスの兄弟であるとされている。

■参考文献

H. Falk, *Odens Heiti*, Kristiania, 1924.


## ハーン・ザ・ハンター

HERNE LE CHASSEUR

　イギリスのウィンザー城庭園のオークの木付近に出現するといわれる有名な幽霊。狩人の姿で、鹿の皮を身にまとい、角のついた鹿の頭飾りをかぶっている。

　これは人を殺し、罰を恐れて自殺した森番の幽霊だといわれている。シェイクスピアは『ウィンザーの陽気な女房たち』で次のように述べている（IV, 4）。「ハーンという猟師がいたという話があるでしょう。ずっと昔、ウィンザーの森の番人をしていた人で、冬の間ずっと、真夜中に櫟の木のまわりを、ごつごつした大きな角をつけてまわり、木を枯らせたり、家畜をとったり、乳牛に乳の代わりに血を出させたり、とてもおそろしく鎖をガチャガチャ言わせたりしたという話を聞いたでしょう〔ウィリアム・シェイクスピア著、『ウィンザーの陽気な女房たち』大山敏子訳、1978 年、旺文社〕」。デンマークのユトランド半島では、ホルンス・イェーガー（Horns Jæger）が有名。馬に乗ってオーフス周辺を通りかかり、女のエルフをかどわかそうとするといわれる。

■参考文献

M. J. Petry, *Herne the Hunter, a Berkshire legend*, reading, W. Smith, 1972; J. M. Thiele, *Danmarks Folkesagn*, 3 vol., Copenhague, 1843-1860, t. 2, p. 116.


## ハンガグッド（「首吊りの神」）

HANGAGUD

　オーディンの別名の一つ。この儀礼的な首吊りを経て、戦士あるいは吊られた人間はヴァルハラに迎え入れられる。これはまた、聖なる知識を得るためにオーディン自身が経験した通過儀礼でもあった。槍に貫かれたオーディンは、9 日 9 夜、木に吊るされ、風に吹かれていたが、この

ハーン・ザ・ハンター。バークシャー州ウィンクフィールドの宿屋の看板

木の根がどこから生えているのか、誰一人知らない。「ハンガチュール、(Hangatyr、首吊りの神)」、「ハンギ (Hangi、吊られた男)」という別名も、同じエピソードに基づいている。

# [ヒ]

## 火
FEU

火の崇拝について、知られていることはごく少ない。742年に発せられたカロリング朝の法令に登場する改火 (Notfyr)〔村中の火を消し、木をすりあわせて新しい火を作って更新する祭り〕の習慣、『迷信目録』〔カロリング朝時代に異教徒をキリスト教化するために発布された文書〕、そしてクヌート大王〔995-1035、デンマーク王で、イングランド、ノルウェーの王位にもついた〕の法律でごくわずかに言及されているくらいである。神話では、火は世界の終わりの戦いにおいて重要な役割を担う。巨人スルトが生みだした火は、終末戦争の唯一の勝者となった。

## 光のエルフ
ELFES DE LUMIÈRE（ノルド語:Ljósálfar）

黒いエルフと同一視されていった小人と区別するためにスノッリ・ストゥルルソンが与えた名前。ギムレに住んでいる。

## ヒディスヴィーニ（「戦いの豚」）

HIDISVINI

女神フレイヤがまたがる猪。小人のダーイン（「死」）とナッビ（「こぶ」）がつくった。その毛は黄金。

## ビブンク

BIBUNC

『ヴォルフディートリヒ叙事詩』の写本Dに登場する小人。巨人オルファンの兄弟ベルムントと対決するヴォルフディートリヒを助けた。彼に指輪を与え、水を飲めば15人力になる泉について知らせた。砂に剣を突き刺せば巨人の甲冑が軟化すると教えたのもビブンクである。いずれも、ヴォルフディートリヒの父ハグディートリヒに対する感謝からの行動であった。

## ヒミンビョルグ（「天空の山」）

HIMINBJÖRG

ヘイムダールの住まい。天の端の、アースガルズと世界の他の部分をつないでいる虹のふもとに位置している。

→ヘイムダール

## ヒミンフリョト（「天を荒らす者」）

HIMINHRJODR

巨人ヒュミールが所有する雄牛。トールがその頭を切り落とし、釣り針に引っ掛けて、ミズガルズの蛇を釣り上げるための餌とした。イギリスのゴスフォースにある10世紀の墓石には、トールの釣り糸の先に牛の頭がはっきり彫られている。

## ヒメッケ（「小さなヨアヒム」）

CHIMMEKE（Chim, Jimmeken）

ポメラニア地方のある城で、騒々しい物音をたてる悪霊。用意された牛乳を皿洗いの少年に飲まれてしまったために、少年を八つ裂きにしたといわれている。

### ■参考文献

Grimm, *Deutsche Sagen*, éd. par H. Rölleke, Francfort, 1994, n° 273; D. Linhart,

*Hausgeister in Franken*, Dettelbach, J. H. Röll, 1995, p.52 sq. passim.

## ヒャズニンガヴィグ（「ヒャズニングの戦い」）
HJADNINGAVIG

　古代から多くの文献に、ほぼ同じ構造で記述されてきた永遠の戦い。フレイヤ、ヒルドまたはゴンドゥルという名の女性が始めたこの戦いは、決して終わることがない。なぜなら彼女は毎朝、死者を生き返らせて再び戦わせるからである。戦士の一人の名はヘジン。これは「帽子をかぶった男」または「毛皮のマントをまとった男」を意味し、「熊の毛皮の上着」を意味する野獣戦士、ベルセルクを想起させる。「ヒャズニング」は、「ヘジンの戦士たち」を意味する。興味深いことに、毎夜、死者は岩に変わる。

　この戦いが「ヒャズニングの嵐」と呼ばれる理由について、スノッリの『詩語法』第 61 章では、次のように説明されている。ヘジンはヘグニ王の娘をさらって船で逃亡したが、追ってきた王と、ある島で戦いが始まった。戦いは激しく、毎日繰り返された。ヘグニ王の娘ヒルドが、夜になると魔法で死者をよみがえらせたからである。戦いは「神々の黄昏」まで続いた。

　ドイツでは、1240 年ごろにまとめられた『クードルーン』という英雄詩にこの伝説が登場する。1190 年頃には、サクソ・グラマティクスもこの伝説を取り上げているが、その主人公の名はヒティヌス、ヘーゲヌス、ヒルダである。ヘジンはヘグニの娘ヒルドをさらう。ヘグニは後を追いかけてオークニー諸島付近で一行に追いつく。ヒルドはヘグニとヘジンを和解させようと試みるが、戦いは永遠に続く。
→ゴンドゥル

## ヒャルムスリムル（「戦いの兜」）
HJALMTHRIMUL

　ヴァルキュリアの名前。

## ヒャールンベリ（「兜を被る者」）
HJALMBERI

　オーディンの別名の一つ。スカンディナヴィアで発見された碑文や、浮彫が施された鉄板に表現されたオーディンの姿は兜をかぶっている。スノッリ・ストゥルルソンによると、兜は黄金製だという。

## ヒューキ
### HJUKI

ビルの兄弟で月の神マニの養子。ヒューキはおそらく、月が満ちていき、幸運をもたらす段階を擬人化したもの。一方ビルは、不吉とされた月の減退期を擬人化していると思われる。

## ビュグヴィル（「大麦」）
### BYGGVIR

神フレイの召使い、または別の姿。妻はベイラ。醸造に長け、美味いビールを造ることを自慢にしている。もともと穀物の精であったことは間違いない。

## ヒュタタ
### HÜTATA

巨人。フランス、アルザス地方のモン・サン・オディールのふもとのサン・ナボール自治体には、「ヒュタタが呪われた狩りを先導する」という言い伝えがある。ヒュタタという名は、この巨人があげる喚き声に由来する。特に嵐の夜に出現することが多い。木こりたちはヒュタタの現れそうな場所をよくわかっているため、近寄ろうとしない。つばの大きな帽子をかぶっており、人間の隣に現れると、一つしかない目でじっと見つめてくる。怯えた様子を見せた人間の耳元で角笛を吹き鳴らす。そうすると、その人はその後数週にわたって病に苦しむことになり、耳が聞こえなくなる。顔の大半を隠す帽子をかぶったこの隻眼の男は、オーディンを連想させる。

## ヒュッチェン（「小さな帽子」）
### HÜTCHEN

ヒルデスハイム司教ベルンハルトの宮廷に現れた悪霊。フェルト製の小さな帽子をかぶった農夫の姿をしていたという。司教が領土を得る手助けをして、あらゆる危険を回避させた。また旅に出立するヒルデスハイムのある商人には、尻軽な女房を監視すると約束し、女が次々に招き入れた愛人をすべてベッドから追い出した。

■参考文献

Dagmar Linhart, *Hausgeister in Franken*, Dettelbach, J. h. Röll, 1995.

# ヒュミール
## HYMIR

　トールがミズガルズの蛇を釣り上げようとしたときに宿を借りた巨人。二人は船に乗って出かけたが、ヒュミールが怖がるせいで、トールは蛇を釣り上げることができなかった。腹を立てたトールは、ヒュミールを殴って船べりからつき落としてしまった。

　ヒュミールをチュールの父とする異伝もある。エリヴァガールの東の天の端に住んでいる。あるとき、トールとチュールは、エーギルがアース神族のビールを醸造するための大鍋を借りに、ヒュミールを訪ねた。二人を出迎えたのはヒュミールの母親。頭が800もある巨人の女だった。次に出てきたのはヒュミールの女房だ。やがて狩りから帰ったヒュミールは、誰が訪れてきたのかを知ると、トールとチュールが隠れている柱のほうに視線を向けた。すると柱は粉々に砕け、天井の梁も折れて、八つの鍋が落下したが、そのうち一つは壊れなかった。夕食の用意ができると、トールは用意された3頭の牛のうち2頭をたいらげてしまった。

　翌日の朝、ヒュミールは鯨を2頭釣り上げた。一方トールはミズガルズの蛇を釣ろうとしたが、うまくいかなかった。ヒュミールはトールの力を試そうと、杯を割ってみせるように言う。トールがこれを柱にぶつけると、柱が折れた。トールは巨人の妻の助言にしたがってヒュミールの頭にぶつけて、ようやく試練を切り抜けた。トールは鍋を奪ってチュールとともに逃げ出した。ヒュミールたちが追いかけてきたが、トールは槌で次々に相手を打ち倒した。こうしてエーギルはアース神族のためのビールを醸造できるようになった。


# ヒュル（「喜ぶ者」、「火」）
## HYR

　炎の壁に囲まれた館。同じく炎の城壁を持つメングロズの住まいでもあると思われる。


# ビュルギャ（「波」）
## BYLGYA

　海の巨人エーギルの9人の娘の一人。

## ビュレイスト
BYLEISTR

ロキの二人の兄弟のうちの一人。

## ヒュロキン(「燃え尽くした」)
HYRROKIN

バルドルの葬儀に際して、フリングホルニという船を海に押し出すために神々に呼ばれた女巨人。ヨートゥンヘイムから、「狼にまたがり、マムシを手綱代わりにして」(スノッリ・ストゥルルソン)駆けつけた。オーディンは4人のベルセルクに、ヒュロキンの乗ってきた狼をおさえるように命じるが、ヒュロキンをひっくり返さないとどうにもおさえつけられなかった。

## ヒュンドラ(「子犬」)
HYNDLA

女巨人。オッタルが家系図を手に入れられるように、フレイヤに連れられてヴァルハラに赴く。狼にまたがったヒュンドラは、猪ヒルディスヴィーニにまたがったフレイヤの後に続いた。ヒュンドラはフレイヤから命じられたとおりにしたが、オッタルに「記憶のビール」(飲むと、聞いたことを二度と忘れなくなるのである)を与えるよう言われると、怒り出した。ヒュンドラは、フレイヤを「さかりがついて、ヤギと外を走り回る」と罵った(『ヒュンドラの歌』、『エッダ』)。腹を立てたフレイヤが、ヒュンドラを火の中に放り込むと脅すと、ヒュンドラは譲歩するが、オッタルに毒入

狼にまたがってバルドルの葬儀に到着した、女巨人または魔法使いのヒュロキン。スウェーデン、スコーネ県フンネシュタット出土の石碑に見られる浮彫

りのビールを与えようとする。フレイヤは魔法の呪文で毒を除いた。

## ヒョルスリムル（「戦いの剣」）
HJÖRTHRIMUL
　ヴァルキュリアの名前。
→ヴァルキュリア

## ヒョルニル
FJÖLNIR
　伝説上のスウェーデン王で、神ユングヴィ＝フレイと女巨人ゲルズの息子とされる。蜂蜜酒の樽の中で溺死した。スノッリ・ストゥルルソンとサクソ・グラマティクスが伝えるこの物語は、9世紀よりも前に書かれたもの。ケルト民族の間にも、ワイン樽で溺死する Muicertach の物語が伝わっている。これは生贄としての死だったのかもしれない。

## ヒョルニル（「姿を変える者」）
FJÖLNIR
　オーディンの別名の一つ。この神が様々な姿をとることができることを示している。
→ゴンドリル

## ビョルン（「熊」）
BJÖRN
　オーディンの別名の一つ。ベルセルクの首領としての役割を指しているのだろう。
### ■参考文献
H. Falk, *Odens Heiti*, Kristiania, 1924.

## ビリング
BILLINGR
　おそらくは巨人。その娘をオーディンが誘惑しようとしたが、娘はベッドに雌犬を残してうまく逃げ出した。

## ビル
BIL

月と関連のある謎の多い女神。スノッリ・ストゥルルソンによると、ヴィルドフィンの娘でアース神族に属するという。おそらく、月相の一つ、欠けゆく月を擬人化したものであろう。欠けゆく月は、物事の成長を妨げるため、不吉だとされていた。民間伝承が神話に取り入れられた例である。
→ビルヴィズ、マニ

## ビルヴィズ
BILWIZ

小人と関連づけられる小さな悪霊。中世以降登場する。目に見えない矢を放って病気を引き起こす。欠けゆく月の女神ビルの化身で、生き物を麻痺させる力を持つ。15世紀末には穀物の精霊となった。収穫の最後のひと束が「ビルヴィズの一刈り」として捧げられる。

### ■参考文献
Claude Lecouteux, der Bilwiz: Überlegungen zur Entstehungs und Entwicklungsgeschichte, *Euphorion* 82（1988), pp.238-250.

## ビルスキルニル
BILSKIRNIR

トールの宮殿の名前。スルーズヴァングにあり、ヴァルハラと同じく540の扉を持つ。

## ヒルデ
HILDE

ドイツ、チューリンゲン地方の水の霊。青い髪を持ち、歌で相手を惑わせる。

## ヒルデュフォルク
HILDUFOLK

アイスランドのエルフ全体を指す言葉。
→エルフ、エルフォーク

## ヒルド（「戦闘」）

HILDR

この名を持つ女性は数人いる。1：ヴァルキュリア、2：ヘグニの娘、3：女巨人、4：終末戦争の伝承において、毎晩、死んだ戦士を生き返らせる女魔法使い。

→ヒャズニンガヴィグ

## ヒルドールヴ（「戦いの狼」）

HILDOLFR

『アルバルドのレー』におけるオーディンの別名の一つ。渡し守の姿をしたオーディンは、トールを渡すことを拒否する。

## ビルロスト、ビヴロスト（「ゆらめく空の道」）

BILRÖST, BIFRÖST

アースガルズと地上を結ぶために神々がつくった橋。はるか空高くヒミンビョルグにまで達し、そこでヘイムダールが巨人たちの侵入に備えて見張りを務めている。「アースブル（アース神族の橋）」とも呼ばれる。アース神族が毎日ウルドの泉に行くためにこの橋を渡るからである。スノッリ・ストゥルルソンによると、この橋は虹だという。

■参考文献

A. Ebenbauer, Bilröst, *Reallexikon der germanischen Altertumkunde*, t. 3, Berlin, 1978.

## ビルンク

BILLUNC

泉の向こうの城に住む、誘拐魔の小人。泉を渡るには、特別な根を口にくわえ、姿を消す外套を着なければならない。奸計により、別の小人タルヌンツの息子たちの土地を手に入れた。音楽家と水差し係という二体の自動人形を所有し、二人の巨人の召使いがいる。ヴォルフディートリヒの妻を誘拐するも、妻を取り返しに来た英雄に殺される。

## ヒルンゲリ

CHLUNGERI

スイスのドイツ語圏に伝わる、糸紡ぎの女の悪霊。前から見ると腰が曲がった姿で、長い爪と鉤鼻を持ち、洞窟に住んでいる。十二夜の期間中家々を回り、すべての糸が巻き取られているか確認する。怠けた者の糸巻は玉状にしてしまう。

■参考文献

Theodor Vernaleken, *Alpensagen*, éd. par Hermann Burg, Salzbourg, Leipzig, Verlag Anton Pustet, 1938, p.37 sq.

## ビレイグ（「一つ目」）
BILEYGR

オーディンの別名の一つ。知恵を得る代償として巨人ミーミルに片目を与えたことを示している。

■参考文献

H. Falk, *Odens Heiti*, Kristiania, 1924.

## ヒンツェルマン（「小さなハインツ」）
HINZELMANN

ドイツで最も有名なこの妖精は、ドイツ北部のニーダーザクセン州リューネブルクからほど近いフーデミューレン（Hudemühlen）城にいたという。1584年に初めて現れ、1588年には姿を消した。最初は家つき精霊として友好的な態度をとっていたが、ぞんざいな扱いを受けると、騒々しい物音を立てたりコボルトのようにふるまったりするようになり、城の

（左）ビレイグ  
（右）ヒンツェルマン

中に諍いを巻き起こした。毎日皿一杯の牛乳と白パンを要求した。城内の人々の行動を監視し、怠けものの下女を罰し、厨房や厩舎の手伝いをした。未来を予言し、差し迫った危険を回避することができた。悪魔祓いによって追い払おうとしたが、効果はなかった。

　問われればヒンツェルマンと名乗ったが、人々はこれをリューリング（Lüring）とも呼んだ。妻はヒル・ビンゲルス（Hille Bingels）。ヒンツェルマンは、自分はボヘミアの山地から来ており、母親はキリスト教徒だと語ったという。その声は子供か若い娘のようだった。フーデミューレンの城主が姿を見せるよう求めると、ヒンツェルマンは拒否したが、目に見えない顔を手で触れることは許した。城主によると、歯や頭蓋骨に触れたような感触だったという。

　ある女の召使いは、ヒンツェルマンの姿を見ることに成功した。彼女が地下室に下りていくと、床に、心臓に2本の短刀が刺さった、裸の小さな子供の姿で横たわっていたという。マルティン・ルター（1483-1546）の『卓上語録』にも、似たような話が登場する。そこから、このテーマがすでに16世紀には存在したこと、おそらくそれより以前にさかのぼることがわかる。

### ■参考文献

Erika Lindig, *Hausgeister. Die Vorstellungen übernatürlicher Schützer und Helfer in der deutschen Sagenüberlieferung*, Frankfurt/Bern, Peter Lang, 1987; Dagmar Linhart, *Hausgeister in Franken*, Dettelbach, J. H. Röll, 1995.


# ［フ］


## ファーヴニル

FAFNIR

　シグルド（ジークフリート）が退治した竜。『ヴォルスンガ・サガ』によると、ファーヴニルはフレイズマルの息子の一人で、鍛冶屋のレギンの兄弟である。小人のアンドヴァリから黄金（アース神族がアンドヴァリの兄弟であるオットルを意図せず殺してしまった償いとしてアンドヴァリに与えたもの）を奪い、竜に変身してその上に寝そべった。ファーヴニルは、恐怖の兜の持ち主でもある。シグルドに倒される直前に、この黄金は持ち

主に不幸をもたらすだろうと予言した。

■参考文献

Régis Boyer, Le sang de Fáfnir, *Bulletin C.R.L.C.* 1982/1, pp.19-38.

## ファクサル

FAKSAR

→家つき精霊、ヘルノス

## ファソルト

FASOLT

　ディートリヒ・フォン・ベルン（テオドリック大王）の伝説に登場する巨人。悪天候を鎮めるための 15 世紀のドイツの呪文にも登場する。『エッケの歌』では、ファソルトは呪われた狩人で、森の老婆を追いかけている。巨人エッケとビルキルドの兄弟で、母親はウォーデルガルトである。巨大な体躯を持ち、2 本の三つ編みにした長い髪は馬の体の両側に垂れている。ディートリヒ・フォン・ベルンに殺されたエッケの仇をとろうとするが、返り討ちにあう。

　『ディートリヒの最初の冒険』という別の物語によると、ファソルトは人食い巨人で、小人たちの女王ヴィルギナールに対して、毎年若い娘の人身御供を要求している。

→エッケ、オルク

## ファランダ＝フォラド（「落とし穴」）

FALLANDA-FORAD

　冥界の女神ヘルの宮殿の入り口。

## ファルバウティ（「危険な叩く者」）

FARBAUTI

　ロキの父親とされる巨人。

## ファルホヴニル（「毛に覆われた蹄」）

FALHOFNIR

　アース神族の神々が、ユグドラシルのトネリコの木の下から裁きを下し

に行くときに乗る10頭の馬のうちの1頭。『古エッダ』に含まれる『グリームニルの言葉』によると、他の9頭は、グラード（Gladr、「輝き」）、ギュリール（Gyllir、「黄金」）、ギエール（Gier、「光」）、スケイドブリミル（Skeidbrimir、「奔馬」）、スルフリントップ（Silfrintoppr、「銀のたてがみ」）、レットフェッティ（Léttfeti、「軽脚」）である。ほとんどの名前は明るさに関係があることに注意。

## ファルマグド（「荷物の神」）
FARMAGUD

　オーディンの別名の一つ。ローマ人がオーディンをローマ神話のメルクリウスと同一視したのは、おそらくこれが原因と思われる。

### ■参考文献
H. Falk, *Odens Heiti*, Kristiania, 1924.

## ファルマチュール（「荷物のチュール」）
FARMATYR

　オーディンの別名の一つ。ここでは「チュール」は「神」を意味する普通名詞で、同名の神とは無関係である。

→ゴンドリル、ファルマグド

### ■参考文献
H. Falk, *Odens Heiti*, Kristiania, 1924.

## フィヨトゥルンド（「縛めの木立」）
FJÖTURLUNDR

　ダグ（「日」）が、フンディング王を殺したヘルギを、オーディンの導く槍の一撃で殺害した場所。セムノネス族の聖なる森を想起させる場所でもある。タキトゥスによると、セムノネス族の聖なる森では人身御供が行われ、縛られた人間しか足を踏み入れることはできなかったという。

## フィヨルヴァル（「非常に慎重な」）
FJÖLVARR

　この人物のもとでオーディンは不幸な5年間を過ごす。何をしていたかは不明だが、一種の通過儀礼だったと思われる。

## フィヨルギュン

### FJÖRGYNN

　オーディンの妻である女神フリッグの父親。ヨルズの父でもある。一つ
の神格が二つに分かれ、女性の Fjörgyn と男性の Fjörgynn になったのかも
しれない。ゲルマン神話には、このように女性と男性の両方の姿を持つ神
格は少なくない。特に農耕をつかさどるヴァン神族に多い。

## フィヨルギュン（「命を与える者」）

### FJÖRGYN

　あらゆるものを生み出す大地の女神。詩人たちはこの名が、「大地、国」
を意味すると語る。トールの母親ともいわれるが、神話の世界で通常トー
ルの母親とされるのはヨルズ（Jörd、「大地」）である。フィヨルギュンは
ヨルズの一側面で、大地と雷鳴轟く天空とのつながりを象徴しているのか
もしれない。語源的に、fjörgyn とバルト語の perkunas（ペルクナス、スラ
ブ語の perun）の近縁関係が認められることから、フィヨルギュンはオー
クの木に覆われた山である可能性がある。つまりこの女神は、大地母神ら
しく、植物の生長する力、繁殖する力を象徴しているのだろう。

#### ■参考文献

Régis Boyer, Fjörgyn, in: F. Jouan, Mort et Fécondité dans les mythologies, Paris,
1986, pp.139-150.

## フィヨールスヴィン（「きわめて賢い者」）

### FJÖLSVIDR

　1. オーディンの超自我（→ゴンドリル）。2. スヴィップターグが求婚し
た処女メングロズの城の番人。スヴィップターグに、神話についていろい
ろ教えた。

## フィヨルム（「迅速」）

### FJÖRM

　フヴェルゲルミル（Hvergelmir）の泉を発する川の一つ。
→エリヴァガール

## フィンツダー＝ヴァイブル（「金曜日の女性」）

PFINZDA-WEIBL（中性）

　オーストリアのニーダーエスターライヒ州では、謝肉祭には、とりわけパレードのためにすべての仕事が休みになる。フィンツダー＝ヴァイブルは四旬節前の最後の木曜日から灰の水曜日までと大みそかのパーティーにその力を発揮する。彼女が命じたことはすべて実行される。彼女が火かき棒に門を開けるように言えば、火かき棒はその通りにする。

■参考文献

Theodor Vernaleken, *Mythen und Brauche des Volkes in Osterreich*, Vienne, 1859. p. 293.

## フィンブルヴェト（「大いなる冬」）

FIMBULVETR

　世界の終わりが訪れるとき、その前兆として発生する数々の自然災害のうちのひとつで、3 年間続く厳しい冬。

## フィンブルチュール（「大いなる神」）

FIMBULTYR

　オーディンの別名の一つ。北欧神話の最高神にして神々の父という役割を想起させる。

## フィンブルティル（「優れた演説者」）

FIMBULTHUL

　オーディンの別名の一つ。

## フィンメルフラウ（「麻の女」）

FIMMELFRAU

　スイス、トゥールガウ州のウンターゼー湖地方に伝わる穀霊。麻の実を重くして邪悪な人間を罰する。

## フヴェズルング（「泡立つ」）

HVEDRUNGR

　ロキの別名の一つ。

## フヴェルゲルミル（「騒々しい鍋」）

HVERGELMIR

　暗黒の世界（ニッフルヘイム）にある泉。ここからエリヴァガールと呼ばれる川が流れ出ている。フヴェルゲルミルは宇宙樹ユグドラシルの根元に湧き出る泉で、大蛇ニドホーグの巣であるとする伝承もある。同じくユグドラシル付近にあるといわれるウルドの泉（ウルダルブルン）やミーミルの泉（ミーミスブルン）と同じものかもしれない。

## フェングル（「戦利品」）

FENGR

　オーディンの別名。戦士としての性格を想起させる。

## フェンゲン（複数 Fangga、単数 Fanggin）

FÄNGGEN（plur. Fangga, sing. Fanggin）

　森や高山に棲む大きな魔物で、動物の皮や樹皮を身に纏った、野人に近い存在。男は長くもつれた髭を生やし、消し炭のように黒く輝く瞳からは稲妻を発する。雷のように轟くしわがれ声を発する。チロル地方のファンガは恐ろしい女巨人で、毛深く、口は耳まで裂け、声はしわがれて雷のように轟く。隙をうかがっては子供を連れ去り、その子供を枯れ木にこすりつけて粉々にするか、貪り食う。酒を飲ませると、秘密を話しはじめる。

　スイス東部のグラウビュンデン州のフェンゲンは人間ほどの背丈だが、乳房は肩に引っ掛けられるほど長い。なかには小人ほど小さな者もいる。洞窟や氷河のクレバスに棲み、カモシカや狼を飼いならして乗り物とする、薬草の効き目に通じている。

### ■参考文献

Johann Nepomuk Ritter von Alpenburg, *Mythen und Sagen Tirols*, Zurich, 1857, p.51 sq; Georg Luck, *Rätische Alpensagen*, Gestalten und Bilder aus der Sagenwelt Graubündens, Davos, 1902, pp.13-17.

## フェンサリール（「湿地の住居」）

FENSALIR

　女神フリッグの住居。

## フェンヤ

### FENJA

　デンマークの伝説的な王フロディの所有する不思議な風車を動かしていた女巨人の一人。グロッティと呼ばれたこの水車は、粉屋が命じたものなら何でも挽くことができた。『エッダ』に収録された 13 世紀の詩に登場する。

## フェンリスルヴル（「狼のフェンリル」）

### FENRISULFR

　フェンリルの別名。

## フェンリル（「沼地の住人」）

### FENRIR

　ロキと女巨人アングルボザの間に生まれた狼。アース神族に養われていたが、あまりに大きくなったため、神々に縛られることになる。最初用意された二つの綱がちぎれてしまうと、神々は小人に次の綱、グレイプニルを作らせた。警戒したフェンリルが、神々のうちの誰かが自分の口の中に手を差し込んでおかないかぎりは繋がれたりしないと言い張ると、チュールがその役を買って出た。グレイプニルをちぎることはできないと気づいたフェンリルは、チュールの腕を嚙み切った。神々は、フェンリルを縛った綱をゲルギャという鎖に結びつけ、それをスヴィティ（Thviti）という石を使ってグジョールという岩に固定した。そしてフェンリルの口の中に剣を入れて、口を閉じられないようにした。それ以来フェンリルは吠え続け、流れ出る唾液がヴァン（Van）川となった。神々の黄昏のとき、フェンリルは綱を断ち切り、「口を大きく開き、下顎は大地に、上顎は天につけていき、鼻からは火を噴いた」という（スノッリ・ストゥルルソン）。フェンリルがオーディンを呑み込むと、次の瞬間、ヴィーザルがフェンリルの下顎を踏みつけ、上顎を引き裂いて、これを殺した。

## フォセグリム

### FOSSEGRIM

　滝の中に棲む精霊。

→家つき精霊、土地つき精霊

狼のフェンリル。『スノッリのエッダ』手稿本の細部。1680年頃

## フォラ
VOLLA

『メルゼブルクの呪文』第2部で言及される第三機能の女神で、フレイヤの姉妹とされている。おそらくフッラと同一人物だろう。これは、フレイヤとフレイと同じように、フォルとフォラが双子であることを示唆している。

## フォル(「力」)
PHOL

『メルゼブルクの呪文』の第2部で言及される神。フレイとフレイヤに相当するフォル(Phol / Fol)とフッラ(Folla)／フォラ(Volla)という双子の神かもしれないという考えから、フォルはVolla(フォラ)と関連づけられている。ドイツのザーレ川にほど近いチューリンゲン州には、プフールスボルンという通称で呼ばれている「フォルの泉」がある。この女神についての伝説の発祥の地がこの泉であることから、泉のそばに、この女神を祀る神殿が建てられた。その他にも、744年(フォルスヴァ、現在のパッサウ近郊のフラサウ)と788年にこの女神にちなんだ地名がつけられ、1138年にはオーストリアのメルク近郊にフォル橋(Pholespunkt)ができた。

## フォルクヴァングル（「人々の広場」）
FOLKVANGR

女神フレイヤの住居。

## フォルセティ（「首長」）
FORSETI

アース神族で、バルドルとナンナの息子。グリットニルに住んでいる。フリースランド人が、フリースランドとデンマークの間に位置するある島で崇めていた神フォセティ（Foseti）と同一と思われる。この島については、聖ウィリブロードなど、6-9世紀の聖人伝に記されている。それによると、フリースランド人は島を神聖視するあまり、そこにあるものに手を触れることもなければ、泉から湧き出る水を汲む者さえなかったという。

## フォルニョート
FORNJOTR

神話上の始祖。息子にフレール（Hlér、「海」）、ロギ（Logi、「火」）、カリ（Kari、「風」）がいる。カリはスネール（「雪」）の祖父である。おそらくこれは霜の巨人フリームスルスの系譜であろう。

## フォルネルヴィル
FORNŒLVIR

オーディンの別名の一つ。「老エルヴィル」または「異教徒エルヴィル」を意味する。

## フォン（「吹き溜まり」）
FÖNN

女巨人。スネール王の娘。

## 不可視性
INVISIBILITÉ

神々や悪魔、伝説上の存在（妖精、小人、精霊）のように、姿を見えなくしたい、と昔から人々は願ってきた。小人たちは、ジークフリート伝説で有名になったマントや外套（タルンカッペ── Tarnkappe、Nebelkappe、

Helkappe、Helkleit、Verheltniskappe、Wünschhütlein)、または指輪を使って姿を隠すと信じられた。16世紀以降、姿を見えなくする方法はさらに多様化した。たとえば洗礼を受けずに死んだ、あるいは死産だった赤ん坊の指を手に入れ、場合によってはこれを乾燥させて火をつけると、それが燃えている間、人に姿を見られることはないとされた。魔女裁判の記録によれば、1580年にはすでに、死者の帷子の糸を芯にしたろうそくが使われていたと記されている。殺された男の脂に火を灯したランプでも、同じ効果があるといわれた。一般的には、首吊り人、処女、早死にした人の身体の一部を、また中部フランケン地方では、けがれのない幼児の生殖器の血液を手に入れればよいとされた。チロル地方には、死者に自分の服を着せ、反対に死者の帷子を着ればよいという言い伝えがあった。

死者の腐敗していない舌を切り取って、焼いてから口の中に戻すというものもある。次の春にその頭部を地中に埋め、その上に三位一体にちなんで3粒の豆をまく。収穫した豆を口に含めば、姿を見えなくすることができるという。1546年には、オーストリアのスティリア地方の魔女が、キリストの磔刑像から目をくりぬいて使ったという。

植物が利用される場合もある。聖ヨハネの日〔6月24日〕の夜かクリスマス、あるいは夏至の日か真夜中に十字路で摘んだシダ、5月1日に摘んだ野生のチコリなどである。

## プーキ（デンマーク語：**プーゲ**、ノルウェー語およびスウェーデン語：**プーケ**）
PUKI（dan. Puge, norv. et sued. Puke）

民間信仰の小悪魔。小人だったり、亡霊だったり、またときにはトイレに出没する悪魔だったりする。北欧諸国のどこでもよく知られており、シェイクスピアは『真夏の夜の夢』でオーベロンのそばに侍らせている。この小悪魔はニスプック（Nisspudk）という名前が示す通り、土地の精であるニスや小人と同一視されていた。1598年、シュヴェリーン（ドイツ）の聖フランシスコ修道院に一人のプック（Puck）が棲んでおり、あらゆる仕事をしていた。このプックは姿を消す前に、今までの仕事の報酬として小さな鈴のついたカラフルなフロックコートを要求した。

→家つき精霊、小人、ニス、ラー

■参考文献

Erika Lindig, Hausgeister. *Die Vorstellungen ubernaturlicher Schutzer und Helfer in der deutschen Sagenuberlieferung*, Frankfurt/Bern, Peter Lang, 1987, p. 80 sqq.

## フギン（「思考」）
HUGINN

　オーディンの2羽のカラスのうちの1羽。

　ブラクテアートをはじめとする考古学的証拠からも明らかだが、4〜7世紀にはすでにカラスとオーディンの繋がりが認められていたようである。

## ブコウ、ブーディ
BUKOW, BOODIE

　シェトランド諸島とスコットランドの家つき精霊の名。鈴のついた服を着ている。

## ブッツ
BUTZ（ドイツ語で Putz, Boz, Butzenmann、デンマーク語で Busemand, Boesman, Böög）

　悪霊、幽霊、小人、コボルト、家つき精霊などをさす一般的な語。普通の人間の大きさで、老いた農夫や兵士の姿をしている場合もある。語源は「音を出す」を意味する古い動詞と考えられている。Butz は「小さな台」を意味することから、人の姿を指しているのかもしれない。

■参考文献

Erika Lindig, *Hausgeister. Die Vorstellungen übernatürlicher Schützer und Helfer in der deutschen Sagenüberlieferung*, Frankfurt/Bern, Peter Lang, 1987（Artes Populares 14）, p.55 *passim*.

オーディンの2羽のカラスのうちの1羽であるフギン。スウェーデンのゴットランド島ヴァドステナで出土したブロンズ製馬具の一部

## プッツ、アルムプッツ
PUTZ, ALMPUTZ

チロルのあらゆる種類の架空の生き物の総称。アウフホッカーのような仙人を指すこともあれば、ポルターガイスト、火の霊、頭のない白あるいは灰色の、ときに犬を連れた男、測量士の亡霊、いたずらを我慢できない白髪の小人を指すこともある。プッツは木靴を履いていることがあり、そんな姿のプッツが来れば雪が降ると言われている。豚の姿で現れることもある。ある伝説によると、プッツは親切にしてくれた農民には、お礼に決して減らない丸パンを与える。

## ブッツェグラール（「中性の物質」）
BUTZEGRAALE

ドイツ、ヴュルテンベルクの妖怪。

## フッラ（「豊穣」）
FULLA

フリッグの召使いで相談役。額に黄金のリボンを巻いた処女である。アース神族の一員とする説もあるが、詳細は謎に包まれている。『メルゼブルクの呪文』の2番目の呪文に登場するヴォラと同一とみなされる。ローマ神話のコピアに近い、豊穣を神格化した存在である。

## フーデミューレン
HUDEMÜHLEN

ドイツ北部のニーダーザクセン州リューネブルクにあった城。1584年から1588年にかけて、幽霊騒ぎが起きた。最初のうちは大きな物音を立てるだけだったが、その後、日中に召使いに話しかけるようになり、やがて人々はその存在に慣れていった。笑い声をたて、あらゆるいたずらをし、若い娘のような耳に心地よい声で賛美歌を歌った。キリスト教徒であり、その他の悪霊との共通点はなかったともいわれている。

→ヒンツェルマン

## フニカル（「叩く者」、「そそのかす者」）

HNIKKAR

オーディンの別名の一つ。シグルドが嵐に巻き込まれたとき、オーディンはこの名で現れて、波を鎮めた。

## フニットビョルグ（「衝突し合う山」）

HNITBJÖRG

魔法の蜜酒が入った容器を守っている女巨人グンロッドの住む山。ギリシャ神話に登場する、互いに衝突し合う岩シンプレゲイドを想起させる。
→クヴァシル

## フノス（「宝」）

HNOSS

フレイヤとオッドの娘。

## フュルギャ（「追随者」）

FYLGJA

キリスト教徒が「霊魂」と呼ぶものを構成する三つの部分のうちの一つ。守護霊であると同時にその人間の精神的な分身でもあり、眠っている間に身体を離れて、夢の中で友人や敵を訪れる。フュルギャはいろいろな動物の姿をとることができ、中には一人で複数のフュルギャを持つ人もいる。複数形のフュルギュール（fylgjur）は、「運命」を意味する。フュルギャは宇宙霊魂の顕在化したものであり、ギリシャ語のダイモーン（daïmôn）、ラテン語のゲニウス（genius）、そして古ノルド語で「同伴天使（fylgjuengill）」と呼ばれたキリスト教の守護天使に通じる。
→ハムル、ペーター・シュレミール

### ■参考文献

Ida Blum, *Die Schutzgeister in der altnordischen Literatur*, Diss. Strasbourg, 1912.

## ブライザブリック（「光り輝く」）

BREIDABLIK

オーディンとフリッグの息子バルドルの宮殿の名前。

## ブライトフット、ラングフット（「大帽子」、「長帽子」）
### BREITHUT, LANGHUT

木にとまっていたり、化け物めいた木の姿、首切り台の姿で現れる精霊。ワイルドハントがこの姿をとることが多い。北欧神話では、オーディン／ウォーダンの別名でもある。ドイツでは、17 〜 18 世紀の服装をした悪霊。スイスのドイツ語圏では、ワイルドハントの首領は「der Muet（Muot）mit dem Breit huot（つば広帽をかぶったムオット）」と呼ばれる。この場合のMuot は、ウォーダン（Wod、Wodan）の変形である。

■参考文献

E. H. Meyer, *Germanische Mythologie*, Berlin, 1891, p.231.

## ブライン
### BLAINN

原初の巨人ユミールの別名。

→世界の起源

## フラウ・ヒット、フット
### HITT / HUTT, DAME

オーストリアのインスブルックを見下ろす山々に住む巨人の女王。パンを無駄にした罰として、神に石に変えられた。白い服を着て石の上に座る、髪に色を塗った女巨人だとする伝承もある。近くを通りかかった子供を山の中に連れ去る。連れ去られた子供の姿は、その後、二度と見られなくなるという。

■参考文献

Ignaz V. Zingerle, *Sagen aus Tirol*, Innsbruck, 1891, p.127 sq; Joh. Nepomuk Ritter von Alpenburg, *Mythen und Sagen Tirols*, Zurich, 1857, p.239.

## ブラウニー
### BROWNIE

イギリスやアイルランドで家につくと言われる小人の精霊。勇敢で、仕事を手伝ってくれる。その対価として緑色の服を与えると、姿を消してしまうという。かつては、すべての善良な人の家庭には、ブラウニーがいると言われていた。

## ブラウヒュット（「青い帽子」）

### BLAUHÜTL

　ドイツ、ザクセン地方ラウジッツのワイルドハントの首領。伝説によれば、狩りに熱中しすぎた罰として、死後も永遠に狩りを続けているビーバーシュタイン領主だという。

■参考文献

K. Haupt, *Sagenbuch der Lausitz*, Leipzig, 1862, p.122.

## ブラウマンテル（「青い外套」）

### BLAUMANTEL

　悪魔の別名の一つ。

## ブラガーフル

### BRAGARFULL

　厳粛な誓いの際に使用された杯。特に冬至祭ヨールと葬儀の際の献酒で使用された。スノッリの著作では、「ブラギの杯」を意味するブラガーフルと記されている。

## ブラギ

### BRAGI

　詩歌の神。智慧と雄弁で知られたアース神族で、妻は永遠の若さを約束するリンゴの所有者、女神イズンである。老ブラギとも呼ばれる偉大なスカルド詩人ブラギ・ボダソン（9世紀）を神格化した存在とも言われるが、この詩人が、もともと存在した同名の神と一体化したと考えるほうが妥当だろう。「オーディンの息子」、「斜めの髭の神」、「最初の作詩家」などのケニングがある。

■参考文献

Heinz Klingenberg, Bragi, *Reallexikon der germanischen Altertumskunde*, t. 3, Berlin, 1978, pp.334-336.

## ブラクテアート

### BRACTÉATE

　12世紀以降、北ヨーロッパで鋳造されたメダルの一種。男性の頭部ま

たは騎馬像が、太陽の象徴や卍字、三脚巴(トリスケリオン)などとともに描かれている。

## フラズグズ
HLADGUD

ヴァルキュリアの名前。戦いの行方についての企みを示唆している。ヘルヴォルの姉妹で、「白鳥のように白い」といわれる。

## フラタ
FLATA

ハインリヒ・フォン・ノイシュタットが著した『テュロスのアポロニウス』(1300 年頃) の中では、野人の女で、複数の怪物の母とされる。人間二人分ほどの大きさで、速く走る。顔は「野生ネコのような貪欲な表情をし」、腿は「長く、乾いて」いて、「竜の脚」のような長い脚の先からは、鋭い爪が生えている。眉は黒くて長く、乳房は腹まで垂れ、身体中がボサボサの毛に覆われている。ヤギのように跳躍する。尻は「薪のように丸く」、大きな鼻孔からは鼻汁が「ソーセージの長さほど」垂れている。落ちくぼんだ眼窩の奥の目は輝き、巨大な口は悪臭を放っている。野人の女についての中世の描写の中でも、特に見事なものの一つであるといえよう。

## フラナングルスヴォルス (「フラナングの滝」)
FRANANGRSFORS

バルドルの死後、ロキの邪悪さに我慢ならなくなった神々の怒りから逃れるため、ロキが鮭に変身して身を隠した滝の名前。

トロルヘッタン (スウェーデン) 出土のブラクテアート。チュールと狼のフェンリルが表されている。1〜4 世紀

## フラフナグッド（「カラスの神」）

### HRAFNAGUD

オーディンの別名の一つ。2羽のカラス、フギン（「思考」）とムニン（「記憶」）を想起させる。オーディンは明け方に2羽を世界に送り出し、やがて2羽が戻ってきて伝える話に耳を傾ける。2羽はオーディンが動物に変身した姿かもしれない。この神は意のままに姿を変えられるからである。フラフナグッドはフラフナアース（Hrafnaass、「カラスのアース」）ともいわれる。

## フラリズル（「騎行者」）

### FRARIDR

オーディンの別名の一つ。愛馬スレイプニルに関連する名かもしれない。

## ブリ（「創造者」）

### BURI

すべての神の祖先。雌牛アウズムラが世界を覆う氷を舐めて、ブリを生じさせた。ブリは単独生殖が可能で、その息子ボルがベストラと結婚してオーディン、ヴィリ、ヴェーの三兄弟の父となった。

## ブリシンガメン（「ブリシンガの首飾り」）

### BRISINGAMEN

4人の小人アルフリッグ、ドヴァリン、ベルリング、グレールが作った首飾り。フレイヤはこれを手に入れるために、4人それぞれと寝なければならなかった。これを知ったロキがオーディンに告げ口すると、オーディンはロキに首飾りを奪ってくるよう命じる。首飾りを手に入れたオーディンはフレイヤに、二人の王を永遠に戦わせるなら首飾りを返すと言い、フレイヤはそれに従う。
→ヒャズニンガヴィグ

## フリッグ（「女主人」）

### FRIGG

アース神族の第一の女神。オーディンの妻でバルドルとヒョルギンの母。アースガルズではフェンサリールに住み、召使いのフッラとグナーにかし

ずかれている。隼の衣を所有しているのは、かつて変身できたことの名残だろう。この世の危険からバルドルを守るために、あらゆる植物、鉱物、動物に、彼に害をなさないと誓わせたが、ヤドリギの若芽にだけは、誓いを立てさせるのを忘れた。

ロンバルディアではフレア（Frea）と呼ばれ、古高地ドイツ語の呪文ではフリア（Frîja）、古英語ではフリーゲ（Frîge）という。「金曜日（Freitag、Friday）」の語源となった。スカンディナヴィア諸国には彼女にちなむ地名が多く（アイスランドは例外）、フリッグが広く崇敬されていたことがうかがえる。

大地母神として植物、動物、人間に生命を与える存在である。また神々のつむぎ女でもあり、人間に糸車と錘の使い方を教えた。その黄金の糸巻き棒からは、絹のように柔らかな糸がとれた。家庭内の仕事と農業の守護女神である。

もともとフレイヤと同一視されていたので、浮気性なところなど、その性格を一部受け継いでいる。豊穣の神格化された姿であるフッラとともに、繁栄と幸福をもたらす。

■参考文献

R. Boyer, *La Grande Déesse du Nord*, Paris, Berg International, 1995, pp.163-183; J.-P. Allard, Du second Charme de Mersebourg au Viatique de Weingarten *Études indo-européennes* 14（1985), pp.33-53.


## ブリックヤンダボル

BLIKJANDABÖL

冥界の女王ヘルの寝台の天蓋。

→ヘル


## フリッコ

FRICCO

ブレーメンのアダムによれば、フレイの別名である。その記述によると、ウプサラの神殿にはトール、オーディン、そして巨大な男根を持つフリッコの三柱の神の像がまつられていた。この特徴は青銅製の護符にも見られ、この神が第三機能（豊穣／肥沃）をつかさどっていたことを想起させる。

## ブリッジ

BRIDGI

シェトランド諸島付近の海域にいるとされた、怪物ザメの一種。ピンと立った背びれが船の帆のように見えるため、誰にも気付かれずに小舟に接近できる。船を破壊したり、背びれと胸びれで船を挟んで沈めたりするという。船乗りたちは自衛のため、斧を持って乗船した。タイミングよく琥珀の粒を海に投げ入れると、この怪物は逃げ去るという。

■参考文献

J. Renaud, Le peuple surnaturel des Shetlands, *Artus* 21-22（1986）, p.2832.

## フリッズキャルフ（「その側面がふるえる」）

HLIDSKJALF

オーディンの玉座。ここに腰掛けると、世界の隅々まで見渡すことができる。玉座が置かれた部屋も同じ名で呼ばれる。

## フリッド（「突風」）

HRID

フヴェルゲルミルの泉から流れ出る神話上の川の一つ。

## ブリミル

BRIMIR

神々が献酒を行う館。

## フリムグリームニル（「霜の仮面」）

HRIMGRIMNIR

死者の国の近くに住んでいる巨人。詳しいことは何も知られていない。

## フリームスルス（「霜の巨人」）

HRIMTHURS

原初の自然の力であり、神々が戦い続けた相手である。この名には、「雪、寒さ、濃霧、氷結」などを示す語幹が含まれている。祖先は、氷河が解けて生まれた原初の巨人ユミール。変身能力を持ち、魔術を操る。さらに世界の最も古い住人として、あらゆる秘密に通じている。

## フリームニル（「霜で覆われた」）

HRIMNIR

巨人で、ヘイズ（「魔女」）という娘とフロスショフ（Hrossthjof、「馬泥棒」）という息子がいる。14世紀の詩に登場する。

## フリムファシ（「霜のたてがみ」）

HRIMFAXI

この馬は「役に立つ神々を毎夜、牽引して走る。朝には馬銜から泡を滴らせ、谷間の露となす」と、『古エッダ』にうたわれている。昼の神の馬はスキンファシと呼ばれる。

## フリュム

HRYMR

巨人で、ラグナロクにおいて神々を襲撃するために、爪の船ナグルファールに乗り他の巨人たちを率いてやってくる。

## ブリュンヒルド（「甲冑をまとったヒルド」）

BRYNHILDR

ヴァルキュリアの一人で、オーディンの命令に反してアグナルに勝利を与えた。罰としてオーディンは彼女を魔法の針で刺して眠りにつかせ、「雌鹿の山」ヒンダルフィヨル山に安置して、無数の盾と炎でこれを取り囲んだ。そこへシグルドが来て彼女が着ていた鎧を外し、目覚めさせた。ブリュンヒルドはシグルドに自分の半生について語り、様々な知恵を授ける。その後シグルドは彼女を裏切ってグズルーンと結婚したが、シグルドが暗殺されると、ブリュンヒルドも自殺した。『ニーベルンゲンの歌』に登場するブリュンヒルドも、神話に由来する特徴をいくつか残している。たとえば、処女性を拠り所とする超人的な力もそうだ。二度にわたってジークフリート（シグルドのこと）にだまされ、彼の死後は物語から姿を消す。

## フリーン（「守護者」）

HLIN

オーディンの妻の女神フリッグが、人間の守護を任せた女神。おそらくフリッグの別の姿だろう。

## フリングホルニ
### HRINGHORNI

　バルドルの火葬に使用された船。この船を進水させるために、神々は女巨人ヒュロキンの助けを求めた。バルドルの体が船の上に置かれたのを見ると、妻のナンナは悲しみのあまり倒れて死んだ。そこで神々はナンナの体を夫の傍に横たえ、トールがミョルニルで祝別した炎で船を焼いた。そのとき、足元にリトル（Litr、「色」）という小人が飛び出してきたので、トールはこれを火の中に蹴り入れた。

　こうした葬儀が実際に行われていたことは、アラブの旅行家イブン・ファドランが残した記録からも明らかである。彼は922年、まさにこのような儀式に参列し、スウェーデン人の首領の遺体が、1名の奴隷、1匹の犬、2頭の馬、2頭の牛、鶏のつがいとともに船の中に納められ、すべて燃やされた後でその場に塚が建てられた、と記している。考古学調査でも、ノルウェーのオーセベリをはじめ、多くの土地で船葬墓が発見されている。


## ブリンディ（「盲目」）
### BLINDI

　オーディンの別名の一つ。この神が隻眼であることを示している。
### ■参考文献

H. Falk, *Odens Heiti*, Kristiania, 1924.


## ブル、ボル（「息子」）
### BURR, BORR

　ブリの息子。巨人ボルソルンの娘ベストラと結婚して、オーディン、ヴィリ、ヴェーの三神をもうけた。


## ブルグント族
### BURGONDE

　バルト海に浮かぶスウェーデン南部の島ボーンホルム島（古名はBorgundarholm）、またはノルウェーのボールン（Bordung）を起源とするゲルマン系の部族。5世紀に南下してマインツを奪取し、ライン川流域に定住した。ローマ帝国の将軍アエティウスのフン族傭兵隊に破れ、南仏のサヴォイ地方とプロヴァンス地方に移住させられた。彼らの王グンドバト

（Gundobad、473頃-516）が編纂を命じた『ブルグント法典』の序文には、『ニーベルンゲンの歌』をはじめとする英雄叙事詩にしばしば登場する王の名がいくつも挙げられている。たとえばゲビッカ、グンドマール、ギセルハール／ギーゼルヘル、グンダハール／グンテルなどである。ブルグント王は、ニーベルンゲンの黄金を所有した王として伝説に名を残している。『ニーベルンゲンの歌』に登場するブルグント族の君主といえば、グンテル、ゲルノート、ギーゼルヘルだ。ヴォルムスに居城を構える彼らの妹は、ジークフリートと結婚するクリームヒルトである。クリームヒルトは、夫が暗殺されると復讐のためにエッツェル（アッティラ）と結婚し、兄たちをエッツェルの城におびき寄せて全員惨殺した。
→アルベリッヒ1世、アンドヴァリ

## フルドルスラート、フルドルラーク（「音楽、地中人の娯楽」）
### HULDRESLAAT, HULDRELAAK
小人やエルフが、人々を彼らの王国におびきよせるために利用した音楽。

## フルドルフォーク
### HULDREFOLK
デンマークに伝わる地中に住む種族。
### ■参考文献
Bengt Holbek, iørn Piø, *Fabeldyr og sagnfolk*, Copenhague, Politikens Verlag, 1967, p.136.

## ブルニ（「茶色」）
### BRUNI
オーディンの別名の一つ。また、ある小人の名でもある。英語ではこの小人は「ブラウニー」と呼ばれる。
### ■参考文献
Hjalmar Falk, *Odensheite*, Kristiania, 1924.

## ブルーニー
### BROONIE
シェトランド諸島の家つき精霊の名。ビール醸造、バター作り、製粉な

どをする時、人々はブルーニーにちょっとしたお供え物をする。シェトランド諸島西部では、ブルーニーが、農家に貯蔵された穀物を守ってくれると考えられていた。

■参考文献

Jean Renaud, le Peuple surnaturel des Shetlands, *Artus* 21-22（1986), p.2832.

## フルングニル
### HRUNGNIR

　オーディンに騎馬競走を挑んだ巨人。競走の勢いで、オーディンの後からアースガルズに飛び込んだ。神々の酒盛りに招かれ、酔っ払うと、ヴァルハラを引き抜いてヨートゥンヘイムに持っていく、アースガルズを地中にめり込ませる、フレイヤとシヴを連れ去って残りの神々を皆殺しにするなどと言い出した。我慢ができなくなった神々はトールを呼びだし、トールと、武器を取りに家に戻った巨人との間で戦いが行われることになった。

　グリョトゥナガード（Grjotunagardr）で、巨人たちは粘土をこねて高さ9マイル、幅3マイルの人間を作り、雌馬の心臓をはめ込んで、モックルカルヴィと名付けた。フルングニルの心臓は硬い石でできており、その頭と盾も石だった。トールは従者シアルヴィとともに戦いにおもむいた。トールが槌をフルングニルに投げつけると、火打石でできた槌は粉々になった。そして、破片の一つが地面に落ちて山となり、別の一片はトールの頭にめり込んだ。その後トールはフルングニルの頭を叩き割り、シアルヴィはモックルカルヴィを殺した。トールはその後アウルヴァンディルの妻グロアのもとを訪れて、頭にめり込んだ石を除去してほしいと頼んだ。

　スウェーデンのゴットランド島で発見された石の装飾浮き彫りのモチーフは「フルングニルの心臓」と呼ばれ、三つの三角形の組み合わせでできている。これはまた、「殺された者の結び目」とも呼ばれている。

## フレア
### FREA

　パウルス・ディアコヌスの著書『ランゴバルド史』によれば、グーダン（Guodan、オーディン／ウォーダン）の妻である。したがってフリッグと同じ。

→ランゴバルド

## フレイ（「主人」）

FREYR

　ヴァン神族の主神で、第三機能（豊穣／肥沃）を担っていた。ニョルズの息子でフレイヤの兄。「雨と日照、そして植生を支配する。豊作や平和を願う時に祈るべき神である。また家族と財産の繁栄もつかさどる」と、スノッリ・ストゥルルソンは述べている。お気に入りの動物は豚と馬である。

　アルヴヘイム（「エルフの世界」）に住み、スキーズブラズニルという魔法の船と、グリンボルスティまたはスリドルグタニという猪を所有する。妻は女巨人ゲルズで、彼女を得るために、その父親のギュミールに剣を譲らなければならなかった。そのため、剣を持たずに終末戦争に挑むことになり、火の巨人スルトに殺された。

　フレイは別名をユングヴィともいい、ユングリンガ族の祖先である。これは、タキトゥスのいうインガエウォネース族と同じものかもしれない。イギリスでは、イングと呼ばれた。『ユングリンガ・サガ』のエウヘメリズム的解釈によれば、フレイはウプサラに住むスウェーデン王で、ゲルズ（Gerdr）を妻とし、息子にヒョルニルがいた。その治世は平和と繁栄に包まれたものだったため、死後も神として崇められたという。

　フレイはデンマークのフロト（Frotho、Frodi、Fricco）に等しい。ノルウェーでは、宴会で乾杯する場合、まずオーディンに、ついでニョルズとフレイに盃が捧げられる。フレイの人気、またフレイ信仰の隆盛は、スウェーデンに37、デンマークに7、ノルウェーに26も彼の名にちなんだ地名が存在することからも明らかであろう。またフランスのノルマンディー地方にも、フレヴィル（Fréville）という地名が二つ存在する。

　インド＝ヨーロッパ神話のナサチャやアシュヴィン、またローマ神話のクイリーヌスに相当する。

## フレイヤ（「女主人」）

FREYJA

　ヴァン神族の第一の女神。ニョルズの娘でフレイの妹。オッズとの間に娘たちフノスとゲルシミを得た。オッズが死んだ時、黄金の涙を流した。天上界のフォルクヴァングルに住み、宮殿の名はセスルムニルである。オーディンと死者を分け合っている。恋愛詩を好み、浮気性である。フレイヤにはエロティックな儀礼が捧げられ、オリエントの女神、特にキュベレと

# フレキ

フレイの護符。スウェーデン、セーデルマンランド地方レーリンゲ出土の青銅製品、11世紀

の類似をうかがわせる。その乗り物は、猫のひく車である。

フレイヤがつかさどる領域は広く、生（誕生）と死、愛と戦闘、豊穣と黒魔術などである。ヴァン神族の間で行われていた魔術をアース神族に伝えたのはフレイヤだった（→セイズ）。

美しく好色なフレイヤを求めて、巨人たちは狂奔した（→スリュム、フルングニル）。歴史文献は、愛に関することなら、彼女に祈願すべきだと記している。

スカルド詩では、フレイヤは「ヴァン神族の女神（ディース）」、「雌豚」、「恵みを与える者」、「麻の精霊」、Mardöll と呼ばれている。フレイヤといえば、有名なのは首飾りブリシンガメンを巡るエピソードである。これを手に入れるため、フレイヤは製作者の小人たち全員と寝た。ノルウェーやスウェーデンに彼女の名前をとった地名が多いことからも、フレイヤ信仰が盛んであったことがうかがえるが、文献上の裏付けはない。

■参考文献

R. Boyer, *La Grande Déesse du Nord*, Paris, Berg International, 1995, pp.120-162.

## フレキ（「貪欲」）
FREKI

オーディンに付き従う2頭の狼のうちの1頭。もう1頭はゲリ。フェンリルの別名でもある。

## フレースヴェルグ（「死体を食う者」）

HRÆSVELGR

　世界の果てにとまっている巨大な鷲で、羽ばたくと風が吹く。巨人の名でもある。

■参考文献

Régis Boyer, Hraevelgr, in: Ch. M. Termes, *Foi, Raison, Verbe. Mélanges in honorem Julien Ries*, Luxembourg, 1993, pp.29-36.

## フレール（「海」）

HLÉR

　海の巨人であるエーギルの別名。デンマークのレス島は、「フレールの島（フレッセイ）」とも呼ばれる。

## フロー

FRÖ

　フレイのデンマークでの名前。スウェーデンのウプサラにある神殿では、毎年、または記録によっては9年ごとに、この神に生贄が捧げられた。

## フロー（「主人」）

FRO

　ドイツの神で、フレイと同一と考えられる。『メルゼブルクの呪文』の2番目の呪文に登場するフォル（Phol）と同一の可能性もある。

## ブロークッラ

BLAKULLA

　スウェーデンで、魔女たちがサバトの集会を行うと考えられた場所。巨大な平地の真ん中に大きな建物が建っている。そこには教会もあり、祭壇の上には12歳の子供の背格好をした悪魔がいる。サバトの儀式はそこで執り行われた。

## フローズヴィトニル

HRODVITNIR

　月の後を追っている狼ハティの父。

→ハティ

## フロスショフ（「馬泥棒」）
HROSSTHJOF

フリームニルの息子の巨人。

## フロスハースグラニ（「馬の毛のグラニ」）
HROSSHARSGRANI

オーディンの別名の一つ。『ガウトレク（Gautrekr）のサガ』を想起させる。ここでオーディンはスタルカズの養父グラニと名乗っている。一方、グラニはオーディンの馬スレイプニルの子の名でもある。オーディン信仰において馬が重視されていたことがわかる。

### ■参考文献
La Saga de Gautrek, trad. par R. Boyer, in: *Deux Sagas légendaires*, Paris, Les Belles Lettres, 1996, pp.2-39.

## ブロック（「鍛冶屋」）
BROKKR

小人のシンドリの兄弟で相棒。シンドリと協力して神々の持ち物を作った。バルドルの腕輪ドラウプニル、フレイの猪グリンボルスティ、そしてトールの槌ミョルニルである。

## ブロックスベルク
BLOCKSBERG

ドイツのハルツ山地の最高峰ブロッケン山の古名。14世紀以降、この山には、聖ヨハネの祝日（6月24日）、万聖節（11月1日）、5月1日〔ヴァルプルギスの夜〕、四旬節の中頃、聖ミカエルの祝日（9月29日）の夜に、精霊や魔女たちが集まると信じられてきた。

## ブロッケン
BROCKEN
→ブロックスベルク

## フロディ、フロト
FRODI, FROTHO

エウヘメリズム的解釈によれば、フレイはスキョルドゥンガ家の王フロディに等しい。アングロ・サクソンの英雄叙事詩には、フロダという名で登場する。多くの家系図において、トールを祖先とするスキョルズの子孫である。

## フローデュン
HLODYN

トールの母親。普通、ヨルズ（「大地」）がトールの母とされるので、フローデュンとヨルズは同じ存在かもしれない。フリースランドとライン下流域で Hludana という女神への2、3世紀の奉納品が5点発見されていることからも、はるか昔から信仰されてきたことがわかる。

## ブロートケルダ
BLOTKELDA
→生贄の沼

## ブロドルン
BLODÖRN
→血の鷲

## フロプタチュール（「叫びの神」）
HROPTATYR

オーディンの別名の一つ。オーディンは「叫び」を意味するフロプトとも呼ばれることがあるが、理由は不明である。

## フローラ
HLORA

トールの養母。いかなる物語も伝わっておらず、トールの別名であるフローリジをもとに、近年になって作られた存在と考えられる。

## フローリジ（「騒がしい騎手」）

HLORIDI

トールの別名。最も頻繁に見られる。


## フロン（「波」）

HRÖNN

フヴェルゲルミルの泉から流れ出る神話上の川の一つ。また海の巨人エーギルの娘の一人の名でもある。

→フヴェルゲルミル


# ［ヘ］


## ベアトリク（**男性**）

BEATRIK（masc.）

チロル地方の伝説に登場する巨人。人が入り込めないような洞窟や深い森に住んでいる。その顔はあまりにも恐ろしく、正面から見つめた者はいない。冬には高原の牧草地を訪れ、出会った者に不幸をもたらす。ただし悪意は持たないので、ベアトリクに出会っても気づかないふりができる勇気ある人間には悪さをしない。常に子犬の群れを連れている。騒々しく吠える子犬たちは皆毛むくじゃらで、頭や脚や尾を見分けることはできない。冬、特にクリスマスの時期にのみ人家に近寄る。エグアーネと呼ばれる魔女たちを狩るといわれる。

南チロルのトレンティーノ地方にあるボルゴ・ヴァルスガーナ付近のカステルヌオーヴォの伝承によると、ベアトリクは牛乳の入った碗を持っている。叫び声をあげ、それに応えようとする傲慢な人間がいると、牛乳で眠らせ、腹を裂いて取り出した腸を近くの梳き櫛に巻きつける。

**■参考文献**

Christian Schneller, *Märchen und Sagen aus Wälschtirol*, Ein Beitrag zur deutschen Sagenkunde, Innsbruck, 1867, p.203 sqq.


## ヘイティ

HEITI

スカルド詩で使われる言い換えのこと。2種類存在する。一つは、深い知識がなくともわかる言い換えで、もう一つは説明なしには理解しがたい言い換え（換喩<sup>メトニミー</sup>）である。たとえば「ゴット」と「仮面をかぶった」はどちらもオーディンのヘイティであるが、「ゴット」は前者、「仮面をかぶった」は後者に属する。宗教的には、口にしてはならない言葉、タブーの存在を示唆しているといわれる。

## ヘイドルン

HEIDRUN

ヴァルハラの屋根の上に乗ってラエラードの葉を食べている山羊。その乳房から流れ出る蜜酒は、ヴァルキュリアたちがエインヘリヤルと呼ばれる戦士たちに供した。

## ヘイムダール

HEIMDALLR

アース神族の一員で、彼らを守る謎めいた神。すべての人間の父。空の果てにある「天空の山（ヒミンビョルグ）」に住み、アースガルズに通じる橋ビヴロスト(虹)を見張っている。はるかかなたまで見渡すことができ、草原で草が生長する音や、羊の背中で毛が伸びる音を聞き分けられる。その聴覚は、宇宙樹ユグドラシルの根元に隠されているからである。鳥と同じくらいわずかな睡眠しか必要としない。「白いアース」と呼ばれ、9人姉妹の息子。その歯は黄金である。「グルトプ(Gulltopr「黄金のたてがみ」)」という馬を所有している。また、吹けばその音が世界の果てまで届くギャラルホルンという角笛と、ヘフド（「人の頭」）という剣を持っている。世界の終わりには、ロキと刺し違える。

ハリンスキディとも呼ばれるため、雄羊と関係すると思われる。この点は、トールの雄山羊、オーディンのカラス、フレイの猪と対比される。

ヘイムダールは神々の王として現れ、宇宙樹ユグドラシルの象徴と結び付けられている。非常に古い時代から存在するこの神は、世界の秩序に先行し、また9人の母（波？）の息子として、混沌の海の中から出現したと思われる。しかし、この神に関する情報は非常に断片的である。

### ■参考文献

Jan de Vries, Heimdallr, dieu énigmatique, *Études germaniques* 4（1955), pp.257-2

ヴァルハラの屋根の上にいる山羊のヘイドルン。『スノッリのエッダ』O・ブリニョルフソン、1760年

## ベイラ
BEYLA

　神フレイの召使い、または別の姿であるビュグヴィルの妻。名前の由来は「雌牛」または「小さな蜂」。

## ベーオウルフ
BEOWULF

　7～9世紀に古英語で書かれた、頭韻法を用いた同名の叙事詩の主人公。ゴート族の王ヒゲラックの甥ベーオウルフは、フロドガー王に加勢するためにデンマークを訪れた。フロドガー王の壮麗な館が怪物グレンデルに襲われ、家臣が次々に食べられてしまったからだ。ベーオウルフはグレンデルと対決し、その片腕を切り落とす。怪物が湿地にある湖の奥深くの住みかに逃げ去ると、代わりにその母親が現れる。ベーオウルフは湖の奥深くに潜り、洞窟で見つけた剣でグレンデルの母親を倒した。その後、ベーオウルフの領土が竜に荒らされる。彼は若いウィグラフを引き連れて竜と戦って倒し、財宝を手に入れるが、その後まもなく、戦いの中で受けた傷がもとで死ぬ。ベーオウルフの遺体は財宝とともに埋められて塚が築かれた。この叙事詩のエピソードの中には、他の神話やサガとの類似点が数多く認められる。鍛冶屋のヴィーラント、アッティラ、エルマナリックなど、他の物語と共通する登場人物も多い。ベーオウルフとグレンデルの戦いは、グレティルと亡霊グラームの戦いと比較されることが多い〔グレティルは、アイスランドの『グレティルのサガ』の主人公〕。どちらも、恐ろしい死霊との戦いをテーマにした共通の原典をもとにしているのだろう。竜との戦

いは、神話や叙事詩の定番といえる。

■参考文献

*Beowulf*, éd. diplomatique et texte critique, trad. française, commentaires et vocabulaire par André Crépin, 2 vol., Göppingen, Kümmerle, 1991; Harald Kleinschmidt, Architecture and the dating of Beowulf, *Poetica* 34 (1991), pp.39-56; Thomas Pettitt, Beowulf : the mark of the beast and the balance of frenzy, *Neuphilologische Mitteilungen* 77 (1976), pp.526-535; Tomoaki Mizuno, The magical necklace and the fatal corslet in Beowulf, *English Studies* 80 (1999), pp.377-397; Sylvia Huntley Horowitz, The Ravens in Beowulf, *Journal of English and Germanic Philology* 80 (1981), pp.502-511; Willem Helder, Beowulf and the plundered Hoard, *Neuphilologische Mitteilungen* 88 (1977), pp.317-325.

### ベクセンヴォルフ（「ズボン姿の狼」）

BÖXENWOLF

　北ドイツの狼男。悪魔と契約を結んだ人間で、帯を締めると強力な狼に変身するという。他人の背中に飛びつき、遠方まで運んでもらうこともある。
→アウフホッカー

### ベストラ

BESTLA

　巨人ボルソルンの娘で、ブリの息子ボルと結婚して三人の息子オーディン、ヴィリとヴェーを産む。名前の由来は「樹皮」にある。

### ペーター・シュレミール（「ピエール・ル・ギニョン」）

SCHLEMIHL, PETER

　アーデルベルト・フォン・シャミッソーが1813年に著し、1814年に刊行された『ペーター・シュレミールの不思議な物語』は、ペーターがある日、灰色の服を着た男からお金がいくらでも出てくる財布をもらった代わりに自分の影をなくしてしまう物語である。ペーターは影がないことをなんとか隠して愛し愛される女性との結婚にこぎつける寸前までいくが、召使いが秘密をばらしてしまう。灰色の服を着た男が再びペーターの前に現れ、ペーターが死んだ後で魂を譲ってくれれば影を返すと言う。ペーターはこれを拒み、財布を投げ捨て七里靴を手に入れ、世界を巡り、科学の研

究に情熱を燃やした。

　本物のシュレミールはユダヤ人だったようで、あるラビ（ユダヤ教の祭司）の妻と交際したことが露見して、ユダヤ教の聖典タルムードに基づいて死刑の宣告を受けた。

　このテーマでは別の形で翻案された作品もある。たとえば、ドイツの作家で作曲家の E.T.A. ホフマン（1776 - 1822）の『大みそかの夜の冒険』に挿入されている『鏡像をなくした男の物語』、オーストリアの詩人ニコラウス・レーナウ（1802 - 1850）の『アンナ（Anna)』というタイトルの詩集の中の一篇、オーストリアの詩人フーゴ・フォン・ホーフマンスタール（1874 - 1929）の『影のない女』などがある。

　鏡像も影も分身（アルター・エゴ）の姿で、昔はいずれも人間の魂の一つであった。

→ハムル、フュルギャ

■参考文献

CHAMISSO, *La Merveilleuse histoire de Peter Schlemihl*, éd. et trad. par R. Riégel, Paris, Aubier-Montaigne, 1966; Claude Lecouteux, *Fées, Sorcières et Loups-Garous au Moyen Âge*, Paris, Imago, 1992, 3e éd. mise à jour, Paris, 2012.


## ヘッケターラー

HECKETHALER

　フランスでいう「空飛ぶピストール（pistole volante)」に相当するドイツの魔法の小銭。この小銭は、使っても必ず持ち主のポケットに戻ってくるという。こうした魔法の金の伝承はヨーロッパ全域だけでなく中東諸国にも伝わっている。


## ヘーニル

HŒNIR

　二級の神で、謎が多い。オーディン、ヘーニル、ローズルの三柱による人間の創造神話に登場し、人間に理性を与える。オーディン、ロキとの三柱とする異伝もある。世界の終焉後まで生き延びたアース神族である。スノッリ・ストゥルルソンによると、アース神族はヴァン神族に対して人質としてヘーニルとミーミルを与えた。ヘーニルはミーミルなしでは思考できず、騙されたと感じたヴァン神族は、ミーミルの首を切ってしまった。

ヘーニルは、スカルド詩では「迅速なアース」「脚の長いアース」「小石の王」「カラスの神（オーディン）の友」と呼ばれている。

■参考文献

Franz-Rolf Schröder, Hœnir, eine mythologische untersuchung, *Beiträge zur Geschichte der deutschen Sprache und Literatur* 43（1917), pp.219-252; Willy Krogmann, Hœnir, *Acta Philologica Scandinavia* 6（1930-1931), pp.311-331.


## 蛇崇拝

SERPENTS, CULTE DES

　古代プロイセン人にとって、蛇は家の精であり、神聖な生き物だった。彼らは、暖炉の下や家の隅に潜んでいる蛇を崇めていた。白いクロスをかけたテーブルに一家の主人がさまざまな食物を並べ、祈禱を捧げながら蛇をおびき寄せる。蛇がテーブルの食物を食べれば、幸運が訪れる兆しだ。蛇が隠れ場所から出てこないで、食物に一切口をつけなければ、その家は不幸に見舞われる。Jean Lasicius（1534 - 1620）はこう記している。「しかもリトアニア人やサモギティア人（西リトアニアに住んでいる）は、家の中の竈の下や風呂の隅などで蛇を飼っている。一年の決まった時期になると、蛇を神として祀るため、テーブルに料理を並べ、祭司が犠牲を捧げる祈りを捧げながら蛇を誘い出す。ねぐらからで出てきた蛇は清潔なクロスを伝ってテーブルの上によじ登って身を落ち着ける。それぞれの皿の料理に少しずつ口をつけると、再びクロスを伝って下に降り、ねぐらに戻る。蛇が姿を消すと、人々はその年も幸せに過ごせるようにと願いながら、賑やかに談笑しつつ蛇が味見した料理を食べる。しかし、犠牲を前に祭司が祈りを捧げても、蛇が姿を現さなかったり、準備したご馳走を食べようとしなければ、その年は大きな不幸に見舞われると信じられている」。ドイツの思想家エルンスト・ユンガー（1895 - 1998）もその著書『大理石の断崖の上で』にまったく同じことを書いている。

　スウェーデンでは、敷居のそばか、あらかじめ開けておいた穴に蛇を埋め、「家の精の蛇」（tomtorm）と呼んでいた。1400年ごろに制定されたスウェーデンの建築規定『魂の慰安』によって家に棲む蛇（Tomptorma）に対する信仰が禁じられた。1555年に刊行されたオラウス・マグヌスの著書『北方民族文化誌』には、蛇が家の守護神と見なされていたこと、ゆりかごの中の子供と戯れて子供を寝かしつけることが記されている。ス

ウェーデンのスコーネ島のエードーケラでは、家畜小屋に蛇の巣穴があり、下女は牛が肉づきがよく立派に育つことを願って、蛇に牛乳を与えていた。同じくスウェーデンのブレーキング県、アサルム（Asarum）では、下女が蛇を殺すと、その家の最も立派な牛が死んでしまうと言われているが、これは蛇が家畜の安寧を担う家の精であることを示している。オーストリアでは、家に棲みつく無毒蛇に畏敬の念が抱かれていた。この種の蛇には冠があるとも言われている。

**■参考文献**

*Acta Borussica ecclesiastica, civilia, literaria*, 3 vol., Königsberg & Leipzig, 1730-1732, t. 2, p. 407; O. Magnus, *Historia de gentibus septentrionalibus*, Rome, 1555.

### ヘーフリング（「上昇する者」「波」）
HEFRING

海の神であるエーギルとラーンの娘の一人。

### ヘマン
HEMANN

声をかけてくる精霊。Hoymann（プファルツ地方）、Heitmännchen（ウェストファリア地方）、Hojemandl（南ドイツ）とも呼ばれている。夜間に人をおどかし、追いかけたり、その背中に飛び乗ったりする。危険なので、決してその呼びかけに答えてはならない。Hoyman は悪魔、または死者の魂だといわれることもある。縁の幅広い帽子をかぶった大きな男の姿で、巨人か狩人に見える。特に秋や待降節の期間中に呼びかけてくることが多い。オーストリアのレッヒ川沿いでは、Hojemandl はコボルトで、ひと気のない農家や森に棲んでいるといわれる。いたずら好きで、逆立ちをする。

### ヘラクレス
HERCULE

碑文において、ドナール／トールの名の代わりに用いられる。多くの場合、「強力な」「髭を生やした」などの形容詞を伴う。

## ヘラス（「軍勢の神」）

HERASS

7世紀のノルウェーの葬儀碑文に登場するオーディンの別名。

## ベリ（「喚く者」）

BELI

終末戦争でフレイと対決した巨人。フレイは、ゲルズと結婚するためにその父ギュミールに剣を渡してしまっていたため、鹿の角でベリを貫いて倒す。

## ヘリアン（「軍隊の主」）

HERJANN

オーディンの別名の一つ。ヴァルハラにいる「無二の戦士たち（エインヘリヤル）」の統率者としてのオーディンを示していると考えられる。

## ヘリヤ（「壊滅させる者」）

HERJA

ヴァルキュリアの名前。碑文から、2世紀に存在したと推測される神ハリアサ（Hariasa）に近い存在と思われる。

## ベリル

BERILLE

野人の女性で、巨人トレサンの姉妹。ヴォルフディートリヒを主人公とする叙事詩に登場する。トレサンを殺したヴォルフディートリヒに復讐するため、角の尖った鉄製の棍棒で襲いかかる。そして彼を捕らえて縛りつけ、洞窟に武器を隠してしまうが、ヴォルフディートリヒは小人によって救出される。乳房が巨大で、走ると足にぶつかるほどだったという。

## ヘル

HELLE

ヴォルフディートリヒの物語に登場する巨人。異教徒の王マコレルに仕えている。マコレルの命令でロンバルディアに竜の卵を持ってくるが、そこから生まれた竜は国土を荒らし、オルトニット王の死の原因となる。女

巨人ルンツェ（Runze）を伴っている。オルトニットはヘルと勝負になった際、旗色が悪くなり木の根元に隠れたが、ヘルはその木もろともにオルトニットを倒した。しかしオルトニットはヘルの2本の足を切断しヘルを殺した。

## ヘル（「陰険な者」）

### HEL

　死者の国の名であると同時に、その女主人の名でもある。ロキと女巨人アングルボザの娘で、狼のフェンリルと蛇のミズガルズソルムの姉妹。その姿は半分白く、半分青い。ニッフルヘイムに住んでいる。広間の名はエールユーズニル（Eljudnir、「湿った」）、料理はフングル（「空腹」）、ナイフはスルト（「飢え」）、従僕はガングラティ（「遅さ」）、侍女はガングロ（「遅さ」）という。また戸口はファランダフォラド（「罠」）、寝台はコール（「病」）、カーテンはブリックヤンダボル（「蒼白の不幸」）という。ベッドの上で死んだり病死したりした人間は皆ここに来る。

　死者の国は様々な名で呼ばれる。「暗い平原」や「闇の野」（ニダヴェリール）、「死体の岸辺」や「死骸の世界」（ナストランディール、ナスヘイム）などである。九つの部分に分かれており、最も恐ろしいのは、ヘルの北の端に位置するナストランディールである。そこには道徳律に反した者、特に誓いを破った者が放り込まれる。そこでは、竜のニドホーグが死体をかじっている。

　サガや文献を見ると、あの世について、これとは異なる概念も存在したようだ。死者は墳墓の中で生き続け、中が空洞になった山の中で祖先と再会するとも考えられている。

## ヘルヴェーグ（「ヘルの道」）

### HELVEGR

　死者の国に至る道。死者を墓地に運ぶ道を指し、ゲルマン諸国にはこの名を持つ道が多数存在する。フランス、ブルターニュ地方には、「死体の道」、「死者の魂の道」が存在する。古ケルト語では、Anawnn（Anaon）はあの世を意味する場合もある。

## ヘルヴォル
HERVÖR

　白鳥処女でフロズヴェル（Hlödver）王の娘。エルルーンとフラズグズの姉妹。


## ヘルギ（「聖なる」）
HELGI

　1. シグムンドと、デンマークの伝説上の地ブラルンドのボルグヒルドの息子。フンの土地（フン王国）の王フンディングを殺したこと、敵を倒す手助けをしてくれたヴァルキュリアのシグルーンと結婚して子をなしたことで知られる。シグルーンの兄弟のダグがオーディンにそそのかされてヘルギを殺すと、ヘルギは死者の国に行ったが、その後墓から出てきて妻のシグルーンと会話した。やがてシグルーンは悲嘆のあまり死んでしまった。しかし『ヘルギの歌』には二人とも生まれ変わったと記されている。

　2. 生まれ変わった後、ヘルギはハッディンギャルの勇士（Haddingjaskati）と呼ばれるようになった。そしてハルフダンの娘のヴァルキュリア、カーラと結婚した。

　3. もう一人、ヒョルヴァルズとシグルリンの息子ヘルギも存在する。大柄で美しく、寡黙なこの男ははじめ、名前を持たなかった。ある日、彼は9人の騎行するヴァルキュリアに出会って未来を告げられた。そのうちの一人であるエイリミの娘スヴァーヴァは彼にヘルギという名を授け、戦いの際にしばしば彼を守護した。多くの武勲を立てたヘルギは、エイリミからスヴァーヴァとの結婚の許しを得て、やがて決闘で死ぬ。彼もその後生まれ変わった。


## ベルグミュンヒ（「鉱山の僧」）
BERGMÖNCH

　ドイツ、ザクセン州のハルツ山地とバーデン＝ヴュルテンベルク州、スイス、グラウビュンデン州の伝承に登場する鉱山の精霊。白や灰色の髪をしていて、体は巨大。口笛を吹いたり罵ったりする者を罰するといわれている。

→ベルグメンヒェン

## ベルグメンヒェン

BERGMÄNNCHEN（Bergmännlein, Bergmönch, Knappenmanndl, Kobel, Gütel, スウェーデン語：Gruvrå）

　鉱山の精霊。基本的には人間の男性の姿をしているが、動物の姿（馬、黒い鳥、ハエ、スズメバチ）をとることもある。古い文献では、daemon subterraneus、daemon metallicus〔ラテン語でそれぞれ「地下の精霊」、「金属の精霊」を意味する〕と記されている。人間に危険を及ぼすこともあれば、恩恵を施してくれる場合もある。

　中には、こんな言い伝えもある。18世紀、二人の火縄銃兵がオーストリアのインスブルックとミロの間の鉱山に派遣された。12日後、キッツビューエル付近に現れた二人は、こう報告した。地下には多くの村と小川、そして一本の道があった。途中、腰が曲がり、長い灰色の髭を生やし、杖とランプを持った小人に出会ったが、小人は二人に対し、ここは地下世界で、ここの人々は地上界とはなんの共通点もないと述べて、外に出る道を教えてくれた……。似たような伝説は、カルニオラ地方〔スロベニア中央部〕のロイブラーベルグの洞窟にも存在するようだ。

### ■参考文献

Agricola, *De re metallica*, 1557; du même : *De animantibus subterraneis*, 1549. G. Heilfurth, *Der Vorstellungskreis vom Berggeist bei Georg Agricola und seinen Zeitgenossen*, Vienne, 1967; Grimm, *Deutsche Sagen*, éd. par H. Rölleke, Francfort, 1994, n° 298.


## ヘルグリンド（「ヘルの囲い」）

HELGRINDR

　死者の王国を囲む壁。「死体の柵」、「殺された者の柵」とも呼ばれる。
→ヘル


## ペルケオ

PERKEO

　カール・フィリップ選帝侯（1661-1742）に仕えた小人の道化師。南チロルで生まれたペルケオは大酒飲みで、その当意即妙の受け答えが語り草になっている。ペルケオは存命中から木像が立てられていたが、その彫像は現在はハイデルベルク城の地下酒蔵にある。ペルケオについては多くの

ベルグメンヒェン

物語が語り継がれ、学生の歌の歌詞にもなっている。なかでもヨーゼフ・ヴィクトル・フォン・シェッフェルが1849年に作曲した『小人のペルケオ』は有名だ。

■参考文献

J. Frohlich,《Perkeo》, in : U. Muller, W. Wunderlich, *Mittelalter Mythen*, t. 2, Saint-Gall, 1999, pp. 461-466.

## ベルゲルミル

BERGELMIR

　原初の巨人ユミールの孫で、スルーズゲルミルの息子。妻とともに、ユミールの血が引き起こした大洪水を生き延びた。霜の巨人フリームスルスはベルゲルミルの子孫である。

## ベルセルク（「熊の毛皮の上着」）

BERSERKR（plur. Berserkir）

　戦いの際の勇猛果敢さで知られるオーディンの戦士たち。「オーディンの戦士は鎧を着けずに戦いに赴き、犬や狼のように暴れ、盾に噛みつき、熊や雄牛のように力をふるう。殺戮を行い、火にも鉄にもたじろぐことはない」(スノッリ)。「狼の毛皮」を意味するウルフヘドナーとも呼ばれる。『アルバルドのレー』〔『古エッダ』に含まれる詩の一つ〕によると、ベルセルクの女性版、狼女ヴァルギュンユールも存在したようだ。ベルセルクが初めて登場したのは9世紀である。

→ヴェアヴォルフ、ハムル

■参考文献

François Delpech, Hommes-fauves et fureurs animales. aspects du thème zoomorphe dans le folklore de la péninsule ibérique, in: A. Molinié-Bertrand, J.-P. Duviols, *La Violence en Espagne et en Amérique*（XVe-XIXe siècle), Paris, PUPS, 1997, pp.59-82; Bengt Holbek, Iørn Piø, *Fabeldyr og sagnfolk*, Copenhague, Politikens Verlag, 1967, p.165 sq; G. Güntert, *Über altisländische Berserkergeschichten*, Heidelberg, 1912; Vincent Samson, *Les Guerriers-fauves dans la Scandinavie ancienne, de l'âge de Vendel aux Vikings*（VIe-XIe siècle), Lille, Presses du Septentrion, 2011.

ヘルゼルベルク

HÖRSELBERG (Horsel-, Hursel-, Hosel, Oselberg)

チューリンゲン州の山で、地獄と煉獄があると考えられている。そこに

（上）スウェーデンのエーランド島トースルンダ（Torslunda）で出土した兜の装飾プレート。1000年頃。
（下）デンマーク、ガレーフス村出土の黄金の角に刻まれた、仮面をかぶった戦士たち。5世紀初頭。

住んでいるのがホレおばさん（ホルダ）、ウェヌス、そして忠臣エッカルトである。

同州のフリーマー、次いでグレーフェントンナの牧師を務めたゲオルグ・ミヒェル・プフェファーコーン（1646-1732）は、このように述べている。「次にゴータとアイゼナハの間にそびえるヘルゼルベルクの丘について話さなければならない。この場所について昔の修道士たちはいろいろな作り話をしたが、その中に、ここには死者の魂が責め苦を受ける煉獄があるというものがあった。そこで彼らはこの地を「魂が聴こえる（Hör-Seel）」場所と名付け、次のように主張した――この山の大きな洞窟の前に砂を撒いておくと、翌朝、まるで多くの出入りがあったかのように、人間や動物の足跡が入り乱れているのが見られる。また、この山には、忠臣エッカルト――農民たちがそのように呼んでいた――が住んでおり、怒れる軍勢を先導し、人々に危険を告げる。だから、近くにあるゼッテルシュテット（Sättelstädt）村は、むしろ"サタンの村 (Satan-Städt)"と呼ぶべきだ、と。迷信に満ちたローマ・カトリックの時代には、人々はしばしば闇の王に惑わされていたのだろう」

## ■参考文献

C. Lecouteux, *Chasses infernales et Cohortes de la nuit au Moyen Âge*, Paris, Imago, 2013; Grimm, *Deutsche Sagen, éd. par H. Rölleke*, Francfort, 1994, n° 5, 7, 170, 173.

## ヘルチュール（「軍隊の神」）

HERTYR

オーディンの別名。

## ヘルノス

HERNOSS

杭の先端が人間の頭を模した、腕のない偶像。19世紀になってもノルウェーのSørumとRikeで確認された。他の地でも、12歳の子供ほどの大きさで、髭を生やした男の木像Faksarが信仰された。これはvätteやtusseと呼ばれ、ヨールの時期になると食べ物を捧げられた。1152年にキリスト教の掟である『Eidsivathings Kristenrett』で禁止されたにもかかわらず、古代ノルウェー人はこれを家庭の守護神として崇め続けたのである。

→ヨール

■参考文献

Lily Weiser, Germanische Hausgeister und Kobolde, *Niederdeutsche Zeitschrift für Volkskunde* 4（1926), pp.1-19. Olaf Bø, Faksar og kyrkjerestar（*By og Bygd*, 1969, pp. 43-76); Inger M. Boberg, Gardvordens seng i dansk tradition, *Maal og Minne* 1956; Reidar Th. Christiansen, Gårdvette og markavette, *Maal og Minne* 1943, pp.137-160; D. Linhart, *Hausgeister in Franken*, Dettelbach, J. H. Röll, 1995, p.35.


## ペルヒト（ペルヒタ）

PERCHT(A)

　ドイツで信じられている複雑な女性。中世には、鉄の鼻または長い鼻を持っているとされていた。ローマ神話のパルカやディアナと同一視されている。夜になると似たような姿の仲間を引き連れて街中に出て、家々で食事をする。

　ドイツの有名な説教者レーゲンスブルクのベルトルト（1210 － 1272 ごろ）は、ラテン語による説教でバイエルンに蔓延するこうした迷信を厳しく批判し、「夜に現れる人（nahtvaren：ナフトファーレン）やその同行者、親切そうな人（hulden：フルデン）、意地悪そうな人（unhulden：ウンフルデン）、小悪魔（pilwiz：ピルヴィッツ）、男性あるいは女性の夢魔（maren：マーレン、truten：トルーテン）、夜の奥方（nahtvrouwen：ナフトフラウエン）、夜の精、あるいはそこかしこに馬に乗ってやって来る連中をどんな方法であれ、信じてはいけません。彼らはみんな悪霊です。幸せな奥方たち（felices dominae：フェリチェス・ドミナエ）に食事を提供してはいけません」と諭している。

　ベルトルトはまた別の説教で、「実際、愚かな農婦たちは、夜の魔女や夜の精たちが訪ねて来たら、食事を提供しなければならないと信じています」と説明している。1350 年頃には、人々が彼女たちに捧げものをしていたことが分かっている。「公現祭の夜に、1 年間、すべてのことが上手く運ぶよう、すべてのことに幸運があるようにと願って、テーブルに食事や飲み物を用意しておくのは罪を犯すことになります。[ 中略 ] だから、ペルヒトに食事を提供したり、大声で叫びながら練り歩く者たち（スクラット）や夢魔に赤いカタツムリ（あるいは靴）を与えることも罪なのです」。

# ペルヒト

1468年の『清貧の辞典（*Thesaurus pauperum*）』には次のように記されている。「第二のタイプの迷信はある種の偶像崇拝で、夜になるとやって来るであろう魔女たち（ペルヒトとかペルヒトゥムという集団でやって来る魔女のことを庶民はよくアボンドとかサティアと呼んでいるが）のために食べ物や飲み物を入れた容器を目につくように並べて用意するような人々が行う偶像崇拝である。そんなことをするのは、これ見よがしに並べられた食べ物や飲み物の入った容器を魔女たちが見つければ、その後はいつも容器が食物で満たされ、一層豊かに与えられると信じているからだ。降誕祭から公現祭までの間の聖なる夜の間に、ペルヒトを頭領とする魔女の集団が信者たちの家庭を訪れると信じられている。その期間中、夜になると、人々はテーブルの上にパン、チーズ、牛乳、肉、卵、ワイン、水などの食料品だけでなく、スプーン、皿、グラス、ナイフ、その他の食事に必要なものを並べて、ペルヒトの一行がやって来るのを待っている。彼女たちがそれを見て喜び、その結果、その家庭が豊かになり、この世のあれこれが上手く運ぶように導いてくれることを願うのだ」。

ドイツ語圏の国々のペルヒトは、ロマンス語圏の国々の妖精アボンドとサティアに相当する。ドイツでは、また別の夜の訪問者がいる。Phinzen、Sack semper、Sacia たちだ。Phinzen は木曜日を擬人化した存在、Sack semper はクリスマスの行列に加わる妖怪で、公現祭後の1週間に当たる Sempertac を擬人化したものでもある。

オーストリアのシュタイアーマルク州では、公現祭の夜、ペルヒトが喉の渇きを潤すことができるように食卓に牛乳をおいておく。同じくオーストリアのケルンテン州では食卓に用意するのはパスタやパンで、チロル地方ではヌードルや卵だが、どの地方でも、乳製品を用意しておく例が非常に多い。ペルヒトはクリスマスから公現祭までの12日間、死んだ子供の

長い鼻のペルヒト、ハンス・ヴィントラー、Pluemen der tugent, 1486.

一団を従えて街中を徘徊する。この子供たちは子犬の姿をしていることがある。フランス西部のポワトゥー地方では、ガロパン狩（ワイルドハント）は死んだ子供たちの一団だ……

→スタンパ、ツォーダヴァシェル、ツーゼルボイトライン

■参考文献

J. Grimm, *Deutsche Mythologie* 3 vol., Darmstadt, 1965, t. ii, p. 882 sq; Mariane Rumpf, *Perchten. Populare Glaubensgestalten zwischen Mythos und Katechese*, Wurzburg, Konigshausen & Neumann, 1991.

## ヘルフィヨトゥール
HERFJÖTURR

軍隊を麻痺させるもの、つまり「逃れられない定め」を指す言葉。目に見えない網や、避けることのできない矢の姿をとる場合がある。

■参考文献

Régis Boyer, Herfjötur（r）, in: *Visages du destin dans la mythologie, Mélanges Jacqueline Duchemin*, Paris, 1983, pp.153-168.

## ヘルフィヨトゥル（「軍勢の縛め」）
HERFJÖTUR

ヴァルキュリアの名前。戦いの場で突然戦士を襲う麻痺状態を指す。

→ヘルフィヨトゥール

## ヘルフォード、ヘリャフェード（「軍隊の父」）
HERFÖDR, HERJAFÖDR

オーディンの別名の一つ。軍隊の主としての役割を示す。「軍」を含む別名としては、ヘルテイト（「戦士の間で歓喜する者」）、ヘルチュール（「軍隊の神」）、ヘリアン（「軍隊の主」）などがある。

## ヘルブリンディ（「戦士の目をくらます者」）
HERBLINDI

オーディンの別名の一つ。スノッリ・ストゥルルソンによると、「戦いにおいて、オーディンは敵の目をくらまし、耳を聞こえなくすることができた」という。

子供をさらっていくブッツェンベルヒト。1764年

## ヘルブリンディ（「ヘルの盲者」）
HELBLINDI

ロキの二人の兄弟のうちの一人。

## ヘルモード
HERMOD

バルドルの兄弟。ヘルブリンディがはからずもバルドルを死なせると、ヘルモードはオーディンの馬スレイプニルに乗って死者の国の女王ヘルのもとにおもむき、バルドルを返してくれるように訴えた。ヘルに向かう道（ヘルヴェーグ）を九日九夜たどり、冥界の川ギョルにかかるギャラルブルという橋を渡り、スレイプニルが地獄の囲いを飛び越えると、ようやくヘルの広間にたどり着いた。ヘルは、生きているものもそうでないものも、すべてのものがバルドルのために涙を流すことをバルドル解放の条件とした。こうして人間、鉱物、植物、動物は皆涙を流したが、ロキが姿を変えたソックという女巨人だけが涙を流すことを拒み、バルドルは死者の国にとどまり続けることになった。

## ヘルラ
HERLA

12世紀のイギリスの歴史書では遠い昔のブリテン王とされるが、その名前と伝承はゲルマン風である。小人に招かれたヘルラは、中が空洞になっ

た山で行われた婚礼に参列した。その後ヘルラと一行は、贈り物や馬、猟犬、鷹などをもらって帰途についた。小人は一行を山の外に案内すると、小さな犬を渡して、犬が馬から飛び降りるまでは誰一人地面に足をつけてはならないと告げた。その後羊飼いに出会ったヘルラは、小人の国で3日間過ごしている間に、人間の世界では200年が経過していることを知る。小人の言いつけを忘れて馬を降りた者は、たちまち埃と化した。犬はいつまでも地面に飛び降りようとはせず、ヘルラはそれ以降、軍隊を率いてぐるぐる駆け回り続けている。ワイルドハントの首領となり、「ファミリア・ハールシンギ」または「メニー・エルカン」を率いている。近年の伝説では、これを率いるのはオーディンとなっている。この物語はあの世への旅を描いている。小人は死者、中空の山は死霊の国であるとする民間伝承も反映されている。

→オスコレイア、ワイルドハント

■参考文献

Claude Lecouteux, *Chasses infernales et Cohortes de la nuit au Moyen Âge*, Paris, Imago, 2013.


### ベルリング（「小さな梁」）

BERLINGR

　女神フレイヤの首飾りブリシンガメンを作った。


### ヘルン

HÖRN

　フレイヤの別名の一つ。スウェーデンには、「ヘルンの神殿」を意味するHärneviという場所がある。


### ヘンギストとホルサ（「種馬」、「軍馬」）

HENGEST et HORSA

　イギリスを侵略したアングル族の首領。その名（horse）から、かつては馬の姿の双生神だったことがうかがえる。興味深いことに、ドイツ北部のホルシュタイン州では、19世紀になっても農家の建物を飾る馬頭彫刻をヘンギストとホルスと呼んでいた。6世紀のイギリスの修道士ギルダスの著書『ブリタニアの破壊と征服（De excidio et conquestu Britanniae）』の

ヘルの前で、バルドルの解放を請い願うヘルモード、『スノッリのエッダ』、O・ブリニョルフソン、1760年。

中には、サクソン族が3隻の船に乗ってグレートブリテン島に到来し、サネット島に滞在して、アウレリウス・アンブロシウスと戦ったとのみ記されている〔サネット島はイギリス南東部ケント州にある。アウレリウス・アンブロシウスは半ば伝説的な、当時のブリトン人指導者〕。

731年頃に完成した『英国民教会史（Historia Ecclesiastica Gentis Anglorum）』を著したベーダ・ヴェネラビリスは、この事件についてもう少し詳しく説明している。侵入したゲルマン人の3部族の名やヘンギストとホルサの兄弟を挙げ、ウォーダンまでさかのぼる二人の首領の系図を記しているのだ。またヴェネラビリスは、その後戦闘で落命したホルサの記念碑がケント東部に今も残っているとしている。9世紀のウェールズの歴史家ネンニウスも、679年頃に著した『ブリトン人誌（Historia Brittonum）』の中でヘンギストとホルサに言及しており、またヘンギストの系図はウォーダンまでさかのぼるとしている。

→アルシ、イボールとアイオ、ディオスクーロイ

# ［ホ］

**ホーヴァルプニル**（「後脚を跳ね上げる」）
HOFVARPNIR
　女神グナーの馬。

## 亡霊
REVENANTS
→ドラウグ

## ホズ（「戦士」）
HÖDR

　オーディンの息子の一人。盲目の神。ヤドリギの若枝を投げて、意図せず兄のバルドルを殺してしまい、その報復としてヴァリに殺される。ラグナロクの後で再生した世界に、バルドルとともに戻ってくる。

## ボズン（「容器」）
BODN

　クヴァシルの血が収められた二つの壺のうちの一つ。もう一つはソンという。クヴァシルの血から、小人のヤラールとガラールが魔法の蜂蜜酒を造った。これを飲むと誰でも詩人になれたという。
→クヴァシル

## ポッシ（男性形）
PÖSCHI

　目が一つしかなく、角のある、とてつもない力持ちの巨大な火の霊。言葉を話さないが、牛のような声でわめく。
■参考文献
Joh. Adolf Heyl, *Volkssagen aus Tirol*, Brixen, 1897, p. 19 sq.

## ホッドミーミル（「ミーミルの宝」）
HODDMIMIR

　リーヴとリーヴスラシルがラグナロクの間に隠れ、露を飲んで生き延びた木。これは宇宙樹ユグドラシルにほかならず、その根元には、ミーミルの「宝」である知識の泉がある。

## ホテルス
HÖTHERUS

　スウェーデン人の王ホスブロドゥス（Hothbrodus）の息子を、サクソ・

グラマティクスはこう呼んだ。美しいナンナを巡ってバルデルスと争ったホテルスは、ナンナと結婚してバルデルスを倒すが、その後ボーウスに殺される。ヘルブリンディに相当するホテルスは、サクソ・グラマティクスによって人間に置き換えられている。

## 炎の壁
MURAILLE DE FLAMMES
→ヴァフルロジ

## ホフド（「人の頭」）
HÖFUD

ヘイムダールの剣。断片的に残る伝説によると、「ヘイムダールは人間の頭によって殺された」とされているので、そこからとった名前かもしれない。

## ボルヴェルク（「災いをもたらす者」）
BÖLVERKR

オーディンの名前の一つ。ある日、巨人バウギのために刈り入れをする召使いたちに出会ったオーディンは、砥石をめぐって彼らを争わせ、殺し合いをさせた。オーディンは彼らの代わりに働くとバウギに申し出て、報酬としてバウギの兄スットゥングが持つ魔法の蜂蜜酒を飲ませてもらいたいと頼んだ。しかし結局、このときはオーディンが蜂蜜酒を得ることはなかった。
→クヴァシル

## ホルヴェンディルス
HORWENDILLUS

アムレトゥス（ハムレット）の父。アウルヴァンディル（「明けの明星」）をラテン語にした名前と思われ、神話的な要素はない〔シェイクスピアの『ハムレット』の原型とされるアムレトゥスの物語は、サクソ・グラマティクスの『デンマーク人の事績』に登場する〕。

## ボルソルン（「不幸のとげ」）
BÖLTHORN

オーディンとその兄弟の母である巨人ベストラの父。


## ポルターガイスト（騒がしい霊）
POLTERGEIST

ポルターガイストはルンペルガイスト（Rumpelgeist）とも呼ばれ、本来は「悪魔」や「幽霊」、あるいは16世紀の書物に書かれている亡霊、さらには小悪魔である。1666年に、ドイツの歴史家ヨハネス・プラエトリウスはラップ現象について論じ、次のように書いている。「昔の人間は、ポルターガイストは小さな法衣やカラフルなコートを着た小さな子供の姿をした本当の人間に違いないと思い込んでいた[中略]迷信深い人々は、かつて家の中で殺された人の魂だと考えている」。ポルターガイストは、広く知られている物語（小話、伝説、信仰話など）で扱われる素材としては、「精霊」（ゴースト、スピリット）」や「家の精」として扱われている。つまり、家庭内にあらゆる種類の異常現象をもたらしたり、人々に悪さをしたり、騒音を立てたり、様々なものを投げたり、様々なものに本来とまったく違う行動をとらせたりする存在を指す大まかな総称と見なされている。

心霊の分野では、ポルターガイストは、物体に対する霊の働きかけを意味する言葉で、念力による現象に分類される。しかし、人の手によらないで、「ひとりでに」、コントロールできない状態で物が動いたり、物音がしたりする現象が起こると、それはポルターガイストの仕業だと言われることが多く、その他の場合は、念力現象だと見なされる。

■参考文献

Claude Lecouteux, *La Maison hantée, Histoire des poltergeists*, Paris, Imago, 2007.


## ホレ（ホルダ、フルダ）おばさん
HOLLE, FRAU (HOLDA, HULDA)

複数の起源があり、様々な性格が入り交じっている。女のワイルドハントを率い、通る場所を豊かにする。

ノルウェーでは、ホレおばさんが現れた場所では家畜の健康と、女たちの多産が約束されたという。ホレおばさんは泉や湖の中、またはチューリ

ンゲン州ヘルゼルベルクに住んでいる。ローマ神話に登場する妖精のアボンド（豊穣＝abondance から）やサティア（飽満＝satiété から）に似た存在である。ホレおばさんは美しかったり醜かったり、また好意にあふれていたり悪意に満ちていたりする。黒い戦車に乗って大地を駆ける、黒髪の大きな女として描かれる場合もある。最初に文献に登場するのは紀元1000 年頃、ヴォルムスの司教ブルクハルト（960 頃 -1025）の『教会法』。ここではヘロディアス（Hérodiade）と同じ存在とされている。13 世紀には、人々はクリスマスの夜に自宅でホレおばさんのためにテーブルをしつらえて、幸運を授けてくれるように願ったといわれる。

　ホレおばさんはグリム兄弟の『童話』の第 24 話、『ドイツ伝説集』の第4 話に登場する。それによるとヘッセン州ホォエァ・マイスナー（Hoher Meißner）付近に住んでいたとされ、またその他にも各地にホレおばさんが住んでいたとされる洞窟が存在する。ヴェーヌスベルク、ヘルゼルベルク、ウンタースベルク（オーストリア、ザルツブルク近郊）、キーフホイザーに住んでいたとする伝承もある。雪が降るのは、ホレおばさんが羽根布団をふっているからだといわれる。

#### ■参考文献

V. Waschnitius, *Percht, Holda und verwandte Gestalten*, Vienne, 1913; Grimm, *Deutsche Sagen*, éd. par H. Rölleke, Francfort, 1994, n° 4-8.

## ポレヴィト、ボレヴィト

POREVIT, BOREVIT

　昔のラーン人の天候の神または森の神。カレンツァ（ガルツ）に置かれていた神像は頭が五つあった。贅沢と不義を憎んだ。

#### ■参考文献

Saxo Grammaticus, *Gesta Danorum,* XIX, 39, 41; Albertus Cranzius, *Wandalia, Beschreibung wendischer Geschicht*, L *ü* beck, 1600, p. 164.

## ポレヌト

PORENUT

　昔のラーン人（スラブ人の一族）の雷鳴の神。その神像は頭が四つあり、胸にも顔がついている。左手は額に触れ、右手は腰に添えている。贅沢と不義を憎む。

# ホレン

■参考文献

Saxo Grammaticus, *Gesta Danorum* XIV, 39, 41; Albertus Cranzius, *Wandalia, Beschreibung wendischer Geschicht*, Lübeck, 1600, p. 164; Albert Georg von Schwarz, *Diplomatische Geschichte der Pommersch-Rugenschen Stadte Schwedische Hoheit...*, Greifswald, 1755, p. 601 sq.

## ホレン

HOLLEN

　ドイツのウェストファリア州にいる小さな野人。洞窟の中に住み、盗みを行う。また子供をさらう。馬を大事にしており、野生動物のみを食す。

■参考文献

O. Weddingen, H. Hartmann, *Sagenschatz Westfalens*, Göttingen, 1855, p.162.

## ボロヅクハルダ（「血まみれの髪」）

BLODUGHADDA

　エーギルと海の女神ラーンの娘の一人。

# [マ]

## マグニ(「力」)
MAGNI

　トールと女巨人ヤルンサクサの息子。トールは巨人フルングニルを殺害したとき、倒れてきたフルングニルの足の下敷きになり身動きが取れなくなった。まだ3歳だったマグニがその足を軽々と持ち上げて、トールを自由にした。トールは褒美としてマグニにフルングニルの駿馬グルファクシを与える。

## マニ(「月」)
MANI

　マニは月の運行を司る神。「月」は男性名詞である。この神は巨人だったと考えられる。ヨートゥン(霜の巨人)のムンディルファリの息子で、姉は女神ソル(太陽)。マニは天空で、「マニを呑み込む者」という狼ハティに絶えず追いかけられている。

　ある伝承によると、アース神族は年月を数えることができるようにとマニを空に留まらせたのだという(→月の中の男)。ムンディルファリがソルをグレンという男に嫁がせたことにアースの神々が激怒し、マニと共にソルを天空においたとも言われている。以来、マニは月の運行を管理し、新月から下弦の月まで月の満ち欠けを司っている(→ビル、ヒューキ)。

それぞれ、上は太陽を呑み込もうとしている狼、下は月と狼が描かれたガリアの貨幣

## マールギュグル（「海の大女」）
MARGYGR

　グリーンランド海に出没する怪物。アイスランドの『王の鏡』（1270年頃）には次のような記述がある。「その姿は、人間の女性のように胸に乳房があり、髪の毛が長く、腕も長いので上半身は女性のように見えるが、首と頭はあらゆる点で男性に見える。手は大きく、指は水鳥の脚の指のようにくっついている。下半身には魚のように鱗と尾とヒレがある。この怪物は大きな嵐がやって来る前を除いて、めったに現れない。姿を見せるときにどんな行動をとるかというと、何度も水中に潜り、水面に顔を出すときはいつも手に魚をつかんでいる。魚と戯れながら船の方を見つめたり、魚を船体に投げつけたりすれば、大勢の人間の命が奪われるかもしれないと皆が不安に駆られる。怪物は巨大な姿を現し、頬を皺だらけにして大口を開け、尖った顔に大きな目をぎょろつかせ、恐ろしい形相でにらみつける。しかし、怪物が魚を自分で食べたり、魚を船から離れた海の中に投げ捨てれば、たとえ大きな嵐が起こっても、人々が命を失うことはないという希望を持つことができた」。

## マルス
MARS

　北欧神話の神々をローマ神話的に解釈すると、軍神マルスは北欧神話の軍神チュール（古ドイツ語では Zio）に相当する。フランス語の火曜日 mardi（martis dies：マルスの日）、英語の Tuesday（チュールの日）の中にその名前が見出される。紀元1世紀から5世紀にかけての幾つかの奉納碑文が発見されているが、その碑文からマルスとチュールが同一神であると断言するには注意が必要だ。Mars Thingsus（マルス・シングスス）の場合は、マルスとチュールが同一神であると言えるにしても、Mars Halamardus（マルス・ハラマールドゥス）の場合は疑わしい。

## マルス・シングスス
MARS THINGSUS

　イギリス北部、ハドリアヌスの長城沿いに見つかった紀元3世紀の奉納碑文に刻まれている名前。チュールのことだと主張する者もいれば、トールだと言う者もいる。

## マルス・ハラマールドゥス
MARS HALAMARDUS

ルールモント（オランダ）の近くで発見された紀元 1 世紀の奉納碑文に刻まれている名前。語源的に見て、北欧神話に登場する神の一人と同一視することはできない。


## マルデル
MARDÖLL

女神フレイヤの別称の一つ。この女神が海（Mar）と関係があることに由来し、おそらく「海を煌々と照らす女神」という意味だろう。
→フレイヤ


## マルール（「海の狼」）
MAROOL

シェトランド諸島近海に住む怪魚。嵐の中で現れ、小型船が転覆すると歓喜の叫びをあげるのが聞こえる。

■参考文献

K. A. Briggs, *Dictionary of Fairies,* Harmondsworth, Penguin Books, 1977; Jean Renaud,《Le peuple surnaturel des shetlands》, *Artus* 21-22（1986）, p. 2832.


## マンドラゴラ（マンドレイク）
MANDRAGORE

この美しくも不思議な植物は、遅くとも 16 世紀から伝わる民間伝承では「絞首台の小人」（ガルゲンメンヒェン）と呼ばれている。その理由は、何よりもまずその形が何となく人間の身体に似ていること、それから、絞首刑になった者の尿から生まれ、2 本の熊手を突き刺して作った絞首台の下で生長すると考えられているためだ。また、英語ではマンドレイクと呼ばれるが、その名前からマンドラゴラのことだと直ぐに分かる。

フランスで「お金の小人」と呼ばれる小人は、「生垣の小人」（Heckemännchen）、「お金を排泄する小人」（Geldschißer）あるいは「お金を孵す小人」（Geldbrüter）とも呼ばれ、やはり地域によって呼称はさまざまだ。ザクセンやチューリンゲンではヘッケメンヒェン、バイエルンではゲルトシャイセール、低地オーストリアでは Alraunel と呼ばれている。お

マンヌス

(左) 13世紀のイギリスの写本に描かれているマンドラゴラ
(右) お金を排泄する小人

　金を排泄する小人は、上図のような人間の顔で描かれていたことで、よく知られるようになった。
　しかし、この小人が生み出すお金は他人から盗んだものではないことを心にとめておこう。実際、お金がどんどん貯まるというのは完全に魔術によるもので、この小人の仕業なのだ。

## マンヌス
MANNUS

　タキトゥスはその著作『ゲルマニア』の中で、マンヌスはゲルマン民族の伝説上の祖先トゥイストの息子であると記している。インドの聖典ヴェーダの宇宙論におけるマヌに相当する。マンヌスには3人の息子があり、その子孫がインガエウォネース族、ヘルミノーネース族、イスタエウォネース族である。これらのゲルマン民族の名前から、3人の息子の名前がそれぞれ、Ing（vi）（イング（ヴィ））、Hermin/ Irmin（ヘルミン／イルミン）、Istvi（イスタヴィ）であると推測することができる。イングは北欧神話の神フレイ（イング）に当たる。この家系樹は、氷の中から現れた最初の神ブリが一人の息子を産み、その息子からオーディン、ヴィリ、ヴェーが生まれたという北欧神話の家系樹に似ている。

## ［ミ］

### 水
EAU

　ゲルマン系諸国の信仰体系で、水は、ケルト世界と同じぐらい重要な位置を占めていた。そのことが、ヘルの王国や神々の住居を取り巻く数多の伝説的な川の名に反映されているといえよう。サガは、人々が滝を崇敬していたことを伝え、一方キリスト教文学では、水に捧げ物をする異教徒たちを非難している。13 世紀には、アイスランドの司教グズムンド・アラソンが泉水の悪魔祓いを精力的に行っている。当時は、精霊が水に棲みついていると信じられていたからである。その後、水の馬（アイスランドのvatnahestur、スコットランドの Kelpie）の伝承が登場し、またドイツではウンディーネやニクスが知られている。

→ニークル

### ミスト
MIST

　ヴァルキュリアの一人。この名前はおそらく「雲」「大雲」の意味。

### ミズガルズ（「中央の囲い」）
MIDGARD

　人間が住んでいる世界を指す。神々の世界、巨人の世界、人間の世界などいくつかの世界がほぼ同心円を描いており、ミズガルズはその中央に位置する。ミズガルズは幾つかの川と森で巨人の世界から隔てられている。この囲いは最初の巨人ユミールのまつ毛で作られたようだが、それはおそらく、まつ毛のイメージが森のイメージにかなり近かったため、ミズガルズの囲い、つまり境界線にするのにこれ以上のものはなかったためだろう。「中央の囲い」という名称は、人間が自分たちで自分たちの住む世界を組織し、その結果、そこが「人間の住む土地」となったことを示している。この言葉は古くからあり、ゴート語ではオルビス・テラエ（大地の輪）すなわち「世界」と訳され、古英語では「cosmos（宇宙）」という意味である。

# ミズガルズソルム

ミズガルズの蛇を釣り上げようとする神トール。『スノッリのエッダ』O・ブリニョルフソン、1760年

## ミズガルズソルム（「ミズガルズの蛇」）
### MIDGARDSORM

　海に棲みながら大地を取り囲んでいる大蛇で、そのおかげで大地は水平に保たれている。アイスランドのスカルド詩人ウールヴル・ウッガソン（10世紀）は、この蛇を「大地の堅固な紐」と呼んでいる。ミズガルズソルムはヴェーダ信仰の、世界を支え、その安定を維持している蛇アナンタに相当する。ヨルムンガンドとも呼ばれ、これは「大きな魔法の杖」という意味で、ケニングでは「大地の周りで身をよじるもの」、「大地の境界となる魚」と表現される。この大蛇は神話の中にたびたび登場する。トールはミズガルズソルムを釣り上げようとして失敗した。この大蛇の父親はロキ、母親は女巨人アングルボザである。ラグナロクのときには、この大蛇は高波を立てながら海から陸に這い上がる。青銅器時代の岩壁彫刻からヴァイキング時代の石版彫刻に至るまで、ミズガルズソルムは多くの作品に描かれている。イギリスでは、ゴスフォースの十字架石碑にこの大蛇の姿を見ることができる。

## ミトオティノス
### MITHOTYNUS

　サクソ・グラマティクスによると、オーディンが不在のときにアースの神々に対して権限を振るう魔術師の名前。オーディンが戻ると、フェオニア（フュン島）に逃げ、そこの住民に殺される。ミトオティノスの遺体は汚臭を放ち、死体の胸に杭を打ち込むまでその汚臭は消えなかった。これ

は亡霊物語（→杭、ドラウグ）や、最近ではドラキュラの物語に出てくる
亡霊退治策の一つだ。

## ミーマメイド（「梁」、「ミーミルの木」）

MIMAMEID

宇宙樹ユグドラシルの別称の一つ。

## ミーメ

MIME

ヴィルセス家のサガによると、シグルド（ジークフリート）を養育した
鍛冶師。竜に姿を変えて父親の財宝を独り占めしたレギンの弟。ミーメは、
炭を求めて来るようにとシグルドを森に行かせた。シグルドは森で竜に出
会うが、その竜を斬り殺してしまう。それからミーメに仕返しをするため
に鍛冶場に戻る。というのは、ミーメは竜がシグルドを片付けてくれるこ
とを期待していたのだとシジュウカラが教えてくれたからだ。ミーメはシ
グルドをなだめようと剣グラムと甲冑を与える。

シグルドの子供時代に関する他の伝説では、ミーメはレギンと呼ばれて
いる。

### ■参考文献

*La Saga de Théodoric de Vérone*, trad. par C. Lecouteux, Paris, Champion, 2001, p.
171 sqq; Claude Lecouteux,《Siegfrieds Jugend. Uberlegungen zum mythischen
Hintergrund》, *Euphorion* 89（1995), pp. 221-227.

## ミュルクヴィズ（「暗い森」）

MYRKVID

神々の住む世界の果てにある森。この森によって神々の世界と巨人の世
界が隔てられている。本来、この森は、ゴート族の居住地とフン族の居住
地の境界となる森だったようだ。10 世紀に、ドイツの歴史家ティートマル・
フォン・メルゼブルクは、その著作の中で鉱山を示すのにミュルクヴィズ
のラテン語 Miriquidui を用いている。J・R・R・トールキン（1892 － 1973)は、
ファンタジー小説『ホビットの冒険』(1937 年)の中で「闇の森（Mirkwood)」
という英語表記でこの名前を用いている。

# ミョズヴィトニル

## ミョズヴィトニル (「泥棒」、「蜜酒の狼」)
MJÖDVITNIR

ミョズヴィトニルは小人の名前だが、「蜜酒」という言葉がフィアラルとガラールが作った不思議な飲み物のもとになったクヴァシルの血の言い換えに他ならないのである以上、ミョズヴィトニルという名前はむしろオーディンにふさわしいだろう（→クヴァシル）。

## ミョルニル (「粉砕するもの」)
MJÖLLNIR

トールの鎚。小人の兄弟ブロックとシンドリが鍛造したものだが、ハエに姿を変えたロキがシンドリの作業の邪魔をしたため柄が短くなってしまった。ミョルニルはトールの武具だ。トールがこれを投げつけると稲妻が光り、雷鳴がとどろく。的が外れることは決してなく、鎚は再びトールの手の中に戻ってくる。この鎚を扱うには鉄の手袋をしなければならない。ミョルニルの一撃で死んだ巨人は数知れない。この鎚は祝福や聖別の儀式に使う宗教的祭具でもあり、青銅器時代の岩壁彫刻にはミョルニルがよく描かれている。ヒンドゥー教やバラモン教の神インドラのヴァルジャ（Varja：雷を操る金剛杵）やイランのミトラ神のワズラ（vazra：投擲武器）を想起させる。

ある日、スリュムという巨人がミョルニルを盗み、女神フレイヤと結婚させてくれるなら返すという交換条件を出す。トールはフレイヤに変装してスリュムを殺し、お気に入りの武具を取り戻す。別の神話では、トールが自分の戦車を牽くヤギを食べた後、その骨を全部皮の上にきちんと並べ、

トールの鎚、ミョルニル。スウェーデンのスコーネ県で見つかった護符、紀元1000年前後のものとされる

ミョルニルを振り上げて祝福し、生き返らせた話がある。トールの死後、息子モディとマグニがミョルニルを受け継いだ。

ゲルマン民族の古い法律では、土地を所有したときに鎚を投げたり、若い娘の膝の間に鎚を投げて婚礼を祝福する習わしがあった。中世ドイツの偉大な詩人ハインリヒ・フォン・マイセン、通称フラウエンロープは、『聖母マリアのレー（Marienleich）』（I、11）の中でこの慣習を伝えている。

## ミラウロ（男性形）

MILAURO

運のいい子供だけが見つける虫の名前。子供がその虫を見つけたら、その子の財布に入れておくと一晩でお金が何倍にも増える。

### ■参考文献

Ignaz V. Zingerle, *Sagen aus Tirol*, Innsbruck, 1891, p. 326.

# ［ム］

## ムスペル（古ドイツ語：ムスピリ）

MUSPELL（v. all. Muspilli）

この言葉は炎による世界の終焉を意味する。スカンディナヴィア北部にこの名前の巨人が住んでいる。この巨人は死者の爪で造られた船ナグルファールを持っており、ムスペルの息子たち（あるいは従者たち）は、ラグナロクのときにこの船に乗ってオーディンの宮殿ヴァルハラの襲撃に向かう。

## ムスペルヘイム（「ムスペルの国」）

MUSPELLSHEIM

南方に位置し、暗闇の氷の国ニッフルヘイムの対極にある灼熱の国の名前。ムスペルの炎によってニッフルヘイムの氷が解け、原初の巨人ユミールが現れた。

## ムニン（「記憶」）

MUNINN

　オーディンの所有する２羽のワタリガラスのうちの１羽。もう１羽のフギンと共に世界中を飛び回り、見聞したことを神オーディンに報告する。オーディンの呪術師然とした風貌から判断すれば、ムニンはオーディンの分身だと見ることもできる。実際、スノッリ・ストゥルルソンは「オーディンは外見（皮膚）を取り換える」と述べている。したがって、オーディンがまるで眠っているかのように、あるいは、死んでいるかのように、身体を横たわらせていても、分身は鳥になって一瞬のうちに遠くの国々へと羽ばたいてゆくのだろう」

## 夢魔（ドイツ語：**マール、マールド、マールト**〈男性形および女性形〉；リューゲン島の方言：**モール**、古英語：**マール**、ノルド語：**マーラ**）

MAHR（all. : Mahr, Mahrd, Mahrt[masc. et fém.], Mor [dialecte de l'ile de rugen ], v. angl. : mare, nor. mara）

　民間伝承に出てくる悪霊の名前で、怖い夢というフランス語のcauchemar、英語のnigtmare、ドイツ語のnachtmahrの中に含まれる。マールはドイツではエルフに取って代わり、今日では、夢魔には、「エルフの夢」という意味のAlptraum（アルプトラオム）や「エルフの重圧」という意味のAlpdruck（アルプドゥリュック）が使われる。ロマンス語世界では、マールは眠っている人の胸の上に乗って息苦しさを覚えさせる。スペイン語では pesadilla（ペサディリャ）、ポルトガル語では pesadela（ペサデーロ）、イタリア語では pesurole（ペスロール）で、いずれも「peser（圧迫する）」という動詞から派生した名詞である。また、南ドイツでは Trud（トルート）、フリジアでは Walriderske（ヴァルリデルスケ）、スイスでは Doggeli（ドッゲリ）と呼ばれる。

　マールやトルートは複雑な人物だ。おそらく不本意な死に方をしたために復讐したいと望んでいる者（→ドラウグ）、あるいは生きている魔法使いや魔術師の分身（アルター・エゴ）だろう。

　民間伝承のマール（男性のケースは非常に少ないため、ここでは女性形で語る）は、寝ている女性の身体から抜け出て、自分が愛した男を苦しませに行く霊魂として語られることが多い。したがって、眠っている女性の身体を動かしてはならない。もし、動かせば、抜け出した霊魂は身体の中

オーディンのワタリガラスの片われ、ムニン。ゴットランド島のヴァドステーナで発見された青銅製の馬具

に戻れなくなり、その女性は死んでしまう。
→アルプ

■参考文献
Sophie Bridier, *Le Cauchemar : étude d'une Figure mythique*, Paris, P.u.P.s., 2001; Claude Lecouteux,《Mara — Ephialtes — Incubus : le cauchemar chez les peuples germaniques》, *Études germaniques* 42（1987）, pp. 1-24; Bernard terramorsi (ed.), *Le Cauchemar : mythologie, folklore, arts et littérature*, Paris, s.e.d.e.s., le Publieur, 2003; Bengt Holbek, Iøorn Piøo, *Fabeldyr og sagnfolk*, Copenhague, Politikens Verlag, 1967, pp. 186-198; M. Van den Berg, *De volkssage in de provincie Antwerpen in de 19de en 20ste eeuw*, Gand, Komminglijke Academie voor Nederlandse taal- en letterkunde, 1993, pp. 1573-1583.

### ムンディルファリ
MUNDILFARI

　マニとソル（月と太陽）の父。

## ［メ］

### メーアヴンダー（「海の怪物」）
MEERWUNDER

　中高ドイツ語のこの言葉は海の怪物だけでなく、ケンタウルス、ミノタ

ウロス、人魚、水の精、男人魚など異質な交雑によって生まれたもの、あるいは妖精やラミア（下半身が蛇の女怪物）のことも指す。また、ヒュドラやクジラ、竜などのことも意味する。中世の低地ドイツ語文献では、まれに「小人」、「ニンフ」、「ペナーテース（家の精）」と訳されている例もある。

■参考文献

Claude Lecouteux,《Le merwunder : contribution a l'etude d'un concept ambigu》, *Études germaniques* 32（1977）, pp. 1-11; 45（1990）, pp. 1-9.


## メルクハーレン（「乳しぼりうさぎ」、「乳のみ」）

MŒLKE-HAREN

　1750年代以降のノルウェー（グドブランスダール）では、魔法使いに仕え、牛乳を飲んでしまう悪霊のような動物がいると信じられていた。スカンディナヴィア地方の呪文にもそのことが見受けられる。


## メルクリウス

MERCURE

　ローマ神話における、北欧神話の最高神オーディン／ウォーダンに相当する神。

　紀元1世紀以降、多くの奉納物がメルクリウスに捧げられているが、オーディンに該当するものは、たとえばMercurius Chann(i)us（メルクリウス・カニウス）やMercurius Cimbrianus（メルクリウス・キンブリアヌス）などごく一部で、その他はケルト神話の神々に該当する。たとえば、ピュイ・ド・ドームのメルクリウス（Mercurius Dumidus：メルクリウス・ドゥミダス）、アルウェルニのメルクリウス（Mercurius Arvernus：メルクリウス・アルウェルヌス）など。オーディンは、スカルド詩の中で「船荷の神」（ファルマチュール）すなわち商人の神と称えられ、さまざまな奉納碑文に、Mercurius Negotiator（メルクリウス・ネゴシィアトル）、Mercurius Mercator（メルクリウス・メルカトル）、Mercurius Nundinator（メルクリウス・ナンディナトル）といった名前が刻まれていることから、オーディンのこの性格が古いものであることが裏付けられている。


## メルゼブルクの呪文

CONJURATIONS DE MERSEBOURG

フルダの典礼書の扉に記された、10世紀の2編の呪文。名称と内容の双方によって、きわめて重要な資料といえる。第一の呪文は次のようなものである。「ある日イディシ〔北欧神話の女神の総称〕たちはあちこちに座っていた。ある者は絆を結び、ある者は軍勢を抑え、またある者は絆を断ち切っていた。絆を解け！　敵から逃れよ！」（→ディーゼス、ヘルフィヨトゥール）。第二の呪文で取り上げられるのは、ウォーダン（オーディン）によるバルドルの馬の治療である。「フォルとウォーダンが森に行った。バルドルの馬がくるぶしを脱臼した。まずシントグントが歌い、次に妹のスンナが歌う。次にフリイア、そしてその妹のフォラが歌う。そしてウォーダンが、彼の熟知するまじないを唱える…」。シントグント、スンナ、フォルの名は多くの憶測を招いたが、彼らを巡る謎はいまだ解明されていない。

## メルミンネ

MERMINNE

中世ドイツの妖精の一人で、Merwip（メルヴィプ）に同じ。水の精にもこの名前がよく使われる。

## メルムート

MERMEUT

大気の悪霊。11世紀のある祈禱文からその存在が知られるようになった。それには次のように記されている。「大気よ、我は主の名において、汝を祝福する／悪魔よ、そして汝の使者たちよ、我は汝らに命じる／嵐であれ他の何であれ、呼び起こしてはならない／汝に逆らうものは何ひとつないのだから。／神とそのひとり子は、汝らにそれを禁じる／万物の創り主たる神は。／聖母マリアは汝らに禁じる。／メルムートよ、我は汝に命じる、汝とその使者たち／嵐を支配するもの／我は万物の創り主の名において、汝に命じる／天と地の創り主の名において／メルムートよ、我は右の名において命じる、／御自らにかたどって最初の人間、アダムを創造したもうた主の名において／メルムートよ、我は禁じる、唯一の神のひとり子／イエス・キリストの名において／悪霊そしてサタンよ、我は汝に願う／力を持ってはならない／この地あるいはこの村を傷めつける力を／この地に嵐をもたらす力を／激しい雨を降らせる力を」など。

## メングロズ

### メングロズ（「首飾りに喜びを見出す者」、「首飾りで飾りたてた者」）
MENGLÖD

　女神フレイヤの使い神、または、おそらく女神そのもの。治癒の山といわれるリフィア山にあり、炎に囲まれたヒュールの館に住んでいる。巨人フィヨールスヴィンがこの館の入り口で番をしている。2匹の犬が番をしていることもある。メングロズには9人の乙女の召使いが仕えている。「保護」という意味のフリフ（Hlif）、「守ることに熱心な」という意味のフリフトラジル（Hlifthrasir）、「民の番人」という意味のショドヴァルタ（Thjodvarta）、「輝かしい」という意味のビョルト（Bjôrt）、「青白い」という意味のブレイク（Bleik）、「陽気な」という意味のブリード（Blid）、「美しい」という意味のフリッド（Frid）、「平和／感謝」という意味のエイール（Eir）、「砂利岩」という意味のアウルボダ（Aurboda）である。メングロズに求婚しようと館にたどり着いた若きスヴィップダーグは、フィヨールスヴィン（別の伝承ではフィヨールスヴィズル）の出す謎解き問答に勝利する。スヴィップダーグはおそらく、フレイヤが長い間、出会いを待ち望み、運命によって結ばれることが約束されていた謎めいたオッドと同一人物だろう。フィヨールスヴィンの後ろにはおそらく、オーディンが隠れているのだろう。

### メンヤ
MENJA

　デンマークの伝説上の王フロージの奴隷である女巨人。フロージはグロッティという不思議な臼を持っている。その臼は、挽き手が命じるものを何でも生み出すことができる。メンヤとフェンヤは王の命令で臼を挽き続ける。


# ［モ］


### モイゼトゥルム
MÄUSETURM
→ネズミの塔

## モグスラシル

MÖGTHRASIR

「ヴァフスルーズニルの言葉」の中の難解な一節によると、この人物は巨人と思われ、運命の神々（ハミンギャ）の父かもしれない。

## モックルカルヴィ

MÖKKURKALFI

巨人たちはトールとの戦いで、フルングニルを加勢するために粘土の巨人モックルカルヴィを作り、その身体に雌馬の心臓を入れた。トールの従者シアルヴィはモックルカルヴィを難なく殺してしまう。このエピソードは、シアルヴィが英雄として活躍するイニシエーション神話になっている。インド＝ヨーロッパ神話においてヴリトラハン（Vritahan）がトリシラス（Triçirah）とヴリトラ（Vritra）と決闘する話がこれに似ている。今日まで起源的なつながりは何も見つかっていないとは言え、ユダヤ教の伝承に登場する泥人形ゴーレムとモックルカルヴィには共通点があると言えるだろう。

## モディ（「勇気」）

MODI

トールの息子の一人。確かに、トールの素質の一つを受け継いでいる。

## モドグド（「どう猛な戦い」）

MODGUD

地獄に向かって流れる川の一つギョル川にかかるギャラルブル橋の番人を務める巨人娘。
→ギャラルブル

## モドラネート　（「母たちの夜」）

MODRANEHT

イングランドのキリスト教聖職者で歴史家のベーダ・ヴェネラビリス（673 年生まれ）は、モドラネートという有名なクリスマス前夜の異教徒の祭儀について語っている。実際、この祭儀ではローマ神話の女神（マトロナエ）に相当する豊穣の女神たちに犠牲が捧げられる。この祭儀は北欧

の「ディサブロ（Disablot）」（女神たちへの供犠）や中世のさまざまな文学に描かれている妖精たちのために用意される食事に似ている。また、この夜には、死んだ影響力のある女性たちが国じゅうを駆け巡ると信じられていた。

→大地母神、ディーゼス

## 森
FORÊT

　ゲルマンの森は、広大な空間であり、密度が高く、鬱蒼として何者も寄せつけない。追放された者（古ノルド語の skógamaðr「森の男」）やお尋ね者の逃げ込む場所で、恐ろしい動物や怪物の巣窟、盗賊やはみ出し者の集う場所でもある。ゲルマンの森は自然の境界であり、その一部を構成するボヘミアの森は、南で、バイエルンとオーストリア北部のノルドヴァルトの森とつながっている。またデンマークとザクセンを分ける Falstr の森は、昔から特別な意味を持っていた。紀元 9 年、ヴァルス率いるローマ帝国の軍団が、ゲルマン部族のカルスキ族の首長アルミニウスによって殲滅されたのは、トイトブルクの森での出来事である。神話や伝説に登場する森も数多い。古ノルド語の文献に登場するミュルクヴィズ、『ハラルド美髪王のサガ』に登場する Eydaskóg の森は、Värmland（ラテン語の Wormia）と Götaland を分けている。Valslöng の森は西フランク王国とフン王国の国境に、Borg の森は、フン王国とポーランドの国境に位置している。想像力を搔き立てるような名の森もある。たとえば『ニャールのサガ』に登場する Tröllaskogr は「トロールの森」を意味する。

　森はしばしば、罪と殺害の舞台となる。『テオドリック・フォン・ヴェローナのサガ』では、アルトヴィン伯とヘルマン伯に裏切られたシグルド／ジークフリートの母が、処刑のためにシュワーベンの森に連れて行かれる。また、鍛冶屋レギンは別の森で主人公を引き取り、その後竜に変身した自分の兄弟に殺させようとするが、この計画に失敗して命を落とす。『ニーベルンゲンの歌』では、ハーゲンはオーデンヴァルト（「オーディンの森」）でジークフリートを殺害する。6 世紀イギリスの西サクソン（ウェセックス）王イネやケント王ウィフトレッド（690-725）が、「遠方から来た男または外国人が森を横切る時、公道をたどらず、声をあげたり角笛を吹いたりもしない場合、盗賊とみなして殺害するものとする」と法律で定めてい

るのも無理はない。

　森は神聖な場所でもある。文献学者が昔から指摘してきたように、特に古い文献では、「神殿」を指す言葉はすべて「聖なる木立、森」を意味しており、同じことが各地の地名にも言える。Wihinloh（901 年に言及）、Rimslo（ニーダーザクセン州）、Heiligenforst（1065 年に言及）、ハーゲナウ付近の sacrum nemus〔ラテン語で「聖なる森」の意〕（11 世紀）Heiligenholtz（1180年、バーデン＝ヴュルテンベルク州）、フレイ、ニョルズ、ウルの三神に由来する Fröslunda、Nördlunda、Ullunda（スウェーデン）、「トールの森」を意味する Torslunda（デンマーク）。古ノルド語の lundr（ドイツ語で lô）は聖なる木立を意味しているのである。『古エッダ』では、フレイは女巨人ゲルズに「平和な木立」で出会っており（1275-1280 年の間に書かれた）、『植民の書』には、Hnjoskadalr の植民者 Thorir snepill Ketillsson が lundr に生贄を捧げたと記されている。1220 年頃には、オリヴェルス・ショレルスが「古プロイセン人は森や川の精霊を崇拝している」と記しているし、15 世紀半ばにはプラハのヒエロニムスが、彼らは「悪霊に捧げられた森」、特にオークの古木を崇敬していると詳述している。樹木崇拝はザクセン人の間に広く浸透していたようだ。彼らは「木立や森を神聖視し、これに彼らの神々の名を与えて、非常に大切にしている。[ 中略 ] 彼らがとりわけ敬うべきだと考えたのは、広葉樹と泉だった」と、ブレーメンのアダムは述べている。タキトゥスによれば、セムノネス族の聖なる森には、縛られた状態でなければ、誰も立ち入ることができなかった。「定められた時期に、名前と血筋を共有する人々が、占いや、先祖が経験した恐ろしい出来事によって聖別された森に集まった。[ 中略 ] 縛られた状態でなければ何人たりとも立ち入ることは許されなかった。縛ることで、自分たちはしもべに過ぎず、神の力に服していることを示したのである」。タキトゥスはまた、ナハナルワーリー族の非常に古い信仰についても述べているが、これを主宰する「神官は女装している」という。『古エッダ』に Fjöturlundr（「縛めの木立」）が登場するのは、偶然だろうか？　Fjöturlundr は、オーディンに借りた槍で、ダグがヘルギを刺し貫いた場所でもある。1200 年頃に書かれた『ヨムスヴァイキングのサガ』（第 34 章）には、ヤール（侯）ハーコンがヨムスボルグのヴァイキングと戦ったと記されている。戦いの趨勢はヤールに不利に働いた。「そこでヤールは数人の供を連れて陸に上がり、北に向かって Primsigd 島に行くと、そこには大きな森があった。森

の中の空き地でひざまずいたヤールは北に向かって祈りを捧げ、守護女神 Thorgerdr Hördatröll を呼び出した [ 中略 ] 最後にヤールは、生贄として人間を捧げることを約束した」。

『エッダ』に登場するミュルクヴィズ（Myrkvid、「暗い森」）は、神々の世界を巨人たちの世界と隔てる存在だ。もともと、これがゴート族とフン族の領土の境界であったことは間違いない。鍛冶屋ヴィーラントの伝説に登場する白鳥処女たちは、ミュルクヴィズからやってきたと言われる。『古エッダ』の『巫女の予言』（Völuspá、第40節）と、アイスランドの偉大な神話学者スノッリ・ストゥルルソン（1178-1241）の『ギュルヴィたぶらかし』で言及されているのは、幻想的な森である、「鉄の森」ヤルンヴィド。そこでは狼の姿をした巨人たちや魔法使いたちが暮らし、丘の上に座ってハープを奏でる巨人エグテールが彼らを見守っている。しかし森は錯覚にすぎない場合もある。トールに様々な試練を受けさせた巨人のウートガルザロキは、森を現してトールを惑わせたあと、こう言い放つ。「お前の目の錯覚を利用して騙したのだ」と。

『エッダ』によれば、太陽を追いかける狼スコルと月を追いかける狼ハティも、森からやってきた。2頭は最終的にはそれぞれの獲物を呑み込むことに成功する。サクソ・グラマティクスが1210-1220年に執筆した『デンマーク人の事績』（III, 2, 4-3, 3,6）には、英雄ホテルスが森で道に迷い、超自然的な女たち——ヴァルキュリア——に出会ったという記述がある。ヴァルキュリアは戦の行方を左右する存在であり、気分のおもむくままに勝利や敗北を分配し、気に入った相手には密かに力を貸した。ホテルスがヴァルキュリアから決して傷つかない上着を受け取ると、小屋は姿を消した。その後、ホテルスは再び彼女たちと再会する。ひとけのない森の中で、洞窟に棲む「ニンフ」であるヴァルキュリアに出会い、助言を受けるのである。

　森の中には、狼男も潜んでいる。『ヴォルスンガ・サガ』（13世紀）では、シグムンドとシンフィヨトリが森の中の一軒家で、呪いによって狼男に変えられた二人の男が眠っているのを見つける。その傍らには「狼の毛皮」があった。男たちは、その毛皮から逃れられなかったのである（第8章）。

　スカンディナヴィアの民間伝承では、森には、森の老婆（skogsnufva、skogsjungfru）がいるとされる。局所的に存在する彼女たちは、ローマ神話に登場する妖精や、スウェーデンやノルウェーの、文字通り「森に君臨する者」を意味する skogsrå という精霊に相当する。ドイツにも、小人や

森の老婆（holzvrowe）、holzmuowe（森の泣き女）、waltscrate と呼ばれる小人によく似た精霊、そして Rumedenwalt（空っぽの森）、Schellenwalt（森を剝く）、Vellenwalt（森を切り倒す）といった面白い名を持つ巨人たちが存在する。

　森にはワイルドハントの狩人も棲んでいる。ハイステルバッハのカエサリウス（1180 頃 -1240 頃）は、こんな出来事について語っている（これは、17 世紀まで語り継がれ、伝説となった）。ある夜、騎士が森の中で、何かに恐れおののいて逃げる女に気づいた。女を呼び止めて話を聞き、彼女を守ることを約束して、地面に剣で円を描くと、やがて角笛の音色と猟犬の群れのたてる物音が聞こえてきた。姿を現した追跡者は、魔物だったのである。

　13 世紀末の冒険物語『ヴィルギナール』は、ディートリヒ・フォン・ベルン、つまりテオドリック大王と、チロル山中の洞窟に住む小人たちの女王ヴィルギナールの物語である。ヴィルギナールは毎年、オルキーズという名の巨人に若い娘の生贄を捧げなければならない（オルキーズという名からも、この巨人が人食いであることがうかがえる）。生贄に定められた娘が森に入ると、オルキーズが狩って食うのである。『エッケの歌』では、チロルの森を訪れたディートリヒ・フォン・ベルンが、海の中の王国を支配するババヒルトという野人の女性に出会う。彼女は猟犬の群れを連れた森の主に追われている。「その名はファソルト。野人の国を支配している」。ファソルトは甲冑を身につけた巨人で、ラッパを鳴らし、女性のように髪を編んでいる。森では、呪われた狩人に出会うこともある。たとえば、吟遊詩人ミヒャエル・ベハイム（1416/1421-1474/1478）は、次のように物語っている。あるよく晴れた日のこと、ヴュルテンベルク伯エーベルハルトが一人で森に狩りに出かけると、大きな物音がして、鹿を追う不気味な化け物が現れた。エーベルハルト伯は恐怖を覚えて馬から降り、木立に隠れて、害意があるかと大声で尋ねた。するとその化け物は、「いや、わしもそなたと同じ人間だ。もともと狩猟に夢中な貴族だったわしは、最後の審判まで狩りをしたいと神に願った。不幸なことに願いは聞き届けられ、すでに500 年間、この同じ鹿を追い続けているのだ」と答えた。

## 森の老婆

DEMOISELLE DES BOIS（Holzfräulein）

醜く背の曲がった、苔に覆われた老婆の姿をしたエルフの仲間の精霊。流行遅れの服装で、外国語を話す。しかし若く美しい娘に変身することもできる。男と付き合うことを好み、自らの乳飲み子を彼らに預けることをためらわない。また菓子を焼き、糸の尽きない糸巻き棒で亜麻糸を紡ぐ。人々は収穫の最後のひと束をこの精霊に捧げる。善良で好んで人助けをし、贈り物を与え、治療法の心得があり、未来を予測できるが、一方で非常に傷つきやすい。ワイルドハントの狩人に狙われることが多く、十字を切ったり神の名を称えたりして危険を逃れる。地方によっては危険な存在でもあり、旅人を迷わせたり、その背中に乗ったり、新生児を連れ去ったり取り替えたりする。おそらく妖精、野人の女、悪霊が混ざり合って成立したと考えられる。

→ヴェクセルバルク

## モルニル

MÖRNIR

アイスランドの「フラート島本」（14世紀）に載っている「ヴェルシの話」では、馬の性器が家族の手から手を経て、最後に女巨人モルニルに捧げられるという異教徒の儀式が紹介されている。家の主人、その妻、息子、娘、奴隷、召使いがそれぞれ「モルニルがこの供え物を受けとりますように」で終わる韻文を唱えると記されている。モルニルの後ろに隠れているものについて幾つかの仮定がなされたが、最終的に、フレイ神の使い神（豊穣、多産）だろうと考えられている。『古代北欧の宗教と神話』（1982）の著者フォルケ・ストレムは、一時期、巨人ニョルズの妻だった女巨人スカジではないかと考えている。ノルウェーの中世学者グロ・ステンスランドは、モルニル（mörnir）の単数形 morn は「女巨人」（jotunkvinne）という意味で、この儀式は、馬の性器ヴェルシによって表現されたフレイと巨人界の女性権力者との聖なる結婚（ヒエロス・ガモス）を象徴していると述べている。

### ■参考文献

Gro Steinsland, *Norrøn Religion*, Oslo, 2005, pp. 350-352.

# [ヤ]

## ヤヴンハール（「同じく高い者」）

JAFNHARR

　オーディンの別名の一つ。しばしば一緒に登場する三神、ハール、ヤヴンハール、スリジのうちの一柱の可能性もある〔スノッリのエッダを構成する『ギュルヴィたぶらかし』に、この三神が登場する〕。

## ヤジー

JAZIE

　ガリツィア地方のヤジーはディドケンに似ており、常に敵意に満ちた、悪意ある存在とされる。樹木の多い地方に棲むといわれている。人間の世界からさらってきた若く美しい娘たちを侍らせ、おびき寄せた若い青年を殺して、住みかの周りに巡らせた杭にその頭を飾る。人肉を食べ、特に幼児を好み、熱い血を飲む。おそらくカルパティア地方の森林地帯をうろつく野生動物を神話化した存在だろう。

**■参考文献**

Theodor Vernaleken, *Mythen und Bräuche des Volkes in Österreich*, Vienne, 1859, p.238 sqq.

## ヤドリギ

GUI

　ロキの計略にかかったヘルブリンディは、ヤドリギの若枝で兄のバルドルを殺してしまう。

**■参考文献**

Arild Hvidtfeldt, Mistilteinn og Balders Død, Aarbøger, 1941, pp.169-175.

## ヤラール

FJALARR

　小人で、ガラールの兄弟。ガラールとヤラールの二人は、知恵の神クヴァシルを殺してその血から、飲んだ者は誰でも詩人になれる魔法の蜂蜜酒を

造った。小人たちは巨人のギリングとその妻も殺したが、その息子スットゥングに捕らえられ、命を助けてもらう代わりに蜂蜜酒を差し出した。その後オーディンがこの酒を奪った。

→クヴァシル


## ヤルダルメン
JARDARMEN
→血誓兄弟の儀式


## ヤルンヴィド（「鉄の森」）
JARNVIDR

狼の姿をした巨人や魔法使いが住む場所。この森が、人間の世界（ミズガルズ）と、巨人の世界（ヨートゥンヘイム）を分離している。


## ヤルングレイプル
JARNGREIPR
→鉄の手袋


## ヤルンサクサ（「石のザクセン人に」）
JARNSAXA

女巨人で、トールとの間に息子マグニを産んだ。ヘイムダールの9人の母親の一人も、この名を持つ。その名は巨人にふさわしく、この種族が日々の生活で接していた鉱物世界を想起させる。


## ヤロヴィト
IAROVIT

ルジイ族の神。その名は「厳しい主」を意味していると思われる。ウォルガスト（メクレンブルク・フォアポンメルン州）とハーヴェルベルク（ザクセン＝アンハルト州）で崇拝されていた。ヤロヴィトの神殿には盾が保管され、戦いの際には勝利祈願のために持ち出された。

### ■参考文献
Thomas Kanzow, *Pomerania, oder Ursprung, Altheit und Geschichte der Völker und Lande Pommern, Cassuben, Wenden, stettin, Rügen*, t. 1, Greifswald, 1816-1817.

# ［ユ］

**幽霊船**
VAISSEAU FANTÔME
→さまよえるオランダ人


## ユグドラシル（「ユッグ、すなわちオーディンの馬」）
YGGDRASILL

　これは宇宙樹で、ルーマニア出身の宗教学者のミルチャ・エリアーデ（1907 − 1986）によれば、北欧神話の象徴とも言えるものだ。インドの聖典ヴェーダの宇宙柱スカンバ、ザクセン人が崇めた神々の一人イルミンを象徴する柱イルミンスール、スウェーデンのラポニア地域に住む原住民サーミ人たちの宇宙樹に相当する。ユグドラシルはレーラズ、ミーマメイド（「ミーミルの木」）とも呼ばれる。トネリコの木で、世界の真ん中に立って世界を支え、統括し、象徴となっている。生命とあらゆる知識、運命の源でもある。この木は鉄によっても火によっても傷つけられることはなく、その実は女性の腹部の病を癒す。

　この木を支える 3 本の根元では、それぞれ、人間たち、霜の巨人たち、死者の神ヘルの国の死者たちが暮らしている。別の伝承によれば、1 本の根は天上のアースガルドに達しているという。それぞれの根元には、ノルヌの一人ウルドの泉、巨人の一人ミーミルの泉、そしてフヴェルゲルミルがあり、フヴェルゲルミルからすべての川が流れ出ている。また蛇のニドホーグもここに棲んでいる。2 番目の根は巨人の国ヨートゥンヘイムに達し、3 番目の根は死者の国ニッフルヘイムまで達している。

　この木のてっぺんに鷲がとまっているが、それはおそらく鷲に姿を変えた巨人のフレースヴェルグ（「死体を呑み込むもの」）で、この鷲が羽ばたくと風が起こる。また、鷹のヴェズルフェルニルもとまっている（「風で飛ばされた灰で覆われたもの」）。リスのラタトスクが木の幹を上ったり下りたりしている。5 頭の鹿が枝葉をかじっている。その鹿たちはダーイン（「死」）にドヴァリン（「ためらう者」）――この名前は小人の名前でもある。ドゥネイル（「綿のような耳を持つ者」）にドゥラスロール、そしてエ

イクチュルニル（「オークの木の枝」）だ。同じように山羊のヘイドルンも
この木の葉を食べている。根は8匹の蛇がかじっている。ニドホーグ、ゴ
インにモイン、グラフヴィトニル、グラヴォルッド、グラバック、オーヴ
ニルにスヴァヴニルである。これらの名前が韻を踏んで列挙されているの
は、この情報が古いものであることの証しである。ノルヌたちは毎日、石
灰を混ぜた水をユグドラシルに注いでいる。アースの神々はこの宇宙樹の
下のウルドの泉のそばで議論するのが習慣だった。

　世界はユグドラシルによって垂直が保たれ、ミズガルズの蛇によって水
平が保たれているのである。

→ゴイン

■参考文献

Régis Boyer, Yggdrasill, *Pris-Ma* 5（1989）, pp. 127-138; Hj. Lindroth,
Yggdrasils barr og eviga grönska, *Arkiv för Nordisk Filologi* 30（1914）, pp. 218-
226


## ユーダリル（「イチイの谷」）

YDALIR

　スキーの神ウルの住んでいるところ。


## ユッグ（「恐ろしき者」）

YGGR

　オーディンの別称。


## ユーバーツェーリガー（「余計者」）

ÜBERZÄHLIGER

　ダンスをしているグループや賭け事のプレーヤーたちの中に潜り込ん
で、その中の一人をさらって地獄に連れて行く。この伝説は、この種の楽
しみを禁じた聖職者による文章（たとえば「説教」など）に由来し、そこ
から次のような諺が生まれた。《Ubi saltatio, ibi iabolus》（「ダンスに興じれ
ば、悪魔がやって来る」）。

■参考文献

Leopold Kretzenbacher, Tanzverbot und Warnlegende. Ein mittelalterliches
Predigtexempel in der steirischen Barockpassiologie, *Rheinisches Jahrbuch für*

*Volkskunde* 12（1961）, pp. 16-22; Ronald Grambo, Guilt and Punishment in Norwegian Legends, Fabula 11（1970）, pp. 254-256; Bø, Grambo & Hodne, *Norske Segner*, Oslo, 1995, No. 76.

## ユミール（「雑多な者」、「両性具有者」、インド神話の**ヤマ**）

YMIR

　原初の巨人の名前。ユミールの解体された身体の各部から世界が創られた。ムスペルヘイムの炎によってニッフルヘイムの氷が解け、そこからユミールが生まれ、霜の巨人たちの祖先となる。霜の巨人はユミールのことをアウルゲルミルと呼ぶ。ユミールが寝ている間に汗をかき、左のわきの下から男と女が生まれ、一方の足がもう一方と交わり息子を産んだ。ユミールはやはり解けた氷から生まれた雌牛アウズムラの乳を飲んでどんどん巨大になった。

　オーディン、ヴィリ、ヴェーはユミールを殺した。すると、おびただしい量の血が流れ出て、霜の巨人たちはことごとくその血の海に溺れた。ユミールの孫のベルゲルミルとその妻だけは助かった。次に3人の神はギンヌンガガップ（ポッカリ開いたカオスの口）の真ん中にユミールの身体を置いて大地を創り、血で海と湖を、筋肉で土を、骨で山々を、歯と砕けた関節から岩や小石を創った。また頭蓋骨を取ってそれを大地の上の空とし、四隅にそれを支える4人の小人を置いた。ミズガルズ（人間の世界）を創るためにはユミールのまつ毛を使った。そして脳をつかんで空中に投げ、雲を創った。

### ■参考文献

Olivier Gouchet, Le sang d'Ymir, *Études germaniques* 44（1989）, pp. 385-395; Régis Boyer, Le corps d'Ymir, *Germanica* 4（1988）, pp. 11-25.

## ユラン

JURAN

　プレイエの作品『ダニエル・ド・フロリヴァル』（13世紀）に登場する小人。ある公爵とその親族をすべて皆殺しにして、公爵の娘を執拗に追いかけた。この娘と結婚し、彼女を酷く傷めつけてから放り出そうと考えているのである。これは、なんらかの伝承を誤解してつくり上げられた物語の可能性もあるが、いずれにしろ、クレティアン・ド・トロワの『イヴァ

ンまたは獅子を連れた騎士』を思わせるエピソードである。ユランを殺す
には、彼自身の剣を使わなければならない。物語の中ではダニエルがユラ
ンの剣を奪って彼を倒す。

## ユングヴィ
YNGVI

　スウェーデンのユングリング家（10 〜 14 世紀）の子孫であるフレイの
別名。ユングヴィは、タキトゥスがその著書『ゲルマニア』で言及してい
るインガエウォネース族の語源となった神だと考えられる。


# ［ヨ］


## 妖怪
CROQUE-MITAINE

　ドイツ語圏の国々には、約 100 もの妖怪が存在する。子供を怖がら
せ、軽率な振る舞いを戒めるために作り出された存在を別にすれば、そ
の多くは民間伝承に登場する。ワイルドハントに登場する Wood（メクレ
ンブルク）、夜の狩人（Nachtjäger、シュレジア地方）、エルフの一種であ
るアルプ（トランシルバニア）、ライ麦狼（Roggenwolf）と Tittenwîf（メ
クレンブルク）、Erftenmöin（ブランデンブルク州）などである。Huri と
Nachthuri（スイス、ルツェルン湖沿岸地方）は大きな袋の中に子供を放り
込むが、これはバイエルンとオーストリアで、聖ニコラウスに同行し、怠
け者やいうことを聞かない子供を袋に入れて連れ去るといわれる Klaubauf
を想起させる（→クネヒト・ループレヒト）。Hanselina はブドウを盗んだ
子供の手を切ってしまう（スイス）。シュレースヴィヒ＝ホルシュタイン
州では、厩に Büsemann が棲むといわれるが、これは水の精でもある。同
州のフェール島には盲目のユグ（der blinde Jug）が、ディットマールシェ
ンには Pulterklaas（騒がしいコラス）がいる。


## ヨートゥン
JÖTUNN（古ノルド語複数形：Jötnar, ノルウェー語：jutul）
　物質世界を構成する原始的な巨人。ヨートゥンという名前は、彼らが人

食いであることを暗示しているが（動詞「eta」には「食べる」という意味がある）、それ以外何一つ知られていない。古英語では eoten と呼ばれる。記録の中では、ヨートゥンは「巨人」の同義語とされている。ノルウェーでは、彼らの名に由来する地名が約 40 存在する。たとえば Jötunheim「巨人たちの世界」、Jutulbrui「巨人の橋」、Jutulhaugen「巨人の塚」などで、これら三つの地名については、それぞれに巨人伝説もある。たとえば、塚の下に銅のブーツを履いた巨人が葬られている、また大量の石をかき集めた巨人が橋らしきものを建設した、という具合である。

→グリュラ、トロール、ベルクリズ、リセ

## ■参考文献

Carl von Sydow, Jätterna i mytologi och folktro, *Folkeminnen och Folktankar* 6 (1919), pp.52-96.

## ヨートゥンヘイム（「巨人たちの世界」）

### JÖTUNHEIMR

　人間たちの領域であるミズガルズの東方のどこか、何筋もの川や鉄の森に隔てられた場所にある。巨人たちが住んでいる。巨人たちの領域として知られるウートガルズ（「外部の領域」）の別名の可能性もある。

## ヨール

### JOL

　冬至祭。現在スカンディナヴィア諸国ではクリスマスを指す。生贄を捧げて、神々や死者に豊かな実りと平和を祈願した。この祭りは、オーディン、フレイ——祭りでしばしば生贄に捧げられたのは雄豚だった——そしてエルフに結びつけられることが多い。実際、ヨールの別名は「エルフの供犠（アルファブロット）」である。

## ■参考文献

Jorma Koivulehto,《Fest und Zyklus des Jahres: Jul und Kekri》, *Neuphilologische Mitteilungen 2*（2000）, pp.235-252; Ronald Grambo,《Julen i Middelalderen; Hedenskap og Kristendom》, Midelalter-Forum 1/1996, pp.24-35; Olav Bø, *Vår norske Jul*, Oslo, Det Norske Samlaget, 1970.

## ヨルズ(「大地」)
JÖRD

　アース神族で、「女巨人」と呼ばれる場合もある。オーディンの妻または愛人で、トールの母。ノット(「夜」)とアナール(Anarr)の娘で、アナールの2番目の妻にもなった。この点からは、大昔の考え方——夜は昼に先行し、あらゆるものを生み出すという考え方をうかがい知ることができる。すでにタキトゥスが述べているように、ゲルマン人は時を測るのに、昼ではなく、夜を数えていた。

　大地母神信仰は広範に見られ、ネルトゥス、ヨルズ、フローデュン、フィヨルギュンなどでもその姿を見ることができる。

クラウバウターマン

→大地母神

■参考文献

Ronald Grambo, *Svart katt over veien. Om varsler, tegn og overtro*, Oslo, Ex Libris, 1993, p.78.

## ヨルドバルン（「大地の子たち」）

### JORDBARN

　小人たちのこと。小人が大地に結びついた生き方をしており、岩間や洞穴に住んでいたことを暗示している。

## ヨールニル（「ヨールの主人」）

### JOLNIR

　オーディンの別名の一つ。異教徒のクリスマスともいうべきヨールにこの神が関係していることは疑いない。なにしろこれは、死者の祭りなのだ。ノルウェーの民間伝承では長い間、死者は集団で空を飛び、生者からビールや食料を奪うとされていたが、これはオーディンとハルフダン黒髪王のエピソードを想起させる。この死者の群れはワイルドハントの一種とも考えられ、オーディンの狩人たちと呼ばれることが多い。

→オスコレイア、ヨール、ワイルドハント

## ヨルムンガンド（「強力な怪物」）

### JÖRMUNGANDR

　ミズガルズの蛇の別名。Gandr は「魔法の杖」を意味することから、「強力な魔法」と訳すことも可能。

## 四大精霊（ドイツ語：Elementargeister）

### ESPRITS ÉLÉMENTAIRES

　最初にこれに言及したのはテオフラストゥス・ボンバストゥス・フォン・ホーエンハイム、通称パラケルスス（1493-1541）である。その著書『ニンフ、シルフ、ピグミー、サラマンダー、その他の精霊についての書』（通称『妖精の書』）で、彼は当時の言い伝えを整理し、民間伝承に登場する超自然的な存在に特定の元素を割り当てた。それによると、水の中にはウンディーネとニンフが、空気中にはシルフが、大地の中にはピグミー、つまり小人

やグノームが、そして火の中には、ヴルカニとも呼ばれるサラマンダー（雄）が住んでいる（サラマンダーはサンショウウオと混同してはならない〔フランス語では、同じ単語が伝説上の怪物サラマンダー（火トカゲ）とサンショウウオを指す〕）。パラケルススは、人間よりも優れた彼らの身体について取り上げる中で、「壁や岩石を、まるで精霊のように通過する」と述べている。そして論文の各所にコメントをちりばめている。たとえばウンディーネとニンフは水中でも生きられることを説明する箇所で、「魚にとって水は、（我々にとっての）空気に等しい」といった具合である。人間と同じ欲求を持つこれらの存在は、飲み食いし、服を着て、階級を持つなどである。

## ■参考文献

Lutz Röhrich, Elementargeister, in: K. Ranke (éd.), *Enzyklopädie des Märchens*, Berlin, New York, t. 3, col. 1316-1326; Bengt Holbek, Iørn Piø, *Fabeldyr og sagnfolk*, Copenhague, Politikens Verlag, 1967, pp.51-54.

# ［ラ］

## ラー
RA

　この言葉は、特定の場所に棲み、その場所を支配する（動詞 råda）超自然的生物を指す。水の中には湖の精 sjörå が、山には山の精 bergrå が、森には森の精 skogsrå が、家の中には家の精 husrå または gardsrå が、馬小屋には馬小屋の精 stallrå が、教会には教会の精 kirkrå（最初に埋葬された人物であることが多い）が、鉱山には鉱山の精 gruvrå がいる。ある土地に家を建てると、一人の人間または1匹の雌豚をラーに生贄として捧げる。ラーは動物の支配者でもあり、地下に隠された財宝を守っていることもある。狐の尻尾がついていて、背中が桶のように窪んでいる魅力的な女性の姿をしていることもある。ドイツ語のエルフに対抗する呪文の中に、このような姿のラーについての言及がある。

　スウェーデンでは、Ra（ラー）を表す言葉として動詞 råda の男性形または中性形現在分詞 Rådande を使う。

### ■参考文献

*The Supernatural Owners of Nature*, ed. par A. Hultkrantz, Stockholm / Goteborg / Uppsala, Almkvist & Wiksell, 1961; Gunnar Granberg, *Skogsraet i yngre nordisk folktradition*, Upsala, 1935, pp. 205-209.

## ラウフェイ
LAUFEY

　ロキの母親。

## ラウリン
LAURIN

　小人の王。チロルの山奥に住み、見事なバラ園を持っている。そのバラ園をディートリヒ・フォン・ベルン（テオドリック大王をモデルにした空想上の英雄）とその仲間ヴィテゲとディートライブに荒らされる。ディートリヒに打ち負かされたラウリンは、（クンヒルトまたはシンヒルトと呼

ばれる）妹をラウリンに誘拐されていたディートライブのとりなしで命拾いし、騎士たちを自分の洞窟に招待した。そこでラウリンは騎士たちに睡眠薬を飲ませ、牢に閉じ込める。しかしクンヒルトの機転で状況が逆転し、ディートリヒたちはラウリンをラヴェンナに連れて行ってキリスト教を教えた。

ラウリンの身長は指尺 69 センチ足らずしかなく、ラウリンが乗る馬は小鹿くらいの大きさだ。魔法の指輪とベルトを持っており、どちらも身につけると 12 人分の力を発揮する。また、かぶると姿が見えなくなる不思議な帽子（タルンキャップ：隠れ簔）も持っている。ラウリンはユダヤ地方とコーカサス地方の間に住み、小人を支配しているヴァルベランの甥に当たる。『ワルトブルグ戦記』というタイトルの別のテキストでは、ラウリンはまた別の小人の王ジンネルスの父で、ディートリヒはジンネルスの後について行った後、決して姿を見せなくなった。これは、ヘルラ王の伝説を思い起こさせる。

■参考文献

Claude Lecouteux, *Les Nains et les Elfes au Moyen Âge*, Paris, Imago, 2013.

## ラグナロク（「神々の運命」）

RAGNARÖK

ワグナーが『神々の黄昏』という名前で広く知らしめた世界の終焉、大惨事の名前。世界の破滅への筋書きはこうだ。3 年の間、凄まじい寒さの冬が続く。地獄にすむ 2 羽の雄鶏、グリンカンビとフィアラルがまず鳴き、続いてもう 1 羽の赤茶けた雄鶏が鳴いて運命の時を告げる。するとフェンリル（またはガルム）が鎖を揺さぶる。鎖はちぎれ、フェンリルは太陽と月を呑み込む。ユグドラシルが揺れ動き、大地は震え、ミズガルズの大蛇は海から這い上がり、大洪水を起こす。巨人たちはナグルファールという船に乗り、スルトが舵を取って国を後にし、虹の橋を渡ってヴァルハラの襲撃へと突進する。オーディンはフェンリルに殺される。オーディンの息子ヴィーザルはフェンリルに立ち向かって父の仇を打つ。フレイはスルトに倒され、トールはミズガルズの大蛇と戦い、共に死に至る。チュールとヘルの番犬ガルム、ロキとヘイムダールも同様に相打ちとなる。スルトは至るところに火を放ち、大地を焼き尽くす。

やがて、海の中から美しい緑に覆われた大地が顔を出す。ヴァリとヴィー

ザルがイザヴォルに住んでいる。そこは以前、アースガルズがあった場所だ。トールの息子モディとマグニも合流する。彼らはトールの鎚ミョルニルを持っている。バルドルとヘルブリンディが死者の国ヘルヘイムから戻って来る。ふたりの人間が生き残っていた。スルトの炎を逃れて隠れていたリーヴとリーヴスラシルだ。やがて、このふたりから再び多くの命が生まれることになる。太陽が再び現れた。ソルが消え失せる前に、ソルに負けないほど美しい娘を産んでいたからだ。

## ラタトスク（「出っ歯」）
**RATATOSKR**

　宇宙樹ユグドラシルの枝に棲みついているリス。絶えずこの木を上ったり下りたりして、高い枝にとまっている鷲の言葉をフヴェルゲルミルに棲む蛇のニドホーグに伝えている。

## ラティ（「穴を開けるもの」）
**RATI**

　クヴァシルの血から造られた魔法の蜜酒が保管され、グンロッドが見張りをしているフニットビョルグ山の山腹に穴を開けるためにバウギが使った錐。

オーディンはラティで山に穴を開け、魔法の蜜酒を奪う。
『スノッリのエッダ』O・ブリニョルフソン、1760年

## ラーン（「奪い取る者」）

### RAN

海の女神。海神エーギルの妻で波の乙女たちの母。網を持っていて、海で溺れたすべての人間をすくいとる。死者の国では、海で非業の死を遂げた船員たちを支配している。

## ラングテュッティン（「長い胸」）

### LANGTÜTTIN

パッシリア渓谷（南チロル、ドイツ語ではパッサイアー）に住む醜い女性の名前。子供たちの後をつけて走り、乳を吸わせるが、子供によって乳が出たり、膿が出たりする。野人と夫婦になっていることもある。

■参考文献

Ignaz V. Zingerle, *Sagen aus Tirol*, Innsbruck, 1891, p. 110 sq.

## ランゴバルド（「長い髭」）

### LANGBARD

オーディンの別称。おそらく次のような伝説に由来する。ウィンニーリ族がヴァンダル族と交戦しているとき、ウィンニーリ族の族長、イボリとアギオの母ガンバラがグウォーダン（オーディン）の妻フレア（フリッグ）の前に歩み出て、息子たちに勝利を与えて欲しいと哀願した。するとフレアはガンバラに次のように助言した。ウィンニーリ族の女性たちは髪の毛を顔の前に下ろし、髭に見えるようにまとめておき、日が昇ったら、グウォーダンの部屋の窓から見える場所に夫と並んで立ちなさい。ウィンニーリ族は言われたとおりにした。朝になり、グウォーダンが起きて窓から彼らを見て叫んだ。「あの長い髭の者たちは一体誰だ？」。フレアは夫に「あなたが今その名前を与えた人々に勝利を与えたら」と勧めた。ウィンニーリ族はこうして勝利を手にし、ランゴバルド人、すなわち「長い髭」族と呼ばれるようになった。

## ランゲ・ワッパー

### LANGE WAPPER

16世紀に広く知られるようになった水の精。ランゲ・ワッパーは女性の乳を吸うためにわざと赤ん坊に姿を変える。オランダやベルギーの民間

伝承の中では、さまざまな姿で現れる。たとえば人間（書生、水夫、司祭、見張り番、使者、卵売りや家禽売り、老女）、猫、犬、あるいは物（タオルや衣服など）に姿を変える。そして墓地や教会、家庭に出没する。賭け事をするかと思えば、泥棒に罰を与える。ランゲ・ワッパーはまた、アントワープからマリーヌまで一足飛びで移動できる。空を飛べるとか、魔法が使えるとか、夜にしか現れないとも言われている。

　子供が水辺に近づかないように、ランゲ・ワッパーが出るよと引き合いに出される妖怪でもある。昔から語り継がれ、冬の儀式の巨人行列に加わる。

■参考文献

E. Willekens,《Lange Wapper, een Antwerpse legendarische figuur》, *Antwerpen* 1（1955）, p. 119-122. A. van Hageland & M. Lamend, *Lange Wapper en Kludde*, Anvers, 1941.

### ランドヴェット（複数形：ランドヴェッティール）
LANDVÆTTR（plur. landvættir）

→土地つき精霊

ランゲ・ワッパー

# ［リ］

**リーヴ**（「命」）

LIF

世界の終末（ラグナロク）のときに生き残った者の一人。もう一人はリーヴスラシル。二人は人類の新たな世代の祖先である。

**リーヴスラシル**（「根強い生命力」）

LIFTHRASIR

リーヴとリーヴスラシルは、ラグナロクのとき、大地が崩壊しても生き残った。「宝のミーミル」と呼ばれる森、すなわちユグドラシルのふもとに広がる森の中に隠れていたからだ。ユグドラシルの根元には知恵の泉『ミーミルの宝庫』がある。ふたりは朝露を飲んで命をつないできた。この二人から、多くの人間が生まれることになる。

**リーグ**（「王」）

RIGR, ケルト語：**rix**

14世紀の格言詩の中で神ヘイムダールが名乗る名前。人間の子孫に奴隷、農民、貴族という三つの身分を定めたのはリーグである。

**リゴ**

LIGO

古代プロイセンの春と歓喜の神。乙女たちがこの神のためにオークの木を燃やし、火が決して消えないように番をしている。リーナウ山（ガルトガルベッベルク）の頂にこの神が奉られている。

■参考文献

L. Rhesa, *Prutena oder preussische Volkslieder*, Königsberg, 1809, pp. 147-149.

**リセ、ベルクリセ**（ドイツ語：リーゼ「巨人」）

RISE, BERGRISE（all. Riese）

山に住む巨人のスカンディナヴィア地方での名称。大柄で醜く、その生

活ぶりは人間に似ている。家族を持ち、農場を営み、家畜を飼っている。ノルウェーには、Risabbakken（ローガラン県）、Risareva（ホルダラン県）、Rrisaroysa などリセに由来する地名が残っている。→グリュラ、トロール

## リトル（「色」）

LITR

バルドルの葬式に突然現れる小人の名前。トールはこの小人を足で蹴とばして火葬の火の中に放り込む。この奇妙な出来事は、この小人が死者と深い関係があることがわかれば、少し納得がいく。リトルはあの世の女神ヘルのところまで死者を案内する魂の運び手の役割を果たすのだろう。

## リムル（「轟く者」）

RYMR

トール神の別称の一つ。

## 竜

DRAGON

妖怪の中で最も恐るべき存在、それは最大の爬虫類である竜である。セビリアのイシドロス〔中世初期のスペインの神学者。中世最初の百科全書である『語源』を執筆した〕は、こう書いている。「洞穴から出てくると、荒々しい動きのために、まるで炎が燃え上がったかのようにあたりが輝く。とさかのついた巨大な頭を持ち、小さな穴から呼吸し、舌を出す。竜の力の源は歯ではなく、尻尾である。噛むのではなく、尾の一撃で相手を倒すのである」。知識人、科学者の描く竜には、翼も脚もない。竜の身体を論理的に分析したアルベルトゥス・マグヌス〔13 世紀のドイツの神学者。『被造物大全』という自然誌を執筆した〕は、「これほど長細い身体にわずかばかりの脚がついていたところで、前に進む役には立たない」ので、脚はないはずだと考察した。おそらく同じ理由から、複数の著述家が 6 本、12 本、あるいは 24 本もの脚を竜に与えている。翼については、あってもおかしくないとアルベルトゥス・マグヌスも認めているが、巨大で膜質でなければならない、そうでなければ重い身体を持ち上げることはできないから、と彼は付け加えている。竜はある種のたてがみを持つと考えた知識人もいるが、歯まで与えているのは、バルトロメウス・アングリクス〔13 世紀前半のイギリスの学者。当時の

知識の集大成というべき『事物の諸性質について』を執筆した〕ただ一人である。

　娯楽文学に登場する竜の外見は、上記のような記述とはまったく異なる。13世紀初頭にヴィルント・フォン・グラーフェンベルク〔13世紀ドイツの詩人〕が竜について素晴らしい説明をしている。「頭は黒く毛むくじゃらで巨大だ。長さ1アンパン、幅1オーヌのくちばしだけが、研磨したばかりの槍の切っ先のように鋭く尖っている〔1アンパン：片手の指をいっぱいに広げた時の親指の先から小指の先までの長さ〕。口の中には猪のように長い歯が並んでいる。全身がゴツゴツの鱗で覆われ、さらに背中には頭から尻尾まで、まるで船を沈めるワニのように鋭利なトサカが並んでいる。

　他の爬虫類と同様、長い尻尾を持ち［中略］、頭の上には鶏に似た、ただしずっと巨大なトサカがある。腹は草のように緑色で、目は赤く、横腹は黄色く、尻尾は大ロウソクのように丸い。鋭く尖ったトサカは砂色で、耳はラバのそれに似ている。吐く息は、太陽の下に長く野ざらしになった死骸よりももっとひどい腐敗物の悪臭を放つ。この不快な動物は熊のように毛むくじゃらで、グリフォン〔上半身が鷲、下半身がライオンの架空の生物〕のような脚を持つ。二つの美しい翼を持ち、そこから孔雀のような羽が生えている。緑の草の上にとぐろを巻く首は、山羊の角のようにゴツゴツしている」

　ヤコブス・デ・ウォラギネ〔13世紀イタリアの聖職者。その著作『黄金伝説』はキリスト教の聖者の列伝で、広く読まれた〕は『黄金伝説』で、竜について次のように述べている。竜は空気を汚染し、井戸を有毒にし、泉に精液を注いで人間に淫乱（欲）をさそう。人間と動物、双方にとって、竜は災いで

さまざまな竜,
Konrad Gessner,
*Schlangenbuch*,
Zurich, 1589.

さまざまな竜、Konrad Gessner, *Schlangenbuch,* Zurich, 1589.

ある。動物寓話譚では、竜はヒョウと象とライオンの敵として描かれているが、これはキリスト教記者による象徴論的解釈を反映させたものであり、それによるとこの三種の動物はアダムとエヴァ、神、そしてイエス・キリストを象徴している。そしてどの動物も、竜が悪魔の化身であることを知っているのである。

→ファーヴニル

■参考文献

Claude Lecouteux, Der Drache, *Zeitschrift f. deutsches Altertum* 108 (1979), pp.13-31; du même auteur: Seyfrid, Kuperan et le dragon, *Études germaniques* 49 (1994), pp.257-266; Tomoaki Mizuno, The Conquest of a Dragon by the Stranger in Holy Combat: focusing on the Mighty Hero Beowulf and Thor, *Studies in Humanities, Culture and Communications* 36 (2002), pp.39-66; Lutz Röhrich: Drache, Drachenkampf, Drachentöter, in: K. Ranke, R. W. Brednich, *Enzyklopädie des Märchens*, Berlin, New York, t. 3, col 787-820; Paul Beekman Taylor, the dragon's Treasure in Beowulf, *Neuphilologische Mitteilungen* 98 (1997), pp.229-240; Paul-Georges Sansonetti, *Chevaliers et Dragons: ésotérisme d'un combat*, Paris, le Porte-Glaive, 1995, pp.57-90.

## リュヴィア山（「治癒の山」）

LYFJABERG

　メングロズが住む山で、一人の巨人が番をしている。病に苦しむ女性は誰でも、身体障害や老衰さえも、この山に登れば治癒する。病人も怪我人も、この山に来れば元気になる。

## リュエル・ラ・フォルト
### RUEL LA FORTE

ヴィルント・フォン・グラーフェンベルクの『ヴィーガロイス（Wigalois）』（1204 - 1215 頃）に出てくる女巨人または野人。頭が並外れて大きく、眉毛は灰色で長く、口も歯もとてつもなく大きい。まるで熊のように毛深く、背中が丸い。乳房は袋のように垂れ下がり、足は曲がり、指にはグリフォン〔上半身が鷲、下半身がライオンの架空の生物〕のような爪がついている。リュエル・ラ・フォルトは夫の巨人フェロッズの復讐をしようとし、ヴィーガロイスを襲い、彼を小脇に抱えて連れ去り、縄で縛って殺そうとした。しかし、そのときヴィーガロイスの馬が激しく嘶いたため、この野人は逃げ出した。ドラゴンの叫びだと勘違いしたからだ。著者はこう書いている。「彼女と床を共にした者は、たった一夜ですっかり老け込むだろう。それほどまでに彼女は愛し方が達者だ」

## リューベツァール
### RÜBEZAHL

ドイツの巨人山に棲む伝説上の人物で、16 世紀になると他の地域にも広がった。リューベツァール（蕪を数える者）はリーゼンツアール（Riesenzahl）、リューベンツアーゲル（Rubenzagel）、Rubinzalius ともいう。人嫌いで変幻自在の悪魔であり、人間になったり、物や動物になったり、次々に姿を変える。ときには、道に迷った旅人の行く先を探してあげるなど親切なときもあるが、馬鹿にされると、侮辱したり、違う道を教えたりする。多様な様相の悪霊となって現れる。元来は鉱山の精だ。

### ■参考文献

W.-E. Peuckert, Deutscher Volksglaube des späten Mittelalters, Stuttgart, 1942.

## リュラ
### RYLLA

ノルウェーのいくつかの呪文の中に出てくる病の悪魔の名前。

## リュングヴィ
### LYNGVI

アームスヴァルトニル湖に浮かぶ小さな島。アースの神々は狼フェンリ

ルをこの島に鎖で縛りつけた。フェンリルはラグナロクの到来まで、この鎖から解放されなかった。

## リョースアールヴ
LJOSALFAR
→光のエルフ

## リンズ（「樹皮」）
RINDR

　バルドルの復讐を果たしたオーディンの息子ヴァリの母で、アース神族の女神。ある魔術師がリンズだけがオーディンのためにバルドルの復讐をする息子を産むだろうと予言する。そこでオーディンはさまざまな変装をしてその美しい娘を何度も誘惑するが、なかなかうまくいかない。挙げ句の果てに、彼女を病にして欺き、やっと思いを遂げた。サクソ・グラマティクスは『デンマーク人の事績』（第3の書81）で次のように記している。「オーディンは呪文が書き込まれた樹皮でリンズに触れて、気がふれたような状態にした。こうして、やっとこれまで受けた侮辱に対する腹いせをすることができた」。リンズはボウを産み、オーディンはその悪しき行いにより罰せられた。

## リントヴルム
LINDWURM

　中世の竜の名前。この言葉は、ラテン語では高い木の上から獲物にとびかかる蛇を意味するイアキュルス（iaculus）と訳される。つまり、飛ぶ蛇と考えられている。ヒュドラの一種でもある。

# ［ル］

## ルギヴィット
RUGIVIT

　リューゲン島の戦いの神。カレンツァ（ガルツ）市に大きなオークの木に彫られた彫像がそびえ立っている。像の七つの頭はいずれも帽子をかぶ

り、そこから剣がつき出している。手にはもう一つの剣を威嚇するような
格好で持っている。

■参考文献

Albertus Cranzius, *Wandalia, Beschreibung wendischer Geschicht*, Lubeck, 1600,
p. 164; Albert Georg von Schwarz, *Diplomatische Geschichte der Pommersch-
Rugenschen Städte Schwedische Hoheit…*, Greifswald, 1755, p. 601 sq.


## ルッチェン（複数名詞、「小さな人々」、「小さな人」）
LUTCHEN

Lutchen（ルッチェン）または Ludki（ルーキ）はルサチアの最初の住民
で異教徒だった〔ルサチアは現在のドイツ東部で、紀元前 1300 年頃から紀元前 500
年頃にかけて文化が栄えた地域〕。男女の小人族で、身長はせいぜい 30 センチ
ほどしかなく、赤い帽子をかぶり、赤いコートを着ている。不毛の高原の
砂丘や、とくに Koschenberg（低ルサチア）のふもとの森の中に住んでいる。
人間と親しく交わり、人間の祭りに参加して喜んで踊る。親切で、愉快な
性格。ときに人間の仕事を手伝う代わりに、さまざまな家庭用品を借りて
いく。仲間の一人が亡くなると、遺体を火葬し、遺骨と灰を骨壺に入れて
埋葬する。葬式の間じゅう、さめざめと泣く。死者の近親者は互いに目の
下に小さな鉢を添えて涙を受け、それを骨壺の周りに並べる。

■参考文献

Heinrich Lohre, *Märkische Sagen*, Leipzig-Gohlis, 1921, No. 71 et No. 72.


## ルッテルヴァイブ、リッテルヴァイブ
RÜTTELWEIB, RITTELWEIB

ドイツのヴェストファーレンではブッシュヴァイプライン、チロル地方
では Fenggen と呼ばれる森または藪に棲む妖精のたくさんある名前の一つ。
ワイルドハントの行列の中にその姿を見ることができる。生後 6 週に満た
ない赤ん坊をさらっていくとか、子供を交換していくとか言われている。
→ヴェクセルバルク


## ルーン文字
RUNES

古代ゲルマン語の文字。ルーン文字は紀元 2 世紀末頃から使用され、お

そらくイタリック体の文字に倣って作られた24の符号から成るアルファベット文字である。刻むのが困難なため、贖罪や護符、呪文などの短い碑文にしか用いられていない。

　ルーン文字のアルファベットはフサルクと呼ばれる。それぞれのルーン文字は五つの異なる分野に関係する明確な言葉のイニシャルである。たとえば、動物（オーロックス、狼、馬、ヘラジカ）、気象（ひょう、氷、太陽、水、昼間）、植物（豊作年、カバノキ、イチイ、イバラ）、人間（財宝／富、騎馬の一団、皮膚の炎症、才能、快楽、惨めさ、男、遺産）、神（巨人、アース神族、チュール、イング／フレイ）である。ルーン文字の意味は、9世紀前半に起草された『アベセダリウム・ノルマニクム *Abecedarium normannicum*』というタイトルのザクセン語による古いテキストのおかげで知ることができた。これは29節から成る詩で、各節が一つのルーン文字の名前で始まっている。ヴァイキングの時代には、ルーン文字のアルファベットは16の符号から成っている。

　ルーン文字は石碑や武具、木片に刻まれ、写本とりわけ呪文に用いら

古いフサルク

新しいフサルク

ブリテン諸島のフサルク

351

れている。よく見られる使い方には 2 通りある。デンマークのトゥナの近くで発見されたガレフスの角笛には、「名誉ある客、ホルテの息子たる私がこの角笛を作った」と書かれている。スコーネ（スウェーデン）にあるデンマーク王ゴルムの息子トキを記念して建てられたヘッレスタッド石碑は、次のように読み取れる。「彼はウプサラを前にして逃げなかった。息子たちは兄弟を記念して山上の岩に碑を建て、これにルーン文字を刻んで強化した。彼らはお前の最も近い者たちだ。ゴルム王の息子、トキ」。ブレーキング県（スウェーデン）のステントフテンの石碑には 625 行から成る碑文が刻まれているが、その内容は不思議なものだ。「新来者たちに、新しい隣人たちに、Hathuwolf は良き年を与えた。Hathuwolf は雲を避けることができる。私はここに強力なルーン文字を隠す。輝かしいルーン文字の列を。これを砕く者は憤怒に苦しめられ、将来、非業の死を遂げるだろう」。

■参考文献

Klaus Döwel, *Runenkunde*, Stuttgart, 19832（Sammlung Metzler, 72); Ralph W. V. Elliott, *Runes, an Introduction*, Manchester, University Press, 1989; Fernand Mossé, Lucien Musset, *Introduction à la runologie*, Paris, Aubier-Montaigne, 1976; ルーン文字に関する下記の特集号でこの件について詳しく知ることができる Etudes germaniques 52（1997), pp. 507-592, 参考文献が多数紹介されている。


# ［レ］


## レギン（「権力者」）

REGINN

シグルド（ジークフリート）の養父になる鍛冶師。フレイズマルの息子たち、ファーヴニル、オッテル、リュングヘイズ、ロヴンヘイズの兄弟。レギンはシグルドのために剣グラムを鍛えて与え、シグルドはその剣で竜に姿を変えたファーヴニルを殺す。その後、シグルドは、レギンが自分を殺して兄から奪った黄金を独り占めしようとしていることをシジュウカラから聞き、レギンを殺す。

### レージング
LŒDING

神々が狼フェンリルを縛りつけるために用意した三つの綱のうち最初のもの。これは引きちぎられた。2番目の綱ドローミも同様に引きちぎられ、3番目の綱グレイプニルだけがフェンリルをしっかり縛りつけることができた。

### レックフロイライン（複数形）
LECKFRAÜLEIN

チロル地方のイタリア側に棲む良い妖精たちの呼称（→ザリンゲン）。洞窟に棲んでいる。彼女たちが農場に現れると幸せが訪れる。ある日、農婦が彼女たちに食べ物を与えることを拒んだところ、その土地は二度と豊穣に恵まれなくなった。

■参考文献

Joh. Adolf heyl, *Volkssagen aus Tirol*, Brixen, 1897, p. 276.

### レノーレ
LENORE

ドイツの詩人ゴットフリート・アウグスト・ビュルガー（1747 - 1794）の有名なバラード『レノーレ』のヒロイン。婚約者の死に絶望した若い娘は神を罵る。ある日、死んだと思っていた婚約者が娘の前に現れた。婚約者は彼女を馬に乗せ、疾風のごとく墓場まで走る。墓場に着くと、大地が大きく口を開けてふたりを呑み込んだ。

この詩はビュルガーがドイツの作者不詳のある詩から着想を得たものだが、死んだ婚約者の亡霊というテーマはヨーロッパでよく見られる。とくにデンマークのバラード『アーゲとエルゼ』をはじめ、ギリシャの国境を守る兵士たちの叙事詩や、ボヘミアの詩人カレル・エルベンの『詩の花束（Kytice）』というタイトルの作品にその最も素晴らしい例がある。

ビュルガーの詩は大成功を収めた。1796年にはスコットランドの詩人ワルター・スコットがこの詩を英訳し、1798年にはドイツの作曲家ヨハン・ルドルフ・ツムシュテークがこの詩に曲をつけ、1875年にはフランスの作曲家アンリ・デュパルクがこの詩を題材にした交響詩を作曲し、ロシア・ロマン主義を代表する詩人ヴァシーリー・アンドレーヴィチ・ジュコーフ

バラード『レノーレ』。
ドイツの教科書の挿絵、
1930 年

スキーはビュルガーの『レノーレ』を下敷きにして「リュドミーラ」を翻案した。ナント美術館には、フランスの画家オラース・ヴェルネが描いた、死者が婚約者を馬の後ろに乗せて疾走する絵が収蔵されている。
→アーゲとエルゼ

**レーラズ**

LÆRADR

ヴァルハラの屋根に生えている木。屋根の上にいるヤギのヘイドルンと雄鹿のエイクチュルニルがその葉を食べている。O・ブリニョルフソン（Olaf Brunjúlfsson）（18世紀）の手による『エッダ』の写本画にその様子が描かれている。この木はユグドラシルと同じものだと思われる。

# [ロ]

**ロヴン**（「穏やかな者」）

LOFN

アース神族の心優しい女神。オーディンとフリッグに、それまで結婚が禁じられていた男女を結びつける権限を求めた。

**ローエングリン**

LOHENGRIN

→白鳥の騎士

## ロガトール

LOGATHORE

ドイツのノルデンドルフで見つかった6〜8世紀のフィブラ（衣服の装飾留め金）にルーン文字で Logathore（ロガトール）、Wodan（ヴォーダン）、Wigithonar（ヴィジトナール）という3人の神々の名前が刻印されている。ロガトールはローズルまたはロキのことだろうと解釈されたが、それを十分に立証できるものはなく、これらの神の名前については依然として謎が解けていない。

## ロキ

LOKI

北欧神話の神々の中でおそらく最も複雑な神である。ロキは、次から次へと騒動を起こして神々を敵に回す。バルドルを死に至らしめ、バルドルが死の世界からアース神族のもとに戻るのを邪魔し、さまざまな害をもたらすような助言をする。その一方で、自分が引き起こした難局から神々を抜け出させる手助けもする。ロキはラウフェイ、別名ナールと巨人ファルバウティの息子で、兄弟にはビュレイストとヘルブリンディがいる。妻の名前はシギュンで、ロキとの間にヴァリとナルヴィという息子がいる。ロキは女巨人アングルボザとも関係を持ち、彼女との間に狼のフェンリル、蛇のミズガルズ、死者の国の女神ヘルという3人の子供がいる。ロキは動物や老婆に変身することができ、雌馬、ハヤブサ、ハエ、アザラシと次々に姿を変える。根っからの意地悪で、気が変わりやすく、スカルド詩では、「神々をおとしめる者」、「バルドル殺害をそそのかす者」というケニングで表現される。ロキは小柄である。

小人のように、したたかな泥棒。女神イズンからは若返りのリンゴを、トールの妻シヴからは美しい髪の毛を、フレイヤからは首飾りを、トールからは鉄の手袋を、そして小人のアンドヴァリからは魔法の指輪を盗んでいる。また職人なみに手先が器用で、傷つける魔の枝（レーヴァテイン）を作り、それで宇宙樹ユグドラシルにとまっている雄鶏ヴィゾーヴニルを殺した。また魚を獲る網も発明した。昔の神話学者らは、ロキとオーディンは血を分けた兄弟だとしている。しかし、終末戦争のとき、ロキは神々の敵となった。ロキは、ヘルの軍団、邪悪な死者たちを北の方から来た船に乗せて舵をとり、アースガルドの襲撃に向かった。

## ロキ

　光の神ヘイムダールにとどめを刺したのはロキだ。ロキの姿は民間信仰に由来するもので、本来、悪霊、ゴブリン、妖魔の姿はこのようなものだろうと多くの学者は考えている。いずれにせよ、ロキはインド＝ヨーロッパ語族の神話にしばしば現れるトリックスター的な存在で、フランスの比較神話学者ジョルジュ・デュメジルは、カフカス（コーカサス）地方のオセット人の間で親しまれているナルト叙事詩に登場するシルドンにロキとの類似性があることを示している。

　ロキの風貌の特徴は付随的なものに過ぎないが、性質は何といっても悪そのもので、人が幸せになるのを邪魔するような意地悪で、トラブル・メーカー、混乱や対立の種をまき散らす。その所為か、地名や固有名詞には一切その痕跡を残していない。ロキはバルドルを死なせたことで相応の罰を受けることになる。アースの神々はロキを捕らえて洞窟に連れて行き、三つの平らな岩を縦に立て、それぞれに穴を開けた。次にロキの息子のヴァリとナルヴィを捕らえ、ヴァリを狼に変える。狼になったヴァリは弟のナルヴィを八つ裂きにした。アースの神々はナルヴィの身体から引っ張り出した腸でロキを石に縛った。すると腸の紐は鉄に変わり、岩はロキの身体を傷つけた。そこへ女巨人スカジが毒蛇を捕まえてきてロキの頭上に吊るし、蛇の毒がロキの顔に滴り落ちるようにした。ロキの妻シギュンは毒が夫にかからないように鉢で毒を受けた。鉢が毒でいっぱいになると、それを捨てに走る。その間、毒がロキの顔の上に落ちると、ロキは大地が揺れるほどにもがき苦しむ。その状態がラグナロク（神々の運命）まで続いた。

ロキ

## ■参考文献

Georges Dumezil, *Loki*, Paris, Flammarion, 1986; Jerold C. Frakes, 《Loki's mythological Function in the Tripartite system》, *Journal of English and Germanic Philology* 86（1987), pp. 473-486; Tomoaki Mizuno,《Loki as a terrible Stranger and a sacred Visitor》, *Studies in Humanities : Culture and Communication* 30（1996), pp. 69-90.

## ロギ（「火」）
LOGI

　巨人フォルニョートの3人の息子の一人の名前で、おそらく何でも食べ尽くす「火」を擬人化したもの。次のような話の中でロキの競争相手となる。トールがロキとともに従者のシアルヴィとロスクヴァを連れて巨人の国ヨートゥンヘイムのウートガルザロキのもとを訪ねると、ウートガルザロキからどんな競争をしたいかと尋ねられたため、ロキは誰よりも早く食べることができると豪語した。巨人フォルニョートがロギを呼んでふたりに食べ比べをさせると、ロギは肉はもちろん、骨も容器までも食べ尽くしたが、ロキは骨の周りの肉を食べただけだった。つまりロキの負けだった。しかし物語の最後で、それはウートガルザロキが魔法を使ったからで、ロギは「火」の化身に他ならないということが明らかになる。

## ロスクヴァ
RÖSKVA

　シアルヴィの妹で、シアルヴィと同様にトールの従者。トールのヤギの骨を傷つけた償いのためにトールに仕えなければならなくなった。

## ロストラッペ（「馬の蹄の跡」）
ROSSTRAPPE

　ドイツ中北部のハルツ山地の切り立った岩の名前。岩の縁に大きな馬の蹄の形の跡が残っている。この跡から一つの民話が生まれた。ボード（Bodo）という巨人に追われた馬上のエンマ姫がこの岩をめがけてボード渓谷（Bodotal）を飛び越えたとき、勢いで岩の上に馬の蹄の跡が刻印された。巨人は渓谷に真っ逆さまに落ちたため、谷底を流れる急流にこの巨人の名前がつけられた。

ロストラッペ、ドイツ語教科書の挿絵、1926 年

フランスにも（le Saut de la Pucelle）スペインにも（Lo Salt de la donzella）、それぞれ「乙女の跳躍」という似たような伝説がある。

## ローズル
LODURR

オーディン、ヘーニルと並ぶ三神の一人。オーディンの友人であるということ以外、何もわからない。

## ロックストラール（「**裁きを下す場所**」）
ROKSTOLAR

アースの神々が裁きや支配の職務を行う場所。

## ロッシェルモア
ROCHELMORE

スイスの戸外を通り過ぎる架空の生物。その物音は雌豚が鼻を鳴らす音に似ている（Färlimore）。スイス、ベルン州山岳地方のグリンデルヴァルトでは、ロッシェルモアが姿を現すと悪天候の前兆と見なされる。

## ロプト
LOPTR

「大気」を意味するロキの別称。移り気でつかみどころのないロキの性質を表している。

## ローメ
ROME

ヴォルフディートリヒの武勲詩（「狼ティエリー」）に登場する野人。肌は黒く、髪の毛はロバの毛のような色をしている。ヴォルフディートリヒは山の中で道に迷い、この野人に出会う。女は自分の城に彼を泊めた。その城には同じような女が7人一緒に住んでいた。彼女たちは並外れた知識を持っているので、おそらく妖精だろう。騎士はここに3晩泊まった。そ

（上）ウォルフディートリヒを抱えて運ぶローメ、Heldenbuch（ヘルデン・ブッフ、英雄本）、ストラスブール、ヨハン・プリュス、1483年頃。
（下）野人の女と戦う騎士、Heldenbuch（ヘルデン・ブッフ、英雄本）、ストラスブール、ヨハン・プリュス、1483年頃。

れからローメは騎士を馬もろとも小脇に抱えて、良い道を通り、反対側の山腹に回り、90キロメートルほども離れた場所で降ろした。

## ロランディン
LORANDIN

　アルブレヒト・フォン・シャルフェンベルク（13世紀）の作とされる小説『ザイフリート・フォン・アルデモント（Seyfrid von Ardemont)』に登場する小人で、英雄ザイフリートの随伴者。ロランディンはザイフリートに、竜が襲いかかってくるに違いないので注意するようにと警告し、どのように立ち向かうべきか助言する。竜との格闘を終えると、騎士の兜をほどき、水を汲んできて飲ませ、効能をよく知っている植物の根を採って来て食べさせた。巨人アンフィギュロール（Amphigulor）と戦わなければならないときには、ロランディンは武器とともに力を増強する草の根を与える。巨人との格闘が終わると、小人はザイフリートに宝石がはめ込まれた魔法の指輪を与えた。この指輪を使ってザイフリートは、ある魔法使いに術をかけられ、巨人アンフィギュロールにとらえられていた若い娘たちを助け出す。最後にロランディンはザイフリートの小隊に5頭の馬を提供し、巨人の死を予告する。そのときから、ロランディンはザイフリートの従臣となる。

## ロルグ、オルグ（男性形）
LORG, ORG

　チロルの伝説の中でさまざまな形で描かれる精霊。あるときは、干し草を積み重ねたような不格好な塊の姿で背中にとびのる精霊のように振る舞い、あるときは、せいぜい50センチくらいの猫の毛皮に似た生き物の姿で転がりながら移動する。また、クリスマスから公現祭までの12日間に、頭を腕の下にかかえた黒い巨人や片目の男、白いマントを羽織った巨大な騎士の姿で現れ、出会った者を恐れさせることもある。

### ■参考文献

Ignaz V. Zingerle, *Sagen aus Tirol*, Innsbruck, 1891, p. 2 sq., p. 124, pp. 208-210; Joh. Nepomuk Ritter von Alpenburg, *Mythen und Sagen Tirols*, Zurich, 1857, p. 119 sq.

## ローレライ

LORELEI, LORELEY, LORE LEI, LURLEI

ライン川沿いにそびえる岩山 Lurlenberg（ルールレンベルク）にいるこの水の精のことは、13世紀にはすでに語られており、ドイツの作家ブレンターノ（1778 - 1842）の小説『ゴドゥヴィまたは母なる岩に佇む像（Godwi oder Das steinerne Bild der Mutter）』で知られるようになったが、ハインリヒ・ハイネ（1797 - 1856）が1824年にローレライにまつわる詩を書いてから、その名は一気に広まった。ローレライは、あるときは金髪の水の精に、またあるときは魅惑的な悪霊や男性を惑わす魔女となる。ある司教に追放され、岩山の上からライン川に身を投げ、その岩はローレライと呼ばれるようになった。

■参考文献

W. Krogmann,《Lorelei, Geburt einer Sage》, *Rheinisch-westfälische Zeischrift für Volkskunde* 3（1956）, pp. 170-196; Bengt Holbek, Iorn Pio, *Fabeldyr og sagnfolk*, Copenhague, Politikens Verlag, 1967, p. 70; Leander Petzold, *Kleines Lexikon der Dämonen und Elementargeister*, Munich, Beck, 1990（Beck'sche reihe, 427), p. 124 sq.

ローレライ

# ［ワ］

## ワイルドハント
CHASSE SAUVAGE

ドイツ語圏のすべての国で、「ウォーダン／オーディンの狩猟」（Wuotes her、Odinsjagt など）または「軍勢」と呼ばれている。またフランスには 40 以上の、地方ごとに異なる名称がある（シャッセ・アルトゥス、カアン、デュ・ディアブル〈悪魔の〉、マリーニュ〈悪意に満ちた〉、メニー・エルカン［ヘルラ］など）。

ワイルドハントは、十二夜（クリスマスから公現祭まで）の時期に現れる、隻眼の巨人に率いられた死者の群れである。嵐を擬人化したものと考えられているが、むしろ死者の儀礼が転化したものかもしれない。かつて、十二夜の間は冥界との境界が開き、死者がこの世に戻ってこられると考えられていた。これは古代ギリシャのアンテステーリア祭（2 月）や古代ローマのレムリア祭（5 月 9、11、13 日）に通じるものがある。この期間中、戸の神フォルクルスと蝶番の守護女神フォルクラ、敷居の神リメンティヌスとリメンティナは、住居に侵入する死者に対して力を失う。キリスト教会はこれらの死者の群れを地獄の亡者と考え、ワイルドハントを、罪人——洗礼を受けずに死んだ子供、自殺者、殺された者、殺人者、不貞者、礼拝を邪魔した者、四旬節中に断食しなかった者——に課された劫罰と結びつけて解釈した。ワイルドハントに遭遇した者は連れ去られる危険があるが、ピエール・ド・ロンサール〔ルネサンス期フランスの詩人〕の「ダイモン賛歌（Hymne des Daimons）」によれば、それはその人の運命だという。文献にワイルドハントが初めて登場するのは 1092 年 1 月。オルデリック・ヴィタリス〔11 世紀後半〜 12 世紀前半の修道士、歴史家〕の著作である。1170 年以降、目撃証言が増加している。非常に人気のあるこの超自然的テーマは、少しずつ細部まで描写されるようになる。たとえば軍勢の中には一台の戦車、それに動物たちも含まれているという。

ボヘミアの作曲家ヨーゼフ・トリーベンゼーはオペラ『ワイルドハント』を作曲。これは 1824 年にブダペストで初演された。
→オスコレイア、ハッケルベルク、ファソルト

ワイルドハント、モーリス・ドゥ・ドヴァンの素描に基づくハーコン・アデルステン・ルンデの木版画、1852 年

■参考文献

Claude Lecouteux, *Chasses infernales et Cohortes de la nuit au Moyen Âge*, Paris, Imago, 2013; du même auteur : Les chasses nocturnes dans les pays germaniques, *Iris* 18（1999), pp.37-50; Chasse sauvage, Armée furieuse. Réflexions sur une légende germanique, in: Ph. Walter, *Le Mythe de la Chasse sauvage dans l'Europe médiévale*, Paris, Champion, 1997, pp.13-32; Autour de la Chasse fantastique, *Cercle d'études mythologiques* VIII（1998), pp.7-140; nombreux articles dans *Antaios* 12（1977), pp.36-75.

### ワイルドハントの狩人

CHASSEUR SAUVAGE（Wilder Jäger）

　ドイツでは 1250 年頃から、妖精や小人を追跡する、悪魔的でしばしば巨大な人物についての記述が増えていく。『エッケの歌』ではディートリヒ・フォン・ベルン、つまりテオドリック大王がチロルの森で、海の中の王国を支配するバベヒルト（Babehilt）という女性に出会う。彼女は猟犬の群れを率いる森の主に追われていた。「その名はファソルト。野人の国を支配している」。ファソルトは甲冑を身につけた巨人で、ラッパを鳴らし、女性のように髪を編んでいた。バベヒルトを守るディートリヒに気づいたファソルトは怒り狂って叫んだ。「わしの獲物を横取りする気か！ [ 中略 ] 遠くの山から追ってきたのだ。[ 中略 ] 誰に許されてわしの獲物を掠め取るのか！」。しかし、ディートリヒが怪我を負っているのを見てとると、ファ

ソルトは彼を攻撃するのをやめた。ファソルトとバベヒルトはどちらも超自然的な存在だが、この物語の無名の作者は、狩りの理由については述べていない。

状況が明らかになるのは、13世紀末の冒険物語『ヴィルギナール』が誕生してからだ。これはディートリヒ・フォン・ベルンと、チロルの洞窟に住む小人の国の女王ヴィルギナールの物語である。ヴィルギナールは毎年、オルキーズという巨人に貢ぎ物として若い娘を捧げており、巨人の名は、これが人食いであることをうかがわせる。生贄として森に入ってきた娘を狩って食うのである。

ワイルドハントの狩人というテーマは、多くの作曲家の想像力をかき立てた。H. ペイヤー（ウィーン、1806年）、V.E. ネスラー（ライプツィヒ、1881年）、A. シュルツ（ブラウンシュヴァイク、1887年）がオペラを、また M.J. ベア（オロモウツ、1888年）がカンタータを作曲している。

■参考文献

Claude Lecouteux, *Chasses infernales et Cohortes de la nuit au Moyen Âge*, Paris, Imago, 2013.

## ワイルドライド

COURSE SAUVAGE（die wilde Fahrt）

　北イタリア、ボルツァーノ地方のグロレンツァ付近で、夜間に現れるとされる集団。ワイルドハントに似ているが、こちらの集団を構成するのは精霊で、他に似た伝承は存在しない。ワイルドライドが現れるのは、聖マルティヌスの日〔11月11日〕の夜。異様な姿の黒々としたシルエットが目撃される。先頭に来るのは道をはく箒で、7里の大きさの、誰も履いていない二足の靴が続く。その次はねじれたガチョウ。行列を見て笑うと、このガチョウのくちばしにつつかれ、誰にも治せない痛みに苦しむことになる。ガチョウにつつかれたある女の場合、痛みは次の年になってようやくひいたものの、ガチョウは「代償として、家族の中の一人は必ずまともでない人間になるだろう」と告げたという。

　この一行は他に Wüthige Fahrt（オーストリアとドイツの間のレヒ渓谷）、Wilde Fuhr（ボルツァーノ地方）とも呼ばれている。

## 監訳者あとがき


　本書はクロード・ルクトゥの『北欧とゲルマンの神話事典』Claude Lecouteux, *la Dictionnaire de Mythologie germanique,* Imago, 2014 の全訳である。クロード・ルクトゥは 1943 年生まれ、カーン大学をへて、ソルボンヌ大学のドイツ文学科で教鞭をとり、現在は同大学の名誉教授である。日本にはシンポジウムの講師として数回来日している。著書は Imago 社からの 15 冊のほか、独仏の出版社から十数冊をかぞえ、翻訳もシャンピオン社ほかからやはり十数冊をだしている。そのなかで、この『北欧とゲルマンの神話事典』は各国語に訳されており、学位論文をのぞいて彼の主要な著書といっていい。ほかでは「中世の小人とエルフ」も注目される。専門は独仏の中世文学とゲルマン神話だが、とりわけ魔術などにかかわるものに関心が深い。最近は夫人と共同でルーマニアの昔話なども訳している。また、生きている死者などを扱った小説も 2 冊ほどだしている。

　本書の原題は『ゲルマン神話事典』となっているが、内容から『北欧とゲルマンの神話事典』とした。半分は北欧神話だからである。また伝説の部分では『ニーベルンゲンの歌』や北欧のサガが含まれている。古英語の『ベーオウルフ』もとりあげられる。チロル地方の伝承もひろわれており、現在のところゲルマン・北欧神話についてはもっとも充実した事典といっていい。初版は 1999 年で、その後、好評を博して、2005 年、2007 年、2014 年と版をあらためている。そのさい版をかさねるごとに増補・改訂をほどこしており、本書の原本となった 2014 年版は面目を一新して、初版とはすっかり内容をことにしている。このほかに著者は監訳者が監修をした『世界神話・伝説大事典』にも同書をもとにすべて書き下ろした北欧神話の部を寄稿しており、それをふくめると北欧・ゲルマン神話として 5 つの版があることになる。日本語では、上記大事典につづいて 2 冊目だが、内容は同じではない。同一項目でも本書においてはすべてに手をくわえて改訂されている。（なおそれでも誤りが数点あり、これは著者に確認してあらためてある）。

　本書の特色は人名・神名だけではなく、「樹木」「石」「泉」「馬」「犬」「ル

ーン文字」「運命」などの項目があることだろう。もちろんそのほかに「小人」「エルフ」「巨人」などもある。おしむらくは「海」と「天体」がみられないことだが、もちろん海の怪物について、あるいはある種の星の誕生や日月の蝕などについては項目がたてられている。「天の海」という項目もある。クラバーターマンは船魂伝承にも似ている。航海神話が欠けているわけではない。

　もちろん北欧、それも航海神話といえばバイキングである。エジプトに海洋神話がないのと裏腹に北欧には航海の伝説が豊富である。ただ、その大部分はサガとしてかたられており、神話にかぎると海の神エーギルには波の乙女の娘がいることしか話がなく、もうひとつの海の神ニョルズには、山の女神スカルディとの不幸な結婚の話しかない。しかし終末の神話ラグナロクは死者の船ナグルファールの進撃からはじまっている。

　北欧神話の特色はなんといってもその終末の神話、ラグナロクにある。創生神話はどこにでもあっても終末の神話はほかでは聖書の黙示録くらいであり、神々がたたかって全滅するという北欧の神話は世界でもまれである。もっともいったんほろびた世界はあたらしい太陽の復活を中心にしてよみがえるのであり、これは洪水によって古い世界がほろびて、あたらしい世界に更新されることと同じかもしれない。

　北欧神話のもう一つの特徴はロキというトリックスターが前面にでて活躍することだろう。世界にはヘルメスのような「泥棒の神」もいるにしても、ありとあらゆる詭計と嘘で敵も味方もあざむくロキほどずるがしこい神はほかにはいない。とくに彼が雌馬にばけて、仔馬をはらんで、八本脚の馬スレイプニルを生み出すところには唖然とせざるをえない。馬や牛にばけて、おなじ姿の女神とまじわったり、人間の女を誘惑したりするのはギリシャでもいくらでもあるが、男神が雌馬にばけて妊娠するというのは、男性と女性の両方の性を経験したギリシャの預言者がいるくらいで、子をうんだ男神の話はほかにきいたことがない。

　北欧・ゲルマン神話の魅力はそれだけではない。北欧の最高神オーディンが木に９日間つるされてルーン文字の秘密につうじたとか、クヴァシルの蜜酒をのめばだれでも詩人になれるといった、詩や知恵を成人儀礼で獲得する話などは、荒くれのヴァイキングの神話としては意外な文化的要素ともいえる。至高神が最高の知恵ものであり、ロキがそれに対抗する物語をはじめとして、知恵とたくらみの神話がそこでは語られる。

## 監訳者あとがき

　本書によって世界神話の一端をのぞきみるだけでも読者の教養は一段とふくらみをますだろう。ちなみに北欧・ゲルマン神話とは、ギリシャ・ローマ神話とおなじように、隣接文化圏の伝承をとりいれながら、チロルからアイスランドまでの広大な世界にひろまった世界神話なのである。そこでゲルマン世界といったときにはゲルマンの一氏族だったフランク族もふくまれる。北欧とゲルマンの神話をフランク族の末裔たるフランス人がときあかす本書には国境をこえた世界文化のひろがりがみられるにちがいない。

　二〇一九年九月

篠田知和基

# 参考文献

AMILIEN, Virginie, *Le Troll et Autres créatures surnaturelles*, préface de Régis Boyer, Paris, Berg International, 1996.

BÄCHTOLD-STÄUBLI, Hans, HOFFMANN-KRAYER, Eduard, *Handwörterbuch des deutschen Aberglaubens*, mit einem Vorwort von Christoph Daxelmüller, 10 Bde, Berlin / New York, De Gruyter, 1987.

BAETKE, W., *Das Heilige im Germanischen*, Tübingen, J. C. B. Mohr, 1942.

BØ, Olav, GRAMBO, Ronald, HODNE, Bjarne, ØRNULF, *Norske Segner*, Oslo, Det Norske Samlaget, 1995.

BOYER, Régis, *Héros et Dieux du Nord. Guide iconographique,* Paris, Flammarion, 1997.

—— *L'Edda poétique*, Paris, Fayard, 1992.

BOYER, Régis, LOT-FALCK, Éveline, *Les Religions de l'Europe du Nord. Eddas, sagas, hymnes chamaniques,* Paris, Fayard/Denoël, 1974.

BUCHHOLZ, Peter, *Bibliographie zur alteuropäischen Religionsgeschichte 1954-1964*, Berlin, De Gruyter, 1967 (Arbeiten zur Frühmittelalterforschung 2).

CLEMEN, C., *Fontes historiae religionis Germanicae*, Berlin, De Gruyter, 1928. *Danske Folkeviser fra Riddersal og Borgstue,* 2 vol., éd. par H. Grüner Nielsen, Copenhague, Martins Forlag, 1925 (Dansk Bogsamling).

DE VRIES, Jan, *Altgermanische Religionsgeschichte*, 2 vol., Berlin, De Gruyter, 1970 2.

DUMÉZIL, Georges, *Loki*, Paris, Flammarion, 1986.

—— *Les Dieux des Germains,* Paris, P.U.F., 1959 (Mythes et Religions).

—— *Du Mythe au roman. La Saga de Hadingus (Saxo Grammaticus I, V-VIII) et autres essais*, Paris, P.U.F, 1970. (ジョルジュ・デュメジル著、丸山静他編『神話から物語へ』デュメジル・コレクション、2001 年)

DÜWEL, Klaus, *Runenkunde*, Stuttgart, Metzler, 1968 (M. 72). *EDDA*. Die Lieder des Codex Regius nebst verwandten Denkmälern I : Text, hrsg. v. Gustav Neckel, 5. verbes. Aufl. v. Hans Kuhn, Heidelberg, C. Winter, 1983 (Germ. Bibl. 4. Reihe : Texte).

ELLIOTT, Ralph W. V., *Runes : an introduction*, Manchester, University Press, 1989, ELLIS, H. R., *Scandinavian Mythology*, Londres, Paul Hamelyn, 1969.

GRAMBO, Ronald, *Gjester fra Graven. Norske spökelsers liv og virke*, Oslo, Ex Libris, 1991.

GRIMM, Jacob & Wilhelm, *Deutsche Sagen*, éd. H. Rölleke, Francfort, Deutscher Klassiker Verlag, 1994. (グリム兄弟著、桜沢正勝、鍛治哲郎訳『ドイツ伝説集』上巻、人文書院、1987 年)

—— *Kinder- und Hausmärchen*, nach der großen Ausgabe von 1857, éd. par Hans-Jörg Uther, 4 vol., Cologne, Eugen Diederichs Verlag, 1996.

IZZI, Massimo, *Il Dizionario illustrato dei mostri. angeli, diavoli, orchi, draghi, sirene e altre creature dell'imaginario*, Roma, Gremese Editore, 1989. *Kulturhistoriskt Lexikon för Nordisk*

*Medeltid*, 22 vol., Copenhague, 1956- 1978.

LECOUTEUX, Claude, *La Maison et ses Génies : croyances d'hier et d'aujourd'hui*, Paris, Imago, 2000.

—— *Chasses fantastiques et Cohortes de la nuit au Moyen Âge*, Paris, Imago, 1999. Nouvelle édition sous le titre *Chasses infernales et Cohortes de la nuit,* Paris, Imago, 2013.

—— *Histoire des vampires, autopsie d'un mythe*, Paris, Imago, 1999, 3e éd. 2009.

—— *Démons et Génies du terroir au Moyen Âge*, préface de Régis Boyer, Paris, Imago, 1995.

—— *Fées, Sorcières et Loups-Garous au Moyen Âge*, préface de Régis Boyer, Paris, Imago, 1992, 4e éd. mise à jour 2012.

—— *Les Nains et les Elfes au Moyen Âge*, préface de Régis Boyer, Paris, Imago, 1988, 4e éd. mise à jour 2013.

—— *Fantômes et Revenants au Moyen Âge*, postface de Régis Boyer, Paris, Imago, 1986, 3e éd. 2009.

—— *Mélusine et le Chevalier au Cygne*, préface de Jacques Le Goff, Paris, Imago, 2e éd. mise à jour, 1997.

—— « Les génies des eaux : un aperçu », in : *Dans l'eau, sous l'eau : le monde aquatique au Moyen Âge*, éd. par D. James-Raoul et C. Thomasset, Paris, P.U.P.S., 2002 (Cultures et civilisations médiévales, XXV).

—— *Eine Welt im Abseits. Studien zur niederen Mythologie und Glaubenswelt des Mittelalters*, préface de Dieter Harmening, Dettelbach, 2001 (Quellen & Forschungen zur europäischen Ethnologie).

—— *La Saga de Théodoric de Vérone*, présentée et commentée par C. Lecouteux, Paris, Champion, 2001.

—— *La Légende de Siegfried d'après le Seyfrid à la peau de corne et la Thidrekssaga*, traduit du moyen haut-allemand et du norvégien médiéval, Paris, Le Porte-Glaive, 1995.

—— *Les Monstres dans la littérature allemande du Moyen Âge (1150-1350). Contribution à l'étude du merveilleux,* 3 vol., Göppingen, 1982 (G.A.G. I-III).

—— « Zwerge und Verwandte », *Euphorion* 75 (1981), pp. 366-378. 290 DICTIONNAIRE DE MYTHOLOGIE GERMANIQUE

—— « Les nains dans les traditions germaniques du Moyen Âge », in : *Du nain au nain de jardin*, Bruxelles, Fondation Marinus, 2000, pp. 73-89.

—— « Le double, le cauchemar, la sorcière », *Études germaniques* 43 (1988), pp. 395-405.

—— « Der Nibelungenhort : Überlegungen zum mythischen Hintergrund », *Euphorion* 87 (1993), pp. 172-186.

—— « Siegfrieds Jugend. Überlegungen zum mythischen Hintergrund », *Euphorion* 89 (1995), pp. 221-227.

—— « Seyfrid, Kuperan et le dragon », *Études germaniques* 49 (1994), pp. 257- 266.

—— « Ramsundsberget. L'arrière-plan mental de l'inscription runique », in : *Études germaniques* 53 (1997), pp. 559-561.

—— « Trois hypothèses sur nos voisins invisibles », in : *Hugur. Mélanges Régis Boyer*, Paris, P.U.P.S., 1997, pp. 289-297.

—— « Les personnages surnaturels du Moyen Âge germanique », in : C. Glot, M. Le Bris (éd.), *Fées, Elfes, Dragons & Autres créatures des royaumes de féerie*, Paris, Hoëbeke, 2002, pp.

24-29.

LINDIG, Erika, *Hausgeister*. Die Vorstellungen übernatürlicher Schützer und Helfer in der deutschen Sagenüberlieferung, Frankfurt/Bern, Peter Lang, 1987 (Artes Populares 14).

LINHART, Dagmar, *Hausgeister in Franken*, Dettelbach, J. H. Röll, 1995.

MUSSET, Lucien, *Introduction à la runologie*, Paris, Aubier-Montaigne, 1965.

PETZOLD, Leander, *Kleines Lexikon der Dämonen und Elementargeister*, München, C. H. Beck, 1990.

—— *Historische Sagen*, 2 vol., Schneider Verlag Hohengehren, 2001. RAUDVERE, Catharina, *Föreställingar om maran i nordisk foltro*, Lund, 1993 (Religionshistorika Avdelningen 1).

REICHERT, Hermann, *Lexikon der altgermanischen Namen* I : Text, Wien, Verlag der österreichischen Akad. d. Wiss., 1987 (Thesaurus Paleogermanicus 1).

RENAUD, Jean, *Les Dieux des Vikings*, Rennes, Ouest-France Université, 1996.

SAXO GRAMMATICUS, *La Geste des Danois* (*Gesta Danorum*, livres I-IX), trad. par Jean-Pierre Troadec, Paris, Gallimard, 1995 (L'Aube des Peuples). (サクソ・グラマティクス著、口幸男訳『デンマーク人の事績』東海大学出版会、1993 年)

SIMEK, Rudolf, *Lexikon der germanischen Mythologie*, Stuttgart, Kröner, 1984 (KTA 368).

SNORRI STURLUSON, *La Saga des Ynglingar*, trad. de l'islandais par Ingeborg Cavalié, Paris, Le Porte-Glaive, 1990 (Lumière du Septentrion).

—— *Gylfaginning*. Text, Übersetzung, Kommentar von G. Lorenz, Darmstadt, Wissenschaftliche Buchgesellschaft, 1984 (Texte zur Forschung, 48).

TULINIUS, Torfi H., *La Matière du Nord. Sagas légendaires et fiction dans la littérature islandaise en prose du XIIIe siècle*, Paris, P.U.P.S., 1995.

TURVILLE-PETRE, E. O. G., *Myth and Religion of the North*, Londres, 1964. *Bibliographie* 291

VAN DEN BERG, M., *De volkssage in de provincie Antwerpen in de 19de en 20ste eeuw*, Gand, Komminglijke Academie voor Nederlandse taal- en letterkunde, 1993.

フォルケ・ストレム著、菅原邦城訳『古代北欧の宗教と神話』人文書院、1982 年

## 事典項目参考文献の邦訳リスト

AGRICOLA, *De re metallica*, 1557. (山崎俊雄編、『デ・レ・メタリカ――近世技術の集大成――全訳とその研究』岩崎学術出版社、1968 年)

BRIGGS, K. A., *Dictionary of Fairies*, Harmondsworth, Penguin Books, 1977. (キャサリン・ブリッグズ著、平野敬一、三宅忠明ほか訳、『妖精事典』富山房、1992 年)

CHAMISSO, *La Merveilleuse histoire de Peter Schlemihl*, éd. et trad. par R. Riégel, Paris, Aubier-Montaigne, 1966. (シャミッソー著、池内紀訳『影をなくした男』岩波文庫、1985 年)

ÉLIADE, Mircea, *Le Chamanisme et les Techniques archaïques de l'extase*, Paris, Payot, 1968. (ミルチャ・エリアーデ著、堀一郎訳『シャマニズム』ちくま学芸文庫、2004 年)

GERVAIS de Tilbury, *Le Livre des Merveilles*, trad. Annie Duchesne, Paris, 1992. (ティルベリのゲルウァシウス著、池上俊一訳『皇帝の閑暇』青土社、1997 年)

MAGNUS, O., *Historia de gentibus septentrionalibus*, Rome, 1555. (オラウス・マグヌス著、谷口幸男訳『北方民族文化誌』溪水社、1992 年)

# 索 引

## あ

アイスマンドル 23
アウズ 23, 231
アウストリ 23
アウズムラ 10, 24, 112, 181, 272, 333
アウフホッカー 24, 267
アウルヴァンディル 25, 128, 278, 305
アウルケ 25
アウルゲルミル 25, 178, 333
アウルコタング 25
アウルボザ 25, 137
悪魔の狩人 26
悪夢 26, 35, 36
アーサトール 27
アーサブラグ 27
アーサヘイム 27
アースガルズ 10, 13, 14, 15, 27, 28, 29, 32, 44, 58, 72, 94, 95, 96, 109, 114, 120, 126, 146, 166, 169, 178, 179, 182, 186, 196, 219, 247, 254, 272, 278, 285, 341
アスガールズレイア 28
アスク 28, 66, 205
アース神族 10, 11, 13, 14, 15, 16, 27, 28, 29, 30, 44, 56, 60, 75, 81, 86, 109, 110, 112, 113, 116, 121, 124, 125, 127, 132, 136, 137, 140, 145, 151, 152, 158, 159, 162, 163, 169, 181, 185, 192, 212, 221,

228, 231, 233, 242, 243, 250, 253, 254, 256, 257, 262, 264, 267, 270, 272, 280, 285, 288, 309, 336, 349, 351, 354, 355
アスプリアン 29, 30
アースブル 10, 30, 72, 254
アッティラ（アトリ）30, 114, 237
アッティラ（エッツェル）227, 237, 277
アトラ 81
アトリ 30, 114, 156, 237
アトリーズ 30
アブヴァシュル 31
アリー 31
アルヴァーク 31, 33
アルヴィッス 31
アルヴィト 32, 90
アルヴカル 32
アルヴヘイム 15, 32, 86, 100, 279
アルケ 32
アルシ 32, 238
アルスヴィッド 33
アルスヴィン 33
アルバルド 33, 121, 254, 295
アルビウン 33
アルフ 32, 34, 209
アルプ 35, 202, 334
アルファブロット 36, 335
アルフェード 36
アルフリッグ 36, 272
アルベリッヒ1世 36
アルベリッヒ2世 37, 226
アルムガイスター 38
アルムブッツ 38, 102
アンガーネ 38
アングズレワイブル 39
アングルボザ 13, 39, 262, 292, 314, 355
アングロ・サクソン 45, 57, 93, 99, 110, 146, 151, 170, 176, 236, 283
アンゲイヤ 39, 81
アンシーズ 39
アンズリームニル 40, 58,

85, 182
アンテロイエ 40
アンドヴァリ 37, 40, 41, 156, 256, 355
アントリッシュ 41
アンナール 41, 231

## い

イヴァルディ 42, 129, 151, 165
イーヴィング 42
家つき精霊 36, 42, 43, 84, 110, 142, 209, 240, 255, 266, 277
イェローム 44
生贄の沼 44, 48
イザヴォル 44, 341
石/岩 44
イジ 47, 97
泉 24, 38, 47, 48, 76, 80, 84, 93, 109, 111, 135, 138, 149, 188, 195, 211, 225, 226, 232, 233, 247, 254, 259, 261, 263, 264, 274, 284, 304, 306, 313, 325, 331, 332, 344, 346
イズン 29, 48, 110, 158, 270, 355
イディシ 48, 197, 321
イボールとアイオ 49, 196
イムド 49, 81
イルパ 50, 186
イルミン 10, 20, 50, 162, 312, 331

## う

ヴァイデロッテ 51
ヴァイドヴィーゼンヴァイブル 51
ヴァグンホフト 52
ヴァゴルト 52
ヴァズゲルミル 52
ヴァッサーマン 52, 53, 54
ヴァテ 55, 100
ヴァナディス 55

# Dictionnaire de mythologie germanique

ヴァナヘイム 55
ヴァフスルードニル 55,
　99, 133
ヴァフルロジ 56
ヴァーラスキャールヴ 56
ヴァリ 29, 37, 40, 41, 56,
　94, 156, 256, 272,
　304, 331, 340, 349,
　355, 356
ヴァルキュリア 11, 19, 20,
　48, 56, 57, 58, 79,
　81, 90, 92, 94, 105,
　130, 131, 144, 145,
　157, 164, 178, 179,
　197, 236, 243, 248,
　252, 254, 271, 275,
　285, 291, 293, 300,
　313, 326
ヴァルキュリエ 57
ヴァルズロクル 57
ヴァルタリ 58
ヴァルハラ 11, 16, 27, 40,
　47, 57, 58, 59, 81,
　85, 94, 120, 179,
　182, 245, 251, 253,
　278, 285, 286, 291,
　317, 340, 354
ヴァルフォズル 59
ヴァルベラン 59, 340
ヴァルリデルスケ 59, 318
ヴァン神族 10, 11, 14, 15,
　29, 33, 55, 59, 60,
　86, 95, 113, 125,
　140, 181, 186, 198,
　227, 228, 259, 279,
　280, 288
ヴィーザル 16, 17, 29, 60,
　123, 262, 340
ヴィズフィンル 60
ヴィーズブライン 61, 109
ヴィゾーヴニル 61, 355
ヴィゾールヴ 61
ヴィットフラウエン 62,
　65
ヴィデヴィブリ 62
ヴィテゲ 62, 63, 100, 101,
　104, 235, 339
ヴィトラ 63
ヴィヒト 63
ヴィムール 63, 131

ヴィリ 10, 28, 63, 66, 93,
　96, 181, 272, 276,
　287, 312, 333
ウィリアム・テル 64
ヴィルメイズ 65
ヴィレヴァイス 65
ヴィンド 66, 85
ヴェー 66
ヴェアヴォルフ 66, 67
ヴェクセルバルク 68, 69
ヴェグタム 69
ヴェステルキント 69
ヴェストリ 23, 70
ヴェネディガー 70
ヴェラチュール 70
ヴェルダンディ 233
ウォーダン 18, 71, 162,
　269, 278, 303, 320,
　321, 342, 362
ヴォーダン 71, 95, 147,
　205, 355
ヴォーテス・ヘール 71
ヴォルターケン 71
宇宙観 72
宇宙樹 10, 11, 50, 72, 76,
　80, 109, 121, 138,
　145, 162, 188, 205,
　261, 285, 304, 315,
　331, 332, 341, 355
ウートガルザロキ 72, 84,
　171, 172, 326, 357
ウートガルズ 10, 27, 72,
　73, 111, 335
ウトボレン 73
馬 74
ウラーケン 74
ウル 29, 74, 151, 325, 332
ウールク 75
ウルド 75, 76, 233, 254,
　261, 331, 332
ヴルド 76, 233
ウルフスルーン 76, 81
ウルフヘドナー 76, 295
ウンカトゥル 76
ウングスシヒト 77
ウンターイルディッシュ
　77
ウンディーネ 19, 54, 77,
　78, 100, 176, 183,
　313, 337, 338

ヴンデラー 78, 79, 97
運命 79

# え

エアレンディル 80
エイクチュルニル 58, 80,
　331, 354
エイストラ 80, 81
エイムニル 81
エイール 81, 322
エイルギャファ 81
エインヘリ 11, 58, 81, 94,
　182, 285, 291
エインヘリヤル 11, 58, 81,
　94, 182, 285, 291
エインリディ 82
エウゲル 82
エウヘメリズム 27, 83, 95,
　279, 283
エオトン 83
エーギル 20, 25, 66, 72, 83,
　85, 110, 241, 250,
　281, 284, 290, 308,
　342
エギル 83, 99, 100
エグアーネ 38, 284
エグテール 84, 326
エッカーケン 84
『エッダ』 13, 33, 87, 134,
　139, 251, 262, 326,
　354
エニラウグ 84
エリ 84
エリヴァガール 25, 84,
　112, 131, 250, 261
エリケン 85
エルス 85
エルズリームニル 40, 85
エルズル 85
エルゼおばさん 85
エルディル 85
エルドメンメンドル 86
エルフ 25, 32, 35, 36, 45,
　61, 86, 89, 90, 107,
　109, 139, 151, 192,
　203, 209, 233, 237,
　245, 253, 277, 318,
　328, 334, 335, 339

# 索引

エルフォーク 88
エルブスト 88
エルマナリック 39, 55, 63, 88, 166, 168, 235, 244, 286
エールユーズニル 89, 292
エルルケーニヒ 89
エルルーン 32, 90, 293
エングアーネ 38
エンブラ 28

## お

狼男 35, 67, 68, 90, 125, 202, 287, 326, 382
オーク 344
オーズ 91
オスクメイ 92
オスコレイア 92, 127
オスタラ 93
オーダーインサク 93
オーディン 5, 7, 10, 11, 15, 28, 29, 49, 57, 58, 74, 93, 113, 117, 130, 151, 156, 158, 160, 167, 169, 174, 176, 180, 228, 231, 251, 252, 258, 262, 272, 273, 275, 278, 279, 285, 288, 293, 302, 312, 314, 316, 320, 325, 330, 333, 335, 340, 349, 354, 355, 358, 362
　一の妻 336
　一の馬 179
　一の狼 136, 280
　一の兄弟 63
　一の戦士 81, 182, 295
　一の妻 272, 336
　一の道具 129, 139, 274
　一の鳥 105, 266, 318
　一の息子 56, 60, 192, 211, 221, 242, 304, 340
オドレリル 96, 113, 130
オルヴァルディ 47, 97
オルク 79, 97
オルゲン 97

オルニル 98
オルヘラー 98
オンディーヌ 78, 98
オンドウェギスールル 98

## か

開錠根 99, 161
ガウト 99
影 99
鍛冶師のヴィーラント 55, 63, 64, 99, 100
鍛冶屋 101
カーゼルトルゲレン 102
カーゼルマンドル 102
ガビアエ 102
ガプト 102
ガーマネイス 103
神隠し 103
神々 105
神々の黄昏 16, 248, 262, 340
カラス 105
ガラール 106
カリ 106
ガルゲンメンヒェン 106, 311
ガルドボ 106
ガルム 107
川 107
ガング 47, 97
ガンゲルル 107
ガンダールヴル 107
ガンド 108
ガンバンテイン 108

## き

ギヴル 48, 108
ギズル 108
ギズル（「太陽の光線」）109
ギムレ 61, 246
ギャラルブル 109, 111, 178, 301, 323
ギャラルホルン 13, 285
ギャルプ 81, 109, 131, 132, 136
ギュテル 110

ギュミール 15, 25, 83, 137, 279, 291
ギュルヴィ 8, 110, 132, 326, 329
巨人 110
ギョムル 111
ギョル 85, 107, 111, 136, 301, 323
ギリング 46, 112, 113, 176, 330
ギンヌンガガップ 10, 84, 112, 181, 333

## く

杭 112
クヴァシル 11, 46, 95, 97, 106, 112, 113, 176, 187, 304, 316, 329, 341
グズルーン 46, 114, 115, 166, 167, 275
グドムンド 115, 184
クードルーン 115, 248
グナー 16, 18, 19, 29, 105, 116, 147, 190, 236, 272, 303, 340
クナール＝トロー 116
グニパヘリル 16, 107, 116
クネヒト・ループレヒト 116
首吊り 117
クペラーン 82, 118, 119, 157
クラウバウフ 119
グラウマル 119
グラウメンヒェン 119, 191
クラーケン 119, 120, 218
グラシル 120
グラズヘイム 120
グラニ 121, 127, 156, 174, 179, 282
クラバウターマン 121
グラプスヴィズ 121
グラント 122
クランプス 122
グリオツナガルズル 122
グリオトゥン 122

グリダルヴォール 122
グリッド 123, 131, 199
グリットニル 123, 264
グリム 123, 157
グリームニル 80, 107, 109,
　　123, 144, 145, 258
クリームヒルト 30, 82,
　　114, 118, 152, 225,
　　226, 227, 237, 277
グリムヒルド 114, 115
グリムル 124
グリュラ 124
グリンカンビ 124, 340
グリンボルスティ 124,
　　279, 282
グルヴェイグ 14, 125
クルッデ 125
グルトプ 126, 285
グルファクシ 126, 309
グレイプ 81, 126, 127, 128,
　　132, 136, 262, 353
グレッギ 126
グレール 127, 272
グレール（「光」）127
グレンデル 127, 130, 286
グレンル 127
グロ・リュセロヴァ 127,
　　128
グロア 128
グロイ 128
黒いエルフ 128, 151, 203,
　　246
グロソ 128, 129
グロッティ 129, 262, 322
グングニル 11, 42, 94, 129,
　　132
グンロッド 113, 114, 121,
　　130, 176, 268, 341

## け

ゲイティール 130
ゲイラヴォル 130
ゲイラホズ 130
ゲイルヴィムル 107, 131
ゲイルスコグル 131
ゲイルチュール 131
ゲイルドリヴル 131
ゲイルロザルガルズ 131

ゲイルロズ 63, 109, 115,
　　122, 123, 126, 131,
　　132, 136, 199
ゲイルロズニル 132
ゲヴァルス 132
ゲヴィオン 29, 102, 132
ゲヴン 133
ゲスト 133
ゲストゥンブリンディ
　　133
血誓兄弟の儀式 133
ケニング 8, 23, 129, 134,
　　151, 232, 270, 314,
　　355
毛深いエルゼ 134, 135
ゲマ 135
ケラン 136
ゲリ 136
ゲルギャ 136, 262
ゲルシミ 91, 136, 279
ゲルズ 15, 25, 29, 56, 108,
　　137, 170, 241, 252,
　　279, 291, 325
ゲルチュス 132, 136
ゲルドメンラインヒェン
　　137
ケルラウグ 138, 145

## こ

ゴイ 138
ゴイン 138, 332
ゴジ 138
こだま 138
小人 23, 25, 31, 33, 35, 36,
　　37, 39, 40, 41, 42,
　　43, 44, 45, 46, 51,
　　59, 63, 68, 70, 74,
　　77, 79, 82, 85, 86,
　　87, 97, 98, 103,
　　106, 107, 110, 111,
　　112, 113, 118, 121,
　　123, 124, 125, 127,
　　128, 129, 138, 139,
　　142, 143, 149, 151,
　　156, 162, 163, 164,
　　165, 172, 173, 178,
　　181, 187, 188, 191,
　　192, 202, 203, 204,

　　208, 209, 217, 221,
　　223, 224, 225, 226,
　　232, 233, 242, 246,
　　247, 253, 254, 256,
　　257, 261, 262, 264,
　　265, 266, 267, 269,
　　272, 276, 277, 280,
　　282, 291, 294, 301,
　　302, 304, 311, 312,
　　316, 320, 326, 327,
　　329, 330, 331, 333,
　　337, 339, 340, 345,
　　350, 355, 360, 363,
　　364, 382
小人の三つ編み 141
小人の名称 141
コボルト 18, 38, 42, 70, 76,
　　84, 110, 143, 191,
　　209, 255, 266, 290
コール 144
ゴル 144
ゴルショ 91
ゴルデマール 144
コルムト 144
ゴンドゥル 145, 248
ゴンドリル 145

## さ

ザイフリート 82, 118, 119,
　　152, 225, 360
サーガ 146, 182
ザクシーとヘルマン 146
ザクスノット 146, 147,
　　205
ザクセンの信仰告白 146,
　　147
サクソ・グラマティクス 9,
　　13, 46, 64, 74, 83,
　　115, 123, 132, 136,
　　167, 186, 221, 238,
　　240, 245, 248, 252,
　　304, 305, 314, 326,
　　349
サズ 147
さまよえるオランダ人
　　147
サラマンダー 59, 337, 338
ザリンゲン 148

# 索引

サルヴァネル 148, 149
サルヴァンク 149
三機能説 149
サンゲタル 150

## し

シアルヴィ 150, 212, 278, 323, 357
シヴ 12, 19, 42, 74, 139, 151, 211, 278, 355
シェーアフ 151
シオヴン 152
シギュン 13, 19, 29, 152, 355, 356
シグヴァジル 152
ジークフリート（シグルド）30, 36, 40, 104, 114, 118, 127, 152, 153, 154, 155, 156, 157, 179, 225, 226, 227, 237, 256, 264, 275, 277, 315, 324, 352
シグルド 40, 114, 121, 127, 128, 152, 153, 154, 155, 156, 157, 167, 179, 237, 256, 268, 275, 315, 324, 352
シグルドリーヴァ 157
シグルーン 45, 105, 157, 293
ジーゲノート 123, 157, 158, 242
シーズスケッグ 158
シーズヘト 158
霜の巨人 66, 93, 110, 112, 138, 158, 176, 178, 193, 243, 264, 274, 295, 309, 331, 333
シャツィ 47, 48, 97, 158, 159, 169, 178
シャマニズム 68, 160, 182, 222
終末戦争 13, 16, 17, 25, 81, 105, 107, 109, 124, 161, 246, 254, 279, 291, 355
終末の戦い 11, 161

終末論 161
シュトレゲレ 161
シュプリングヴルツェル 161
樹木 162
呪文 162
シュラート 163
シュル 163
シュレックメンライン 164
シュレット 164
消滅 164
シントグント 162, 164, 321
シンドリ 151, 165, 208, 224, 282, 316
神明裁判 45, 165
シンメルライター 165

## す

スヴァーヴァ 166, 293
スヴァジルファリ 28, 166, 179
スヴァルトヘヴジ 166
スヴァンヒルド 166, 167
スヴァンフヴィート 32, 90, 168
スヴェル 168, 331
スヴェントヴィート 168, 169
スカジ 158, 159, 169, 170, 178, 198, 227, 228, 328, 356
スキーズブラズニル 42, 94, 170, 279
スキルヴィング 170
スキールニル 15, 25, 56, 108, 170
スキンファシ 171, 232, 275
スクーグスヌフヴァ 171
スクラティ 171
スクリューミル 72, 171, 172, 212
スクルド 20, 172, 233
スゲーナウンケン 172
スコル 16, 172, 186, 238, 326

スズリ 23, 172
スタッロ 173
スタルカズ 174
スタルカズ（ラテン語：スタルカテルス）117, 174, 282
スタンパ 175
スットゥング 38, 46, 112, 113, 114, 130, 176, 305, 330
ストルジゴン 176
スネール 176, 185, 264
ズノール 176, 205, 211
スノッリ・ストゥルルソン 8, 9, 23, 27, 33, 36, 46, 66, 83, 94, 95, 124, 126, 134, 139, 152, 181, 186, 196, 205, 221, 224, 227, 232, 246, 248, 251, 252, 253, 254, 262, 279, 288, 300, 318, 326
スュン 29, 177
スリヴァルディ 177
スリーズ 177
スリドルグタニ 124, 177, 279
スリュム 177, 316
スリュムギョル 178, 187
スリュムヘイム 159, 178
スルーズ 178, 212
スルズヴァング 178
スルーズゲルミル 178, 295
スルーズヘイム 178, 212
スルト 178
スレイプニル 11, 28, 94, 96, 121, 126, 166, 179, 180, 272, 282, 301
ズンデル 180
スンナ 164, 180, 186, 321

## せ

セイズ 57, 60, 95, 166, 180, 181
世界の起源 10, 181

# Dictionnaire de mythologie germanique

赤褐色 181, 182
セックヴァベック 146, 182
セーフリムニル 11, 40, 58, 81, 85, 182
セルキー 182
セルキー・ワイフ 183
セルコッラ 184

## そ

ソッリ 185
ソル 31, 33, 110, 127, 164, 172, 185, 186, 309, 319, 341
ソルゲルズ・ヘルガブルーズ 50, 186
ソルブリンジ 178, 187
ソン 187
ゾンタークスキント 187

## た

大地母神 7, 102, 133, 135, 137, 188, 198, 230, 259, 273, 336
ダーイン 139, 188, 247, 331
タキトゥス 7, 32, 33, 44, 50, 74, 86, 90, 197, 201, 229, 230, 238, 258, 279, 312, 325, 334, 336
ダグ 189
タッツェルヴルム 189
ダッハシュタインの老婆 189
魂 190
タンギー 190
タンホイザー 19, 103, 190, 192

## ち

小さな灰色の男 191
力帯 191
乳しぼりうさぎ 191, 320
血の鷲 191

忠臣エッカルト 19, 103, 191, 297
中立の天使 192
チュール 29, 59, 107, 150, 192, 199, 212, 250, 262, 310, 340, 351
チュルス 193

## つ

ツヴィーザウガー 194
ツォーダヴァシェル 194
月の中の男 194, 195
ツーゼルボイトライン 195

## て

ディアラ 196
ディアル 196
ディオスクーロイ 196
ディーサブロート 197
ディサルサル 197
ディーゼス 55, 79, 188, 197, 198
ディドケン 198, 329
ディートリヒ・フォン・ベルン 30, 59, 62, 78, 88, 115, 123, 144, 157, 242, 257, 327, 339, 363, 364
ティワーズ 192, 199, 212
テウタヌス 199
鉄の手袋 12, 123, 132, 199, 212, 316, 355
鉄の森 72, 73, 84, 199, 326, 330, 335
デュッテン 199
デュラント 200
テュルスト 200
伝説上の馬 200
天の海 200

## と

トゥイスト 7, 20, 201, 202, 230, 312
トゥス 202

トゲリ 202
ドダマンデル 202
ドダモン 202
土地つき精霊 9, 203
ドッカルファー 203
ドッペルザウガー 194, 204
ドナナズ 204
ドナール 147, 176, 205, 290
トネリコ 28, 162, 205, 225, 232, 257, 331
ドーフリ 205
ドーマルディ 205
トムチビッセンス・ストゥガ 205
トムテトレード 206
ドラウグ 206, 207
ドラウプニル 11, 94, 139, 208, 242, 282
ドラコッカ 209
ドラック 209
ドラッヘンコップ 210
ドーリ 210
取り替え子 19, 68, 69, 210
トリグラフ 211
トール 5, 25, 27, 28, 29, 31, 45, 50, 63, 72, 82, 83, 84, 87, 94, 105, 107, 109, 111, 122, 123, 126, 128, 130, 131, 132, 138, 139, 145, 147, 150, 151, 162, 169, 171, 172, 174, 176, 177, 178, 182, 186, 191, 199, 205, 210, 211, 212, 213, 214, 243, 247, 250, 253, 254, 259, 273, 276, 278, 282, 283, 285, 288, 290, 309, 310, 314, 315, 316, 317, 323, 325, 326, 330, 336, 340, 341, 345, 355, 357
ドルーデ 214
トロー 215
トロール 8, 110, 124, 202, 215, 217, 218, 306, 324

トロルドヴァル 218
トンプタ・グダーネ 218

# な

泣き女 219, 327
ナグリント 219
ナグルファール 16, 219,
　　275, 317, 340
ナストロンド 220, 225
ナッハツェラー 220
ナール 221
ナール（「死体」）221
ナルヴィ 221, 228, 231,
　　355, 356
ナンナ 20, 29, 132, 221,
　　242, 243, 264, 276,
　　305

# に

ニヴルヘル 222
ニクス 18, 197, 222, 313
ニークル 222
ニス 223
ニスブック 224, 265
ニダヴェリール 224, 292
ニダヒョル 224, 225
日曜日の子供 187, 225
ニッフルヘイム 10, 112,
　　181, 225, 261, 292,
　　317, 331, 333
ニドホーグ 224, 225, 261,
　　292, 331, 332, 341
『ニーベルンゲンの歌』30,
　　36, 114, 152, 156,
　　225, 227, 236, 237,
　　275, 277, 324
ニューブリンク 225
ニョルズ 14, 29, 55, 60,
　　158, 169, 227, 228,
　　230, 231, 236, 238,
　　279, 325, 328
ニンフ 320, 326, 337, 338

# ね

ネズミの塔 228, 229

ネハレニア 170, 229
ネール 229
ネルグル 230, 232
ネルトゥス 7, 44, 170, 202,
　　227, 230, 336

# の

ノアトゥン 227, 231
ノインテーター 231
ノット 23, 41, 189, 229,
　　231, 336
ノルゲン 232
ノルズリ 23, 232
ノルヌ 20, 57, 71, 75, 79,
　　172, 197, 232, 233,
　　331, 332
呪われた狩人 19, 234, 257,
　　327

# は

ハイメ 63, 235
ハイモン 235
ハヴマンド 235
白鳥処女 32, 235, 236, 293,
　　326
白鳥の騎士 236, 237
ハーゲン 157, 226, 227,
　　236, 237, 324
パーシバイン 52, 103
ハッケルベルク 238
ハティ 16, 195, 238, 239,
　　281, 309, 326
ハディングス 238, 241
ハディングヤル 238
ハードヴェーウル 239
ババ 239
バファナ 239
ハプタグッド 239
ハフリウス 240
ハーベルマン 240
ハミンギャ 240, 323
ハムル 240
バラ 241
バリ 241
ハリンスキディ 241, 285
ハール 241
ハルケ夫人 241

ハルズグレパ 241
ハルデス 242
バルドゥング 242
バルドル 7, 11, 12, 17, 19,
　　20, 29, 55, 56, 58,
　　93, 132, 169, 179,
　　208, 221, 242, 243,
　　251, 264, 268, 271,
　　272, 273, 276, 282,
　　301, 303, 304, 321,
　　329, 341, 345, 349,
　　355, 356
ハールルンゲン 88, 191,
　　244
バーレイグ 245
ハンガグッド 245
ハーン・ザ・ハンター
　　245, 246

# ひ

火 246
光のエルフ 61, 109, 203,
　　246
ヒディスヴィーニ 247
ビブンク 247
ヒミンビョルグ 247, 254,
　　285
ヒミンフリョト 247
ヒメッケ 247
ヒャズニンガヴィグ 248
ヒャルムスリムル 248
ヒャールンベリ 248
ヒューキ 61, 194, 195, 249
ビュグヴィル 249, 286
ヒュタタ 249
ヒュッチェン 249
ヒュミール 12, 83, 110,
　　192, 247, 250
ヒュル 250
ビュルギャ 83, 250
ビュレイスト 251, 355
ヒュロキン 243, 251, 276
ヒュンドラ 251
ヒョルスリムル 252
ヒョルニル 137, 252, 279
ヒョルニル（「姿を変える
　　者」）252
ビョルン 252

# Dictionnaire de mythologie germanique

ビリング 252
ビル 17
ビル 61, 194, 195, 249, 253
ビルヴィズ 253
ビルスキルニル 212, 253
ヒルデ 253
ヒルデュフォルク 253
ヒルド 248, 254
ヒルドールヴ 254
ビルロスト 254
ビルンク 254
ヒルンゲリ 254
ビレイグ 255
ヒンツェルマン 255, 256

## ふ

ファーヴニル 153, 154,
　　156, 256, 352
ファクサル 257
ファソルト 79, 257, 327,
　　362, 363, 364
ファランダ゠フォラド
　　257
ファルバウティ 13, 257,
　　355
ファルホヴニル 257
ファルマグド 258
ファルマチュール 258,
　　320
フィヨトゥルンド 258
フィヨルヴァル 258
フィヨルギュン 259, 336
フィヨールスヴィン 259,
　　322
フィヨルム 259
フィンツダー゠ヴァイブ
　　ル 260
フィンブルヴェト 260
フィンブルチュール 260
フィンブルティル 260
フィンメルフラウ 260
フヴェズルング 260
フヴェルゲルミル 48, 80,
　　84, 111, 112, 138,
　　225, 259, 261, 274,
　　284, 331, 341
フェングル 261
フェンゲン 261

フェンサリール 261, 272
フェンヤ 129, 134, 262,
　　322
フェンリスルヴ 262
フェンリル 12, 13, 16, 19,
　　39, 60, 81, 95, 107,
　　112, 116, 126, 136,
　　172, 192, 193, 221,
　　262, 263, 271, 280,
　　292, 340, 348, 349,
　　353, 355
フォセグリム 262
フォラ 263
フォル（「力」）263
フォルクヴァングル 264
フォルセティ 264
フォルニョート 264
フォルネルヴィル 264
フォン 264
不可視性 264
ブーキ 265
フギン 11, 94, 106, 266,
　　272, 318
ブコウ 266
ブッツ 266
ブッツ／アルムブッツ
　　267
ブッツェグラール 267
フッラ 267
フーデミューレン 267
フニカル 268
フニットビョルグ 113,
　　130, 176, 268, 341
フノス 136, 268, 279
フュルギャ 242, 268
ブライザブリック 242,
　　268
ブライトフット 269
ブライン 269
ブラウニー 269, 277
フラウ・ヒット 269
ブラウヒュット 270
ブラウマンテル 270
ブラガーフル 270
ブラギ 270
ブラクテアート 270
フラズグズ 271, 293
フラタ 271
フラナングルスヴォルス
　　271

フラフナグッド 272
フラリズル 272
ブリ 272
ブリシンガメン 36, 127,
　　235, 272, 280, 302
フリッグ 12, 29, 36, 66, 91,
　　93, 94, 116, 131,
　　146, 242, 259, 261,
　　267, 268, 272, 273,
　　275, 278, 342, 354
ブリックヤンダボル 273,
　　292
フリッコ 273
ブリッジ 274
フリッズキャルフ 94, 274
フリッド 84, 274, 322
ブリミル 274
フリムグリームニル 274
フリームスルス 73, 176,
　　193, 264, 274, 295
フリームニル 275, 282
フリムファシ 232, 275
フリュム 275
ブリュンヒルド 56, 57,
　　114, 156, 157, 226,
　　275
フリーン 275
フリングホルニ 242, 251,
　　276
ブリンディ 133, 276
ブル 276
ブルグント族 6, 30, 152,
　　227, 237, 276, 277
フルドルスラート 277
フルドルフォーク 277
ブルーニー 277
ブルニ 277
フルングニル 25, 122, 126,
　　128, 150, 278, 309,
　　323
フレア 278
フレイ 14, 25, 29, 32, 33,
　　42, 56, 60, 86, 90,
　　94, 100, 108, 124,
　　125, 137, 139, 163,
　　169, 170, 179, 205,
　　227, 230, 236, 241,
　　243, 249, 263, 273,
　　279, 281, 282, 285,
　　291, 312, 325, 328,

378

索引

334, 335, 340, 351
フレイヤ 7, 14, 15, 28, 29,
　33, 48, 60, 91, 108,
　110, 125, 127, 136,
　159, 177, 181, 186,
　188, 196, 198, 212,
　227, 230, 235, 236,
　243, 247, 248, 251,
　263, 268, 272, 273,
　278, 279, 302, 311,
　316, 322, 355
フレキ 94, 280
フレースヴェルグ 281,
　331
フレール 281
フロー 281
フロー（「主人」）281
ブロークッラ 281
フロージ 129, 134, 322
フローズヴィトニル 238,
　281
フロスショフ 275, 282
フロスハースグラニ 282
ブロック 125, 151, 165,
　208, 282, 316
ブロックスベルク 282
ブロッケン 282
フロディ 262, 283
フローデュン 283, 336
ブロートケルダ 44, 283
ブロドルン 283
フロプタチュール 283
フローラ 283
フローリジ 283, 284
フロン 83, 284
フン族 30, 88, 114, 166,
　167, 237, 276, 315,
　326
フンディング 45, 48, 49,
　105, 157, 189, 258,
　293

へ

ベアトリク 38, 284
ヘイティ 8, 134, 284, 285
ヘイドルン 11, 58, 81, 285,
　286, 332, 354
ヘイムダール 11, 13, 17,

20, 29, 30, 39, 49,
　76, 81, 109, 126,
　177, 241, 243, 247,
　254, 285, 305, 330,
　340, 344, 356
ベイラ 286
ベーオウルフ 127, 130,
　151, 286
ベクセンヴォルフ 287
ベストラ 10, 63, 66, 93,
　181, 272, 276, 287,
　306
ペーター・シュレミール
　287
ヘッケターラー 288
ペナーテース 42, 320
ヘーニル 14, 25, 28, 29, 60,
　66, 156, 158, 228,
　288, 289
蛇崇拝 289
ヘーフリング 83, 290
ヘマン 290
ヘラクレス 205, 212, 290
ヘラス 291
ベリ 291
ヘリアン 291, 300
ヘリヤ 291
ベリル 291
ヘル 291
ヘル（「陰険な者」）10, 12,
　13, 39, 89, 111, 243,
　273, 292, 345
ヘルヴェーグ 292, 301
ヘルヴォル 271, 293
ヘルギ 45, 48, 105, 157,
　166, 186, 187, 189,
　258, 293, 325
ベルグミュンヒ 293
ベルグメンヒェン 294,
　295
ヘルグリンド 219, 294
ペルケオ 294
ベルゲルミル 25, 178, 193,
　295, 333
ベルセルク 11, 76, 248,
　251, 252, 295
ヘルゼルベルク 103, 296,
　297, 306, 307
ヘルチュール 297, 300
ヘルノス 297

ベルヒト 31, 117, 175, 194,
　195, 239, 241, 298,
　299
ヘルフィヨトゥール 300
ヘルフィヨトゥル（「軍勢
　の縛め」）300
ヘルフォード 300
ヘルブリンディ 300, 355
ヘルブリンディ（「ヘルの
　盲者」）301
ヘルモード 12, 179, 243,
　301, 303
ヘルラ 139, 301, 302, 340
ベルリング 272, 302
ヘルン 302
ヘンギストとホルサ 196,
　302, 303

ほ

ホーヴァルプニル 116,
　303
亡霊 304
ホズ 17, 56, 132, 304, 305,
　329, 341
ボズン 113, 130, 304
ポッシ 304
ホッドミーミル 304
ホテルス 132, 221, 304,
　305, 326
炎の壁 56, 250, 305
ホフド 305
ホルヴェンディルス 305
ボルソルン 276, 287, 306
ポルターガイスト 31, 267,
　306
ポレヴィト 307
ポレヌト 307
ホレ（ホルダ、フルダ）
　おばさん 306
ホレン 308
ボロヅクハルダ 83, 308

ま

マグニ（「力」）12, 17, 126,
　211, 309, 317, 330,
　341
マニ 7, 86, 151, 164, 185,

Dictionnaire de mythologie germanique

186, 188, 194, 197,
229, 230, 249, 309,
312, 319, 331, 334,
351
マールギュグル 310
マルス 7, 50, 192, 212, 310,
311
マルデル 311
マンドラゴラ（マンド
レイク）86, 137,
311, 312
マンヌス 202, 312

## み

水 313
ミズガルズ 10, 12, 16, 19,
27, 50, 72, 247,
250, 313, 314, 330,
332, 333, 335, 337,
340, 355
ミズガルズソルム 11, 39,
72, 292, 314
ミトオティノス 314
ミーマメイド 315, 331
ミーミル 14, 20, 48, 60, 61,
93, 94, 109, 255,
261, 288, 304, 315,
331, 344
ミーメ 315
ミュルクヴィズ 73, 315,
324, 326
ミョズヴィトニル 316
ミョルニル 12, 111, 171,
199, 212, 243, 276,
282, 316, 317, 341
ミラウロ 317

## む

ムスペル 10, 16, 112, 179,
181, 186, 219, 317,
333
ムニン 11, 94, 106, 272,
318, 319
夢魔 35, 59, 67, 125, 141,
178, 184, 202, 214,
298, 318
ムンディルファリ 185,

309, 319

## め

メーアヴンダー 319
メルクハーレン 320
メルクリウス 7, 11, 93, 94,
258, 320
メルゼブルクの呪文 48,
71, 164, 180, 186,
197, 263, 267, 281,
320
メルミンネ 321
メルムート 321
メングロズ 48, 81, 108,
178, 187, 250, 259,
322, 347
メンヤ 129, 134, 322

## も

モイゼトゥルム 228, 322
モグスラシル 323
モックルカルヴィ 150,
278, 323
モディ 12, 17, 212, 317,
323, 341
モドグド 109, 323
モドラネート 323
森 324
森の老婆 257, 326, 327,
328
モルニル 328

## や

ヤヴンハール 329
ヤジー 329
ヤドリギ 12, 243, 273, 304,
329
ヤラール 97, 106, 112, 113,
304, 329
ヤルダルメン 330
ヤルンヴィド 72, 73, 84,
199, 326, 330
ヤルングレイプル 330
ヤルンサクサ 81, 309, 330
ヤロヴィト 330

## ゆ

幽霊船 147, 148, 331
ユグドラシル 10, 28, 50,
58, 61, 72, 80, 109,
121, 138, 162, 188,
205, 225, 232, 233,
257, 261, 285, 304,
315, 331, 332, 340,
341, 344, 354, 355
ユーダリル 74, 332
ユッグ 332
ユーバーツェーリガー
332
ユミール 7, 10, 16, 23, 24,
25, 70, 93, 110, 112,
134, 139, 173, 181,
202, 230, 232, 269,
274, 295, 313, 317,
333
ユラン 333, 334
ユングヴィ 170, 205, 252,
279, 334

## よ

妖怪 116, 125, 175, 191,
267, 299, 334, 343,
345
ヨートゥン 72, 73, 109,
110, 111, 131, 159,
171, 177, 231, 251,
278, 309, 330, 331,
334, 335, 357
ヨール 36, 48, 125, 270,
297, 335, 337
ヨルズ 12, 41, 94, 211, 231,
259, 283, 336
ヨルダネス 6, 39, 63, 88,
166
ヨルドバルン 337
ヨールニル 337
ヨルムンガンド 50, 314
四大精霊 337, 338

## ら

ラー 339
ラーン 342

380

索引

ラウフェイ 13, 151, 221, 339, 355
ラウリン 59, 339, 340
ラグナロク 16, 44, 56, 58, 60, 179, 186, 193, 212, 224, 225, 275, 304, 314, 317, 340, 344, 349, 356
ラタトスク 331, 341
ラティ 114, 171, 292, 341
ラーレス 42
ラングテュッティン 342
ランゲ・ワッパー 342, 343
ランゴバルド 6, 49, 278, 342
ランドヴェット 343

## り

リーヴ 17, 304, 341, 344
リーヴスラシル 17, 304, 341, 344
リーグ 344
リゴ 344
リセ 344
リトル 345
竜 345
リュヴィア山 347
リュエル・ラ・フォルト 348
リューベツァール 348
リュラ 348
リュングヴィ 348
リョースアールヴ 349
リンズ 121, 349
リントヴルム 349

## る

ルギヴィット 349
ルッチェン 350
ルッテルヴァイブ 350
ルーン文字 4, 94, 156, 193, 350, 351, 352, 355

## れ

レギン 352
レージング 353
レックフロイライン 353
レノーレ 207, 353, 354
レーラズ 58, 331, 354

## ろ

ロヴン 354
ローエングリン 354
ロガトール 355
ロキ 11, 28, 29, 39, 40, 48, 58, 61, 72, 84, 105, 109, 110, 123, 126, 131, 140, 151, 152, 156, 158, 159, 166, 171, 172, 177, 179, 199, 212, 221, 242, 243, 251, 257, 262, 271, 272, 285, 288, 292, 301, 314, 316, 329, 339, 340, 355, 356, 357
ロギ（「火」）357
ロスクヴァ 212, 357
ロストラッペ 357, 358
ローズル 28, 66, 288, 355, 358
ロックストラール 358
ロッシェルモア 358
ロプト 359
ローメ 359
ロランディン 360
ロルグ 360
ローレライ 19, 361

## わ

ワイルドハント 17, 18, 19, 20, 28, 32, 75, 79, 92, 95, 126, 238, 269, 270, 300, 302, 306, 327, 328, 334, 337, 350, 362, 363, 364
ワイルドハントの狩人 327, 328, 363, 364
ワイルドライド 364

◆著者
**クロード・ルクトゥ**（Claude Lecouteux）
1943年生まれ。ソルボンヌ大学ドイツ文学科名誉教授、文学博士。独仏
の中世文学とゲルマン神話を専門とし、妖精、小人、巨人、幽霊、狼男、
異界をテーマとした著書多数。

◆監訳者
**篠田知和基**（しのだ　ちわき）
1943年生まれ。パリ第八大学文学博士。名古屋大学教授ほか歴任。比較
神話学研究組織GRMC主宰。
著書に『幻影の城　ネルヴァルの世界』（思潮社）、『ネルヴァルの生涯と
作品』（牧神社）、『人狼変身譚　西欧の民話と文学から』（大修館書店）、『竜
蛇神と機織姫　文明を織りなす昔話の女たち』（人文書院）、『ヨーロッパ
の形　螺旋の文化史』『世界動物神話』『世界植物神話』『世界魚類神話』（八
坂書房）、『世界神話入門』『フランスの神話と伝承』（勉誠出版）、監修に『世
界神話伝説大事典』（勉誠出版）、訳書に『フランス田園伝説集』（ジョルジュ・
サンド、岩波書店）、『東方の旅』（ネルヴァル、国書刊行会）、『オーレリア』
（ネルヴァル、思潮社）などがある。

◆訳者
**広野和美**（ひろの　かずみ）
フランス語翻訳者。大阪外国語大学フランス語科卒。訳書に『パリとカフェ
の歴史』（共訳　原書房）、『フランス式　おいしい肉の教科書』（パイ イ
ンターナショナル）、『フランスの天才学者が教える脳の秘密』（TAC出版）
など。

**木村高子**（きむら　たかこ）
英語・仏語翻訳者。仏ストラスブール大学歴史学部卒、早稲田大学大学院
文学研究科考古学専攻修士課程修了。スロヴェニア在住。訳書に『図説
イスラーム庭園』『香水瓶の図鑑』『スパイス三都物語』『科学でアートを
見てみたら』（いずれも原書房）など。

北欧とゲルマンの神話事典
伝承・民話・魔術

●

2019 年 10 月 29 日　第 1 刷

著者…………クロード・ルクトゥ
監訳者…………篠田知和基
訳者…………広野和美、木村高子
装幀…………川島進
発行者…………成瀬雅人
発行所…………株式会社原書房
〒 160-0022 東京都新宿区新宿 1-25-13
電話・代表　03(3354)0685
http://www.harashobo.co.jp/
振替・00150-6-151594
印刷…………新灯印刷株式会社
製本…………小髙製本工業株式会社

ⒸChiwaki Shinoda, Kazumi Hirono, Takako Kimura 2019

ISBN978-4-562-05691-0, printed in Japan